天津社会科学院天津历史文化研究中心资助项目

天津历史文化研究丛书

抗战时期日本对天津的经济统制与掠夺

张利民　刘凤华　著

社会科学文献出版社

目 录

绪 论 ·· 1

第一章 七七事变前日本对天津的经济扩张和侵略 ················ 15
 第一节 天津开埠后对日贸易和日本政治势力与经济活动 ········· 15
 第二节 天津是日本政治经济侵华的现地大本营 ······················ 30
 第三节 日本在天津的经济渗透与扩张 ·································· 44

第二章 日本对天津经济统制的确立 ·································· 65
 第一节 日本在天津殖民统治的建立 ····································· 65
 第二节 日本对天津的经济统制方针政策、计划和经济
    地位的定位 ··· 72

第三章 日本对电力和冶金、机械业的"开发"与统制 ········· 92
 第一节 电力 ·· 92
 第二节 冶金业 ··· 108
 第三节 机械制造业 ··· 115

第四章 日本对化学工业的掠夺与统制 ····························· 129
 第一节 化学工业 ·· 129
 第二节 油漆业 ··· 140
 第三节 橡胶业 ··· 143

第四节	火柴业	148
第五节	造纸业	153
第六节	制革业	156
第七节	染料业	160

第五章　日本对交通运输和电信业的统制 163

第一节	铁路	164
第二节	公路	171
第三节	航运业	185
第四节	电信业	206

第六章　轻纺工业的萎缩 214

第一节	棉纺织业	214
第二节	毛纺织业	223
第三节	面粉业	229

第七章　日本对长芦盐和棉花、稻米等农产品的掠夺 234

第一节	对盐业的掠夺性开发与输出	235
第二节	棉花的生产与输日	245
第三节	强掠土地和水稻种植	257

第八章　日本对天津金融和内外贸易的统制 271

第一节	日本对天津金融的统制	271
第二节	日本对天津内外贸易的统制	288

参考文献 312

后　记 323

绪　论

2015年中国举行了很多纪念反法西斯和抗日战争胜利七十周年的学术活动，在学术上有诸多的创新，但是就中国抗日战争时期沦陷区经济状况的研究尚有很大空间，需要从经济全球化和中日等国政治、军事和经济状况，以及区域或城市等多方位多角度，利用更多的档案和资料开展更为深入的研究。笔者在研究抗战时期日本对天津的经济掠夺中，尽管从沦陷区经济研究的视角有所收获，也有一些基础问题研究的延伸，但是要研究透上述问题还有很长的路要走。这里，仅从目前的研究和资料，以近代天津经济发展的整体性，在沦陷时期这样一个非常状态下的几个颇为关键的问题，阐述一些思路和想法。

一　抗日战争时期天津的定位

自清代中后期，天津的政治地位凸显。天津邻近首都北京，东临渤海，北近长城，西南是畿辅之地，不仅是首都的门户和防御屏障，也能近距离接近和影响中央政府。在外交上，自洋务运动以后，即成为中央政府对外交涉的中心。同治九年（1870）直隶总督李鸿章出任北洋大臣，兼任总理事务衙门会办，实际上是代表清政府办理各项对外交涉事务，经手绝大部分清廷与外国的交涉事务。当时，外国公使进入首都前要首先到天津与李鸿章会见，彼此互通观点，寻求解决的办法和途径，李鸿章及时地向朝廷通报消息并接受指示。比如日本侵占台湾的中日交涉是在天津进行的。同治十年（1871），日本副使柳原等"欲奉本国信函面递，总理大臣则云不可遽令来京"，予以拒绝；① 随后来天津订立了《中日修好条规》和《中日通商章程》。同治十三年（1874）日本又派全权大臣大久保利通来中国，他先到天津，"曾经美副领事毕德格向李鸿章密陈"，李鸿章认为"该使臣来意甚不平和"，"录述毕德格所议，密致臣（总理衙门大臣奕䜣）等备酌"；日本使臣到北京谈判僵持后，李鸿章携"法国使臣由津来京……从中调停"，结果迫使清政府订立《北京专条》。② 日本侵略琉球和朝鲜的中日交涉，也是在天津由李鸿章主持的。驻日公使何如璋多次就日本图谋琉球事致函掌握清政府外交实权的李鸿章，美国前总统格兰特也在日本致函李鸿章说合，李鸿章与总理衙门多次磋商，最后形成退让和妥协之势。光绪十一年（1885）朝鲜之变后，日本派伊藤博文作为全权大使来中国要挟清政府，朝廷上谕，"李鸿章熟悉中外交涉情形，必能妥筹因应"，"派李鸿章为全权大臣，即著该督与日使在津商议事务"；所以伊藤首先到天津，"匆匆入都，旋由都来津"，与李鸿章会谈，③ 在天津订立了《中日天津条约》。在推行国内各项改革上，李鸿章在天津创办近代企业和学堂，袁世凯在这里创办北洋实业，对全国都有很强的示范效应；清末日本有诸多的军事、警务顾问和教习汇集天津，为袁世凯出谋划策。1917年后，西原龟三筹划借款时，曾于1918年6月化名山田宪三秘密由东京出发，8日抵达天津，"受到陆宗舆的迎接，寄寓曹汝霖家"，13日由天津赴京。④

在经济上，天津自1860年开埠通商以后，与国际市场接轨，对外贸易迅速增加，近代工业从无到有，经济实力迅速增强，发展为北方最大的港口城市，成为中国继上海以后经济最为发达和活跃的城市。进入20世纪以后，随着近代交通运输体系的变革，市场规模迅速扩大，市场网络分工明晰，已经形成以轻工业、纺织和食品工业为主的近代工业结构和以外资银行、华资银行和银号三足鼎立的金融市场，经济腹地向西北和东北延

---

① 《筹办夷务始末》（同治朝），卷八十二，第2~3页。
② 《筹办夷务始末》（同治朝），卷九十八，第11~16页。
③ 《李文忠公全书》，奏稿，第53卷，第24~27页。
④ 〔日〕西原龟三：《西原借款回忆》，张伯峰译，《近代史资料》1979年第1期，第140页。

伸，在20世纪20年代末天津已经是华北、西北乃至东北的经济中心。

对于日本来说，天津有地缘上的优势和政治经济势力迅速扩大的空间。天津有日本在海外最大的租界，聚集着万余日侨，从事政治军事和经济活动。从20世纪初期到30年代，在天津的日侨职业结构有所变化。1906年日侨职业中人数居前三位的是杂货业、公司银行职员和中国各级政府聘用人员；20世纪20年代末，日本在华政治经济势力增强，日本一些大的财团也纷纷在天津设店办厂，日侨逐年增加；1934年的日侨数量中会社和银行职员、商店店员等最多，贸易商和商店、商贩次之，官吏和中国政府等雇用者居第三位。① 根据1935年的统计，日商在天津开办的洋行、商店达1800余家；② 1936年各国在天津开设的各类洋行982家，其中日本洋行就有689家。③ 从事进出口贸易的日本洋行和商人几乎垄断了天津市场的棉花、皮毛和煤炭等资源的出口，进口的机制品中棉织品、人造丝、机械、面粉以及海产品等也多由日本商人把持。天津与日本的进出口贸易自20世纪后就分别居天津对外贸易的第一、第二位，1919年占天津直接贸易值达到77.1%，1929年占总值的30.91%，1935年占总值的27.48%，仍然占据天津对外贸易的首位。在天津的日本势力，也充分利用了港口和北方经济中心的地缘优势向华北延伸。

九一八事变以后，天津成为日本全面侵华的前沿，日本的政治、军事和经济势力迅速增强。日本的中国驻屯军兵力增加且升格，军政机构和经济财团派驻各种机构，进行大量的社会调查，策划侵华的方针政策和计划，如疯狂进行华北走私、策划"华北自治"，投资电力、盐业和纺织等关键部门。尤其是1936年1月16日，日本政府公布的《处理华北纲要》，指定"处理华北由中国驻屯军司令官负责"，确定了中国驻屯军是制定华北政治、经济方针政策的主持者。所以，此时天津是日本对华北政治经济侵略的现地大本营，也是各种方针政策和计划的实施地。

---

① 〔日〕外务省外交史料馆:《外务省警察》第34卷（支那の部——北支），第288、330页；转引自万鲁建《近代天津日本侨民研究》，天津人民出版社，2010，第103页。
② 天津市政协文史资料研究委员会编《天津租界》，天津人民出版社，1986，第103页。
③ 天津市地方志编修委员会编著《天津通志·附志·租界》，天津社会科学院出版社，1996，第209页。

1937年天津沦陷后，日本对华北地区的政治、军事和经济统治机构多迁至北京，伪中华民国临时政府设在北京，因此北京成为日本对华北地区的殖民统治中心。但是，天津的经济定位没有改变。因为天津具有华北地区最雄厚的工业基础，聚集在天津的外资银行、华资银行和银号钱庄等金融机构也使其成为北方的金融中心，经济实力远远超过华北地区其他城市；加之天津是连接东北、华北、江南的交通枢纽，又有直通海外的港口和连接内地经济腹地的内河航运，其作为物资集散中心的地位没有改变，所以天津仍然是华北地区的经济中心。

在由伪华北政务委员会建设总署制定的天津城市规划中，对天津的定位有十分明确的表述：天津拥有各国租界，已经是国际化都市；作为经济城市，其街区不断扩大，将发展为约250万人的港口城市。① 日方在《天津都市计划大纲》中强调，天津"将来是华北最大的贸易港，在经济上将发展为最重要的商业城市和大工业地，并且是华北通往蒙疆的大门，因此期于各方面的各种重要设施的完备"。1940年10月，伪天津市政府颁布的《天津都市计划新市街土地租用概要》更加明确，规定"天津是华北经济中心地，在水陆交通上，尤为联系日本、满洲、蒙疆等诸地之门户，将来塘沽新港完成，兼以海河水运便利，而成为大贸易港，则不独为商业都市，且为大工业地之发展区"。② 抗战胜利后，南京国民政府成立了华北敌伪产业处理局接收日伪企业，此后该机构撰写了《天津的经济地位》，将天津定位为北方最大贸易口岸，东北、华北工业品等的主要转运地和供应地，"华北工商业、贸易、金融、海陆、内河交通中心地"。③ 这实际上就是抗战时期天津的经济定位。

二 日本经济掠夺的方针政策和开发计划

日本对天津的经济掠夺方针政策和计划，在不同时期有一些变化。

---

① 〔日〕塩原三郎：《都市計画：華北の点線》，塩原都市計画コンサルタント，1971，第97页。
② 天津市档案馆、天津商业大学编《天津土地资源管理利用档案选编（1928~1949）》，天津人民出版社，2013，第116页。
③ 李洛之、聂汤谷：《天津的经济地位》，南开大学出版社，1994，第361~363页。

20世纪30年代前,日本军政当局还没有确定对天津和华北的经济方针和投资方向,所以日商多投资上海和青岛,即便在天津亦多集中在轻纺工业等,对日本军事需要的国防资源投资较少。九一八事变以后,日本军政当局加快了侵华步伐,华北在一定程度上已经在日军的控制范围内,成为全面侵华的跳板,从而掠夺华北资源,特别是煤炭、铁矿石、棉花和盐等战略资源,为其国内产业提供原料,扩大商品市场,最终成为第二个"满洲国",是日本朝野各界的目标。天津的优势是工业和交通枢纽,作为华北经济中心和最大的进出口口岸,天津拥有任何城市都不可比拟的优势和战略地位,日本军政当局和经济势力自然会加紧策划经济掠夺的方针和计划。

日本对天津和华北经济掠夺的策略和方针在七七事变前已经基本确定,这些策略和方针始终是以华北作为其空间范围,除了20世纪40年代初的都市规划外,日本并没有直接对天津或者华北其他城市进行经济掠夺的方针政策,各项计划也多是以行业和部门制订的。七七事变后日本对华北的殖民统治中心是北京,但是如上文所述,天津仍然是华北地区各种物资的集散地和进出口港口,拥有最雄厚的近代工业基础和金融机构,其经济实力雄厚,其定位仍然是华北的经济中心,因此日本对华北经济掠夺的方针计划涵盖了对天津的统制。所以揭露日本对天津经济掠夺的野心和本质,必须研究和分析日本对华北地区的方针政策和计划。

日本掠夺华北地区经济的方针政策和计划,是在日本政府、军部和满铁等机构详细系统的社会经济调查的基础上,经过日本各方用一年多的时间反复磋商,并通过自20世纪30年代初期日本满铁和商人等不断扩大在天津和华北经济势力确定的,1936年1月16日,日本政府公布的《处理华北纲要》和8月11日公布的《第二次华北处理要纲》,是对天津和华北经济掠夺具有指导性的基本方针,确定了经济掠夺的原则,是以后的方针政策和计划变化的基础。日本军政当局对华北经济掠夺的基本策略,不同于关东军在伪满洲国实行的由满铁垄断经济各部门,禁止日本民间资本参与的方式,而是鼓励和支持日本财阀的投资,并提倡中日合办公司和企业;对于华北现存的容易开发的部门,日本要给予指导和"经验技术的援助","对于要迅速开发的必需国防资源的重要企业,以中国方面的自身能力难以开发，要依靠日本方面的积极的投资来促进开发"，"要努力确保日方的权益，企业经营及技术上的要害要由日本人掌握"。更重要的是，日本军政当局确定了统制性产业和非统制性产业，"对日满经济或国防有重大影响的企业"，不论其资本来源和所在地，"均根据国际的观点加以统制"，计划"创办日中合办的强有力的特殊投资会社"，"能根据国策合理地促进国防上必要的产业的开发"，"能以最少的投资，发挥最大的效益"，目的是"增强日、满、华依存关系"。① 这表明日本军政当局在调动各方力量统制华北经济的方针上，是采取以军队为后盾，充分利用满铁等财阀的资金、技术和经验，纠集国家和财阀的财力、物力和人力组成国策会社，对华北的重要行业和经济命脉进行有计划的、统一的管理，以迅速且全力地掠取华北的重要国防资源和物资来为战争服务，将其尽快纳入以日本为主导的经济圈。日本的这一方针，一直贯穿其在华北实行殖民统治的全过程。在这样的方针下，日本军政当局制订了各种计划，如满铁经济调查会的"华北经济开发的投资机关纲要"、"华北投资预想"、"华北有关工业投资所需资金调查"等，日本中国驻屯军的《华北经济开发五年事业计划》《华北经济开发五年资金计划》等，这些计划有详细具体的实施方案，有建立会社等的系统安排，有每年度需达到的目标，还有按行业和投资者分配的比例等，其主旨是把华北变成日本国防资源的供应基地，加强对统制性企业的投资，以弥补日本和伪满洲国资源的不足；扩建和新建铁路、港口，以增加各种资源的对日输出，尽快形成为日本政治军事和经济统治服务的交通网络。

七七事变后，华北沦陷，日本已经控制华北的经济命脉，日本军政当局掠夺华北经济的方针政策和计划也随着战局变化有所调整，最突出之处是确定了将华北划入所谓"日满华经济圈"内，建成永久的以战争需要为主的国防资源的基地，即"开发华北经济，为了加强日满经济的综合关系，以确立实现日满华合作共荣的基础"；要"建立日满华不可分割的关系"，"扩充我方在日满两国方面的广义的国防生产力"。② 而且，这样

---

① 〔日〕満鉄調査部：《支那立案調査書類 2 編 1 卷 2 支那経済開発方策及調査資料》，1937 年 12 月，第 103~119 页（以下简称《支那立案调查 2-1-2》）。
② 〔日〕《现代史资料》第 9 册，みすず書房，1964，第 59 页。

的方针一直贯穿其对华北殖民统治的全过程。

在抗日战争全面爆发初期，与军事上的"速战速决"战略方针相对应，日本军政当局对天津和华北的经济掠夺方针也十分狂妄，要求"应以国防要求为第一位"，"努力为完成三国经济圈而向前迈进"。① 其首要的任务就是，在日军占领区内以军队占领和军管为先导，牢牢统制华北的经济命脉，在保证战争需要的同时，迅速恢复原有企业的生产，做到"凡对扩充我国生产力有用的重要资源，都应促进其开发及其取得"，"开发"日本和伪满缺乏战争急需的国防资源，尽快地把华北经济转变为以日本为中心的殖民经济体制，以进入所谓的全面开发建设阶段。② 根据日本对华北经济的方针政策，1937年8月满铁就抛出了《华北产业开发计划概要》《华北产业开发计划明细表》《华北经济开发事业资金表》等，华北方面军特务部制订出日本政府认可的《华北产业开发第一次五年计划》《华北产业开发九年计划》和《主要资源对日输出计划案》等。这些计划，把范围从原来的华北三省扩大为五省，规定了五年内华北主要统制性企业的投资数量与比重，各行业的生产量和输日目标，并计划新建、扩建铁路和港口，以大大增加港口吞吐量和运输能力。但这些计划具有极大的盲目性，主要国防资源的生产量和输入量指标极高，胃口极大，处处反映了日本要用很短时间霸占中国的狂妄野心。

抗日战争进入相持阶段后，日方逐渐形成与以巩固占领区治安作为当务之急的"以华制华"政策相呼应的"以战养战"经济策略，强调经济的互补和合作，强调战时经济的需要。1938年11月30日，日本内阁制定的《调整日华新关系的方针》，把华北和蒙疆地区确定为"国防上、经济上（特别是有关资源开发利用方面）的日华紧密结合地区"，华中地区则为"日华在经济上的紧密结合地区"。对华北的经济要求是"以寻求日满所缺乏的资源（特别是地下资源）为政策的重点"，"在产业经济等方面根据取长补短，互通有无为原则"，实现所谓的经济合作；要确保交通

---

① 复旦大学历史系编译《日本帝国主义对外侵略史料选编》，上海人民出版社，1983，第270、273~274页。
② 〔日〕日本防衛庁防衛研修所戦史室：《華北の治安戦》第1册，朝雲新聞社，1973，第102、265页。

线的畅通,"迅速达到恢复治安的目的","并努力使其实现长期自给的局面",即要尽最大可能地向日本提供国防资源,保证军需物资的供应和殖民统治的稳定,交通上,"应以国防要求为第一位","不遗余力地完成军事任务";对于"永久性产业的建设",应主要"在治安地区的重要区域"逐步进行。日本军政当局根据方针政策又组织人马于1938年底和1939年制定了《华北产业开发四年计划》《华北产业第一次三年计划实施草案》,以及1939年后的《华北产业开发修正三年计划》《华北产业开发五年计划综合调整要纲》等。这些计划"目标在于促进日满华经济圈内的自给自足",投资规模没有缩小,投资重点仍是交通、发送电、矿山、燃料和盐等,其中对交通行业的投资所占投资总额的比重比原计划大大提高,各项产品的产量,除了煤炭外均有不同程度的降低,并开始全面实行"重点主义",以"动员性采掘"增产煤炭和保证食粮为重点;在统制部门上,分轻重缓急,以保证对日供给为前提,重点掠夺那些日本侵华战争急需的国防资源和物资,实行"重点化、综合化、具体化",各部门所定的计划都要有"以最有效地使用有限的资金和资材"的"合理的"生产目标,更突出对煤炭、铁矿石和制铁业进行重点的掠夺性"开发"。这表明,日本军政当局对华北和天津原有的定位不变,即建设成战争需要为主的国防资源基地和战斗人员的输送兵站,一切从战争需要出发,在恢复生产的同时,强化工业部门的配套,迅速扩大战争所需粮食和物资的生产,以维持侵华战争和殖民统治。

在抗战中后期,日本法西斯军国主义狂妄野心再度暴露无遗,从其对天津和华北经济掠夺的方针即可见一斑,如日本政府于1940年11月5日和8日分别制定了《日满华经济建设要纲》和《对华经济紧急对策》以及《中国事变处理要纲》等,其主旨是,日本"必须综合统一地推进国内体制",尽快成为"国防国家",建成以日本为核心、中国和伪满为主干的"大东亚新秩序"。在这个所谓的"大东亚共荣圈"内,华北与日本、伪满和蒙疆地区被定为"有机成一体的自存圈","大约在10年内把三国结成一环,建立自给自足的经济体制,同时促进东亚共荣圈的建设"。日本在该圈内充当核心,以高度精密工业、机械工业和重化学工业为中心,并"对满华的经济建设给予援助和扶植";伪满洲国"要迅速整顿和发展重要基础产业",以矿业、电气和轻工业为中心;"中国要与日满协作,开发资源,复兴经济;华北、蒙疆的着重点是确立自存圈地位,把重点放在交通和重要产业的开发",产业以矿业、盐业、工业原料和轻工业为中心,交通、电力等各部门都要围绕着增产煤炭和食粮来重新调整,以提供煤铁盐棉等重要的国防资源。① 但日本很快就陷入战争失败的绝境。

1941年12月日本发动了太平洋战争,主战场转向太平洋地区,战争的巨大消耗要求华北提供更多的物资和国防工业原料,发挥战争后援基地的作用。日本在华北统治的方针是建立战时经济体制,对物资实行全面的统制和严格的配给,"取得为完成帝国的战争所必要的更多物资,确保军队的自给";对矿山实行强制性掠夺,"谋求在占领区内重点并有效地取得重要的国防资源",并竭力建设重化工加工业和机械修造业,提高运输能力和效率,不遗余力地为战争提供更多的战略物资。1942年8月日本兴亚院炮制出《中国经济建设基本方策》,计划以10年为期,前5年配合战争,后5年全面建设。该方策把中国的经济地位定为"具有丰富的劳动资源、地下资源和农业资源的供给国",华北地区"要随着资源的开发,完备重轻工业和交通通讯设施";前5年华北作为战争的兵站基地,从战争需要出发,煤炭仍按原来的"重点主义"方针,以增产为主要任务;铁矿石要适应对日满输送能力和当地制铁的进展状况"合理性增产",并要大规模兴建制铁业;建设以矾土页岩为原料的铝工业;盐通过改良盐田达到增产,并在当地培养以盐为原料的化学工业;机械工业"重点放在增强和完备开发用机械器具的修理能力上"。后5年则是把华北变为附属于日本为其提供原料和加工的殖民地,妄图实行所谓的"飞跃性增产"和"全面的积极性开发"。②

在太平洋战争后期,日本在战场上连连失利,海上运输受阻,华北工农业产值下降,市场物资极缺,通货膨胀严重,对华北经济实行"超重点主义"方针,确保交通线,提高运输能力,竭尽全力掠夺煤铁、盐等战略资源,保证维护军队粮食和物资的自给,加强物资的统制和配给,以

---

① 〔日〕石川準吉:《国家総動員史·資料第四》,第1083~1085页;转引自〔日〕中村隆英《戦時日本の華北経済支配》,山川出版社,1983,第267~268页。
② 〔日〕《大東亜戦争中帝国対華経済政策関係雑件》,日本外交史料馆,E0005-2。

保证在华北日伪军的需要。这表明日本仍把华北看作内线作战的防线，妄图通过超经济的疯狂掠夺，与国际反法西斯同盟进行最后的决战，反映了日本已经进入穷途末路、垂死挣扎的困境。这一阶段，日本军政当局不断修改掠夺华北经济的计划，但已经赶不上战局的变化，任何计划都已经无济于事。即便制订了计划，也难以改变物资紧缺、物价猛涨、运输困难的困境，更不能挽救侵略战争的失败。所以，1942年以后日伪当局和华北开发会社等没有制订出较为系统的计划，只是加强各种产业管理，进行超经济的、掠夺性的生产，加强统制必需品和日用品的生产分配，最大限度增加战略资源输出日本。因此，这些计划没有多少指导性，多为一纸空文，仅仅是侵略者的妄想。比如1943年7月华北开发公司制订了《基于黄海渤海地域国土计划之华北产业建设15年计划》等一系列的产业发展计划，根本没有实行的可能。再如兴建小高炉的计划是1940年10月日本兴亚院华北联络部制订的，但迟迟没有落实；1942年和1943年日本政府又决定在中国、朝鲜和日本北海道迅速兴建20吨以上的小高炉，部署在华北蒙疆地区用10个月建大小高炉60座，达到年产铣铁23万吨的能力，"产品原则上目前全部供给日本"，但建设资金和设备毫无着落，迟迟不能建成投产，到1945年日本投降时建成者寥寥无几。①

综观日本华北经济掠夺方针政策和计划的制定和变化，不能说不具体不系统，有总的方针政策和纲领，有实行的宗旨和目标；有年度计划、三年、四年、五年，甚至十年十五年计划；还有各个部门的实施办法等等，可谓大而全。但是，随着战争局势和对华政策的变化，其方针计划不断修改，且速度远远落后于局势和政策的变化。这些方针计划纵然有所变化，但目的没有变化，以战争需要和维持殖民统治为首要目标，迅速完善和扩充华北交通运输能力，增加和调整发电设备，以保证对华北重要资源的掠夺；其掠夺的主要目标是煤、铁、盐、棉，即"二黑二白"等战争所需资源；并企图通过加强对华北经济统治的计划性和垄断性，形成所谓的"日满华经济圈"。

---

① 〔日〕華北開発会社計画局：《北支那開発株式会社及関係会社概要》，昭和19年上半期，第255~259、8~11页。

三 抗战时期天津经济功能变化与特质

天津是近代以后迅速发展起来的城市，虽然在清末民初作为洋务运动、清末新政的示范，一度在政治上、外交上地位显赫，但是作为城市的主要职能仍然是经济功能，尤其是在市场经济下更是如此。天津开埠前，依靠海河水系和沿海贸易集散南北货物，造就了以直隶省为主要腹地的经济中心。天津开埠以后，对外贸易迅速兴盛，国外洋货和内地的农副土特产品汇集，外国洋行银行林立，形成了外向型经济；随着近代工业崛起，华资银行兴建，到20世纪20年代后期，与各国的贸易占据进出口贸易总值的相当比重，对外贸易居全国各口岸第二位，形成了以纺织、化工、食品、火柴等轻工业和出口加工业为主的工业体系，是全国第二大工商业城市和涵盖华北、西北和东北部分地区的经济中心。

20世纪30年代后，在天津的日本经济势力逐渐增强，在一些工业行业和对外贸易上已有垄断之势。1937年天津沦为日本殖民统治区后，经济发展偏离了原来的方向，被日本军政当局纳入日"满"华经济圈，变成侵略战争军需品的加工制作中心和为日本提供华北以"二黑二白"为主的战略资源的输出口岸，工业畸形发展，对外贸易越来越以日本为主，与华北、西北地区的商品交流和经济联系，从性质、种类到规模都有极大的变化。虽然，此时天津仍然是华北经济中心，但是在华北地区的经济活动中，市场经济的因素越来越少，原来的经济功能也随之发生变化，一切经济活动的运行皆以侵略战争为中心，实际上是日本侵略战争的生产、加工和集散基地。

首先，经济活动脱离了市场经济的轨道。由于抗战时期天津经济活动的主要目的是为日本侵略战争服务，所以无论是工商业和金融业，还是物资流通和对外贸易，都是在日本和日伪当局的控制下经营的，且日军又具有直接的、绝对的指导权和优先权。尽管日本制定的掠夺华北经济的方针和计划鼓励日商，尤其是日本财阀来津投资设厂，也提倡中日合办企业，但是一切经济活动是以战争需要为前提的，无论怎样的企业，在投资方向、经营方式、原料来源和采购、产品的运销等各个环节都受到不断加强的统制，经营者不仅无利润可言，生产和经营也受到极大的限制，在战争中后期包括统制性企业和日商企业在内,很多企业不得不部分减产,或者停业和倒闭。这样的经济活动,已经不是在市场经济下追求的利润最大化,驱动力迅速减弱且已经丧失,其目的则变成一切围绕着战争需要。

其次,天津工业形成了生产战争军需品为主要内容的产业结构。在抗日战争前,天津的近代工业,除了洋务运动兴起的一些企业外,很少有与军事工业相关的企业,形成以利润丰厚的轻纺、食品、化工和出口加工业为主体的工业结构。抗日战争爆发后,日伪当局增加了对天津工业的投资,增加了一批与战争有关的物资的生产,橡胶、机械制造、炼钢等逐渐形成了独立的行业,原有的化工、盐业和水稻的生产规模也有所扩大,在增加发电能力和垄断各地发电业的同时,架设了京津唐高压输电网,而原有的棉纺织、毛纺织、面粉、火柴、制革等行业则被限制设厂和扩大规模。虽然天津工业一度有所发展,工业行业从轻纺食品为主开始转向冶金、机械、化工与轻纺工业相结合,工业所占经济比重有所提高,但并非与扩大生产资料和生活资料生产有关,多与战争有着直接或间接的关系,工业结构转向为战时经济服务,为日本侵略战争提供各种军需品的功能十分突出。

再次,天津经济中流通功能减弱,退居次要位置。天津之所以是华北等地区的经济中心,很大的因素是商品流通,即依靠河海交汇的地理优势和港口、铁路,集聚了洋货和内地的农副土特产品,建构了进出口贸易的主体构架。内地与天津之间流通的商品种类增加,规模扩大,如内地的棉花、花生、皮毛、蛋产品、肠衣、猪鬃、草帽缏、药材和干鲜果品,以及天津等地生产的煤炭、地毯等,是运到天津出口国外的主要商品,有的商品出口数量占全国之首;从天津进口,或者天津生产后运到内地的主要商品有棉纱、棉织品、煤油、糖类、火柴、肥皂、机器设备、面粉、大米等。这是根据国际市场的需求形成的对外贸易和与腹地的商品流通,与战争需求没有直接的关联,进而带动了农村经济作物的生产,提高了农产品的商品率,形成了较系统的市场体系,促进了华北地区经济的发展。抗日战争爆发后,天津仍然是交通枢纽,港口也在扩建,进出口贸易的规模也在继续增加,但是集散到天津的货物,越来越以暴力掠夺的方式获得,以支援日本侵略战争的战略资源和战争必需的军用品、军需品为主,在进口货物中棉织品、毛织品、人造丝、海产品、茶叶、糖类、纸张、机器设备、化肥、煤油等多来自日本,用来供应军需品生产、日伪军需要和维持占领区的统治;在出口货物中,在1938年前以销日之棉花、美德之猪鬃、英美之皮毛和地毯为大宗,以后日本所需的"二黑二白"(煤炭、铁矿石、棉花、食盐)成为最主要的出口货物,并且全部运往日本,用于增加维持和扩大侵略战争的生产。进出口贸易几乎与国际市场无缘,销往欧美的猪鬃、蛋制品、皮革和地毯等销路尽失,国际市场的供求关系和市场调节几乎完全被侵略者指挥的战争供需所覆盖。因此,流通领域中促进市场经济发展的商品迅速减少,而靠暴力掠夺的供应战争的产品和军需品愈发增加,进而削弱了天津与华北地区乃至国际市场的联系,阻碍了城市和农村的市场经济发展,摧残了城市工商业和农村的农业生产,是经济发展的倒退。因此,抗日战争以后,天津对华北地区的经济辐射功能不断弱化,天津的经济功能开始转变为以工业功能为主,而流通功能则下降为辅助位置。

日本军政当局和日伪当局在天津的经济统制,带来的是天津经济的崩溃。其一,中国共产党领导下的持久战和游击战的人民战争,特别是大规模的交通破击战和对矿山的袭击,使得厂矿生产难以恢复,交通和通信受阻,无法保证军需品和输日物资的供给与运输,使得天津经济中心的地位大大衰减。其二,日军的疯狂扫荡、残酷的杀戮、滥抓劳工,连年的天灾等大大削弱了华北农村的生产力,土地荒芜,农产品产量极度下降,难以维持在华日伪军和民众的生活需要。而工业生产的目的是为战争服务,物资流通也是主要供给日本生产战争武器,已经背离市场经济的发展轨道,随着战争的扩大与恶化,带来的结果只能是停产和萎缩。其三,民族工业始终受到日本统治机构和日商企业的压制排挤,棉纺织业几乎被日商纱厂所垄断,毛纺织业原料匮乏;一些面粉公司被日本收买或兼并,在原料统购统配和成品统销下长期处于停产和半停产状态,原有的棉纺织、食品、火柴等轻纺工业,以及化工和出口加工业等支柱产业的生产量逐年下降;被列入统制性行业的企业不是被日商排挤兼并,就是在原料和产品严格的统制下转产或停产。冶金、机械、化工企业刚一出现就遭遇到资金和设备极度贫乏,也难以形成规模。同时,日资企业迅速增加,1939年有54家,1942年增加到225家,中日合资企业由2家增加到17家,几乎垄断了天津工业的各个行业。天津周边农业生产中小麦、稻谷和棉花始终没有达到1936年的生产水平。其四，由于建立在市场经济下的商品流通种类减少、规模缩小，对腹地的影响力减弱；面向各国的对外贸易也逐渐变成了主要与日本和附属的伪满之间的为战争服务的物资流通，进而造成天津工业凋零萎缩，物资奇缺，市场萧条，民众食不果腹，生活难以维持，以致经济崩溃。

因此，抗日战争时期的天津经济，以商品为主的市场经济发展轨道被战争阻断，无论是农业、工商业、金融业，还是内外贸易和商品流通，都被绑在日本侵略战争的战车上，毫无选择地服从战争的需要，是殖民统治下直接听命日本军政当局的非常态的战时经济，是超经济的掠夺。

第一章　七七事变前日本对天津的经济扩张和侵略

第一节　天津开埠后对日贸易和日本政治势力与经济活动

一　天津的开埠通商与对日贸易

天津地处华北平原东部的海河流域下游，内扼南北运河枢纽，外临渤海湾中心，是明清时期首都北京的门户。明代以后漕粮运输数量不断增加，沿海地区制盐技术的革新助推经济实力的提升，使得天津一直成为明清时期首都社会经济稳定发展的重要依托。同时，天津河海交汇的地理位置，随着沿海贸易的兴起愈发显露出发展的优势。

清中叶以后，天津同东南沿海及辽东贸易呈发展势头。"商船往还关东、天津等处，习以为常。"南方各地商旅纷纷放舟北上，直趋天津、奉天，形成了贯通闽、粤、江、浙和鲁、冀、辽的北洋航线。开埠以前，每年航行于北洋航线的上海船只约有万艘，货运在 50 万 ~ 60 万吨。南来的船舶装载着江浙的茶叶、毛竹、南纸、绍兴酒、瓷器、棉纱、棉布、丝织品、粮食，闽粤的蔗糖、各种海货、翎羽、金箔、锡箔以及进口的纺织品、金属品、香料、珍贵木材等源源不断地运到天津，供给朝廷和北方民众消费；然后从天津起航南归，运去的产品有来自东北和华北地区的花生、麦、豆饼、大豆、豆油、杏仁、红黑枣、核桃、药材、水果、木材、瓜子、肉类、人参等。这些来自闽、粤、浙、沪的商船，每年往来贩运货物不下一千万担。另外，山东半岛、冀东和辽东半岛的船只往返穿行，助长了渤海湾内商品流通和贸易。这些南来北往的大宗货物汇集天津，天津成为"燕、赵、秦、晋、齐、梁、江、淮之货，日夜商贩而南；蛮海、闽广、豫章、楚、瓯越、新安之货，日夜商贩而北"的商埠，出现了如"若停运一年，将南方货物不至，方之枣豆难销，物情殊多未便"的局面。天津南北运河和子牙河沿岸，以及北门外的河北大街、锅店街、估衣街，东门外的宫南、宫北大街，已是土洋货零售和向腹地批发的总汇之地。此时的天津，已经是北方最大的商品集散中心，经济辐射达到直隶、山东和山西以及部分辽东地区。开埠前的1860年前后，天津城乡人口达到近20万，在北方仅居首都之后，是北方最主要的商业城市。

18世纪欧洲各国经过产业革命后，不断扩大其国外市场，建立殖民地，打开中国的大门，是西方国家梦寐以求的。然而，清朝的闭关政策和中国的自给自足自然经济，使西方国家的愿望难以实现，丝、茶、瓷器等货物的大量出口和外国棉布、金属制品在中国的滞销，反倒形成巨大的贸易逆差。为此，以英国为主的西方列强除了积极鼓吹战争以外，便是进行鸦片走私贸易。天津由于河海交通的便利条件，近邻贵族官僚集中的北京，成为"北方的鸦片大市场"。进入天津的鸦片，一部分是英国大烟贩从海上直接向天津运入；更主要的是不法之徒通过福建、广东商船从英国鸦片贩子那转贩而来。这些鸦片一部分在天津地区销售，大部分则经窑口之手转贩给山西等处商人或包运到北京。① 更为重要的是，西方列强十分重视天津作为首都门户的战略地位，无论出于威慑清朝政府的需要，还是出于经济侵略的野心，都将尽快打开天津这个首都的门户，作为其侵华的重要策略。西方列强在第一次鸦片战争前后，就意图武装威胁天津，进而压服北京。1832年英国东印度公司雇员、鸦片贩子胡夏米对中国沿海进行侦察后，致信英国外交大臣，认为"天津的商务不及福建的繁盛，但天津距北京不足五十公里，我们在天津所造成的恐慌，大可逼迫满清政府早日结束战争"②，即表述了天津的重要战略地

---

① 齐思和等：《鸦片战争》第五册，神州国光社，第24页。
② 转引自严中平《英国资产阶级纺织利益集团与两次鸦片战争史料》；列岛：《鸦片战争史论文专集》，生活·读书·新知三联书店，1958，第40~41页。

位。在第一次鸦片战争中,英法侵略者时常以"北赴天津"胁迫清政府,以获取更多的特权;同时又急需在天津寻求贸易途径扩大商品市场。因此,打开天津大门,就成为西方列强侵华战略中迫切需要解决的问题。

第一次鸦片战争后,长江以南的广州、厦门、福州、宁波、上海被辟为通商口岸。南方五口岸的开放并不意味着偌大的中国已全部卷入资本主义的市场体系。由于中国小农与家庭手工业相结合的经济结构,西方国家的对华贸易额并没有多大增长,而中国的茶叶与生丝等货物的出口却大量增加。于是,英法联军在广州发动了新的侵华战争,其占领广州后,英、法国政府任命全权大使额尔金等联合率军舰北上天津,除了向清政府提出赔偿军事损失和公使常驻北京等条件外,还要求清政府增加开放口岸。1858年4月英法联军及美、俄两国公使齐集天津大沽口,分别发出照会,要求清政府派全权代表进行谈判,遂以对清政府答复不满意为借口,进攻大沽口,占领炮台,英法联军军舰从容驶入海河,5月26日行抵天津城外,威逼首都。清政府不得不于1858年6月在天津分别与俄、美、英、法四国签订了不平等的《天津条约》。这个条约的主要内容是:赔款、各国公使驻北京、扩大领事裁判权、基督教和天主教可以入内地自由传教,并加开沿海的牛庄、登州、汉口、九江、镇江、台湾府(台南)、淡水、汕头、琼州和南京等为通商口岸。条约签订后,英法军队于7月撤离天津。但是,清政府与英法两国都对该条约不满意。清政府认为签订《天津条约》,只不过是权宜之计。"盖时势当危机之秋,恐夷情一变,津郡立非我有,从此北窜,深为可虑。"① 对于《天津条约》中的公使驻京一条,咸丰帝更是深恶痛绝,他甚至命令桂良等人在上海谈判议定税则,以免去外国商品的全部关税作为交换条件来废除《天津条约》。英法两国政府则认为天津同其他许多被开放的通商口岸一样重要,在《天津条约》所列的通商口岸的名单中,未能把天津列入,是"额尔金政策的失败"。② 一年后,中外双方需要在北京互换《天津条约》文本并正式生效,但清

---

① 贾桢等:《筹办夷务始末》(咸丰朝)三,中华书局,1979,第966页。
② 雷穆森:《天津——插图本史纲》(中译本),第9页。《天津历史资料》第2期,1965。

政府对外国公使入京深感顾虑，决定换约在上海进行，而英法公使却坚持入都换约，磋商未果。1859年6月英、法、美国公使率舰艇21艘，2000余名官兵由上海相继到达大沽口，与大沽守军展开炮战，英法联军受到沉重打击后，1860年7月英法联军集结200余艘军舰和2.5万名侵略军陈兵大沽口。8月初英法军舰率联军占领了北塘和塘沽，攻陷大沽炮台，随即侵略军兵舰沿河而上，未遇抵抗即控制了天津城。清政府为挽救危局，派钦差大臣到天津与英法公使议和，但满足不了侵略者赔偿军费和带兵入京换约等要求。9月8日英法联军由天津向北京进犯，清帝仓皇北逃，9月21日英法联军占领通州，随即北京陷落，京城民众遭杀戮，圆明园遭抢掠和焚毁。1860年10月25日，清政府被迫与英、法签订了《北京条约》，其第四款为："大清大皇帝允以天津郡城海口作为通商之埠，凡有英民人等至此居住贸易均照经准各条所开各口章程比例，划一无别。"①至此，首都门户的天津也在西方列强的威逼下，不得不增为开埠通商，成为北方最大的通商口岸。

天津开埠后，成为西方列强在中国北方最主要的登陆场，对外贸易迅速发展。由于从无到有，最初天津的进出口贸易额基数小，1865年后进出口贸易有较快的发展，1885年与1865年相比，20年间增加了一倍，而1895年的10年时间内又增加了近一倍，为5017万余海关两，占全国进出口贸易总额净值的比重为15.93%；1898年天津进出口贸易总值比1880年增加了191%，达到7000余万海关两。天津的对外贸易一直执华北地区之牛耳，始终占该地区贸易总额的50%以上。但是，由于周边腹地商品化和市场化发展不够，港口、河道等运输环境没有大的变革，从远洋运输的效益上看进出口商品在上海和香港集散最为经济。所以天津无论是进口洋货，还是出口土货，多是通过国内的上海、香港口岸的转口贸易，直接贸易商品的数量和种类很少。尽管如此，天津对外贸易的兴起，促进了商品流通规模的扩大和商品市场的拓展，为20世纪以后对外贸易的迅速发展打下基础。

20世纪以前，天津与日本的贸易也是经历了从小到大的过程。日本

---

① 王铁崖编《中外旧约章汇编》第1册，生活·读书·新知三联书店，1982，第145页。

明治维新后，起程脱亚入欧，虽然其自身的经济实力和商品生产有限，但生产资源和商品市场也要依仗外国的支撑。天津以及华北地区是日本的近邻，往来方便。日本邮船公司1886年开辟了从神户、长崎至天津航线，当年有18艘日本船只出入天津口岸；1889年又开辟了神户至天津、牛庄等航线；日本大阪商船会社1898年在天津设立航运机构，开辟了北洋航线和南洋航线，主要运营台湾与福州、上海、青岛、天津之间的运输。1890年天津口岸只有4艘日本船只出入，出入货物仅有1.5万吨；1894年为38艘，2.8万吨；到1898年增加到108艘，9万余吨。20世纪前天津对外贸易中，与包括香港在内的英国贸易始终占据首位。出入天津口岸的英国船只与货物从1861年的78艘，2.1万吨，增加到1871年226艘，10万余吨；1894年达到736艘，63.6万吨，均占船舶进出口数量和吨位总数的50%以上。直接进出口贸易也是如此，英国占进出口贸易的比重，一般为50%以上，多者占到80%。日本则位居第二，1873年直接进出口贸易额为12.3万海关两，1894年为94.4万海关两，1898年增加到247.4万海关两。

20世纪以后，天津的对外贸易发展迅速，直接贸易成为对外贸易的主要部分。其主要原因是海河的疏浚使轮船直接可以行驶到天津市区码头，降低了运输成本，铁路带来了交通运输方式的变革，促进了腹地经济的扩展，带动了农业的商品化生产；更重要的是，从日本崛起后，天津与日本的直接贸易大幅度增长。1905年日俄战争后，日本对华贸易发展迅速，1912年对日贸易已占中国外贸的18.1%。第一次世界大战期间日本乘机大力发展对华贸易，1919年在中国外贸中的比重已飙升到36.2%。天津临近日本和朝鲜，进而成为日本进出口贸易的重点，对日贸易比重上升。1919~1930年，对日贸易在华北地区的进口贸易中占40%~60%，出口贸易中占35%~75%，在全国对外贸易总值的比重大幅度提高。在天津，1905年的直接进口占进口总值的比重为52.1%，天津海关分析原因为："尤因日本与本埠各商之生意畅旺"，1907年天津直接对日进口已占直接进口的24.2%，1919年对日直接进出口占直接进出口贸易值77.1%。

表 1-1 1871~1925 年天津直接进出口贸易额及占进出口贸易总净值比重

单位：万海关两，%

年份	A	B	A/B	C	D	C/D	E	F	E/F
1871	134.44	1233.1	10.9	3.1	94.71	3.27	137.54	1855.76	7.0
1875	96.27	854.85	11.3	0.25	168.97	0.2	96.52	1705.87	5.66
1880	119.06	1039.93	11.45	18.49	255.9	7.22	137.51	2166.84	6.35
1885	166.37	1251.62	13.29	0.007	374.5	0.0	166.38	2624.27	6.34
1890	185.78	1717.72	10.82	7.34	497.86	1.47	193.12	3413.16	5.66
1895	536.75	2875.0	18.67	54.99	915.89	6.0	591.74	5017.58	11.79
1899	1425.52	5366.42	26.56	88.38	1570.08	5.62	1513.9	7760.45	19.51
1905	3146.32	6042.96	52.07	759.59	1473.93	51.54	3905.91	9656.56	40.45
1910	3267.8	5403.82	60.47	318.16	2501.81	12.71	3585.96	9809.03	36.56
1915	4063.69	5566.6	73.0	1533.39	4985.99	30.75	5597.08	12505.34	44.76
1920	6985.48	9148.23	76.36	1821.58	4458.85	40.85	8807.06	17318.25	50.85
1925	8508.79	11031.01	77.14	6170.41	9993.79	61.74	14679.2	28770.47	51.02

注：1874 年前为津行化两，1874 年以后为海关两。
A=洋货直接进口值（包括香港）
B=洋货进口总值
C=土货直接出口值
D=土货出口总值
E=直接进出口贸易值
F=进出口贸易总值
资料来源：天津海关历年贸易统计年刊。

20 世纪 20 年代以后，天津的对外贸易迅速增长，进出口贸易总值 1902~1911 年每年以 700 万海关两的速度递增，1921 年为 22477.9 万海关两，1931 年增加到 35022.9 万海关两，比 1912 年增长了 2.42 倍，1912~1931 年则以千万海关两的速度增长，天津的对外贸易长期在华北地区占据首位。

表 1-2 1900~1931 年华北六口岸占该地区贸易总额净值比重

单位：万海关两，%

年份	各口岸	天津	秦皇岛	青岛	烟台	龙口	威海
1900	62936	100	50.72		6.29	42.99		
1905	179871	100	53.69	12.15	12.41	21.76		
1910	182366	100	53.79	6.30	23.35	16.56		

续表

年份	各口岸		天津	秦皇岛	青岛	烟台	龙口	威海
1915	188832	100	66.22	5.62	6.99	20.84	0.33	
1920	299755	100	57.77	5.73	22.55	12.62	1.32	
1925	472205	100	60.93	3.59	26.74	7.08	1.65	
1930	575855	100	54.72	5.51	32.27	5.36	1.89	0.25
1931	674535	100	51.92	5.44	32.35	7.28	1.68	1.32

资料来源：张利民：《华北城市经济近代化研究》，天津社会科学院出版社，2004，第68~69页。

从表1-2得知，天津的对外贸易在华北六个通商口岸中始终居第一位，占该地区贸易总额净值50%以上。在全国的对外贸易中，天津占全国贸易总额净值的比重从1910年的11.62%，上升到1920年的13.28%，1925年达到16.69%，1930年和1931年分别占14.29%和14.95%，居全国第二位。

天津内外贸易、金融和工业的迅速发展，促使其自身经济实力的增强，经营进出口贸易为主的洋行猛增，1890年为47家，1906年为232家，1926年为900余家，1931年达到2686家。1850年有商铺万余家，1925年天津商店总数增加到15456户，[1] 1928年有中外商店和公司25448家，到1936年前后商店数量增加到31600余户。[2] 同时，津浦等铁路相继开通，天津与内地的交通运输方式发生了变革，将进口的洋货运到铁路沿线和运河周边农村销售，并集中腹地的农副土特产品出口国际市场和南方市场，天津城市经济辐射能力增强，辐射范围不仅包括河北、山西省以及山东、河南、内蒙古部分地区的华北区域，而且扩大至东北、西北，是北方最大的工商业城市和经济中心。

二 日本在天津的租界和机构

天津开埠后，西方列强为了能够直接控制和威胁清政府，立即筹划在

---

[1] 天津商会档案，三类9324卷；转引自孙德常等主编《天津近代经济史》，天津社会科学院出版社，1990，第208页。
[2] 《中华时报》1936年6月6日；转引自孙德常等主编《天津近代经济史》，第247页。

天津设立租界。1860年底，英国自行在津城东南五里之紫竹林起往南划定为英租界。不久，法国驻华公使亦亲自到天津勘察，在英租界以北划定面积为435亩的法国租界。美国也随即在英租界以南划定了美租界。这些租界的建立和不断扩大，刺激了在华的其他国家，都企图在天津有自己的势力范围。德国和日本是1895年中日甲午战争后在天津强划租界的；1900年八国联军占领天津和北京，俄国、意大利、奥地利、比利时四国也逼迫清政府在天津设立了租界。至此，天津先后有九个国家租界，成为中国设立租界最多的城市。外国租界地处天津旧城东南的海河两岸，扼守交通要道，很快发展成为天津的对外贸易中心。

日本租界的划定是由日本驻天津领事私自调查后，划定范围，强迫中国政府承认的。1895年中日政府签订《马关条约》，极大增强了日本朝野要在国际社会占有一席之地的企图，其觊觎中国的资源和市场，独占中国之野心陡增。中日政府1896年7月在北京签订了《日清通商航海》条约，使日本获得了在中国国内从事工商业活动和在开放港口建立工厂的权力，随后又签订了《公立文凭》，其中第一款规定："添设通商口岸，专为日本商民妥定租界，其管理道路以及稽查地面之权，专为该国领事。"第三款又规定："中国政府亦允，一经日本政府咨请，即在上海、天津、厦门、汉口等处，设日本专管租界。"① 天津日租界就是根据该条约设立的。《马关条约》刚刚签订，日本驻天津领事郑永昌就奉外务省之命，在天津调查和策划划界之事。郑永昌经过秘密调查，于1896年12月12日将调查结果报告外务省，提出了设立日租界的具体范围和与中国地方政府谈判的方式方法等。1897年10月17日，日本政府正式照会中国政府，提出设立日租界的地界，并附划界的地图，要求中国政府"从速示复"。② 10月末，日本驻天津领事、副领事以及随员来到天津，与直隶总督王文韶等面商设立租界事宜。日本在天津设立租界之事，被《国闻报》报道后，激起了当地商民的反对。清政府一面安抚商民，一面与日本驻天津领事等谈判。经过二轮谈判，1898年8月29日中日双方签订了《天津日本

---

① 王铁崖编《中外旧约章汇编》第1册，第686页。
② 〔日〕《在支帝国専管居留地関係雑件——天津之部》，日本外务史料馆3-12 2-32-8。

租界条款》和《另立文凭》,① 其租界定为:"东界以福音堂之北界起,沿河至溜米厂、邢家木厂之北横街河沿止,计长八十五丈;南界由福音堂之北界起,划一直线向西至土墙止,距英新界一百五十丈;北界由溜米厂、邢家木厂之北横街河沿起,现有道路绕出屋后空地计零丈,向西直至现有道路,迤逦向西至海光寺东南角河沟外,顺路抵土墙止。所有沿路之界址,均留地三丈,以备筑路展宽之用。再由该处土墙迤下至南界计零丈。西南两界,遂均以土墙为止,然须留出五丈道路。"另据《另立文凭》,"中国允将溜米厂至朝鲜公馆南墙路外,沿一直线,西接日本现定之界,作为日本预备租界"。第二款则规定:"中国允在德国租界以下划一地段,为日本轮船停泊码头。"② 1900年八国联军侵占天津后,英、法、德等国乘机扩充租界,俄、意、比、奥等国也新设了租界,日本自然也不甘落后,再次扩充租界,1903年中日双方签订了《天津日本租界推广条约》,几经扩充终于划定大致范围,其总面积达到2150亩。③

天津的日租界与中国其他城市的日租界相比,面积最大,时间最为长久。更重要的是,从地缘政治上看,天津是首都门户和洋务活动中心,在北京政府时期是北洋军阀政治军事活动的策源地和寓公聚集地,在这里可以更直接地了解甚至控制中国政府,而且在地域上更接近日本和日本图谋已久的中国东北;从经济地理上看,天津是北方最早最大的通商口岸,经济发展迅速,日本扩大经济势力后天津将成为日本商品倾销市场和掠夺资源的基地。所以,天津的日本租界在日本政治、军事和经济上侵略中国的过程中发挥了十分重要的作用。

日本在天津划定租界之前已经有政府的派出机构。1871年中日两国在天津签订《中日修好条规》,其中有关于互设领事及领事权限条款。翌年,日本首先在上海和福州开设了领事馆。1875年在天津设立的日本领事馆,是日本在天津最早的政府派出机构。1875年5月5日,日本外务卿寺岛宗则在向政府呈上的关于设置天津领事馆的建议中认为,天津乃北京、上海往返的必经之路,加之又是北京的咽喉,为我国贸易计,应该在

---

① 参见张利民《划定天津日租界的中日交涉》,《历史档案》2004年第1期。
② 王铁崖编《中外旧约章汇编》第1册,第798页。
③ 关于日租界的面积,资料记载不一,还有2067亩、2138亩、2341亩、2440亩等几种说法。

天津设置领事馆。9月29日，日本政府派遣副领事池田宽治、外务三等书记生水品梅处到天津建立领事馆，这也是日本在华北地区设立的最早的领事馆，管辖区域为直隶省、山西省及察哈尔都统辖内蒙古一带地方。当时日本领事馆设在英租界，仅为领事馆事务所，两年后才在紫竹林新设领事馆。义和团运动后的1902年，天津领事馆升格为总领事馆。此时，日租界开始建设，前来天津的日本侨民也日渐增加，开始移到日租界内居住。而日本总领事馆在英租界，不便于租界和日本侨民的管理，1909年日本总领事馆迁入日租界内，先是在荣街17号（今新华路）设立临时事务所，1915年移至位于宫岛街和花园街拐角处的新馆，原来英租界的领事馆厅舍则成为历届总领事之官邸。总领事馆最初人员很少，后来发展到50余人，除总领事外，还有领事二人和副领事若干人，并派有武官。总领事馆设有总务部、经济部、司法部和会计课、电信课、文书课及警察署，后增设朝鲜课。

日租界的行政最初基本由领事和总领事掌管，总领事拥有界内的行政管理权、立法权、司法权、警察权、课税权及部分土地权等，是租界的最高统治者；后来租界选举出来的居留民会和行政委员会的议长等，也需要得到天津总领事的认可，总领事还负责召集民团议员召开居留民会和行政委员会，批准居留团参事会推荐的行政管理机关人员。① 总领事馆内设置的警察署拥有绝对的权力。1896年4月16日，日本外务大臣陆奥宗光致电驻中国各地的领事馆，决定"为保护和管理清国各地在留的帝国臣民，在各领事馆设置警部一名（上海二名）"，② 同年6月8日派一名警官到天津。义和团兴起后的1900年9月，日本政府重新派遣警官2名和巡查30名到天津，接受领事的领导。最初是借用紫竹林日本总领事馆前的野战邮局设立警察官事务所，行使警察权，不久在闸口大街新设警察分遣所，1905年日俄战争后天津的日本人增加，警察事务所转移到日租界中心地宫岛街。最初，警察署内警官和巡查数十名，1928年末增加到280名，有两个警察分署。1931年天津事变后，增编了特别警戒部队，

---

① 〔日〕《居留民团实行规则》第64~80条。
② 〔日〕外务省外交史料馆：《外务省警察史》第34卷（支那之部—北支），第12页。

以加强警力，并逐渐增员。1937年，日本总领事馆警察署中有警视1人、警部3人、候补警部6人、巡查部长22人、巡查51人、华人巡捕约400人。①

在天津还驻扎着数千名日本驻屯军，这是中国其他城市所没有的，且在日本对华侵略中具有十分重要甚至决定性的作用。义和团运动期间，各国列强借口为了保护公使馆、领事馆和本国侨民的安全，要求驻军，并在《辛丑条约》中得以确定。天津的日本驻屯军1901年4月22日到达，因为当时日军尚占领北京、天津等地，驻屯军仅有1700余人。翌年，各国开始减少驻军，日军第五师团也分两期撤退，天津日本驻屯军的兵力增加到步兵2个中队。日本驻屯军第一任司令官为大岛直久中将，有步兵、骑兵、炮兵、工兵、野战医院和一个军乐队，兵营驻扎在日租界西南的海光寺，司令部也设在日租界。1912年清国驻屯军改称"中国驻屯军"，因常驻在华北地区，亦称"华北驻屯军"。驻屯军司令官时而为中将，时而为少将，其兵力也根据时局的变化而增减，多时达到5000余人。1935年随着日本侵华步伐的加快，驻屯军被编入作战系列的正规军；翌年司令官升格并大肆增兵，成为日本侵占华北的先头部队。

在日租界还有居留民团，它与日本政府的派出机构和军队共同负责管理租界和日本侨民。日租界最初的行政管理机构是天津总领事馆1902年设立的大日本租界局，由总领事选定的三至五名行政委员负责审议处理租界内有关土木卫生事务，这些行政委员多是日本大的银行和企业驻津机构的负责人，如正金银行天津支店店长、三井洋行天津支店店长、日本邮船会社天津出张所所长等。1907年根据日本的《居留民团法》改为居留民团，行政委员增加到10名，有官选委员和公选委员，仍然由日本大的银行、洋行、会社的代表以及律师、记者等名人组成。行政委员会是居留民团的执行机关，负责民团日常行政事务。

20世纪以后，天津有以上诸多的日本政府和民间机构盘踞，尤其有军队长期驻扎，这是日本在中国关内唯一的有编制且长期驻守的军队。这些机构的存在，不仅说明天津有租界和日本侨民需要管理，更重要的是，

---

① 参见万鲁建《近代天津日本侨民研究》，天津人民出版社，2010，第50~52页。

天津日本政界、军界、商界以及日本浪人等在此汇集，在不同时期尤其是战乱时期和20世纪30年代侵华战争时期都在这里策划各种政治、军事和经济策略与阴谋，实施各种侵华行动，是日本侵华的大本营和现场指挥地。

三　日本在天津的侨民与经济活动

在近代中国，天津是日本来华侨民最早的城市之一，且随着天津政治经济地位的提升和日本侵略战争步伐的加速，日侨的数量也有较快的增加。据目前资料，进入近代以后最早在天津的日本人大概是设立驻天津领事馆的人员，20世纪80年代有日本侨民在天津从事商业活动的记录。比如1886年的津海关贸易报告指出，此时由于贸易发达，诱使一些日本商人前来经商，说明此时天津已经有少数日商。至甲午战争时，天津的日本侨民合计为48人，同一时期在上海的日本人已达千人左右。① 日租界设立之前，居住在天津的日侨数量很少，1894年仅50人左右，1900年增加到11户88人，因为日租界尚未建设，他们多聚居在城厢一带。义和团运动结束后，驻屯军的驻守，吸引了日本人前来天津，1903年天津大约有1300名日侨。随后，租界开始大规模建设，日本政府和媒体将租界誉为在异国迅速"腾飞"的"新天地"，鼓励人们来此居住，促使更多的日本人来到天津，进而日租界成为大部分日侨的居住地。据1906年9月的调查，全部的553户1840名日侨中，居住在日租界的分别占70.89%和75.92%，在其他国租界的分别占15.34%和14.29%。第一次世界大战期间，欧美各国忙于战争，无暇东顾，而日本人却趁此机会，大力发展对华投资和贸易，日本与天津的贸易额激增，日本人也蜂拥而至。1914年增加到812户3086人，② 到战争结束的1919年，在天津的日本人达到4613人。随着天津政治经济地位不断上升，对日贸易逐年攀升，以及日租界已经形成规模，来这里居住、工作和生活的日本人逐年增加。日租界的日侨

---

① 〔日〕高纲博文：《上海的日本人居留民》，熊月之、马学强等选编《上海的外国人（1842～1949）》，上海古籍出版社，2003，第151页。
② 〔日〕天津総領事館：《管辖内在留邦人户口表》，日本外務省：《在支那邦人進勢概覧》，1915年版。

人口，1928年达1520户4957人；1936年全市有日侨11481人，其中在日租界内居住的占到91.24%。

从日侨的职业结构看，甲午战争前多是公职人员或会社的职员，也有少数中小商人经营杂货，还有个别的记者，1892年日本在天津的洋行仅有4家。20世纪以后，经商的日侨增多，日本洋行1905年增加到60家。1906年在天津日侨调查后反映的职业结构，人数居前三位的是，从事杂货业的210人，公司银行职员168人，受中国各级政府聘用的123人，仅在天津各学堂的日本教习和技工就有20人；以下依次为从事建筑、贸易、官吏、饮食服务和娱乐业人员。① 中日贸易长期居天津对外贸易总额之首位，进而从事贸易和金融等经济活动的日侨不断增加，1922年《天津日本人官商录》记载的有一定政治经济地位的日侨中，从事经商金融等经济活动的有150人以上，担任公职的近30人，从事教育、医院和新闻事业的有34人；② 一般的日侨也主要是从事贸易等经济活动，还有数量不菲的建筑工人和饮食娱乐业人员，形成了以商人、公司和商店职员、饮食服务娱乐业人员以及官员和公职人员为主体的日侨社会。③ 但从日侨的职业和经营规模看，多属于中小商人，即便具有相当规模的会社等也多是出张所或支店等分支机构，大的财阀和会社多集中在上海，以及由日本直接统治的大连和青岛，很少在天津设立公司的总部。④

20世纪20年代末，日本充当东亚霸主的野心迅速膨胀，在华政治经济势力随之增强，天津有日本在华最大的租界，又是其侵占东北后首当其冲的前沿，成为日本军政机构和经济财团关注的重点。在天津的日本驻屯军数量增加，并从日本关东军派驻了特务机关长。日本一些大的财团也纷纷来这里设店办厂，在天津的日侨逐年增加，职业结构中除了从事经济、政府公职仍占较大比重外，新闻、教育、文化界人士和经纪人的数量，以及从事饮食服务和娱乐业者的比重有所增加。根据1928年12月末的调

---

① 〔日〕外务省通称局：《清国事情》第1卷，1907年版，第119~121、144页。
② 根据〔日〕小仓知正《京津在留邦人官商录》（天津兴信所1922年版）统计。
③ 参见张利民《20世纪30年代天津日侨社会与特征》，《历史档案》2009年第4期。
④ 参见〔日〕小林元裕《1920年代天津における日本人居留民》，《史苑》第55卷2号，1995年5月。

查，日本人的职业结构为进出口商 183 家，加上船舶运输业、通关业已超过 200 家；杂业为 170 家，位居第二；再次是料理屋和饭馆、土木建筑承包商等。① 根据 1932 年 12 月在天津日本人的职业统计，当时"总共有 1543 家，其中最多的是贸易商 249 家。其次包括艺妓、舞女、女招待在内的特殊职业者，计 117 人。再次是杂货商，计 209 家"。到 1934 年，日本侨民中，会社和银行职员、商店店员等最多，有 577 人，官吏和中国政府等雇用者有 228 人，贸易商 130 人，一般的小商店者和商贩 218 人，医务行业有 88 人，教育业 45 人，旅馆饭馆和从事出租业者 54 人，食品饮料和烟土等制造业者 42 人，宗教人士 38 人，土木建筑业者 36 人，艺妓、娼妓、招待员等 147 人。②

通过在天津日本人的职业构成可以明显看出，这些日侨多是从事经济活动。由于第一次世界大战以后，对日贸易一直占据天津对外贸易的首位，一些大的洋行、会社等也开始在天津设立支店、办事处等，日本在天津的经济实力迅速增强。比如三菱商事会社 1918 年成立后，翌年"即于天津开设分店，专营进出口贸易。其后业务开展，乃升格为支店"，并在石家庄、太原等地设立分店，从事收购土特产品和推销日货。③ 1892～1902 年的十年间，"日本商行的数字从 4 家增加到 21 家"。④ 根据 1935 年的统计，日商在天津开办的洋行、商店达 1800 余家。⑤ 1936 年，各国在天津开设的各类洋行 982 家，其中日本洋行就有 689 家，⑥ 约占全部外国洋行的 70.2%。日本国内很多大的会社公司都在天津有分支机构，如三井洋行、三菱洋行、大仓洋行、伊藤忠商社、武斋洋行、清水洋行、小林洋行、三友洋行、松昌洋行、冈崎洋行、华胜洋行、东亚兴业会、中日实

---

① 天津居留民团：《天津居留民团二十周年记念誌》，天津居留民团，1930，第 616 页。
② 〔日〕外务省外交史料馆：《外务省警察》第 34 卷（支那の部——北支），第 288、330 页。
③ 《三菱商事株式会社天津支店接收报告书》，平津敌伪产业处理局档案，天津档案馆藏；转引自居之芬主编《日本对华北经济的掠夺和统制——华北沦陷区资料选编》，北京出版社，1995，第 189 页。
④ 《天津海关 1892～1902 年十年调查报告书》，《天津历史资料》第 4 期，1964，第 88 页。
⑤ 天津市政协文史资料研究委员会：《天津租界》，天津人民出版社，1986，第 103 页。
⑥ 天津市地方志编修委员会：《天津通志·附志·租界》，天津社会科学院出版社，1996，第 209 页。

业会社、天津信托兴业公司、东洋棉花、日本邮船会社、大阪商船会社、日清汽船会社、近海邮船会社等。

在天津的日本银行和金融机构最早设立于19世纪末，20世纪20年代已经形成一定的规模。1899年横滨正金银行在天津设立支店，这是日本第一家在天津的银行。1912年铃木敬亲等日本人成立天津商工银行，翌年与北京实业银行合并，改称天津银行，总行在天津，实付资本62.5万日元。1915年、1918年正隆银行和朝鲜银行也分别在天津开设了支店，1922年大东银行开设天津支店，1924年出资1000万日元的中日合办北京中华汇业银行也在天津开设分店。一些日本侨民还开办小规模的金融企业，从事小额金融、信托、汇兑和保险等业务。诸如天津信托兴业公司、中日共益储蓄会等，其资本额一般在二三十万日元，经营业务单一，服务对象主要是在津的日本侨民。1936年，日商在天津经营的钱庄有5家，投资额125000日元；当铺9家，投资额84000日元。[①]

日本人在天津设立的工厂数量不多，规模不大，有当地的特产工业，如面粉、火柴、肥皂、橡胶、制革、骨粉、料器、玻璃、地毯和铁工厂等，也有专门为进出口和日本侨民服务的小型工业，如有2家清酒工厂，资本各五六万日元，每年生产供应日本侨民的清酒500石左右。规模较大的工厂有东亚烟草公司，资本250万元，日华制油会社投资百万日元设立了中日合办的裕津制革厂，年产量5000担，占天津各厂产品总量的一半以上；还有中华、大生和三友火柴公司以及武斋、清喜、内外化学等骨粉肥料企业，1921年12月成立的武斋洋行，利用骨粉制造肥料，资本25万日元，1936年实际投资额40万日元；1923年3月成立的内外化学肥料公司，1936年的实际投资额近30万日元。20世纪20年代后期和30年代初期，日商开始投资兴建化工企业，以利用天津的长芦盐，生产氧化镁、氧化钾等化工产品，如维新化工会社天津厂，资本35万日元；大和化学染料厂，资本4万日元；福美津染料厂，资本1万日元；大清染料公司，资本2.5万日元；另外还创办了6家胶皮厂，资本最多的不过5万

---

① 沈殿忠主编《日本侨民在中国》（上册），辽宁人民出版社，1993，第898页。

日元。①

综观1931年前日本在天津的经济活动，有以下几个特点。其一，重点经营的是涉及进出口贸易的洋行会社，以掠夺原料和倾销日货为主。其商业会社尤为突出，如三菱商事会社天津支店"专营进出口贸易"，从事收购土特产品和推销日货。② 其二，主要投资于轻工业，且一般数额并不多，说明其投资重心因受华北地区长期军阀混战导致政局不稳和经济不够发达等因素的限制，投资重心先期在上海，后来又增加了东北和青岛。其三，中日合办形式比较普遍。其中有日本财阀与中国政府合办，有财阀与官商合办，有日商与华商合办。这是因为，以中日合办形式，日商不仅可将经济实力扩大到不准外国人经营事业的通商口岸之外的内地，并能了解和刺探内地的政治经济情报；而且其产品多是以廉价输出日本的工业原料。其四，日本军政当局还没有谋划对华北的经济方策，还没有具体指定日商的投资方向，故投资的计划性不强，尚未纳入日本对华政治经济侵略的总体步骤。所以投资者多为了赚取更多利润而集中在轻工业等，对重工业和化工等日本军事需要的国防资源，甚至就连投资少利润高的棉纺织业也没有十分着力的投入。

第二节　天津是日本政治经济侵华的现地大本营

日本在占领中国东北后其侵略的指向首先是华北地区，妄图通过"华北自治"，控制华北的政局和经济，进而使战火蔓延到全中国。天津是抗日战争全面爆发前日本对华侵略的前沿，日本租界聚集的日本侨民万余人，在一定程度上垄断着天津的对外贸易和部分近代工业。而且，所有的侵华机关麇集在这里。中国驻屯军司令部有官兵4000人，司令官的军衔均为少将或者中将，还有日本军部、日本关东军以及日本政府等各方势力。所以，1931年九一八事变后，天津成为日本军部和政府以及满铁等国策会社和各类组织进行政治军事行动、社会经济调查、策划对

---

① 〔日〕满铁天津事务所：《天津地方に於ける制造工业》，1936，第86页。
② 居之芬主编《日本对华北经济的掠夺和统制——华北沦陷区资料选编》，第189页。

华北乃至中国政治经济侵略方针政策和计划的现地"大本营"和实施中心。

一 日本在天津策划的"华北自治"

1937年七七事变以前,日本在天津的政治军事活动可以分为两个阶段,1931年之前主要是保护和扩充日租界这个"国中之国",保护日本侨民的利益;1931年之后则转变为以天津作为全面侵华的跳板,是侵占华北乃至全中国的重要组成部分。

日租界的管理者对日租界有强烈的本土意识,每当节日和纪念日,尤其是日本的节日,日本总领事馆、驻屯军司令部,以及在天津日侨组织的在乡军人团等会组织名目繁多的纪念活动,如天长节国庆纪念日、新年、秋祭和提灯会等节日,特别是能够显示其国力和武士道精神的纪念日会更为着力举办,如每年都定期举办日俄战争纪念会、陆军纪念日大会等,1918年由中国驻屯军举办的陆军纪念日大会,设在驻屯军的兵营,有官兵表演的队列演习、红白军模拟战斗,还搭建舞台表演摔跤和相扑,一般侨民也参加枪、剑术比赛。当年第一次世界大战胜利,日租界连续3天举行庆祝游行等活动。[①] 一旦发生触犯日租界利益的事情,日租界当局、军方和日侨等就会迅速做出强烈的反应。1913年8月,法租界巡捕为追捕犯人进入日租界巡查,将人抓到工部局,并打伤了2名中国巡捕,法租界当局对此处理缓慢,激起"日侨愤慨",他们马上在日租界大和公园集会,要求法租界当局处罚肇事者,并闯入法租界袭击了警察署,后经日租界警察署出面协调才得以平息。[②] 1919年3月日租界三名警察在巡查时与四名美国士兵发生冲突,随后数十名美国士兵闯入日租界殴打一名日侨,日侨在大和公园召开了居留民大会,其中青壮年手持棍棒和日本刀,高呼"打倒美国兵",要去袭击美军兵营,后被代理总领事劝阻。[③]

面对年复一年的中国商民抵制日货运动,日租界当局和警察署、驻屯军等也采取了相应的行动,以保护日侨的利益。日侨为了保护自身安全,

---

① 〔日〕《居留民团报告书》,大正7年(1918),第16页,天津图书馆藏。
② 〔日〕《居留民团报告》,大正2年(1913),第26页,天津图书馆藏。
③ 〔日〕藤江真文:《天津时代:增田洋行时代》,自刊本,第37页。

1927年5月成立了天津日本义勇队，最初有队员487人，此后义勇队的人数不断增加，1931年天津便衣队暴乱，义勇队发挥了十分重要的作用。1928年济南事变之际，在天津的驻屯军还曾被临时派遣到该地，"大大炫耀了天津驻屯军的武威"。此后由于京津地区紧张，从日本国内临时派遣军队到天津，中国驻屯军的兵力"一时达到约五千人"。①

1931年以后，在天津的日本中国驻屯军、总领事馆和租界当局等的活动则都带有十分强烈的目的性。

1931年日军发动九一八事变，9月24日，日本中国驻屯军就在民团会议室召开由领事馆、共益会、义勇队各方面代表参加的事变对策协议会，制定事变后保护日侨和其他对策，驻屯军通知每户日侨储备粮食、蔬菜和必备的消费品，并通过军队从大连及其他地方购买食品。更重要的是，驻屯军和关东军特务机关等共同策划了"便衣队暴动"，即天津事变，促使溥仪出走，进而在东北建立傀儡的"满洲国"。

九一八事变后的10月29日，日本关东军即派奉天特务机关长土肥原贤二大佐来天津，为在东北建立傀儡政权而策划由住在天津的溥仪担任伪满洲国首脑的阴谋活动。土肥原首先"走访海光寺的司令部，并和驻屯军协商"，② 以得到驻屯军的支持。随后，土肥原策划由中国驻屯军和特务机关纠集了千余名地方上的地痞流氓，组成了便衣队，由日本军官和日本在乡军人会会员负责训练。"此外，还把日租界内的6000日侨全部组织起来，其中1000多名在乡军人组成义勇队，协助日军训练便衣队。"③ 1931年11月8日，流氓土匪组成的便衣队手持武器冲向日租界和中国街区，袭击中国各官署，首先在南马路草场庵、东南城角中国城区与日租界交界处，向中国军队开枪射击；而后猛攻靠近日租界边沿的一区第六警察所。但由于中国保安队事先有所防备，并封锁了通往日租界的各个路口，断绝交通，击退了便衣队的进攻。便衣队一开始行动，驻屯军司令官香椎浩平中将立即发布戒严令，宣称由于日租界靠近中国街区，为保证日本侨民的生命财产及权益不受损害，命令日军紧急警戒。于是，日本军警加强

---

① 〔日〕天津居留民团编：《天津居留民团二十周年记念誌》，第696页。
② 〔日〕古野直也：《天津軍司令部1901~1937》，国書刊行会，1989，第189页。
③ 王律飞：《王一民与"天津事变"》，载《天津文史资料选辑》第67辑，1995，第103页。

对日租界的警戒。也就是在这一天，土肥原乘混乱的局面将溥仪偷偷地运出坐落在日租界的私邸，带入日本人办的神户馆酒馆，穿上日本陆军军官的军服，与土肥原一起乘车，在日本官兵的保护下穿过街区，登上在海河等待的陆军运输部所属的20吨小船"比治山丸"号，然后又在塘沽转乘驶往大连的轮船"淡路丸"号。

事变发生后第二天，日租界当局以"实已危及日本租界侨民生命之安全"为由，要求中国保安队和警察撤退三百米；日本驻屯军司令香椎中将要求河北省主席王树常、天津市市长张学铭必须保证日本侨民绝对安全。10日南开和南市一带出现激烈交火，"顿呈黑暗之世界"，"整个天津皆为恐怖可怕的空气所笼罩。商店闭门，交通断绝"。①此后中日双方几经交涉，社会街面趋于平静。但是，为配合日军在东北的侵略行动，日本的中国驻屯军在11月26～30日掩护便衣队发起第二次暴乱，并提出种种要求。日本军警加强警戒，日本义勇队出动巡逻，日本租界内外戒备森严。②几经交涉最终以中国的退让而结束。此后日本驻屯军不断实行戒严，举行军事演习，致使租界内外十分紧张。

针对事变的发生，日本当局一再宣称责任在中国，日本军队只是为保护本国侨民而进行的正当防卫。其实是日本为了稳定住东北局面，转移国际舆论和中国社会各界视线，并尽快建立傀儡政权的伎俩；同时也是关东军为挟持溥仪逃出天津而蓄意制造的混乱。"事实上日本不仅是幕后操纵，而且是直接指挥暴乱者。日本军曹长宫本及日兵二名，就是参加指挥便衣队向我地界攻击时被击毙丧生的。"③事变发生后，日本的驻屯军和日租界当局无理要求中国政府"一、取缔排日宣传；二、撤去对日军事设施；三、租界外围三百米以内的区域只能配置携带步枪的巡警"。④当时，南京国民政府为避免日军趁机扩大事件找借口而再生意外，命令保安队除留部分驻防原地，以防便衣队再起骚乱外，军队主力撤到河北。12

---

① 政协天津市文史资料研究委员会编《天津便衣队暴乱》，中国文史出版社，1987，第15页。
② 政协天津市文史资料研究委员会编《天津便衣队暴乱》，第39页。
③ 孙铭九：《回忆"天津事变"》，载《天津文史资料选辑》第37辑，1986，第113页。
④ 〔日〕陆军省调查班编：《天津事变に就いて》，1931，第12页。

月4日张学铭辞去天津市市长兼公安局局长职务，李荫坡接任保安总队队长。事变最终以中国的妥协而告结束。即便如此，日本仍然借此扩大了在天津的驻军。1931年12月在日本广岛的第五师团增派的步兵部队到达天津，从此驻屯军的力量大为增强。

日本侵略华北首先要占领热河，以突破长城防线，侵占关内。日本军政当局建立伪满洲国后，就逼迫中国政府承认以长城沿线为伪满洲国的边界线，并在长城以南设立一个非武装区，以巩固其对东北的殖民统治，也为入侵华北乃至全中国开辟通道。为此，日本军政方面一方面大造舆论，宣称热河是满洲的一部分，长城是伪满洲国的"国境线"；更重要的是武力威胁。日本关东军在热河一带制造各种事端，不断进行武装挑衅。驻屯军作为军部在华北的代表也频频出动，1932年11月策划诱降中国驻山海关军队，1933年1月在关东军的增援下，动用飞机军舰进攻并占领了山海关；3月初又占领了承德，至此热河被日军掌握。随后，日军又进攻察哈尔和河北省境内的长城各口，遭遇南京政府的中央军、东北军、西北军和晋军的顽强抵抗，顿灭其狂妄气焰。4月和5月，日军又进攻并一度占领了冀东数县，长城沿线以南的关内地区连续遭到日军的攻击，已经兵临城下，天津、北平危在旦夕。

日军进攻热河时，中国南京政府调动四个师北上的同时，通过英国调停，与日本谈判，并设立了行政院驻北平的华北政务整理委员会，以改善中日关系。日本为了确立和巩固伪满洲国，企图在华北建立亲日政权，也需要适当缓和在华北的对抗，关东军的奉天特务机关长板垣征四郎来到天津，组织特务组织，并为谈判出谋划策。对日本政府和关东军苛刻的停战条件，南京政府基本接受。1933年5月31日，南京政府的熊斌中将与日本代表冈村宁次少将在天津的塘沽签订停战协定。该协定规定中国军队撤至延庆、通州、宝坻、芦台所连之线以西以南地区，以上地区以北以东至长城沿线为非武装区，实际上承认了日本对东北、热河的占领，同时划绥东、察北、冀东的二十余县为日军可以自由出入的特殊地区，从而为日军进一步侵占华北打开了通道。

《塘沽停战协定》签订后，日本并没有放慢侵略华北乃至中国的步伐。1933年5月日本中国驻屯军借口两名亲日的新闻记者在日租界被枪杀和中国援助东北义勇军进入《塘沽协定》中规定的"非武装区"等提出抗议,并出动坦克、装甲车和炮队到位于河北新市区的河北省和天津市政府门前武装示威,关东军也将军队在山海关和古北口等地集结待命,对中国政府形成武力威胁。日本中国驻屯军提出四个条件,"一、宪兵团、党部、秘密组织撤离华北;二、四名责任者免职,新的天津市长的人选要征得日本同意;三、取缔一切抗日活动和抗日团体;四、中央军撤退"。同年7月6日,国民政府的何应钦与日本中国驻屯军司令梅津美治郎中将签订《何梅协定》。根据协定,中国在河北省和察哈尔省的主权大部分丧失,禁止中国人民进行抗日活动。同时,关东军又制造了"察哈尔事件",即借口关东军多伦特务机关长派出4人调查张家口途中,因为证件不足被国民政府第29军官兵送军法处讯问,调热河境内的日伪军重兵集结在察哈尔省界沿线,要求撤换察哈尔省主席、调走抗日的132师、取缔一切排日机构、扩大"非武装区",并要求实际上承认日本和伪满的对华工作、帮助日本在察哈尔建立各种军事设备、给日本人赴内蒙古旅行提供便利和协助其调查、招聘日本人为军事政治顾问等。南京政府再次屈服,6月27日就以上要求与日本签署了《秦土协定》,为日本关东军加速在察哈尔和蒙疆地区策划建立伪政权打下了基础。

日本政府和军部在逼迫中国政府签署上述协定的同时,加大了实施肢解和"分离"华北阴谋的步伐。1933年7月6日,日本陆军炮制出来的《对华政策大纲》,又提出"分离华北"的政策。1935年8月,日本陆军省的《关于对北支(华北)政策》的文件提出,要华北五省"不受南京政令的支配,而成为自治色彩浓厚的亲日、满地带"。新到天津接任中国驻屯军司令的多田骏少将9月24日公开宣布了日本实施"华北自治"的内容,为了建立所谓的"华北五省联合自治体",要采取彻底驱逐反满抗日分子、华北经济独立、与日本伪满军事合作等行动。随即,关东军特地将其特务机关长土肥原请来推动所谓的"自治运动"。但是在中国政府、国际社会和民众的反对下,该行动受挫。于是,土肥原亲自策动建立了"冀东防共自治委员会",后改为"冀东防共自治政府",冀东"停战区"内22县范围内脱离南京中央政府管辖,实行所谓的"自治"。这是日军在关内扶植的第一个傀儡政权。

由于日军不断在华北制造事端，极力推进"华北自治"，南京国民政府于 1936 年 11 月底主动撤销了军事委员会北平分会，并派何应钦任行政院驻平津长官，通缉伪冀东防共自治政府主席殷汝耕，后决定成立冀察政务委员会掌管北京、天津和河北、察哈尔的政务，延缓了日本推行"华北自治"的阴谋。

二 日本中国驻屯军指挥下的华北社会经济调查

日本中国驻屯军长期驻在天津，从 20 世纪 20 年代起对天津以及周边地区的政治、经济等进行了长期有针对性的调查。有关政治方面的有天津女工、中国工会、劳动争议、工人罢工、地价、日本势力等调查，① 有关经济方面的有经济与资源、对外贸易、海关、征税、工业、港口、日本人工商业等调查，② 还有专门针对天津经济各行业的调查，如工商业、面粉制造、纺织、地毯、机械、火柴、酿酒、石棉、物流、银号以及棉花、花生和铁器输入等。③

20 世纪 30 年代以后，中国驻屯军把重心转移到制造"华北自治"

---

① 20 年代和 30 年代中期驻屯军的调查有：《天津に於ける女工労働事情》（1928 年 9 月）、《天津各工人会調査報告》（1929 年 8 月）、《天津に於ける公会及労働争議の概況》（1930 年 3 月）、《天津に於ける 8 時間労働制の創始》（1930 年 3 月）、《天津労働争議一覧表》（1930 年）、《天津市ノ人力車営業調査》（1936 年）、《天津ニ於ケル地価》（1936 年）《平津ニ於ケル日本勢力ノ動向（昭和 10 年 6 月以降）》（1936 年）。

② 《支那経済及資源概覧図表：天津之部》、《北支那に於ける邦人商工業発展集》（1926 年 5 月）、《支那擾乱の天津貿易に及ぼせる影響》（1927 年）、《民国 16 年度天津及秦皇島海関報告》（1928 年 7 月）、《天津海関の強奪と二重課税問題》（1930 年 7 月）、《天津ノ対外貿易及工業概況》（1935 年）、《天津ニ於ケル日本輸入品ノ奥地流動状況》（1935 年）、《華北港湾調査報告》（1935 年 8 月）、《北支那ニ天津ノ対日貿易状況（昭和 10 年）》（1936 年）。

③ 《天津に於ける物資に就いて》（1920 年）、《直隷山西綿花調査》（1922 年 9 月）、《天津を中心とする北支那の綿花》（1926 年 9 月）、《天津を中心とする北支那の落花生》（1926 年 9 月）、《天津市に於ける石綿工業》（1928 年）、《天津市に於ける麦酒工業》、《山西鉄の天津移出状況》（1928 年）、《天津商工業の危機》（1929 年）、《天津に於ける工場及工賃の調査》（1929 年 10 月）、《天津の麦粉市場と製粉市場》（1929 年 9 月）、《天津市に於ける紡績工業》、《天津ノ地毯（絨氈）業》（1930 年）、《天津の機械工業》（1930 年）、《支那の燐寸工業及天津燐寸工業》（1930 年 2 月）、《天津の銀号》（1935 年）、《天津市の酒造業》（1937 年）。

第一章　七七事变前日本对天津的经济扩张和侵略

等阴谋活动上，刺探和搜集社会经济情报等调查则主要是指导满铁派遣的人员进行。南满铁路株式会社1905年设立于大连，是日本最早进入华北的国策会社之一，也是社会经济调查的主力军。1933年11月满铁就制定了《华北经济工作调查要项》和《设置华北经济工作调查机关案》，满铁的经济调查会在天津、青岛等设分会，在北平、张家口、山海关、太原、济南、烟台等地设事务所，组成了北方班，开始进行华北社会经济调查，其内容包括各矿山的生产和蕴藏量、交通状况、棉麻皮毛等农副产品的利用与潜力、冀东工业状况、各国在华北的利权与投资、伪满与华北的贸易关系等等，半年后这些调查人员写出了37个调查报告，① 得到了日本政府和军部的赞许和支持。满铁从1934年2月起又开始进行大规模的社会经济调查。这次调查的内容扩大到华北的政治、社会、地理、文化、风俗等方面。1935年12月满铁设立了天津事务所，青岛、济南、郑州、太原、大同、绥远、张北、多伦、张家口等地的九个驻在员事务所都归其领导，形成了由庞大的华北社会调查人员组成的网络，这个网络的指挥中心就在天津。天津事务所还向各特务机关派遣"经济财政顾问"，向太原、张家口和绥远等地派遣各种专家。"天津事务所采取了协助有关华北国策"的态势，"各地驻在员派遣员也都互相一致地协助特务机构或领事馆的政治经济工作"。② 华北事变以后，日本全面侵华的战略企图表面化，天津事务所的规模急剧扩大，由1935年的76人，增加到1936年的181人，成为满铁在华北协助军部执行所谓的"特殊使命"的中枢。

1934年以后满铁调查的最为显著的特点是，完全在中国驻屯军直接部署和指挥下进行，更直接地为日本侵占华北提供情报支持。日本中国驻屯军于1934年10月制定了《华北重要资源调查之方针及要纲》，在其参谋长给满铁的信中，把调查方针提高到"为助长帝国对华经济的发展，使战时我国国际资源易于补充，扶植和增强帝国对华北的经济势力，促成日、满、华北经济圈做必要的准备"的战略高度，划定了一系列调查部

---

① 〔日〕满铁调查部：《支那立案调查2-1-2》，第361页。
② 〔日〕满铁产业部：《满铁调查机关要览》，满铁产业部，1936，第225页。

门和细目，要求满铁对华北产业、资源、交通、金融、贸易进行基础性调查，调查妨碍日本对华北经济掠夺的各项事业，研究解决办法，要为日本军政当局制定对华北经济政策和实施措施出谋划策。① 这时，满铁华北调查的人员被纳入中国驻屯军，以驻屯军嘱托的身份进行调查，1935年7月组成了华北经济调查班，打着"得到华北诸省经济开发及日华经济提携的基础性资料"的幌子，在华北各地展开了大规模的调查。其中甲嘱托班，调查华北的金融、财政、贸易、政治与外交、产业、交通等；乙嘱托班和丙嘱托班是由满铁派遣人员组成的，其中乙嘱托班规模最大，有175人，是中国驻屯军领导华北调查的主力，并于1935年10月在天津日租界荣街17号路1号设立了乙嘱托班事务所。中国驻屯军主持下的这次华北调查，总共出动近五百人，花费了近百万日元，耗时一年多，对华北的金融货币、财政贸易、政治外交、交通港口、电力工业、农业生产和土特产品、矿山资源等进行了详细而系统的调查，整理出近百册调查报告书。② 纵观满铁20世纪30年代以后进行的调查，虽然重点在华北地区，但是天津是日本侵占中国的前哨，又是华北的经济中心，自然也进行了各方面的调查，既有经济的，也有政治和社会的，并在此基础上进行了一些"开发"上的策划。在这些对天津的调查中，政治上对日本制造各类事件的反响是第一位的，如对华北事变天津工人的反应、事变后天津中外人士的概况和商业状况以及抵制日货运动对日本商品输入的影响等等；③ 有关天津经济的调查包括日本人的经济活动、各租界的工厂、外资银行、英国海运业、经济状况、工业企业和金融状况、华商现况、税收、港口和驳船以及具体的染料化学工业、棉花运销、羊毛市场、粮食市场、生鲜食品市

---

① 〔日〕《支那立案調査2-1-2》，第97~106页。
② 〔日〕中国駐屯軍司令部乙嘱托班：《北支産業調査報告書類第1編第1巻，乙嘱托班調査概要》，第1~9页。
③ 〔日〕満鉄天津事務所：《北支事変卜天津地方労働者事情》、《支那事変二於ケル天津ノ現況卜将来》（1935年）、《支那事変卜天津ノ商況》（1937年7月）、満鉄総務部資料課：《天津二於ケル最近ノ排日運動卜日貨輸入状態二就テ》（1933年1月）、満鉄経済調査会：《天津在留外人ノ河北事変二対スル与論ノ実調報告》（1935年）、満鉄総務部調査課：《北支自治運動ノ概観》（1936年）、中国駐屯軍乙嘱托班、満鉄経済調査会：《支那幣制改革二対スル天津外人意見蒐録》（1936年2月）。

第一章 七七事变前日本对天津的经济扩张和侵略

场、海产品销路等方面。① 关于对策方面，主要是兴中公司设立以后，满铁急于扩大在华北乃至中国的势力范围，甚至意图取得在经济上的垄断权而进行策划，如对长芦盐业的调查、分析和"开发方案"；关于天津发电业统制的调查和方策；关于天津物资的对策；以及筹建津石铁路和塘沽港口的调查、计划等。②

除了中国驻屯军和满铁的调查之外，日本大藏省设东亚经济调查课，外务省也增加了经济调查力量，日本商工会议所驻天津和华北的机构等民间组织，也对华北的经济资源、政治制度、社会风俗、贸易现状以及产业实态等方面进行了无孔不入的调查。

总之，日本的调查涵盖了华北的各个部门和领域，详细而具体，其动员的人力和物力是前所未有的，指挥机关是在天津的中国驻屯军。这些情报的攫取，为日本军政当局制定对华北政治、军事、经济的方针政策和计划提供了重要的依据，加快了其侵略的步伐。

---

① 〔日〕满铁天津事务所：《天津ニ於ケル邦人工場現況調査》（1936年）、《天津ニ於ケル邦人紡績進出ノ現狀》（1936年）、《天津に於ける東洋莊の調査》（1936年7月）、《天津、秦皇島関税収入使途の分析》（1937年8月）、《天津港の駁船業》（1935年）、《天津ヲ中心トスル海運事情（沿岸航路ノ部）》（1936年）、《天津諸紡績の窮況》（1935年6月）、《天津主要華商調査》（1936年）、《天津地方に於ける製造工業（附天津市工業統計）》（1936年5月）、《天津港ニ於ケル英国海運ノ現勢》（1936年）、《天津経済事情》（1937年）、《天津市場ヲ中心トスル羊毛ニ関スル資料》（1937年）、《天津に於ける生鮮食料品市場概況》（1937年）、満鉄経済調査会：《天津地方の硫化染料生産近況と独逸染料加工工業新設》（1935年3月）、《天津ノ外国銀行》（1936年）；満鉄北支事務局調査班：《天津及青島に於ける紡績業に関する統計》（1927年）、《天津金融事情》（1937年10月）、《天津棉花運銷概況（附天津棉花统计）》（翻译版，1937年）、《天津に於ける糧谷集市場調査》（1937年）；満鉄産業部農林課：《天津ニ於ケル水産物販路事情調査報告》（1937年10月）。

② 〔日〕满铁総務部資料課：《長蘆塩ノ日本向輸出ト青島塩トノ関係》（1935年）、満鉄経済調査会：《長蘆塩田調査報告》（1936年），以及1937年满铁制定的《北支那塩業開発方策並調査資料》、《北支塩業開発策》、《天津曹達股份有限公司設立案》（1937年4月）等；満鉄産業部商工課：《天津電気事業統制方策並調査資料》，（1937年）；満鉄天津事務所：《天津物資対策ニ関スル資料》（1937年8月）；満鉄産業部交通系：《第二回天津—石家荘鉄道技術調査報告書》（1936年）、満鉄経済調査会：《津石鉄道ニ関スル契約書》、《津石鉄道ニ関スル契約書付属交換公文》、《津石鉄道ニ関スル委員会ト中間ノ契約書付属交換文書》（1936年）、満鉄産業部交通課：《津石鉄道建造計画案並参考資料》、《津石鉄道主要準備材料調査書》、《津石鉄道輸送計画案》（1937年）、満鉄大陸経済会議準備小委員会：《塘沽筑港計画案》（1937年）、満鉄経済調査委員会：《塘沽運輸公司設立並参考資料》、《塘沽運輸公司設立案》（1936年）等。

三 日本华北经济统制的方针政策和计划及其调整

日本对华北经济掠夺的方针政策和计划，是随着政局的变化由军政当局和满铁等共同策划的，参与策划的有日本政府、军部的关东军和中国驻屯军、满铁等，各自有各自的立场和企图，且随着时局变化和侵华活动的加速，实施的步骤也有所差异，但其根本利益和目的都是加快对中国的侵略与掠夺。天津是华北经济中心，驻守在这里的中国驻屯军是日本军部的代表，熟悉中国的国情与政局，是"华北自治"的主谋，不仅是对华北社会调查的指挥中心，也是对华北政治和经济统制政策与计划的最主要组织者和策划者，尤其是1936年初日本政府把华北政务和经济指导工作交给中国驻屯军后，驻屯军主持制定了一系列对华北政治经济的方针政策和计划。因此可以说，事变前日本对华北的政治经济方针政策和计划，是在中国驻屯军的主持下制定的。

日本关东军占领中国东北后，即把视线转向华北。1932年11月该军的石原莞尔就在《经略满蒙之我见》中提出，应不能满足统治"满洲国"的现状，必须制定"开发中国本部，首先是实现开发华北的方策"，华北"山西的煤、河北的铁、河南和山东以南的棉"为日本急需的原料，要迅速予以"开发"。① 而日本政府鉴于九一八事变后的国际舆论和中国人民的抗日情绪，还不敢贸然行动，在1934年12月7日的《关于对华政策的文件》中，只强调扩大日本在中国的利权，杜绝排日情绪，以造成"在华北的日满华特殊关系"，不敢公开暴露其图谋华北的野心。②

然而，满铁秉承日本关东军和中国驻屯军的旨意，在实施华北社会经济调查的基础上于1935年4月成立了对华投资问题小委员会，研究华北经济对策。一年内该委员会提出诸如对华北产业投资机关与预想，工业、交通、通信业投资调查与预想，矿业开发计划，货币和金融方策，棉产、畜产振兴计划等10项报告，企图大举进入天津和华北，进而控制和垄断华北的经济。

---

① 〔日〕角田顺:《石原莞尔資料·国防策》，原書房，1971，第108页。
② 〔日〕《現代史資料》第8册，みすず書房，1964，第23页。

1935年以后，日本关东军和中国驻屯军策划"华北自治"阴谋已经明朗化，一时间日本的报纸杂志大肆宣扬要"开发利用"华北资源，控制华北经济，促使日本政府迅速制定对华北经济的方针政策。在华的日军和满铁等更是"当仁不让"，为了扩大自己的势力和在掠夺中充当主要角色，互相勾结，积极地谋划对华北经济的方策。关东军和中国驻屯军一方面在所谓"中日经济提携"的幌子下，于1935年6月制定了《中日经济提携计划修正案》，建议组织一个中日贸易协会，作为"中日经济提携的机关"①；另一方面则以把中国首先是华北变成其殖民地为目的，制定日本朝野急需的对华经济侵略方针政策，正如关东军驻北平特务机关长松室孝良给总部的秘密情报所讲，将来华北"诚我帝国之最好新殖民地"。② 关东军于1935年7月2日联合满铁等向日本政府提出，华北的政治工作可"由国家机关直接进行"，而经济工作必须"由国家以外的机关担当"。华北经济应"由直接实行机关采取直接方式实施"领导，这个"实行机关不能委诸民间资本，应是国策机关"。具体方策是"特设立大投资公司作为总括的投资。该公司为纯粹的金融机关，满铁、东拓当然参加，同时广泛地纠合日本内地的资本"，该公司的工作"首先从矿产业、交通业、贸易及棉花栽培入手"，并加强与伪满、蒙古的贸易。③ 天津的中国驻屯军在此基础上，于1935年7月制定了《随着华北新政权产生的经济开发指导案》，提出"应利用一切机会，促进对交通、资源及金融方面的投资"。"以满铁为主的会社投资于交通（铁路、公路、航空、水运、港口）及矿资源的铁和煤；其他方面任日本投资者自由行之"。为此，"由关东军在当地纠合各财阀集中有限的资金，迅速组成一个小规模的开发会社"，驻屯军在华北"组织地方经济开发团体对这些事业的调查和实施予以密切合作"。④ 这里虽还没有完整具体的计划，但对掠夺华北经济的主要目标、方针政策以及方法具有指导意义，而且力图扩大驻屯军

---

① 转引自延安时事问题研究会《日本帝国主义在中国沦陷区》，上海人民出版社，1958，第46～47页。
② 转引自解学诗《兴中公司与"七·七事变"》，《社会科学战线》1987年第3期。
③ 《申报月刊》1935年第4卷第3号。
④ 〔日〕《支那立案调查2-1-2》，第97～106页。

的权力。

日本政府根据中国驻屯军、关东军、军部和满铁的方案，于1936年1月16日公布了《处理华北纲要》，决定在经济方针上，要以顾问方式，"重点放在对财政经济（特别是金融）、军事和对一般民众的指导方面"，"对经济部门的扩展，以依靠私人资本自由渗入为原则"，并指定"处理华北由中国驻屯军司令官负责"，确定了中国驻屯军为制定华北政治、经济方针政策主持者的地位。根据日本政府的指令，1936年3月驻屯军制定了《华北产业开发指导纲领》，开宗明义地指出，该纲领是"驻屯军司令部的开发华北最高指导方针，各方面皆据此实行"，为了"便于顺应国策"，日商在华北创设和经营统制性企业，"均要遵从驻屯军司令部的指定计划而行之"。①

从此，日本中国驻屯军在政府和军部的支持下，联合各种势力积极筹划掠夺华北经济的方针政策和计划。1936年3月中国驻屯军炮制出《华北产业开发指导纲领案》，送军政各部门反复磋商修改，6月正式报日本军政当局。该纲领对华北经济的方针是，对于华北现存的容易开发的部门，日本要给予指导和"经验技术的援助"，"对于要迅速开发的必需国防资源的重要企业，以中国方面的自身能力难以开发，要依靠日本方面的积极的投资来促进开发"。其所需巨额资金"要依赖日本方面的积极投资"，政府"一定要特别促进财阀巨头的崛起"。日本的投资要以日中合办为原则，"要努力确保日方的权益，企业经营及技术上的要害要由日本人掌握"。"对现在不能着手开发但认为对将来极为重要的自由产业等，日方要努力获得其利权。"为了与日本、伪满洲国的计划一致，该纲领也把华北的产业分为统制性产业和自由经营产业。在日本，1931年政府指定的重要产业初始为纺织、造纸、水泥、制粉、钢铁等19个，后增加到26个。在伪满洲国，1934年政府发表了《关于一般产业的声明》，宣布"国防上重要产业、公共公益事业和一般产业的基础产业"，由国家特别统制，实行公营或交由特殊会社经营。其中包括特殊银行、邮政、铁路、电报电话、采金、矿业、钢铁冶炼、电业等。1937年5月1日，伪满政

---

① 〔日〕《支那立案調查2-1-2》，第103~110页。

府公布了《重要产业统制法》和《关于施行重要产业统制法之要件》，将重要产业的范围扩大为，武器制造、飞机制造、汽车制造、液体燃料制造、金属冶炼、煤矿、毛织、棉纺织、麻织、制粉、麦酒、制糖、制烟、制碱、肥料制造、纸浆制造、油坊、水泥制造、火柴制造业等，1937年10月7日又颁布了《棉花统制法》。这样，绝大多数的资源产业、重工业、军需工业、基础工业在统制之列。中国驻屯军的所谓开发纲领与日本、伪满洲国的政策一脉相承。《华北产业开发指导纲领案》规定，矿业、交通、通信、工业（发送电、冶金、化工、建材等业）、商业中特殊商品的专卖和包销等，是"对日满经济或国防有重大影响的企业"，统统列为统制性产业，不论其资本来源和所在地，"均根据国际的观点加以统制"。该纲领还制定了指导各行业部门的具体方策，可以说这是日本军政当局最早的较全面系统的对华北经济的方针政策。同时，驻屯军根据该纲领中"创办日中合办的强有力的特殊投资会社"的宗旨，还制定了《华北产业开发机关——计划设立华北兴业有限公司纲领案》，其目的是统一计划，避免在华企业投资竞争，"能根据国策合理地促进国防上必要的产业的开发"，"能以最少的投资，发挥最大的效益"，"增强日、满、华依存关系"，从而加强对抗其他外国在华经济势力的能力；暂拟该公司资本额2亿日元，由日中政府和民间共同投资。该公司的任务是"不直接经营事业，只发挥产业的合理统制机能"。① 这是1938年成立的华北开发会社最早的设立方案。不久，日本中国驻屯军联合满铁等又制定出了有关华北币制、投资、电业、钢铁业、煤矿等行业的一系列"开发"纲要和具体的计划。

这些纲领和计划的作用和意义在于，其一，将日本1936年二二六事件后军部在本土确立绝对权威所推行的"总体战体制"付诸华北，积极为发动战争做物资等方面的准备。其二，强化了在天津的中国驻屯军的领导地位。其三，采用民间和中日合办等方式，避免了满铁对华北经济的垄断，迎合了日本各财阀扩张在华势力的意图，在一定程度上减轻了日本政府财政困乏的压力，也减弱了中国民众的反日情绪。其四，不排除外国势力的政策，可减少与西方国家的冲突。因此，日本政府及时地肯定了这些

---

① 〔日〕《支那立案調查2-1-2》，第103~119页。

● 抗战时期日本对天津的经济统制与掠夺 ▶▶▶

纲领和计划，于1936年8月11日公布了《第二次华北处理要纲》，要求各界加快侵夺华北经济的步伐。在半年前日本政府还是以私人资本自由渗透为原则，这时提高到战略和国防的高度，即要在华北"建立巩固的防共亲日满地带，并有助于获取改善自由和扩充交通设备"。为此，"目前首先主要把力量倾注于"经济工作，通过私人资本的自由参加，"扩大我方权益，并引导中国资本"，形成一种以日人和华人共同一致的经济利益为基础的日华不可分割的状况，以有利于华北无论在平时和战时都能保持亲日态度。在投资方向上强调，"特别是在国防上必需的军需资源（如铁、煤、盐等）的开发，以及与此有关的交通、电力等设备方面"，"必须用我方的资本，迅速求其实现"。要纲的附件中，根据中国驻屯军的方案具体部署了投资和控制华北关税、金融、煤铁、盐棉和矿山资源等部门的方针和步骤。[①] 据此可以说，此时日本军政当局已经制定出相当系统和完整的掠夺华北经济的方针政策和计划，中国驻屯军的领导地位也更为确定。

第三节　日本在天津的经济渗透与扩张

一　天津是华北自主币制策划地与冀东走私的集散中心

"华北自主币制"是日本军部针对中国政府为统一货币实施的法币改革而策划的阴谋，它与"华北自治"的政治活动是同步进行的，其目的是将华北的金融体制脱离中国中央政府，从属于日本及其伪满洲国的"日元圈"。天津当时是中国第二个金融中心，日本也有诸多金融机构聚集在这里，因此也是推行华北自主币制的策划地。

20世纪30年代初期，资本主义国家为摆脱世界性经济危机，先后放弃了金本位，以货币贬值政策筑起保护性货币壁垒；特别是美国的白银政策，使世界银价剧涨。同时，各国还极力向国外倾销过剩商品，减少进口商品，大量收购白银，保护本国的经济利益。这样，给使用金银本位的国家带来严重的财政危机。中国是最大的用银国，以白银支付西方各国倾销

---

① 〔日〕《现代史资料》第8册，第368~371页。

中国市场的洋货。对外贸易的长期入超致使国内存银大量外流，据海关年报载，仅1934年一年外流的白银达25990余万元。由此给国内带来了一系列问题，如通货紧缩、汇价下跌、信用危机、物价上涨等，严重地影响了金融市场的稳定和产业的发展。各大中城市内银号、银行倒闭或歇业，工厂限产或停产，商店更难经营，停业清理的比比皆是。同时，中国国内各地的货币币值不一，兑换极其混乱，也影响着商品市场和金融市场。这一切促使中国政府采取措施改革现行币制。1934年南京政府曾实行征收白银出口税的对策，但不久即宣告失败。1935年中期，在英国的帮助下，南京政府进行币制改革，即法币改革。国民政府于11月4日以紧急法令的形式公布了财政部改革币制的布告。其主要内容是，废止银本位制，"以中央、中国、交通三银行所发行之钞票定为法币"；一切税收和各项公私款项只许用法币结算支付；禁止白银流通，白银收归国有；现有流通白银和银币可按规定换取法币；银行控制法币的汇价和买卖外汇。这次币制改革，确立了中国与世界市场接轨的金融货币制度，完成了国民政府对全国金融财政的统一管理，巩固了国民政府的经济，客观上加强了中国各地的经济联系，有利于经济局面的稳定和发展。

但是，日本军政当局始终对中国的币制改革抱着敌视和反对的态度。因为其战略目标是占领中国，任何加强中国政治和经济的政策与措施，都不利于其侵华战略的实施。所以，中国政府公布币制改革后，日本军政当局和各界纷纷发表声明反对。11月8日，日本驻华使馆武官矶谷廉介声明，"作为驻外军部断然反对这次币制改革"，"现银集中在上海，将使华北经济毁灭。至少国民政府统制下在华北的银行理所当然地对此实行保管"，"帝国政府也应基于这个方针给予指导"，即"华北在天津军（中国驻屯军）和驻各地武官的帮助下，应迫使以宋哲元为首的各省市当权者阻止现银南运，必要时不惜使用武力"。驻华武官高桥坦也威胁宋哲元说，"白银国有与现银集中上海，是陷华北经济于绝境，并阻碍日本利益。如贵方不能自动防止，则日本将以实力实现"。[①] 于是，在天津的日

---

① 参见〔日〕秦郁彦《日中战争史》，河出书房，1961，第338页；〔日〕《现代史资料》第8册，第116~118页。

本中国驻屯军策划所谓的"华北自主货币制度",以对抗和破坏中国政府的币制改革。当年12月7日中国驻屯军参谋长给陆军参谋次长的信讲,"北平中央银行在最近二周内已通过铁路南运现银250万元,而且在北平的中国、交通两行也要逐次南运现银",鉴于这种情况,考虑采用曾经策划伪满洲国币制方案的伪满财政部总务司长星野直树提出的"华北自主币制"。① 12月10日中国驻屯军制定了《华北自主币制施行计划纲领方案》,提出在华北建立新的金融中枢,使之与华中、华南金融相分离;建立"华北公库"为唯一通货发行机关并驱除华北的法币;该公库由华北自治政权与民间银行、钱庄等集资1亿元,发行货币,由银钱业和商界的亲日分子任首脑,日本人任顾问和科级职员。据此,日本陆军省于1936年1月拟订《华北币制改革指导要领》,将日本在华北的金融基本方针确定为,"华北币制在形式上虽需要使之同中国一般币制建立相当的联系,但应迅速排除来自华中、华南方面实质性的支配关系,并进而吸收利用其资金"。当前以河北和察哈尔两省为对象,把以中国新币制为基准的"一种日元汇兑本位"作为本位货币。随即中国驻屯军对"华北自主币制"做了具体规定,如发行货币有纸币5种、铜币4种;华北公库理事会由理事长、理事、各分库理事会代表、银钱业公会和商会代表组成;在冀察政委会下设公库准备金等。尽管这些措施在华北金融界的抵制下未得实行,但是1936年5月日军胁迫刚成立的冀察政委会,由河北省银行在法币之外又印发纸币;1937年3月伪冀东地方政权成立的冀东银行也发行若干面额的纸币和辅币,即"北方券",严重干扰了中国币制改革的进程,对"华北自治"、冀东走私和实行经济掠夺,起到重要的作用。

"走私"其本来含义就是秘密输售进出口货物,逃避缴纳捐税的非法活动。早在日租界刚划定时,就有日本人从天津收购白银、铜圆等私运回国。七七事变之前,日本军政当局在扩大军事占领的同时,公开唆使、纵容和支持日本浪人与朝鲜人在华北进行大规模武装走私活动,其用心则更

---

① 转引自〔日〕野沢豊《中国の币制改革と国際関係》,東京大学出版社,1981,第251页。

加险恶，是其侵华活动采用的重要步骤。正如日本驻北平特务机关长松室孝良在长春召开的特务机关长会议上所讲，"帝国货物之向华走私，为帝国对华之断然手段，其用意在促进华北特殊政治体系之成立而隶属于帝国独立之下"。① 所以，这时华北地区出现的如此猖獗的大规模武装走私，是以日本军事威胁和不平等条约为背景，以分裂华北为目的，对中国实行的强迫的、公开的和不等价的掠夺。它不仅削弱和破坏了中国的财政金融，致使财政收入骤减，加重了中国政府入不敷出的困境；而且打击了中国的民族工商业，使刚刚发展起来的华北近代工商业几陷绝境，从而增强了日本在华北的经济实力，在实现其分裂华北和破坏中国经济发展的阴谋中起到不可替代的作用。

一般讲，冀东武装走私是从1933年开始的，以后随着华北局势的恶化越来越猖獗。1933年5月中日两国签订《塘沽协定》后，冀东成为"非武装地带"，使走私有了"根据地"；1935年中日两国又签订了《何梅协定》和《秦土协定》，冀东、察北以至长城沿线都成为"特殊地带"，华北走私更加广泛，同年末伪冀东地方政权成立，走私呈合法化，从此冀东走私活动更加肆无忌惮。这些走私活动主要有海上和陆地两个途径，其最后都通过铁路集中到天津，然后通过铁路、陆路或者内河再向华北内地或者其他地区转运。海上走私大多由大连或营口用帆船、汽船运到冀东的秦皇岛一带沿海，然后经铁路南运天津。本来中国政府有"预纳金制度"来防止走私，即载货船只出港时需预缴一半输入税，回来时凭出具发送地的纳税证再返还预交款。1933年8月伪满洲国的大连税关废除了该制度，大连等地的各色船只可肆意进行大规模走私。1935年伪冀东地方政权成立后，订立新的输入税，变相承认日本商人利用冀东地区进行不平等贸易。1936年2月，伪冀东地方政府颁布了《沿海输入货物登陆查验暂行规则》和《查验费征收细则》，规定在冀东登岸的货物，只缴纳一笔远低于中国海关关税的查验费（亦称特别关税）后，即可合法运往各地。

---

① 敬动如：《敌人大陆政策之原形》，中国编译出版社，1940，第146页。

表 1-3 伪冀东地方政府的特别关税与中国关税比较

单位：元，%

货物	A 冀东特别关税	B 中国关税	A/B
砂糖 135 斤/包	4.00	22.04	18
方糖 100 斤/箱	6.00	22.81	26
冰糖 135 斤/包	6.00	22.60	26
人造丝 100 磅/包	20.00	137.33	14
干贝 100 斤/包	15.00	61.11	24

资料来源：李洛之、聂汤谷：《天津的经济地位》，经济部冀热察绥区特派员办公处结束办事处驻津办事处，1948，第 15 页。

从表 1-3 可以看出，冀东的特别关税仅相当于中国关税税率的 1/4 或 1/7，于是大批的走私货物在冀东"特别贸易"的幌子下，涌入中国市场。加之，日本关东军和驻屯军又以此前的各个协定相要挟，宣称这些地区是所谓的"非武装地带"，要求包括缉私船在内的缉私人员不准携带武器。比如 1935 年 9 月日军正式通知秦皇岛的中国海关税务司，要求自芦台到秦皇岛海面间的缉私船卸除武装，接着要求在北段沿海 3 英里内不准缉私船巡逻，不然则是违反《塘沽协定》，轻则军方提出抗议，重则以海盗对待。从此，冀东一带的海关完全失去收缴进口税和缉私的权力。最初，走私者还只是以帆船为工具，以后发展到汽船和百吨轮船，最盛时有几百吨甚至更大的轮船往返于两地；船舶数量也迅速增加。据统计，1936 年在大连从事冀东走私的船舶中，有日本船 145 艘总吨位 9348 吨；伪满船 39 艘总吨位 6825 吨，中国船 24 艘总吨位 7168 吨，合计 208 艘 23341 吨；另外还有 12000 只帆船。

陆路走私则沿长城一线展开，且随着日军的侵占而扩展。满载各种货物的马车几十辆一队，由携带武器的日本浪人或朝鲜人带队，连同武装护卫和私贩数百人，从伪满通过长城各关口进入华北。由于有所谓的"非武装地区"和伪冀东地方政府在收税上的庇护，走私车队携带武器明目张胆地公开装运各种走私货物出入冀东各地，如果遇到各处缉私的关员询问或扣留私货，"私贩立即群起攒殴，或以武器刺击，将货物强行夺去，以致关员时受重伤"，① 从此冀东地区成为走私丛集之区。陆路走私大多集中到山海关的前一站万家屯火车站，在山海关逃税，利用火车运到天津以及其他中国内地市场。在那里，每天4次到天津的火车，走私物品当作行李或者零担发运，并随日本人或朝鲜人直至天津。从1934年6月到1935年6月东罗城（与山海关城邻接的伪满洲国最南端村庄）到货数量从8680件增加至216189件，一年内增加30倍。② 冀东走私的货物主要有棉纺制品、人造丝、糖、卷烟纸、煤油、五金等。据当时最保守的估算，1933年海上走私的人造丝约值900万日元、糖700万日元、其他为400万日元，共约2000万日元。翌年海上走私货物总值减至1520万日元，而陆路走私却扩大，从1934年10月至次年8月的不到一年时间内，达3000万日元。③

于是，冀东沿海的秦皇岛、北戴河、昌黎、留守营、南大寺及滦县等地，海面上各种船舶、舢板出出进进，海岸边席蓬林立。走私最猖狂的时候在秦皇岛、留守营、昌黎以至天津塘沽等沿海各个口岸上，走私船舶成百上千，码头上日本走私货品堆积如山，关卡缉私工作几成虚设。各火车站站台上也是走私货物成堆，走私贩及各类商人麇集。日本人和走私贩还在当地组织了专门公司或代理店，如伪冀东地方政权查验处处长查南强在日本的同学三宅富一经营的旭组，在北戴河等处设正荣洋行运输部和日本贸易运输公司，代理货主到查验所申报纳税，办理卸船、转运、存栈等手续，俨然专业的进出口贸易公司。④ 冀东的大批走私货物由铁路聚集到天津，使天津成为走私货物转运销售的最大口岸。天津是关内外陆路和海路的枢纽，又是华北的经济中心和金融中心，因此无论是货物，还是银圆，天津都是华北地区走私活动最大的销售和转运中心。天津有日租界为基地，有众多的日本侨民从事贸易等活动。因此，松岛街、蓬莱街、吉野街一带有字号的（如千叶洋行、天龙组、清水组等）和无字号的走私组织

---

① 中国外交部为华北走私对日抗议文，1936年5月16日，《国闻周报》1936年第13卷第20期。
② 〔日〕满铁天津事务所：《冀東区域の貿易と関税事情》，《北支経済貿易資料》第5輯，昭和11年，第97~98页。
③ 〔日〕《現代史資料》第8册，第153页。
④ 转引自〔日〕中村隆英《戦時日本の華北経済支配》，第37页。

达数十家，专营或者兼营走私的所谓"贸易公司"、"洋行"亦有二三百家，①日租界各街区空房均堆满私货。福岛街的奥田洋行甚至设置了武装走私者的指挥本部，即天津贸易协会。"个人经营的贸易商和一般商业者中，从事当地特殊贸易的禁制品贸易业者占了大部分"，②从事走私买卖的不仅有日本和朝鲜的浪人，就连日本大财阀系统的伊藤忠、三菱、三井等洋行也多热衷于走私贸易，以赚取巨额利润。"日本的大洋行整船运来货物公开走私，所运来之物，大多是税率大的，如麻丝、呢绒、麻丝织品、白糖等物。"③天津海河码头上，堆满了走私货物，其中有人造丝、布匹、白糖、火柴、卷烟、煤油、颜料、西药、车胎等等，品种繁多，无人敢过问。从1935年8月到1936年4月前，自冀东运到天津的走私货物有，人造丝89617包（4033745公斤）、卷烟纸6171包（1183836公斤）、白糖479296包（43136640公斤）、布匹12131包、杂货11052包。④天津是华北走私货物最大的集散地。从海路和陆路走私的货物通过天津运往全国各地，如租赁长途汽车向察哈尔、绥化、陕西、甘肃销售，甚至远到包头、宣化、西安、平凉、重庆以及山东、河南、安徽、江苏、浙江各省，无不发现由天津运往之大批私货。⑤

1935年春季后，华北走私造成中国海关税收的损失共达2550.6946万元；1936年春季华北走私更加猖獗，仅4月一个月内中国就损失关税800万元。据估算，冀东走私货值1935年约有3000万元，1936年为16500万元，1937年为4500万元，总共约24000万元。⑥另据中国经济学界估计，1933~1937年日本人在冀东走私货值为29815.4万元，中国海关为此损失税款约1亿元。⑦

除了货物走私外，日军还唆使日本和朝鲜浪人进行白银走私，以破坏

---

① 中国问题研究会编刊：《走私问题》，上海，1936年版，第44页。
② 〔日〕外务省外交史料馆：《外务省警察》第34卷（支那の部——北支），第330页。
③ 杨梓年：《从学生到工商业者》，载《天津文史资料选辑》总第73辑，第57页。
④ 转引自罗焕章《中国抗日战争史》上卷，解放军出版社，1991，第349页。
⑤ 参见李正华《九·一八事变至"七·七事变"期间日本在华北走私述略》，《云南教育学院学报》1991年第1期，第55~58页。
⑥ 李洛之、聂汤谷：《天津的经济地位》，南开大学出版社，1994，第25页。
⑦ 姚贤镐：《1934~1937年日本对华北的走私政策》，《社会科学杂志》1946年第10卷第1期。

中国的金融财政。这些人在天津、北平等城市，或用中国银行、交通银行、河北银行等银行的货币购兑银圆，或先将日本在华银行的货币购买华商银行的货币，再购兑银圆，然后将银圆偷运出关，卖给日本人专设的收购中国银圆的机关，从而造成各大城市每天都兑出大量的银圆。1935年4月14日后的40天内，天津的中央银行、中国银行、交通银行等银行兑出白银达168.2万余元，北平的交通银行自1935年6月6～29日的二十余天内兑出162.9万余元，使库存银圆降到最低点。另据山海关报告，1935年春季每天从这里走私出关的白银十五六万元，其中平津两市各占2/5。① 在秦皇岛，仅1935年4、5月间海关缉拿到的走私白银达17.79万元之多。万家屯车站也有大量的现洋运往奉天、锦州，1935年上半年发送大洋39.5万公斤，折合1343.8万余两；7月和8月两个月就增加到33.2万公斤，折合1117.2万余两。② 当时满铁估算，从1934年10月到1935年8月，冀东走私白银约3000万两。③ 而且这些走私活动也得到日军的庇护。比如1935年5月20日北宁铁路局在天津军粮城站查获11名朝鲜人走私现洋8250元时，日本驻天津总领事立即提出抗议，竟令中国当局将人和现洋"从速交还本馆"；并要路局保证，"此后不得再有此类事件发生"。当秦皇岛关追捕到2名跌伤的白银走私者时，日本竟以《塘沽协定》为由，向中方提出抗议，声称"中国业将长城割让满洲国，中国缉私人员不得在长城一带执行巡缉，跌伤之人是满洲国人，日军对其有保护之责"，结果逼令中国当局赔偿1万元。④

  日本在华北大规模的走私活动，给中国财政税收带来沉重打击，也严重打击了民族工商业。1930年中国政府恢复关税自主权后，不断提高进口税率，保护国内工商业，增加财政收入。然而，日本以走私货物搅乱了华北市场。以天津为例，走私的白糖包括所有费用在内的售价一包（135斤）仅仅18元，1935年一般市价每包为23.5元，1936年5月经由天津

---

① 《于学仲转报华北白银走私情形呈行政院文》，《民国档案》1987年第4期。
② 参见解学诗《满铁与华北经济1935～1945》，社会科学文献出版社，2007，第69页。
③ 满铁天津事务所：《冀东区域の貿易と関税事情》，《北支経済貿易資料》第5辑，昭和11年，第115页。
④ 转引自姚洪卓《近代天津对外贸易》，天津社会科学院出版社，1993，第210页。

的走私量超过五万吨,为从日本正常进口数量的四倍,造成天津的砂糖厂相继倒闭。1935年一般市价人造丝100磅为192.8元;而走私的人造丝竟低至83元左右/百磅;10加仑走私煤油比市价低2元上下。如此高的暴利使商人趋之若鹜,大发横财,日货垄断全部市场,国货则无人问津,致使各厂亏损严重,常常处于停产半停产状态,最终有4家纱厂被日商收买;制革业由1930年的60余家,骤减至1937年的12家。① 在上海,1935年前有21家人造丝厂,2万部织机;由于走私日货的价格比各厂的最低成本还要低40%左右,故各厂纷纷倒闭,到1936年6月上海仅存六七家人造丝厂。走私的各种食糖侵夺了津浦和陇海等线,上海60余家从事进口和销售的糖业商店损失达1000万元以上,随时有破产停业之虞;广东为粤糖生产基地,也因私糖充斥,从1935年5月初就停止粤糖北上,处半停产状态,到中旬以后竟因私货压迫和原料不足而全部歇业。② 而且华北走私也冲击了西方列强的在华利益,被世人称为"震动全球的华北走私问题",是日本"摧毁我们整个国民经济的最毒辣的手段"。③

二 日本对天津各个重要产业的控制与渗透

满铁是日本帝国主义侵华的急先锋,拥有雄厚的资金、技术、人力和多年殖民侵略的经验。伪满洲国成立后,满铁历年所承担的所谓"在满洲进行政治活动的任务"已告完成,又担负起"更大的使命",④ 这就是积极向中国关内特别是华北扩张。满铁除了前述的对华北进行大规模的社会经济调查和制订侵夺计划之外,另一重要的任务就是扩大自身在华北的势力,在华北经济侵略中占主导地位。满铁子公司兴中公司的建立以及该公司的经济侵略行径,充分表明了其在华北经济势力的扩张。

1934年满铁就开始筹建兴中公司。满铁理事十河信二是关东军的顾问,与军部也关系甚密,他按照军部意图于1934年3月和6月以满铁经济调查会委员长的身份两次到天津等地考察,随后向军政当局和满铁提交

---

① 参见天津社会科学院历史研究所《天津简史》,天津人民出版社,1987,第307页。
② 罗焕章:《中国抗日战争史》上册,第350页。
③ 《世界知识》1936年第4卷第6期。
④ 〔日〕《现代史资料》第8册,第785~786页。

了《中华民国经济状况视察报告》，建议由满铁在华北设立运输公司，将北宁铁路延长至山西，以便于晋煤运往日本；与中国合办运输公司，经营中国国有铁路的一般业务；设立一个对华投资公司，专门负责实施日本各项计划方案并与中国交涉。① 这是设立兴中公司的指导思想。1935年1月26日满铁董事会决定设立兴中公司的根本方针，3月14日向政府提出申请，8月2日得到政府批准，12月20日兴中公司在大连宣布成立。兴中公司总部设在大连，在东京有支部，在天津、上海、济南、大阪等地设事务所；其资本金1000万日元，共20万股，满铁自身拥有19.9万余股，由十河信二任社长。据《关于兴中公司备忘录》所言，其事业计划十分庞大，"作为对华经济工作的统一机构"，"负有统制和推行对华经济工作的使命"，要以满铁为中心，与日本国内各大商社合作开展对华经济工作，谋求必要的投资和实施计划中的事业"开发"；实际上是想在华经济入侵中占有垄断地位。② 兴中公司的章程所定的经营范围是，负责对华出口贸易，直接投资经营和斡旋中国的各种经济事业，其中包括"各种矿业及其他经济性的诸事业"，以及金融贸易、盐业、一般运输业务和"开拓和开垦事业"，可以说是工业、农业、金融、贸易无所不包。另外，兴中公司还身兼国策会社的使命，在财务、人事和政策等方面直接接受政府大藏省、外务省的监督和指导，是当时日本军政当局在华北经济侵略的先驱机构。

七七事变之前，兴中公司在华北的活动主要集中于发电、盐业、矿山、棉花和交通等重要国防资源和基础部门。在天津，主要是垄断发电业，以控制工业企业的动力；投资海上运输业，以强化向日本出口长芦盐和煤炭、铁、棉花等能源物资。

1936年8月，兴中公司在天津创立了中日合办的天津电业股份有限公司，进而垄断了天津的电业经营。该公司资本800万元法币，实付资本400万元法币，由兴中公司和天津市政府分摊，因市政府资金短缺，其承担额向兴中公司借贷，即收买天津市政府所经营的电业公司的财产，所以

---

① 转引自〔日〕中村隆英《戦時日本の華北経済支配》，第16页。
② 转引自〔日〕中村隆英《戦時日本の華北経済支配》，第58~59页。

实际上完全是兴中公司的投资。天津电业公司在海河岸边建成一座发电能力为3万千瓦的发电厂，保证了周围日商纱厂的电力供应。1936年后又出资合并了山海关、秦皇岛、昌黎、滦县、唐山、芦台和通县等7家电灯公司，建立了中日合并的冀东电业股份公司，资本120万元法币，实付资本60万元法币；其中兴中公司的天津电业公司出资达30万元。从而，控制了京津和冀东地区的电力生产。[①]

盐对日本的军事工业有着重要的作用，而原来多高价从北非、北美及地中海进口，急需开拓新的来源。华北沿海地区盛产海盐，产量占全国的30%以上；但是盐是中国政府控制的专卖品，不得自由贸易，更禁止出口。1914年日军强占青岛后，曾与中方订立《青盐输日》合约，限定每年山东盐输日数量，即最多为17.5万吨，最少为5万吨；并指定7家华商公司为输日盐专业商，天津的长芦盐禁止输日。[②] 20世纪30年代后，日本要增强军事实力，急需更多的盐等工业原料，于是把迅速实现长芦盐的输日作为主要任务之一。兴中公司成立后，日本军政当局"决定长芦盐对日输出事业和洗涤加工盐事业交由兴中公司办理"，天津总领事馆和中国驻屯军协助斡旋；并规定了价格，要求该公司1937年输日盐达到20万~25万吨。兴中公司立即与冀察政委会、冀东伪政权交涉，先出资在汉沽配置输盐用的皮带传送机，并在1936年当年向日输出长芦盐7万吨。1937年3月与中方签订了输日长芦盐10万吨的合同，并向执行合同当事人芦丰商店寄赠2万元法币作为难民救济金，实际是贿赂该店以加快输日盐的速度。8月又签订了第二次合同，到该年底共输日长芦盐21.5万吨。为了获得大量的长芦盐出口日本，兴中公司于1937年3月还通过天津总领事向冀察政委会交涉，要废除生产限制，增加长芦盐产量，融资20万元法币来恢复休晒盐田的生产；并经伪冀东政权许可，在天津汉沽的盐产地附近以华人名义建设精盐洗涤厂。在短短2年时间内，兴中公司在盐业

---

① 〔日〕東亜研究所：《日本の対華投資》，1940年出版，原書房，1974，第349页。
② 长芦盐务局：《调查青岛盐输出及山东食盐配给状况》，长芦盐务局档案第596号；转引自丁长清《民国盐务史稿》，人民出版社，1990，第293页。

方面取得的开拓性成绩，得到日本军政当局的赞许。①

天津有华北最大的港口，又是日本中国驻屯军司令部所在地和日本侨民聚居地，政治和经济地位十分重要；在中国驻屯军的支持下，兴中公司拟订了"津石铁路建造计划"，即天津至石门（今石家庄）线，以便于战时调动军队和平时掠取当地资源以及山西煤炭运到天津出口日本，达到"日本痛感有必要在华北确保一条权利属于自己的铁路"的野心。② 兴中公司准备投资 300 多万元建造津石铁路及井陉运煤线，制定了铁道技术的调查、建造计划方案，铁路运输计划和与中国交涉的各种契约，③ 但几上几下，起止点也多次变化，终因与冀察政委会交涉未果而没能实施。尽管如此，兴中公司还是在天津设立了塘沽运输公司。天津是向日本输出长芦盐、铁矿石和煤等资源的主要港口，而由海河河口到塘沽船舶锚地的十余海里，需用驳船拖运，这些业务一向由英商把持，不利于输日货物的运输。兴中公司一方面通过在东京的支社由海上运输部门调度货船，另一方面筹划建立以大型驳船为主的运输公司。1937 年 2 月兴中公司纠集日本的大连汽船公司和国际运输公司在天津成立了日本法人的塘沽运输公司，资本 300 万日元，实付资本 63 万日元，其中兴中公司投资 60%。塘沽运输公司接办了兴中公司事先预购的 8 艘 500 吨载重量的驳船和 4 艘拖船，计划当年的装运量为 23 万吨，目的是加快加大长芦盐和煤炭、铁、棉花向日本的出口。④ 这一举动，对英商在华北轮船运输业的权益直接构成威胁，也为以后日本统制华北交通打下一定的基础。满铁还在冀东和察哈尔等日军已控制地区着手建立公路运输网络，以保证军事和资源等运输。

---

① 华北盐业公司：《华北盐业公司移交调查书》，1945；天津市档案馆藏；参见居之芬主编《日本对华北经济的掠夺和统制——华北沦陷区资料选编》，第 538 页。
② 转引自谢学诗《兴中公司与"七·七事变"》，《社会科学战线》1987 年第 3 期。
③ 中国驻屯军乙嘱托班：《第二回天津—石家庄间铁道技术调查报告要旨》（1936 年）；满铁产业部交通系：《第二回天津—石家荘鉄道技術調査報告書》（1936 年）；满铁经济调查会：《津石鉄道ニ関スル契約書》、《津石鉄道ニ関スル契約書付属交换公文》、《津石鉄道ニ関スル委員会ト中間ノ契約書付属交换文書》（1936 年）、满铁产业部交通課：《津石鉄道建造計画案並参考資料》《津石鉄道主要準備材料調査書》《津石鉄道輸送計画案》（1937 年）。
④ 興中公司：《輸送関係事業移交調查書》，转引自〔日〕中村隆英《戦時日本の華北経済支配》，第 66 页。

1935年满铁建山海关汽车班，开通了山海关至建昌营第一条汽车运输线，全长108公里，后因多雨道路泥泞停运，改营山海关至抬头营70公里线。1936年2月开始运营山海关至迁安间116公里汽车运输线。随着日军在长城内外势力的扩大，急需加强公路运输，满铁根据日军的意图，1937年4月成立了华北汽车运输公司，以改变华北与察绥地区汽车运输业不统一的状况。该公司由满铁直接经营，资金是满铁以贷款和补助金的形式交付，实际上是满铁的子公司。天津一直是陆路货运的总枢纽，所以该公司总部设在天津，下设4个汽车公司：设在唐山的山建汽车公司，经营山海关至建昌线；设在山海关的民新汽车公司，经营唐山至喜峰口、唐山至胥各庄线；设在北平的承平汽车公司，经营承德至北平线；设在张家口的张多汽车公司，经营张家口至多伦线。该公司总营业线路为1257公里。从运营角度看，各条线路均无利可言，每年亏损严重，但它负有非经济使命，对日本在长城内外扩大政治实力和调动军队、维持地方伪政权，以及支持大规模的武装走私活动起着相当大的作用，如在日军攻占平津时，各公司曾直接派车为侵略者运送兵员。1939年4月华北交通会社在北京成立，作为汽车运输业务指挥中心的华北汽车运输公司也随之从天津转移到了北京，总估价为1289.2857万日元的财产也移交给华北交通会社。①

华北盛产棉花，产量几占全国的一半，天津一直是中国最大的棉花出口口岸，也一直是日本棉纺织业的原料供给地。兴中公司最早的计划中，把控制华北棉花的交易和保管，简化棉花市场环节，建设棉花仓库和打包工厂，以增加对日输出作为主要内容。1936年6月，日本军政当局意图设立以棉花收购、运输、销售、出口、融资、储藏为业务的华北棉花会社，外务省密令兴中公司"尽快创办"。于是，兴中公司计划首先建立华北棉花仓库公司，不久该计划由中国驻屯军主持设立的河北农村复兴协会替代。同时，兴中公司还积极筹划在山东和山西省设立织布工厂与购运棉花事宜，后皆因七七事变爆发而中辍。

从七七事变前兴中公司在天津的活动可以看出，它身兼国策和满铁子

---

① 〔日〕東亜研究所：《日本の対華投資》，第532~533页。

公司的双重任务，在加紧落实日本军政当局华北经济政策和计划的同时，迅速增强了自己的实力，是当时日本在华北最有代表性的经济侵略机构，也是天津最有实力且唯一的国策会社，肩负着落实日本军政当局对华北经济掠夺方针政策的使命。

三 日本民间资本在天津的扩张

第一次世界大战后，日本加快了对中国的经济侵略，到1931年九一八事变前日本在华投资总额已经超过西方各国。此时，日本在中国的投资与经营主要集中在东北地区、上海和一度被其占领的青岛。在天津的投资，既有民间资本直接投资，也有金融机构的贷款和借款等间接投资；从投资者来看，有三菱、三井、大仓、住友、东拓等大财阀和日本电气、在华纺织等产业会社，也有东亚兴业、中日实业、兴业银行等中日合办的会社和银行，还有私人小公司和商社。日本在天津的投资领域主要涉及金融、轻工业、食品加工业。比如银行和投资业，正金银行天津支店1899年开始营业，天津银行资本62.5万日元，中日合办中华汇业银行资本1000万日元，1918年建立的东亚兴业会社资本2000万日元，中日实业会社资本500万日元，以及天津信托兴业公司6家较小规模的信托机构。轻工业中，对棉纺织业的投资主要集中在青岛，1931年前共有6家日商纱厂，纱锭总数为363652枚，织布机4436台；在天津还没有日商创办的纱厂，但以借款形式对华商纱厂进行渗透，进而控制了天津的裕大纱厂。其他轻工业主要有面粉、火柴、卷烟、制革、榨油等行业，其中投资过百万日元的只有东亚卷烟公司和日华制油会社。

由此可见，1931年前日本在天津的经济活动，首先是进出口贸易，以天津为中心市场掠夺腹地的煤炭、棉花等资源，倾销日本的机制品，所以有诸多的洋行和会社聚集在这里，从事对外贸易。比如三菱商事会社于1918年成立后，翌年"即于天津开设分店，专营进出口贸易。其后业务开展，乃升格为支店"，并在石家庄、太原等地设立分店，在天津支店领导下从事收购土特产品和推销日货。[①] 其次，日本在天津的投资规模除了

---

① 居之芬主编《日本对华北经济的掠夺和统制——华北沦陷区资料选编》，第189页。

银行、投资和个别企业外，一般数额并不多，远远不及在上海的投资，也不如其在台湾和东北的投资，甚至不如在青岛的投资。这是因为华北政局不稳，经济不够发达，影响着天津近代企业的兴起和发展，而且天津自身经济实力和吸附能力迅速增强后，以军阀官僚为特征的资金持有者一度是天津近代企业的主要投资群体，对外来资金的需求并不十分迫切。再次，日本在天津的投资常常以中日合办和借款的形式出现，合办企业的对象既有日本财阀与中国政府，也有财阀与官商以及日商与华商；不仅在需要资本较多的银行和华北各个煤矿等业，即便是中小企业也常常以合办形式出现。这是因为，以中日合办形式设立采购运销公司，日商不仅可将经济实力扩大到不准外国人经营事业的通商口岸之外的内地，如煤炭、棉花、花生、草帽缏、棉纺织品等货物的采购与运销，更能够适应日本国内的需求。企业借款中，最为突出的是日本在华纺织会社和企业对天津各纱厂的借款。天津裕元纱厂创办时，日本大仓洋行和日本棉花株式会社就企图以投资的方式建立中日合办的纱厂，大仓计划出资60万日元，后因抵制日货运动等未能如愿，随即改为借款的间接投资方式，裕元纱厂开工的第二年即1921年就向大仓洋行借款250万日元，以工厂和设备为抵押，年息8%，2年后大仓洋行又借给裕元纱厂40万日元，年息分别为8%和10%；以后不断结清旧债，另立新债，到1935年大仓洋行借款给裕元纱厂的数额达到330余万日元。[①] 裕大纱厂开工后不久的1921年，日本东洋拓殖会社就借款180万日元用于其业务周转，但同时东拓会社提出苛刻的条件，除了将其全部财产作为抵押外，还要对纱厂的经营管理有发言权，逼迫该纱厂聘请东拓会社推荐的华人监事或董事一名，并要有一名日本人在纱厂监视，甚至提出在债务清偿以前该纱厂应视为中日合办企业。1925年裕大纱厂因久欠其债务，被迫与东拓会社签订委托经营契约，东拓会社将裕大纱厂交由伊藤忠商事会社负责经营，伊藤忠会社为此设立了大福公司专门经营纱厂，成为天津唯一的日本人主导的中日合办纱厂。[②] 可见，日商还是想乘着各纱厂陷入资金短缺之机进行渗透，力图用日本资本控制

[①] 参见严中平《中国棉纺织史稿》，科学出版社，1955，第194、354页。
[②] 〔日〕樋口弘：《日本对华投资》，商务印书馆，1960，第108页；参见陈真《中国近代工业史资料》（二），生活·读书·新知三联书店，1961，第586页。

经营管理，逐步扩展经济势力，进一步攫取在华北的利权。此时，日本军政当局还没有形成对华北的经济方针制定，没有确定日本在天津或者华北的投资方向，所以日商多集中在轻纺工业等，对日本军事需要的国防资源投资较少。

1931年后日本对天津的投资规模和范围与1931年前不能同日而语。这时日本军政当局加快了侵华步伐，华北在一定程度上已经在日军的控制范围内，成为全面侵华的跳板。从而掠夺华北资源，特别是国防资源，扩大商品市场，为其国内产业提供原料和产品销售市场，最终成为第二个"满洲国"，是日本朝野各界的目标。天津虽然没有多少国防战略资源，但是作为华北经济中心和最大的进出口口岸，其拥有其他任何城市都不可比拟的优势和战略地位，日本经济势力自然会加强投资等各种经济活动。在天津的中国驻屯军，一直主持着日本对华北政治经济侵略活动的策划与实施，他们制定的策略不同于关东军在伪满洲国实行的由满铁垄断经济各部门禁止民间资本参与的方式，而是鼓励和支持日本财阀等"民间资本自由进出"，且得到日本军政当局的认可，于是日本工商界怀着怕搭不上车的急切心情竞相涌入天津和华北地区，形成了日本各界的"华北进出热"。

日本在华各纺织会社加紧投资天津的棉纺织业。20世纪30年代前中国的棉纺织业集中在上海、青岛和天津，上海拥有占全国纱锭总数60%的纱厂，也是日本纺织业投资的重点，在上海的日商纱厂占在华日商纱厂投资总数的60%；青岛曾一度被日军强占，此后日商也倾力投资兴建纱厂，其6家纱厂的投资额占在华日商纱厂投资总额的30%，在青岛占据绝对优势。天津有七家纱厂，20世纪20年代末的投资总额占全国华商纱厂的30%，但还没有一家日商纱厂。日本纺织业一直企图投资天津棉纺织业，未能如愿，改以借款的方式逐渐渗透。1925年后华北的华商纱厂因资金缺乏、管理不当，以及棉贵纱贱等先后由盛转衰。到了1935年，资本金为556万日元的天津裕元纱厂的负债高达809.6万日元，资本金为242万元的天津华新纱厂负债为162.9万元。[①] 天津各纱厂皆不得不以固定资产、原料和产品为抵押，向银行借款，于是日本财阀和在华各纺织会

---

① 〔日〕中国駐屯軍司令部：《北支紡績製粉工業調査報告》，1937，第39页。

社乘虚而入，先为各纱厂提供借款，然后以日军为后盾，强买并兼并了天津的裕大、裕元、华新和宝成等四家纱厂。日本东拓会社在向天津的裕大纱厂提供借款后，自1924年2月就开始派员进驻裕大纱厂，管理产销业务；1925年该会社把裕大纱厂委托给日本大福公司经营，成为日本商社控制的天津第一家纱厂。① 其他五家纱厂中，裕元、华新与宝成三家纱厂先后被日商收购。而且，日本在华纺织会社的这种收买是依仗日军势力强行威逼进行的。比如早已由日商经营的裕大纱厂，最初裕大纱厂的日本厂长"利用国势先来商谈合作，再来要求购买"，遭拒绝后，"该日人竟私自拆墙，并封锁厂门"，职工上下班"出入非经该日人厂门不可"，"使工作无法继续"，"但在敌寇势力之下，只可忍气吞声莫奈之何"，厂方只好将纱厂卖给日方，卖价只相当于资本和债务合计的20%。② 天津华新纱厂也同样是在日军的威逼下被迫出卖的。1935年后期，日本在华纺织会社视华新纱厂为"俎上之肉，志在必吞"；1936年春夏之交，"日人遂直接、间接用种种方法破坏其经营，威胁其生存"，以致纱厂负债累累，"日人遂一面由钟渊纺织会社、东洋纺织会社托人辗转递价商购，一面由领署（天津领事馆）、军部人员散布流言危辞"；当纱厂派代表与其虚于周旋时，"领署及军部态度愈加强硬，谓购厂事只可成功，不可失败"，并限定只能同以上两家会社中的一家协议出售，"不得再与他家商谈"，价格"只可酌商小节，不能更动大体"；同时还威胁道："已通知日警署及中国公安方面，切实保护代表及各大股东"，实际上是武力监视；而且两次把纱厂代表叫到日军司令部和特务机关，"面嘱须立时决定，不能拖延"。华新纱厂只得忍痛以固定资产40%的价格卖给钟渊会社。③ 钟渊纺织株式会社收买裕元纱厂、华新纱厂后，于1935年设新的天津纺织会社，"资本为五百万元，东拓和伊藤忠出资一半，购买中国人经营的宝成纺，设立第二工厂，和第一工厂（裕大纺）一起成为有关东拓的唯一纤维工业，成为重要的相关事业"。④ 1936年11月17日，天津市政府曾经向南京政府

---

① 陈真：《中国近代工业史资料》（三），第586页。
② 居之芬主编《日本对华北经济的掠夺和统制——华北沦陷区资料选编》，第997页。
③ 居之芬主编《日本对华北经济的掠夺和统制——华北沦陷区资料选编》，第1003~1008页。
④ 〔日〕支那问题研究所编：《支那问题研究所经济旬报》，1938年3月11日，第22页。

汇报具体情况:[①]

> 本市纱厂属于国人所有者共为裕大、裕元、宝成、华新、恒源、北洋、达生等七家,实握华北纱业之枢纽,设备之完善,管理之周至,大足以与外商经营者相抗衡。嗣以营业不振,每向外人抵借款项,在握经济权威之外商亦正欲借此放款机会向国内实业界入步,作变相之投资。于是本利相生,愈积愈重,各纱厂遂相率为所束缚。现虽纱价见涨,营业多有起色,然积重难返,业已不可救药,除裕大早于民国十七年以前因债务关系改归外人管理不计外,其裕元、宝成、华新三家在此营业好转之今日,终因负债奇重,由债权人日商大仓洋行及公大纱厂分别收买。计裕元现改为公大第六厂;华新以120万元出脱,现改为公大第七厂;宝成则以130万元,卖与民国十七年以前日商收买之裕大"。

1937 年前,天津当时的七家纱厂中被日本的纺织会社收买和吞并了四家纱厂,其简况如表 1-4 所示。

表 1-4　1937 年前日本各会社收买天津四家纱厂简况

单位:万元

名称	资本额	收买者	被收买时间	收买金额	被收买后名称
裕元纱厂	556	钟渊纺织会社	1936 年 4 月	250	公大 6 厂
宝成三厂	260	天津纺织公司	1936 年 7 月	130	天津纱厂
华新纱厂	270	钟渊纺织会社	1936 年 8 月	120	公大 7 厂
裕大纱厂	300	裕丰纺织会社	1936 年 3 月		天津纱厂

资料来源:据〔日〕满铁调查部:《北支那工场实态调查报告书:天津之部》,1938 年,第 90 页;居之芬:《日本对华北经济的掠夺和统制——华北沦陷区资料选编》,第 995~1004 页;严中平:《中国棉纺业史稿》,科学出版社,1957 等统计。

当时,天津的银行界感叹:"概自华北沦陷,平津屏藩尽失,日人处心积虑,不独置华北政权于其势力之下,即对津沽实业亦眈眈焉。天津六

[①] 《天津市政府致实业部咨文》,1936 年 11 月 17 日,乙字第 399 号,中国第二历史档案馆藏,422-2-732;转引自谢学诗《满铁与华北经济(1935~1945)》,第 62~63 页。

纱厂，除裕大早归日商经营外，今裕元、宝成、华新又先后为日商所收买，再进而窥伺内地之纱厂，则势力蔓延，危害更大。"①

日本强买各纱厂后，控制了天津的棉纺织业，其4家纱厂的资本额占该市各纱厂总资本额的63.4%，纱锭占71.7%，线锭占53.4%，布机占76.3%，形成对该行业的垄断。

表1-5 1937年初天津日商与华商纱厂比较

单位：枚，台

厂名与所有权	锭数		织布机数
	纱锭	线锭	
日商：			
公大六厂（钟渊公司）	71360	976	1000
公大七厂（钟渊公司）	30272	—	—
天津纱厂（东洋拓殖公司与伊藤忠联合所有）	27082	2520	—
裕大纺织厂（伊藤忠）	39747	2380	—
四家日商纱厂合计	168407	5876	1000
华商：			
恒源纺织厂	35440	3230	310
北洋纱厂	27056	—	—
达生制线厂	3230	1820	—
3家华商工厂合计	65726	5140	310

资料来源：琼斯：《天津》，许逸凡译，《天津历史资料》1965年第3期，第58页。

随着日本政治经济势力的不断增强，中国驻屯军1936年以后曾经计划加快在天津等有条件的城市设立纱厂等各业企业步伐，计划在天津新建10家纱厂，纱锭总数拟增加157.47%，织机总数拟增加626.24%。② 日本人预测，"在如此情况之下，日本纺织工业在中国的前途，将来在华北方面，愈将有飞跃的发展，不难想象"。③ 日本各纺织会社蜂拥而至，纷纷准备投资建设新的纱厂。东洋、福岛和上海纺织会社捷足先登，自

---

① 《中国银行天津分行行史资料》第三册，第301页。转引自龚关《近代天津金融业研究（1861~1936）》，天津人民出版社，2007，第92页。
② 《陆支密大日记》，1938年4月9日，日本防卫厅防卫研究所图书馆藏；《国策研究会文书》第2504号，日本东京大学综合图书馆藏。
③ 〔日〕东亚同文会编《对华回忆录》，胡锡年译，商务印书馆，1959，第445页。

1936 年开始筹建裕丰、双喜纱厂和上海纺织天津分厂。

华北地区有很多农村种植棉花,天津是日本棉纺织业的主要供应地,日商一直把持着天津棉花的进出口贸易。为了提高棉花的品质和出口数量,1936 年日本拓务省派出官民调查团,对华北等地棉花、羊毛等资源进行 40 天的考察,遂要求政府拨专款在华北各地设立植棉研究试验机构,培养人员,改良棉种,以提高华北棉花质量,增加对日输出。于是日本驻天津领事馆受政府委托,在天津设立华北农场试验所,并借中国人之手购买土地建场植棉;随后广为推广,共在华北各重要城市设立了 10 个植棉研究所和附属农场。同时,日商还在天津建立了资本 1000 万日元的华北棉花仓库,以垄断华北棉花的产销。这时,日本棉商在天津、青岛成立了棉花交易所、华北棉花协会等机构,控制华北棉业,以保证输出日本和在华日商纱厂的原料来源。另外,1936 年 9 月日本东洋制纸会社在天津开设了资本 250 万日元的分厂,日华制油会社工厂资本 100 万日元,生产各种豆油,均为日商投资较大的企业。据统计,1936 年日本在天津的投资为 8939.3 万日元,占其在华投资的 9%,占其在华北投资的 20.7%。[1]

另据日本中国驻屯军 1937 年统计,日本各会社在华北金融、电力、通信、汽车、建材、烟草、制纸、玻璃和纺织等行业已经开工或着手建设的企业总投资为 5600 万日元,决定创办石油贩运、化工、纺织等业的投资约为 2400 万日元,共计约 8000 万日元。参与投资的会社有满铁、满洲电信电话、满洲电业、大阪窒素、东拓、三井、三菱、维新化学、钟渊纺织、东洋纺织、上海纺织、福岛纺织、大日本纺织等许多财阀和企业。[2] 在天津,到 1937 年前后日本在天津开设的主要工厂合计有 72 家,总资本约为 7405 万日元。其中纺织工厂为 7 家,资本额为 1525 万日元;化学工业 20 家,2710 万日元;食品工业 10 家,606 万日元;发电和自来水 2 家,600 万日元;机械制造修理 11 家,853 万日元;金属品业工厂 3 家,

---

[1] 姚洪卓:《近代天津对外贸易》,第 90 页。
[2] 〔日〕满铁经调会:《支那驻屯军满铁经济调查委员会第二回懇谈会报告》,转引自〔日〕中村隆英《战时日本の华北经济支配》,第 72 页。

63万日元；其他工厂19家，资本额1057万日元。①

从上述可以看出，1931年至1937年七七事变前日本在天津的经济活动与1931年前有所不同。其一，计划和目的性强。这时日本国内要把中国变成其殖民地，在驻屯军和满铁等策划下已经确定对华北经济统制的方针政策和计划，十分强调统制华北经济的计划性和官商投资的统一性，以尽可能地攫取华北资源和扩大日本各方的势力。因此，日本各方的投资和兴建工厂，都是在落实军政当局的方针政策和计划。其二，投资方向的变化。由于这时日本对华北的掠夺重点是国防资源、农副土特产品以及占领市场，日本在该时段的投资方式有所变化，即将以往的借款等间接投资转为直接投资。其三，这时的日商投资并不仅仅是经济活动，还是日本侵华战略的组成部分。虽然有些公司是以中日合办的形式出现，但是日商的投资大多是在日本军政当局的支持和帮助下进行的。比如对天津棉纺织业的兼并、天津电业公司的建立，都有日本中国驻屯军或领事馆的直接参与。因此可以说，这时日本对天津的投资，是以政治军事攻势为先导，用军事压迫和威胁等手段进行的。其四，这时日本的投资规模十分庞大。日军在华北的分裂活动得逞后，其舆论界"开发"华北经济的声浪甚嚣尘上，政府鼓励财阀"自由进入"华北的政策，军部以武力的支持，以及满铁捷足先登有独占华北之意，这一切促使日本金融、产业各界把投资重点转向华北和天津，使其经济实力大大增强。据日本有关方面统计，1928年日本对华北的直接投资约为18000万日元，到1937年初增加了13850万日元，增长了近80%。② 另据日本东亚研究所1944年统计，到1936年日本对华北的直接和间接投资总额为43260.4万日元，占在中国大陆（不包括台湾和东北地区）总投资的43.5%。③ 天津既是华北地区的经济中心、金融中心和最大的进出口贸易口岸，又是抗日战争全面爆发前日本策划侵华政治军事和经济活动的大本营，因此必然是日本各界投资和经营的重点，其在该阶段的投资规模达到历史最高水平。

---

① 王学海：《旧中国外商在天津设厂行名录》，《天津历史资料》第19期，1983，第50、68~72页。
② 〔日〕满铁产业部：《北支那经济综观》，日本评论社，1939，第128页。
③ 〔日〕东亚研究所：《日本の对华投资》，第208~210、205页。

第二章 日本对天津经济统制的确立

第一节 日本在天津殖民统治的建立

一 天津市伪政权的成立

1937年7月7日，日军在北平西南卢沟桥打响了第一枪，开始全面侵华战争。7月28日，日军占领北平，30日占领天津；日军主力部队在平津附近集结后，企图速战速决，占领全中国。日军沿着京包、京汉和津浦铁路发动进攻，到11月上旬的3个多月时间侵占了河北、绥远、察哈尔、热河、山西以及山东省部分地区，12月集结在山东德州的日军占领济南、泰安、济宁等地；日本海军于1938年1月10日占领青岛。至此，华北尽入日寇之手，成为日军在最短时间内侵占面积最大的地域。

日军在大举南侵的同时，在华北搜罗亲日分子，炮制傀儡政权。日军攻陷北平后，日军特务机关便组成由老牌汉奸江朝宗为会长的"北平市地方维持会"。"天津市地方维持会"是由日本中国驻屯军一手策划的。卢沟桥事变后，中国驻屯军特务机关头目茂川秀和少佐在天津积极物色人选，筹划成立伪组织。7月25日茂川秀和鼓动亲日派张弧出面，召集高凌霨、钮传善、刘玉书、沈同午、孙润宇等十余人在方若家中谋划伪政权的成立；27日茂川又在其特务机关所在地茂川公馆召见高凌霨，详细研究了有关成立伪天津市治安维持会各项具体事宜，在筹划伪政权人事问题时，高凌霨向茂川建议，天津是一个大商埠，如果成立组织，还应多邀请天津的各方人士参加。茂川等大致确定了高凌霨等伪天津市治安维持会委员人选。经过茂川周密的部署，并征得中国驻屯军特务机关同意后，7月28日伪治安维持会组成：高凌霨为委员长，王竹林、王晓岩、刘玉书、孙润宇、沈同午、钮传善、邸玉堂、赵聘卿、方若、刘绍琨十人为委员。7月31日，即日军占领天津的第二天，茂川宣布了中国驻屯军特务机关的决定：伪天津市治安维持会设委员长和十名委员，委员兼任维持会各部门负责人。委员长是高凌霨、秘书长刘绍琨、总务局局长孙润宇、社会局局长钮传善、公安局局长刘玉书、财政局局长张志澂、商品检验局局长吴季光、长芦盐务管理局局长王竹林、教育局局长沈同午、卫生局局长侯毓汶、高等法院院长方若。8月1日，在中国驻屯军特务机关的监督和主持下，伪天津市治安维持会正式成立。这是日本侵略军在华北占领区最早扶植建立的傀儡组织之一。①

伪天津市治安维持会虽然是过渡性政权，但其成员基本是后来伪政权的班底，其中有旧北洋政府官僚政客，很多都与日本有一定关系。比如高凌霨是直系军阀曹锟的红人，曾任北洋政府国务总理、农商总长、税务督办等职；钮传善是清末的公费留日生，曾任北洋政府财政总长；孙润宇在日本法政大学学习，曾任北洋政府国务院秘书长、后任天津市政府秘书长；刘玉书从日本陆军士官学校毕业，曾是直系军阀孙传芳的参谋长；沈同午也是从日本陆军士官学校毕业，曾是直系军阀孙传芳的师长。一部分人是天津的绅商，如王竹林曾任北洋政府盐务督办、当时的天津市商会会长，赵聘卿是恒源纱厂经理、天津市商会会董，邸玉堂是五金同业公会会长、天津市商会会董，王凤鸣是天津市银钱业公会会长、天津商会会董。还有一部分人是旧市政府的官员，如张志澂曾任天津市财政局局长；侯毓汶从日本千叶医专学校毕业，曾任北洋政府时期医官；刘绍琨为留日学生，中国青年党天津市负责人；方若虽是旧官僚、文人和收藏家，但自义和团运动时就为日军效力，以日本驻天津总领事馆为后台主办了《京津日日新闻》，并借此创办了房地产公司。由此可见，伪治安维持会大部分

---

① 参见陈志远、乔多福《抗日战争时期日本对天津伪政权的控制》，《南开史学》1986年第1期。

成员与日本军政当局关系密切,且有一半以上的人有留日的背景,方若和刘绍琨当时就被人称为汉奸、特务。伪天津市治安维持会的核心人物就是这些旧军阀官僚和亲日分子。一般工作人员有很多是原来市政府的职员,伪天津市治安维持会一成立,就通告原来的天津市政府各机关人员限期到原单位报到,"到8月9日为止,已报到者计前市府134人,财政局68人,社会局56人,公安局80人(警察除外),前市府及三局共计338人,占到原单位的79%强"。①

虽然伪天津市治安维持会是由中国人组成的,但其完全是被日军特务机关控制的,不仅高层人员皆为日本特务机关收买的亲日派,而且其一切活动和施政方针均须经过日军特务机关认可后方能实行;该会的大部分会议是由日本特务机关长主持召开,会议议题由日本特务机关提出,施政情况也要随时向日本特务机关汇报。伪天津市治安维持会成立时,中国驻屯军司令官香月清司以"赈济"名义捐赠该会10万元,并允许其"染指过去专供中国中央政府使用的重要财源"。② 除日本驻屯军特务机关长直接督导伪天津市治安维持会外,日本驻屯军还向该会各部门派出顾问、辅佐官和工作人员等日籍人员,通过这些日本顾问等指挥和监控伪治安维持会。

伪天津市治安维持会遵照日军意旨,临时代行天津市政府的职权,在协助日军维持社会治安、镇压抗日活动等方面发挥作用。比如该治安维持会公安局发出布告,"严禁商民不得私藏枪支""隐匿不报者一经查出,从重惩办";并多次与日本宪兵一起联合突击检查,收缴民间武器军火。伪天津市治安维持会还特别强调"注意防匪""查访反动"。该治安维持会公安局的报告称:本市租界林立,中外杂处,时有共党及反动分子潜图不轨,殊足妨害治安,因此,"严饬各分局队属特别注意严查,随时密报,以资防范"。很明显,伪天津市治安维持会是把镇压共产党、其他抗日组织和民众的抗日活动作为其治安工作的重点。为了维系各机关部门的运转,伪天津市治安维持会在日军支持下很快接管了市财税系统,并颁布

---

① 《天津市治安维持会行政机构已完成》,《庸报》1937年8月10日。
② 参见《天津市治安维持会施政工作报告》,河北省档案馆藏,D693-62-101;转引自郭贵儒《河北沦陷区伪政权研究》,人民出版社,2013,第99页。

《安定金融办法》七条，规定了严格的限制提款措施，试图在抑制物价上涨、稳定混乱的金融秩序、管制等方面强化殖民统治。① 伪天津市治安维持会的成立及施政，为华北沦陷区其他地方伪治安维持会的建立提供了示范，并为日本建立伪政权奠定了重要基础。

日本中国驻屯军建立的伪天津市治安维持会仅仅是过渡性的，其目的还是建立完全独立于南京政府的政权。1937年8月14日，日本关东军制定的《对时局处理大纲》称，"以五省自治为最终目标，先将河北及山东二省（将来也包括山西）组成一个政权。另将察（哈尔）南，晋北合并建立一个政权。前者设于北平，后者设于张家口"。两政权内各配日本顾问"进行幕后指导"。8月31日中国驻屯军扩编为华北方面军后，增设特务部，任命原驻华大使馆武官喜多诚一郎少将为特务部部长；其特务部的主要任务是，"对日军作战的后方地区（包括冀东）执行各有关政务事项，统辖指导中国方面的机关，为使发送地区成为实现日满华合作共荣的基础而进行各项工作"，并准备"在华北建立政权"。② 9月6日该军参谋长指示喜多特务部长，"关于建立华北政权的准备，暂建立政务执行机关，以统治现在及将来的军队占领区的中国方面各机关，且尽量使之成为将来华北政权的基础"。③ 而喜多诚一郎在筹划组织华北伪政权时公然主张，要建立的华北政权，将"取代南京政府的中央政府，使之在日军势力范围内的地区普及其政令"，而不是地方政权。④ 这种主张，得到日本军部和关东军的大力支持，于是特务部四处物色亲日汉奸，积极炮制伪政权。

9月13日，日本华北方面军特务部以北平、天津两地治安维持会为基础，成立"平津治安维持联合会"。10月12日伪北平治安维持会召开常委会，决定将北平改称为"北京"。同时，特务部部长喜多则积极在平津地区网罗汉奸分子，组织伪政权班底，派根本博大佐到香港诱说王克敏

---

① 参见郭贵儒《简析"天津市治安维持会"的基本特征》，《历史教学》2008年第10期。
② 日本防卫厅战史室编《华北治安战》（上），天津政协编译组译，天津人民出版社，1982，第49~50页。
③ 〔日〕《现代史资料》第9册，第41~42页。
④ 〔日〕臼井胜美：《日中戦争の政治進展》，日本国际政治学会：《太平洋戦争への道》第4卷，朝日新聞社，1963，第131~141页。

重返北平，负责筹组伪政府。王克敏是老牌亲日分子，曾任北京政府内务部总长、财政部总长，以及冀察政委会委员兼经济委员会主席等职，他于12月7日到达北京后，即与在京津的亲日分子紧锣密鼓地组织伪政权。1937年12月14日伪中华民国临时政府在北京中南海宣布成立，首都设在北京。该临时政府管辖范围，随着日军占领地的扩大，逐渐由京津扩展到河北、热河、山东及山西、河南、察哈尔等省的部分地区。该政府下设3个特别市和4个省，即北京、天津、青岛市和河北、山东、山西、河南省；特别市设市长，各省设省长；省之下设道、县两级地方伪政权。日本是想以此代替中央政府，所以对临时政府的控制，不像在伪满那样直接由日本人任职，而是派遣顾问，"在制定政策大纲方面由日本顾问进行内部指导"；其顾问的任命，则完全由日本华北方面军司令官决定，不必请示日本政府，也没有通常外交上的征求意见，所以其实质是日军直接控制下的傀儡政权。

伪中华民国临时政府成立后，京津两市的治安维持会、伪冀东防共自治政府相继取消，成立伪特别市公署等。12月17日伪天津特别市公署成立，办公地址在今河北区中山公园，高凌霨为伪河北省省长兼天津特别市市长。1938年1月17日，潘毓桂任伪天津特别市市长，高凌霨仍为伪河北省省长。伪天津特别市公署为了进一步与日本勾结和安置其党羽，1938年初对机构进行了一系列的调整，成立了外事处，并将公安局改称为警察局；又于3月间将社会局、教育局、卫生局、工务局均改为处，合署办公，所有行文由天津特别市公署直接办理；9月间又将电政监理处改组为公用处，并将原有的一科、二科、三科改组为总务科、文书科、人事科、经理科四科，文书科增设了调查统计股。1940年3月30日，汪精卫于南京宣布汪伪国民政府成立，北京的伪临时政府取消，其原班人马改为"华北政务委员会"，王克敏仍为该会委员长，受日本华北方面军和日本兴亚院华北联络部的指挥。伪华北政务委员会下有内务、财务、治安、教育总署，并增设实业、建设总署。其管辖范围为3个特别市和河北、山东、山西省以及河南、江苏北部的部分县，下设道、市、县各级公署；但实际上日伪军兵力有限，占领区与抗日根据地犬牙交错，变化不定，其所能控制的范围多只限于城市和交通干线，即"点"和"线"，各级政权大多是"政令"不出城门。1940年，伪华北政务委员会成立后，伪天津特别市公署便由伪华北政务委员会领导，同时的华北政务委员会对其政府机构做了局部的调整和变动。1943年11月15日，伪华北政务委员会依据《华北政务委员会组织条例》，决定将天津特别市公署改名为"天津特别市政府"，天津特别市政府又增设了经济局，以推行经济统制和经济封锁。

伪天津市政府下设9个区，将原来的德租界、俄租界等另设为3个特别区；太平洋战争爆发后的1941年12月，日军占领英租界；1942年3月，日军将天津英租界"交还"给伪政权；1943年3月，伪天津市公署将3个特别区改称为第十、十一、十二区，接管的天津特别行政区（英租界）更名为兴亚第二区，接管的日租界改称兴亚第一区；6月5日，天津法租界交还中国，伪天津市公署将该区改成兴亚第三区；9月10日，伪天津市公署协同日军，强行接管意大利专管租界，改称特管区。1944年4月1日，伪政府决定开始实行新区划：将原有的12个区及兴亚一、二、三区重新划分为八个区，并依此编组保甲，仍保留一个特别区（旧日租界）。

二　日本在华北的经济统制机构和天津地位的变化

七七事变爆发后，中国驻屯军扩编为华北方面军，是侵占华北的主力部队，也是处理华北占领区政治、经济等一切事务的最高指挥机构。该军特务部的主要任务是，一方面筹建伪政权以保护日军后方的治安；另一方面继续充当统治华北经济的策划者、主持者和指挥者。9月6日华北方面军参谋长给喜多的指示中，把华北的经济统治列为特务部的职责，即"关于交通、经济等的建设，应注意与作战用兵方面的关系，及国防资源的获得，努力促使日满资本的流入"。[①]的确，华北军特务部实际上是日本统制华北经济的指挥所，它积极组织各方人力，制定和修改方针政策和计划，筹建各个会社，加紧恢复华北的交通和生产，尽快落实各项计划。[②]从特务部的机构设置也可看出，统治华北经济是其重要工作之一。

[①]〔日〕《现代史资料》第9册，第42页。
[②]参见张利民《华北开发株式会社与日本军部和政府》，《历史研究》1995年第1期。

该部仅设总务课负责政务工作，而经济方面则设了3个课，即交通、通信邮政、建设课，课长均为日军大佐或中佐；特务部成员，除了原来的中国驻屯军、军部、政府的专门从事经济事务的军官和职员外，还将有多年殖民统治经验的满铁的人员列为嘱托，共同策划和管理华北的经济。

1938年12月16日，日本政府为了协调军政各方的对华工作，设置兴亚院，掌管对华事务。兴亚院以首相为总裁，外、藏、陆、海省四相为副总裁，处理除外交之外的中国政治、经济及文化事务。该院在北京、张家口各设华北联络部和蒙疆联络部，对两个伪政权实行分而治之，取消了华北方面军特务部和关东军张家口特务部，但是特务部的原班人马都转入联络部，喜多诚一郎成为华北联络部长官，关东军特务部部长酒井隆成为蒙疆联络部长官，各联络部的课长和成员也都是原特务部的现职军官。兴亚院联络部官制也有明文规定，各联络部长官及派出所所长"对与军事和警备有关的事项，应分别受各该地区的陆军和海军的最高指挥官指挥"。这表明了日本推行的是军政一体的军国主义统治机制。同样，在华日军也不会放弃手中的权力。1939年8月27日兴亚院总务长官来到华北方面军司令部，商讨统治华北的方策。军方认为，"根据目前的经验，现情形下设联络部以面对政府、地方机关和军队各领域的方式是适当的"。但是他又强调，"华北的治安是第一位的，其政治工作今后仍然以武力为背景才能够达到目的；经济建设也有必要加强华北在综合日满华的意义上的总动员态势。要绝对加强日方的指导机关，特别需要军部的一元化，以这种一元化领导顺利而彻底地掌握运用各种机会"。"华北现在情形下，为了政治特别是经济工作，有必要绝对加强兴亚院联络部的人力方面，特别是作为日元圈内的华北，要进行更强有力的指导。"[①] 军方就是要求兴亚院时时刻刻依靠军部的力量，加强对华北政治经济的统治。

1941年末，日本发动了太平洋战争，战场扩及东南亚。为了保证战争物资的供应和调运，加强对中国以及东南亚占领区的殖民统治，达到建立"大东亚共荣圈"的野心，日本政府决定撤销兴亚院、拓务省等机构，

---

① 〔日〕《陆支密大日记》，1939年8月27日。

设立总理亚洲殖民事务的最高机构——大东亚省,下设总务、"满洲"事务、中国事务、南方事务四局,任务是动员殖民地区全部的人力和物力,统一调配各地的生产和运输,为战争服务。原兴亚院华北联络部和蒙疆联络部,由设在该地的大使馆取而代之,而大使馆的成员仍然是联络部的原有成员,可谓是"换汤不换药"。

纵观七七事变后的八年,日本在华北的政治经济统治机构曾三次易名,但其人员没有太多的变化,始终是华北方面军特务部和关东军特务部的班底,这表明在战争状态下军队的绝对权威性,也反映了日本在华北实行的是"军政合一"并有着强烈法西斯军国主义色彩的殖民统治。

全面侵华战争爆发后,日本鉴于北京的地位,将许多政治统治机关都设在北京,如兴亚院华北联络部、大使馆,且伪华北政务委员会也在北京,所以一些日本创办或者是中日合办的大型公司、会社的总部也设立在北京,如统辖华北经济侵略的国策会社——华北开发会社以及华北交通、华北运输、华北电业、华北电信电话、华北石炭贩卖、华北矾土矿业、华北重石矿业、北支产金等会社和公司。以华北电信电话会社为例,1937年7月下旬,在天津的日军请伪满的满洲电电会社紧急向华北派遣人员,满洲电电会社随即派遣300名社员在天津组成华北特派员本部,8月10日改称天津通信总局,10月13日更名为京津通信总局。1938年1月1日,日本递信省派来要员,要改组为华北电政总局,总局从天津移到日本侵华的政治中心——北京,为设立华北电电会社做准备,1938年华北电电会社在北京成立。因此,1937年后,对华北经济掠夺和统制的大本营移到了北京。

第二节　日本对天津的经济统制方针政策、计划和经济地位的定位

一　日本对华北经济统制的方针政策

七七事变爆发后,华北沦为日军的占领区,从原来的日军前沿地带变成日军向南方侵略作战的后方;而且随着战场的扩大和战线的延长,华北的政治经济地位也有所变化。因此,日本在七七事变前确定的对华北经济

的方针政策也要不断地修改，逐渐形成与"以华制华"政治策略相呼应的"以战养战"经济策略。

日本军政当局首先要确定华北在战争和日"满"华经济圈的地位，进而制定相应的方针政策。日本华北方面军特务部作为驻地的指挥机构，召集满铁等有关人员修改原定的方策，1937年9月中旬制定出《华北产业基本对策要纲草案》，要纲提出，"开发华北产业的根本"，是"获得以扩大日本生产力所必需的资源和必要程度的加工"，"以弥补日满经济的缺陷为目的"；方针是"以把华北包容在帝国经济圈为目标"。① 12月16日，日本企划院第三委员会根据该草案制定了《华北经济开发方针》，将对华北经济统治的方针确定为，"开发华北经济，为了加强日满经济的综合关系，以确立实现日满华合作共荣的基础"，"建立日满华不可分割的关系"，"扩充我方在日满两国方面的广义的国防生产力"，即把华北划入其蓄谋已久所谓的"日满华经济圈"内，建成永久的以战争需要为主的国防资源的基地。② 这时，在日军要速战速决短期内占领中国狂妄野心的驱使下，日本政府要求在中国的"经济开发与交通建设，必须有利于确立日满华三国的国防"，"帝国更必须在实质上抓住必要的交通事业，特别是在华北方面，应以国防要求为第一位"，"努力为完成三国经济圈而向前迈进"。③ 其首要的任务就是，在日军占领的地区，以军队占领和军管为先导，牢牢统制华北的经济命脉，在保证战争需要的同时，迅速恢复原有企业的生产，"开发"日本和伪满缺乏而战争又急需的国防资源，尽快地把华北经济转变为以日本为中心的殖民经济体制。比如军管华北的铁路，使其"掌握在帝国势力之下，不遗余力地完成军事任务"；对占领的工矿企业实行军事化管理，迅速恢复生产；迅速建立伪中国联合准备银行，使财政税收殖民化，纳入"日元圈"；等等。这样，便可尽快进入所谓的全面开发建设阶段，做到"凡对扩充我国生产力有用的重要资源，都应促进其开发及其取得"；④ 从而在弥补日本国防资源不足的同时，将

---

① 〔日〕《陆支密大日记》，1937年10月15日。
② 〔日〕《现代史资料》第9册，第59页。
③ 复旦大学历史系编译《日本帝国主义对外侵略史料选编》，第270、273~274页。
④ 〔日〕日本防卫厅防卫研修所战史室：《华北の治安战》第1册，第102、265页。

其变为受日本奴役的殖民地。所以，华北军特务部纠集有关人员制订了一系列长期的全面扩充华北生产能力的计划，其所定的主要国防资源的生产量和输入量指标极高，胃口极大，处处反映了日本要用很短时间霸占中国的野心。

日本军政当局在掠夺华北经济的政策中，继续实行鼓励日本各财阀和会社投资华北的方针，对这些来华北的经济势力做了相应的部署和限制。日军侵占华北之后，其国内财阀欣喜若狂，争先恐后地涌入华北，以扩大各自的势力。满铁作为侵入华北经济的急先锋率先行动。满铁总裁松冈洋右在1937年8月就以关东军顾问的身份向日本军政当局提出了《华北善后处理要纲和意见书》，认为"以满铁设立三十年的传统精神、机构、财力和人力，理所当然地要应用于华北"，"对产业也有多年的经验"，"以交通事业和资源开发为中心的各项华北产业开发，满铁是首当其冲的"。这时，满铁的大批人员应日军的要求已经进入华北，对铁路和通信部门进行修复和管理，在天津的事务所也扩编成华北事务局。在华北有相当势力的满铁子公司兴中公司，则成为日军的总后勤部，随着军队侵入各个城镇，接收和代管了日军侵占的50多个工矿企业，成为"一元化的华北经济指导的综合机关"。① 日本的电业、通信、纺织等行业财阀会社也不甘示弱，有的迅速重建被毁的工厂，有的购地进设备，有的联合同业筹划投资等，都要在天津和华北占一席之地。作为华北经济统治机关的日本华北方面军特务部则竭尽调配组织之能事。一方面迅速调动满铁、满洲电电会社和日本国内、朝鲜的铁路通信部门的技术管理人员到华北，组成军管理的执行机关，恢复铁路、通信和电力等战争急需的生命线，确保军队南侵；另一方面重申以往的方针政策，规定投资方向，指导各财阀投资于战争所需的国防资源等行业。1937年该军制定的《华北经济开发基本要纲案》强调，华北的企业"要照应日满两国的产业计划，根据日满华北一体的计划实行之"；方式是"在动员当地资本的同时，要结合日满两国的资本技术"，"开发扩张经济的各个部门"，"以期扩充帝国生产力和安定民众生活"。为了加强日本在华北经济统制的计划性、统一性和国策性，

---

① 〔日〕《泉山三六藏文书》，第3号，日本东京大学教养学部图书馆藏。

"防止资本的滥费,扶植企业和促进华北经济开发",日本军政当局还决定组成一个由满铁、日本国内资本和国家投资的国策会社,来统制华北的主要产业,① 这就是1938年11月成立的华北开发会社。同时,为了避免各财阀之间的矛盾,日本政府还规定,"不准许一个会社对满洲和中国采取一元化的经营"。② 从而,打消了满铁要独占华北交通或其他产业的企图,积极鼓励各财阀投资华北的统制性企业。这表明日本军政当局在调动各方力量统制华北经济的方针上,以军队为后盾,充分利用满铁等财阀的资金、技术和经验,集合国家和财阀的财力、物力和人力组成国策会社,对华北的重要行业和经济命脉进行有计划的统一的管理,以迅速且全力地掠取华北的重要国防资源和物资为战争服务。日本的这一方针,一直贯穿于其在华北实行殖民统治的全过程。

1938年中期日军攻陷武汉和广州后,中国战场和日本国内的政治经济形势都有许多变化。在中国战场上,过长战线形成的广阔正面战场和日益活跃的敌后战场,使日军难以招架,中国全民族抗战的巨大威力粉碎了日军速战速决的狂妄野心,战争转入相持阶段。在华北,抗日军民的游击战、交通破击战等,使日军占领区不断遭受袭击,交通和通信时常受阻,无法保证战争和输日物资的正常运输。加之,日军的疯狂扫荡、残酷屠杀,连年的天灾,致使华北广大农村社会生产力严重不足,土地荒芜,农民不得不离乡背井,农作物收获无几。1938年小麦产量减产三成,棉布产量仅及战前的四成,无法维持数十万日伪军和当地民众的需要。结果是物价上涨,食粮和物资极缺,迫使统治者不得不从日本以及华中调入大量的粮食和日用品。日本国内经济也同样逐渐陷入困境。尽管政府已经全面实施战时经济体制,增加对军事工业资金的投入,统制了各种物资的调运、分配和进出口,保证军事工业和战争的需要。但其国内的人力、财力和物力十分有限,工业原料尤其是军事装备和物资所需材料来源极度匮乏。战争带来的巨大的军费开支和消耗,已经使国内历年所积贮的资源,尤其是军需原料消耗殆尽,这成为日本战时经济的致命弱点,它根本不可

---

① 〔日〕《陆支密大日记》,1937年10月15日。
② 〔日〕《现代史资料》第9册,第60页。

能给华北企业提供巨额资金和设备，华北的许多建设项目一拖再拖，开工无期。于是，日本改变了对中国政治经济的策略。在政治上，实行以政治诱降为主的"以华制华"的策略，企图"建立东亚新秩序"，把巩固现存的占领区治安作为当务之急。在经济上，则实行"以战养战"的策略，强调经济的互补和合作，强调战时经济的需要。1938年6月，日本政府的智囊团昭和研究会中国问题研究所提出："开发中国经济，必须考虑对已定的日满经济开发工作发生补充作用"，"在开发方面必须有相应的缓急之分。同时，考虑把经济开发计划从属于目前进行战争的目的，对它的规模、进行速度等等，有加以修改的必要。"[①] 7月，日本政府通过的《从内部指导中国政权的大纲》强调，"经济开发与交通建设必须有利于确立日满华三国的国防"，对于交通，"特别是在华北方面，应以国防要求为第一位"，"不遗余力地完成军事任务"。11月30日，日本内阁制定的《调整日华新关系的方针》，把华北和蒙疆"划定国防上、经济上（特别是有关资源开发利用方面）的日华紧密结合地区"，华中则为"日华在经济上的紧密结合地区"。对华北的经济要求是"以寻求日满所缺乏的资源（特别是地下资源）为政策的重点"，"在产业经济等方面根据取长补短，互通有无的原则"，实现所谓的经济合作；要确保交通线的畅通，"迅速达到恢复治安的目的"，"并努力使其实现长期自给的局面"。其应急政策是，"主要恢复与总动员、充实部队急需物资和治安等相关联的局部地区的人民生活，并同时改善交通"。对于"永久性产业的建设"，应主要"在治安地区的重要区域"逐步进行；而在作战地区，"除特殊个别的以外，原则上只限于商业交易及与商业有关的附属事业"。[②] 也就是说，在华北建立的殖民经济体制，要从战争和战时经济的局势出发，以局部的所谓治安地区为主由日本的国策会社和财阀控制交通、通信、发送电、矿山、盐业等既定的统制性行业的同时，不放弃与华商的所谓"合作"，以利用各方资金，维护、巩固和扩展其在占领区的统治，既要保证占领区的自给，也要尽最大可能向日本提供国防资源。根据这些策略，华北联络部

---

① 复旦大学历史系编译《日本帝国主义对外侵略史料选编》，第270~271页。
② 复旦大学历史系编译《日本帝国主义对外侵略史料选编》，第281、283、287~288页。

开始修改对华北经济统治的方针政策,即分轻重缓急,重点掠夺那些日本侵华战争急需的国防资源和物资。1939年5月、6月间兴亚院华北联络部制定的《华北产业第一次三年计划实施草案》等文件,提出制订计划要"根据重点主义而定",以保证对日供给为前提。① 1939年12月28日,日本政府制定了《对外政策的方针纲要》,将对华经济统治的方针定为"把日满华经济圈作为一个整体",要"从确立国际经济圈的观点"出发制定方针政策和计划,"目标在于促进日满华经济圈内的自给自足"。② 这表明,日本军政当局对华北和天津原有的定位不变,即建设成以战争需要为主的国防资源基地和战斗人员的输送兵站;经济统治方针由以往"速战速决"推进侵华战争相对应的占领、军事化管理,在恢复生产的同时迅速扩大资源和战争所需物资的生产,尽快转变为以日本为中心的"以战养战"体制,一切从战争需要出发,在已经占领的局部地区尽量提供战争急需的国防资源。

尽管如此,日本所谓的华北经济"开发"仍然从一实施就遇到诸多困难。其一,中国共产党领导下的持久战和游击战的人民战争,特别是大规模的交通破击战和对矿山的袭击,沉重地打击了侵略者掠夺计划的实施,也使日伪军的势力仅维持在铁路、主要公路和城镇等"点"和"线"上。其二,日军的杀戮、战争破坏和天灾横行等大大削减了华北农村的生产力,农产品产量极速下降,无法保证在华日伪军和民众的生活需要。其三,日伪当局推行所谓的全面"开发"计划,必然需要大量的资金和设备,而当时日本已无力提供,华北许多企业开工无期,或产量距所定目标相距甚远。1940年4月、5月日本企划院技术部部长宫本武之辅到华北视察后,提出了对华北产业的"开发"要全面实行"重点主义"的方针;于是企划院7月7日提出了《华北产业开发五年计划综合调整要纲》以及各行业的要纲、计划草案,将原来的全面"开发"政策和计划,改为实行所谓的"重点主义"。这时的经济统治方针是交通、电力等各部门都要围绕着增产煤炭和食粮来重新调整,标志着其对华北经济统治的方针政

---

① 〔日〕《大東亜戦争中ノ帝国ノ对華経済政策関係雜件》,日本外交史料馆,E0005-2。
② 复旦大学历史系编译《日本帝国主义对外侵略史料选编》,第304页。

策从全面"开发"改为重点掠夺。

1940年9月,美国宣布对日禁运废钢铁,随即日本与德、意签订三国同盟条约,这刺激了日本军政当局的侵略野心由"建设东亚新秩序"扩大为"建设大东亚共荣圈"。日本政府于11月5日和8日分别制定了《日满华经济建设要纲》和《对华经济紧急对策》以及《中国事变处理要纲》等一系列文件,改变对华经济统治政策。前项要纲提出,日本"必须综合统一地推进国内体制"尽快成为"国防国家",建成以日本为核心,中国和伪满为主干的"大东亚新秩序"。在这个所谓的"大东亚共荣圈"内,华北与日本、伪满和蒙疆地区被定为"有机成一体的自存圈","大约在10年内把三国结成一环,建立自给自足的经济体制,同时促进东亚共荣圈的建设"。日本在该圈内充当核心,以高度精密工业、机械工业和重化学工业为中心,并"对满华的经济建设给予援助和扶植";伪满洲国"要迅速整顿和发展重要基础产业",以矿业、电气和轻工业为中心;"中国要与日满协作,开发资源,复兴经济;华北、蒙疆的着重点是确立自存圈地位,把重点放在交通和重要产业的开发",产业以矿业、盐业、工业原料和轻工业为中心,华北的任务则是提供重要的国防资源,如煤铁盐棉等。①《对华经济紧急对策》强调,要抛开原来的措施,"迅速且进一步加强在中国各方面经济能力的综合运用,促进当地必要物资的调运和皇国获得必要的进口物资",并且要缩减在中国的消耗,以迅速提高日本的国防经济能力,"特别是综合战斗力"。对于"当地产业的开发增产,主要应确保战时,严格限定在地区所储存的基本的国防资源(包括铁矿、煤、盐、萤石、云母、石棉和特定资源),根据能急速且经济的开发利用的可能来实施"。②

1941年11月日本发动了太平洋战争,主战场转向太平洋地区,战争的巨大消耗要求华北在实行"以战养战"策略的同时,提供更多的物资和国防工业原料,尽快成为太平洋战争的后援基地。日本在华北统治的方

---

① 〔日〕:石川準吉:《国家総動員史·資料第四》,第1083~1085页;转引自中村隆英:《戰時日本の華北经济支配》,第267~268页。
② 〔日〕防衛庁防衛研修所編:《支那事変·陸軍作戦》,第3册,朝雲新聞社,1975,第308页。

针是，进一步强化治安，对物资实行全面的统制和严格的配给，确保物资的自给；对矿山实行强制性掠夺，并竭力建设重化工加工业和机械修造业，提高运输能力和效率，不遗余力地为战争提供更多的战略物资。12月即制定了《战时紧急经济方策要纲》，要求中国在战争期间"取得为完成帝国的战争所必要的更多物资，确保军队的自给"，"谋求在占领区内重点并有效地取得重要的国防资源"，建立战时经济体制。1942年8月31日，日本兴亚院炮制出《中国经济建设基本方策》，计划以10年为期，前5年配合战争，后5年全面建设。该方策把中国的经济地位定为"具有丰富的劳动资源、地下资源和农业资源的供给国"，要在适应国防需要的同时，确保当地民众生活必需物资的自给。华北地区"要随着资源的开发完备重轻工业和交通通信设施"。其前5年的任务是，煤炭仍按原来的"重点主义"，以增产为主要任务；铁矿石要适应对日满输送能力和当地制铁的进展状况"合理性增产"，并要大规模兴建制铁业；建设以矾土页岩为原料的铝工业；盐通过改良盐田达到增产，并在当地培养以盐为原料的化学工业；机械工业"重点放在增强和完备开发用机械器具的修理能力上"。在后5年则妄图实行所谓的"飞跃性增产"和"全面的积极性开发"。① 不久又根据日本大东亚建设审议会决定的《大东亚经济建设方策》中华北分担的任务，由华北开发会社制定了《基于大东亚经济建设方策之华北经济建设要纲》，以15年为期大力增产煤铁、钢材和棉花，建设电力和铁路、港口等交通设施，兴建液体燃料、铝等矿山加工业。② 总的来看，这是日本要实现独霸世界的狂妄野心驱使下的计划，前5年以军事需要为主，华北是战争的兵站基地，以后的所谓基本建设，则是把华北变为附属于日本为其提供原料和加工的战略基地。在太平洋战争后期，日本在战场上连连失利，海上运输受阻，华北工农业产值下降，市场物资极缺，通货膨胀严重，1944年4、6月日本大东亚省次官和国务相先后来华北视察，提出了要使华北经济进入决战状态，实行"超重点主义"的方针，加快掠夺步伐。这表明日本仍把华北看作内线作战的防线，妄图依靠

---

① 〔日〕《大東亜戦争中ノ帝国ノ対華経済政策関係雑件》，日本外交史料馆，E0005-2。
② 详见郑伯彬《抗战期间日人在华北的产业开发计划》，资源委员会经济研究所，1947，第96~104页。

华北的国防资源和经济能力与国际反法西斯同盟进行最后的决战。总之，在太平洋战争后近4年的时间内，日本军政当局对华北经济统制方针政策主要集中在以下几方面：其一，巩固当地治安，竭尽全力掠夺占领区物资，维护军队的自给；并加强物资的统制和配给，以保证在华北日伪军和战争的需要。其二，确保交通线，提高运输能力，优先运输军需品和战争物资，并企图建立一条大陆运输线，以加强占领区以及与日本之间的物资流通，达到所谓"大东亚共荣圈"和"日元圈"内的自给。其三，对华北国防资源的重点放在掠夺上，首先是煤铁、盐、矾土等，特别要在当地建设重化工加工业和修理业，以减轻对运输的压力，加快日本建造战争武器的步伐，维持这场侵略战争。这些政策在战争刚刚爆发时即基本确立，越是到了战争后期，日本越是用残暴的法西斯军国主义手段强力推行，反映了日本已经陷入穷途末路、垂死挣扎的困境。

二 不同时期的华北产业开发计划

日本确定了对华北经济的方针政策之后，还有具体的实施方案，这就是对华北经济的掠夺计划，日本军政当局和当地的日伪当局称之为"开发计划"。同样，方针政策的变化也带来掠夺计划的演变。由于日本华北军既是当地的最高指挥机关，又是对华北经济掠夺方针政策和计划的策划者、推行者、监督者，且这些方针和计划也是集军政和财阀等各方力量之大成，所以其指导性和可操作性很强。在掠夺华北经济的全过程中，无论是国策会社，还是民间资本，无论是统制性企业，还是非统制性企业，无不在这些方针和计划的指导下进行。

在七七事变前，日本各方面已经着手筹划掠夺华北经济的计划。1935年8月，满铁经济调查会组成"对华投资问题研究小委员会"，研究对华特别是华北的投资，1936年3、4月间，其炮制出几个投资方案，如"华北经济开发的投资机关纲要"、"华北投资预想"、"华北有关工业投资所需资金调查"以及有关华北交通投资预想和对棉花、畜产所需资金的概算等。其计划在20年内，由日本向华北交通、通信、金融、工业、矿业、畜牧和棉业等投资达72498万日元，其分类如表2-1所示。

表 2-1 1936 年满铁经济调查会华北投资预想

行业	计划年数（年）	预想投资总额（万日元）	日方投资预想（万日元）	中方投资预想	日方占比（%）	中方占比（%）
铁路	20	34768	28973	5795	83.34	16.56
汽车	10	3000	2250	750	75.00	25.00
港口	15	5900	4917	983	83.34	16.56
运河	15	10000	8333	1667	83.34	16.56
航空	10	1450	1225	225		
通信		2500	1400	1100		
金融	5	4500	3000	1500		
工业新设企业		6380	3190	3190		
工业现存企业		9760	4880	4880		
棉花增产	10	3779	700	3079		
畜产业振兴		520	60	460		
矿山	10	18100	13570	4530	75.00	25.00
合计		100657	72498	28159		

资料来源：〔日〕满铁调查部：《支那立案调查书类第 3 编第 2 卷·对北支那投资方策》，该部 1937 年 12 月，第 32~47 页。

  这是以华北的冀、察、绥、晋、鲁五省为投资范围的最早的长期"开发"计划，规模十分庞大。其投资的重点是铁路、港口和运河等交通部门和煤铁等国防战略资源生产的矿山，所占比重共为 70.17%。满铁计划 20 年内修建铁路新线 4260 公里，开通 3 万公里的汽车运营线，疏通大运河和南、北运河，15 年内塘沽、秦皇岛、青岛港共增加货运吞吐量 700 万吨。对矿山的计划是，10 年内华北各矿年产铁矿石 130 万吨、炼钢 40 万吨、炼铁 25 万吨、煤炭约 800 万吨。

  在天津的日本中国驻屯军以满铁的计划为基础，1936 年 12 月制订了《华北经济开发五年事业计划》《华北经济开发五年资金计划》等。这些计划把投资范围定为冀、察两省，5 年内新建铁路 570 公里，建成 1.5 万公里的汽车运营线，建立吞吐量为 550 万吨的塘沽港；龙烟等铁矿年产矿石要达到 200 万吨，并建成年产 50 万吨铣铁的炼铁厂；井陉和正丰煤矿年产煤达到 200 万吨，长芦盐年输日量要不少于 20 万吨。计划 5 年内投资总额为 31494 万日元，其中日本兴中公司出资 15489 万日元，几乎占一半，冀察政府出资 8500 万日元，则靠向兴中公司、朝鲜银行借款和在日本发行公债充之。① 这是第一个以五年为期的经济"开发"计划，与满铁的计划相比，投资范围和年限不同，但投资的规模不小，它十分强调对交通的控制和对占领区的矿山和盐等能源的"开发"与掠夺，强调对日输出量，纠正了满铁在计划中只重视交通、纺织，不太重视煤铁和盐等国防资源的偏向；使其更有针对性，更能体现日本军政当局掠夺华北资源以补充其国防能力的宗旨。该计划与天津有关的是新建天津至石家庄铁路、扩建塘沽港口和增加长芦盐的产量与对日输出。

1937 年后，日本中国驻屯军等基于政府制定《第二次华北处理要纲》的方针政策，进一步谋划掠夺计划，以"在将来实行华北产业开发情况下有明确的实证的基准，以期把日满华北包括在日本经济圈内时万无一失地适当调整相互间经济关系"。② 在驻屯军的主持下，满铁经济调查会于 1937 年 6~8 月制定了《华北产业开发计划案及表》《华北经济开发资金计划案及表》，以及国防资源物资需求预测等一系列计划，是冀、察、鲁三省从 1937 年开始的五年计划，其重点还是战争需要的资源，即"把在平时和战时对日满圈必要资源的开发补给作为重点"，"确立日满圈发展所必需的铁、煤炭、液体燃料、盐等重要产业置于日本势力之下"；与国防资源密切相关的建材、化工诸产业，也要依附于日本的势力。其资金计划是，五年内投资总额为 83157.6 万日元，比 1936 年底的五年计划要多出很多。按投资比重，煤铁、电力、盐业和化工等所谓统制性企业占投资总额 67.76%，铁路占 14.73%，农业和港口建设占 17.9%。投资者中，日本各大财阀占投资总额的 61.52%，包括日中合办企业和地方政府等中国方面占投资总额的 32.59%，其余是伪满投资。与天津有关的有，计划在天津和唐山等地新建炼钢厂，新建一个年产 10 万吨液体燃料的工厂，新建天津至石家庄铁路线；恢复和新设盐田，每年要向日本输出工业用盐 100 万吨；扩建塘沽和青岛港口，新建乐亭县大清河口港，以输日煤炭和

---

① 〔日〕满铁调查部：《支那立案调查书类第 3 编第 2 卷·对北支那投资方策》，第 99~105 页。
② 〔日〕满铁调查部：《支那立案调查书类第 3 编第 2 卷·对北支那投资方策》，第 1 页。

铣铁，使华北各港口吞吐量达近1500万吨。①

这些事无巨细且面面俱到的计划，有以下几个特点：其一，它是在日本已经确定对华北经济掠夺方针政策的基础上出笼的，特别强调对统制性企业的投资，也就是把能够弥补日本和伪满国防资源不足的煤铁、棉盐以及化工、矾土列为重点，把华北变成长期的国防资源的供应基地。其二，扩建和新建铁路、港口的目的十分明确，即加强其控制地区的交通联络，便利华北各种资源的对日输出，尽快成为日本政治军事和经济统治服务的交通网络。其三，计划中有详细具体的实施方案，有建立会社等的系统安排，有每年度需达到的目标，还有按行业和投资者分配的比例等等，包括东洋拓植、三井、三菱、日本制铁、帝国燃料、朝鲜制铁以及各纺织集团、电力联盟和水泥联合会等众多财阀，以联合更多的势力迅速掠夺华北的资源。实际上这是日本中国驻屯军对当时和今后统治华北经济的行动指南。但是，这是在日军要在极短时间内占领全中国叫嚣下出台的，高估了自身的能力，其推算华北各行业的生产量和输日量仅是停留下狂妄计划的层面，如企图五年内新建铁路主支线1812公里，煤铁年产量增加1.5倍，棉花增产近60%等，都是不可能实现的。

七七事变后，华北平原沦陷，日本已经霸占华北的经济命脉，实行殖民统治，日本对华北经济的方针政策也随着政局的变化而进行调整。1937年8月满铁急忙抛出《华北产业开发计划概要》《华北产业开发计划明细表》《华北经济开发事业资金表》等，将范围从原来的三省扩大为华北五省，投资总额大大增加，所定的铣铁、钢材、液化燃料、煤炭年产的目标也有所提高，并特别突出满铁在修复华北铁路和"开发"矿产中的作用，有意进一步扩大自身的势力。不久，日本军政当局制定出对华北经济统治的方针政策，要求当地统治者"照应日满两国的生产计划，根据日满华北一体的计划"，制订对华北经济的计划。于是，华北方面军特务部召集满铁等有关人员多次开会筹划，遂将五年计划草案送到政府、军部和有关部门磋商，最终于1938年初制订出得到日本企划第

---

① 根据前揭〔日〕《支那立案調査2-1-2》，第121～201页等有关资料统计。

三委员会认可的占领华北后的第一个五年计划，即《华北产业开发第一次五年计划》。该计划参考了华北方面军特务部1937年9月的《华北开发国策会社要纲草案》中事业计划等，规定了从1938年至1942年的五年内华北主要统制性企业的生产数量和输日目标。交通方面，在恢复原有各项交通的基础上，新建、扩建铁路和港口，延长汽车运输线路，尽快形成适应于战时和平时的交通运输网络；除了增加煤铁和钢材的产量外，要建成年产100万吨液体燃料的两个工厂；年产盐250万吨。① 同时，日本华北方面军特务部还组织满铁等有关人员根据日本政府为扩大侵略战争所定的物资动员计划，制定了对华北掠夺的长期计划和对日输出量，即《华北产业开发九年计划》和《主要资源对日输出计划案》，推算了华北主要资源今后9年的生产量、消费量和输日量等。但是，该计划与日军"速战速决"的企图是一致的。比如煤炭1942年产量要比最高年产量的1936年增加2倍，输日量也增加3倍多，占年产量的1/3；盐年产量也要比1936年增加52.35%，对日输出达到160余万吨。② 这样的计划，根本不考虑华北地区正处在战争状态，不考虑华北本身的生产能力和条件，更不考虑中国人民的抗日斗争，具有极大的盲目性，反映出日本军政当局急不可待地把中国置于殖民统治，且将华北和天津建成侵华战争基地兵站的狂妄野心。

第一个五年计划是1938年中期才确定的，五年计划的第一年已经过半，计划尚未实行；而且此时侵华战争进入相持阶段，对华经济的方针政策是"以战养战"，缩减了日本的投资，重点是掠夺资源和保证交通的通畅。加之，此时统制华北经济的国策会社华北开发会社即将成立，日本华北方面军特务部又组织人马，根据形势和政策的需要继续修订计划，1938年底《华北产业开发四年计划》出笼，并得到日本政府的认可。该计划与前者相比，投资规模没有缩小，投资重点仍是交通、发送电、矿山、液体燃料和盐等，其中对交通行业的投资所占投资总额的比重比原计划大大

---

① 郑拓彬：《抗战期间日人在华北的产业开发计划》，资源委员会经济研究所，1947，第23~25页。
② 〔日〕満鉄調査部：《北支那産業開発計画立案調査書類第1編・北支那産業開発計画資料（総括の部）》，该部1940年7月，第9、12~15页。

提高，由原来的占 31.41% 上升到 55.26%；对煤铁等矿山的投资比重与前者变化不大；对液体燃料的投资比重由原来的占 32.75%，减至 11.77%。计划中各项产品的产量，除了煤炭外均有不同程度的降低，液体燃料的产量由原计划的到 1942 年年产 100 万吨减至 30 万吨。① 不久，日本兴亚院华北联络部于 1939 年 5、6 月间制定了《华北产业第一次三年计划实施草案》《华北蒙疆钢铁业统制开发基本要纲》等，要"急速开发华北蒙疆主要矿业，确保对日铁矿石的供给，并复兴和建设当地制铁业"；② 同时日本于 1938 年底纠合政府和财阀的资金设立了统治华北经济的国策会社——华北开发株式会社。③ 该会社是统制华北经济的大本营，任务就是协调各方力量，落实各项计划。于是，兴亚院华北联络部纠集华北开发会社、其子会社和满铁等，"华北蒙疆要在补充帝国的国防上和经济上的要求的方针下"，以华北的生产状况为基础，进一步修改了对华北的掠夺计划，这就是 1939 年 10 月的《华北产业开发修正三年计划》。此时，虽然日本已经基本建立殖民统治，但生产恢复与原来的预想相差甚远，交通经常受阻，抗日军民的游击战争日渐扩大，民众的反抗斗争愈发强烈，加之连年天灾不断，致使华北经济陷入困境，物资缺乏，物价暴涨。所以这个计划与以前的计划相比，各项产量指标又都有所降低，但仍然特别强调交通和电力的投资和利用；如 1941 年铁路拥有的客车、货车数量的增加，港口的吞吐量要达到 2085 万吨，比原计划增加 215 万吨。④ 这表明了此时日本统治者是要加强铁路和能源的建设，确保其生命线和动力的前提下，掠夺华北的重要国防资源，以维持当时的战争需要。1940 年 4、5 月日本企划院技术部部长宫本武之辅到华北视察后，提出了对华北产业的"开发"要全面实行"重点主义"方针；7 月 7 日企划院提出了《华北产业开发五年计划综合调整要纲》以及 20 个各行业的要纲、计划草案，将原来的全面"开发"政策和计划，改为

---

① 〔日〕満鉄調査部：《北支那産業開発計画立案調査書類第 1 編・北支那産業開発計画資料（総括の部）》，该部 1940 年 7 月，第 188 页。
② 〔日〕《大東亜戦争中ノ帝国ノ対華経済政策関係雑件》，日本外交史料馆，E0005－2。
③ 有关华北开发会社的成立和资金来源，详见张利民《日本华北开发会社资金透析》，《抗日战争研究》1994 年第 1 期。
④ 参见郑拓彬《抗战期间日人在华北的产业开发计划》，第 35 页。

实行所谓的"重点主义"方针。该综合调整要纲把1941～1945年定为第二个五年计划期,"开发"的目标以增产煤炭和食粮为重点;产业"开发"要实行"重点化、综合化、具体化",各部门所定的计划都要遵循"重点主义"方针,相互之间要加强有机联系的综合性和确立具体且"合理的"生产目标,"以最有效地使用有限的资金和资材"。关于煤炭增产,要把确保日伪满对华北的需要量作为重点,以向华南、华中输送量和日本的消费量为目标,结合资金和物资供应的可行性来确定增产数量,根据煤质、可采量、运输距离、治安、建设的难易来决定对重要煤矿进行"重点性开发";为了增产还要继续采用"动员性采掘",所谓动员性采掘,就是不顾设备和技术状况靠增加劳工进行强制性生产。[①]1941年10月华北联络部又重新改定了《华北产业开发五年计划》,更突出对煤炭、铁矿石和制铁业进行重点的掠夺性"开发"。通过其计划可以看出,这时的经济统治方针是交通、电力等各部门都要围绕着增产煤炭和食粮来重新调整,标志着对华北经济统治的方针政策从全面"开发"改为重点掠夺。

太平洋战争爆发后,战争的巨大消耗要求华北提供更多的物资和国防工业原料。在华北地区,重点仍是努力增产煤炭、铁矿石、盐,并要在当地大规模兴建制铁业和培养以盐为原料的化学工业。在太平洋战争后期,日本推行紧急战时体制,对华北经济实行超重点主义,不断颁布紧急对策,加快掠夺步伐。随着方针政策的改变,日本不断修改所谓的"经济开发"计划,但是,战局的变化已经容不得修正各种计划,即便制订了计划,也难以改变物资紧缺、物价猛涨、运输困难的困境,更不能挽救侵略战争的失败局面。所以,1942年以后日本军政当局、日伪政权和华北开发会社等没有制订出较为系统的计划,即便颁布一些计划也没有多少指导性,多为一纸空文,仅仅是盲人摸象的妄想。比如1942年10月日本兴亚院华北联络部制定的1943年《物资动员计划设定要纲》决定,由于海运力量紧缺,在中国关内外间的物资运输要将海运转换为陆运,海运主要投入对日和对东南亚的运输,即在华北掠夺的资源等通过铁路运送到朝

---

① 〔日〕《大東亜戦争中ノ帝国ノ対華経済政策関係雑件》,日本外交史料馆,E0005-2。

鲜，然后再通过短途的海运到达日本；而且对日输送的资源要有质上的提高，即在当地进行第一次加工后运出；在各项物资运输中要加强"军需优先"。① 但是，这样的计划仅仅停留在纸面上，当地的物资供应已经难以保证，根本没有更多的物资支持日本，且不考虑铁路运输的成本和安全。再如 1943 年 7 月华北开发会社制订了《基于黄海渤海地域国土计划之华北产业建设 15 年计划》等一系列产业发展计划，也完全是一纸空文，根本没有实行的可能。较为典型的是兴建小高炉的计划。1940 年 10 月日本兴亚院华北联络部就制订了增产铣铁的计划，并于翌年末成立了华北制铁会社，但迟迟没有落实。战争的巨大消耗和海运困难，使其难以应付大规模的矿石运输和加工。正如日本工商大臣所言，铁矿石容量大且供给地多远离日本，"现在海上运输困难的情况下，维持增加钢铁生产极为困难"，"政府作为钢铁紧急增产对策之一"，就是要计划在原料生产地的华北蒙疆等地建设小型高炉，将铁矿石就地加工成铣铁供给日本。② 1942 年 12 月 24 日，日本政府决定了《关于小型高炉建设之件》，要求在中国占领区、朝鲜和日本北海道迅速兴建 20 吨以上的小高炉，开工后 3 个月建成，设备尽量用库存品和备用品，亦可将国内"现存小型高炉中闲置或没有能率的转运移设"；企图在 1943 年用这些小高炉生产铣铁 50 万吨，其中华北蒙疆为 25 万吨。③ 1943 年 5 月大东亚省部署了在华北蒙疆建小高炉的计划，即用 10 个月在石景山、天津、唐山、太原、阳泉、青岛、宣化等地建大小高炉 60 座，达到年产铣铁 23 万吨的能力，"产品原则上目前全部供给日本"。④ 但建设资金和设备毫无着落，迟迟不能建成投产；1944 年 7 月大东亚省不得不又命令华北开发会社，调拨和融资近 10 亿日元，迅速兴建小高炉，到 1945 年日本战败时，建

---

① 转引自〔日〕中村隆英《戰時日本の華北經濟支配》，第 288 页。
② 〔日〕大東亜省中国事務局：《小高炉建設計画經過報告》，存《秋元文书》；转引自〔日〕中村隆英《戰時日本の華北經濟支配》，第 301～302 页。
③ 〔日〕《昭和 16 年公文别録·内閣 4》日本国立公文书馆藏；转引自〔日〕中村隆英《戰時日本の華北經濟支配》，第 305 页。
④ 〔日〕華北開発会社計画局：《北支那開発株式会社及関係会社概要》，昭和 19 年上半期，1944 年 11 月印，第 255～259 页。

成者寥寥无几。①

总之，日本的华北经济掠夺计划是随着战争局势和对华政策的变化不断修改的，而且其修订的速度远远落后于局势和政策的变化。但是，其目的没有变化，就是以其战争需要为第一位的，即迅速完善和扩充华北交通运输能力，增加和调整发电设备，以保证对华北重要资源的掠夺；其掠夺的主要目标是煤、铁、盐、棉，即"二黑二白"等战争所需资源；并企图通过加强对华北经济统治的计划性和垄断性，进而形成所谓的"日满华经济圈"。

三 日本对天津经济地位的定位

天津自1860年开埠通商以后，与国际市场接轨，对外贸易迅速增加，近代工业从无到有，发展为北方最大的港口城市和近代工业发源地，经济实力迅速增强，成为中国继上海以后经济最为发达和活跃的城市。20世纪以后，随着近代交通运输体系的变革，市场规模迅速扩大，市场网络分工明晰，已经形成以轻工业、纺织和食品工业为主的近代工业结构和以外资银行、华资银行和银号三足鼎立的金融市场，经济腹地向西北和东北延伸，是华北、西北乃至东北的经济中心，中国第二大工商业城市。如前文所述，七七事变前日本在华北的经济侵略活动，是在以日本中国驻屯军为主，满铁和关东军为辅的指挥和策划下进行的。天津既是日本各种势力的聚集场所，是日本对华北政治经济侵略的现地大本营，也是各种方针政策和计划的实施地，日本财阀等迅速在天津的纺织、电力、盐业、冶炼等行业建立了很多大大小小的工厂会社，并由天津开始向华北各地的矿山、城市伸出侵略之手。

日本占领天津后，对华北地区的政治军事和经济统制机构迁至北京，如华北方面军司令部和特务部以及后来的兴亚院华北联络部；华北地区的日伪政权——中华民国临时政府和华北政务委员会均设立在北京。从经济上看，华北开发会社总社在北京，这是日本在华北最大的国策会社，资本

---

① 〔日〕華北開發會社計画局：《北支那開發株式會社及関係会社概要》，昭和19年上半期，第8~11页。

3.5亿日元，其中日本政府出资一半，其余由日本主要财阀承担，但实际上华北开发会社总社的投资中有很大部分是强占中国矿山、工厂和交通等企业后折合成的"现物出资"。该公司是日本政府派驻的监督机构，它并不直接经营产业，通过在各个行业设立子公司或者公司重组，对这些子公司进行投资或融资来实现和行使统制权的，是华北实施殖民经济的大本营。不仅华北开发会社总社在北京，其大部分子公司总部也设在北京，如华北交通会社、华北电力会社等等。因此，抗日战争全面爆发后，北京成为日本对华北地区政治经济殖民统治的中心。但是，天津具有华北地区最雄厚的工业基础，工业结构相对于其他城市也较为完善；聚集在天津的外资银行、华资银行和银号钱庄等金融机构也使其成为北方的金融中心；加之天津是连接东北、华北、江南的交通枢纽，又有直通海外的港口和连接内地经济腹地的内河航运，其作为物资集散中心的地位没有改变，天津仍然是华北地区的经济中心。鉴于天津的经济地位和广大的经济腹地，日本确定了天津的经济定位。

由伪华北政务委员会建设总署制定的天津和塘沽的规划，对天津的定位有十分明确的表述。伪华北政务委员会自1938年6月开始系统地对华北各个城市进行调查，以制订所谓的城市发展计划。日本华北方面军特务部组织了调查人员，以该特务部嘱托的身份进行调查和制订城市计划。东京大学工学部土木工程学部1928年的毕业生盐原三郎，原来在日本滋贺、千叶等县和东京市政府都市计划委员会担任工程师，1938年5月28日来到中国的北京，以伪华北政务委员会建设总署都市局技术科科长的身份，参与和主持了对华北地区主要城市的调查和城市规划的制定；1940年1月到1941年1月他还担任新设的天津市建设工程局的工务科科长。1971年盐原三郎将其在华北地区的工作分为在城市的调查、制定城市规划、城市建设和天津城市建设、地方计划研究和华北的回顾五个部分，并将其汇集成书，以《都市计画：华北と点线》为书名问世。这是作者从工程师的角度，再现了在日本实行殖民统治状况下其对华北各个城市的调查和制定城市规划等工作，并抄录了完整的各地业务视察报告、视察记录和四年半共计1687天的工作日记，可以较为全面地反映日伪当局制定城市规划的方针、目的和实施的具体过程。

盐原三郎在天津和塘沽的调查，从1938年6月到1939年12月共计进行了7次，另有2次讨论规划，每次多则四五天，少则一两天。最初只是对天津城市的调查和规划，塘沽市街计划原本包括在天津市区域的规划内，因为正在研究制订建设塘沽新港计划，急需有塘沽市街的规划，于是盐原三郎单独制定了塘沽市街规划。经过调查后制定的天津城市规划，有对天津经济地位和今后定位的表述。比如《天津（附塘沽）都市计画事业概要》讲，天津拥有各国租界，已经是国际化都市；作为经济城市，其街区不断扩大，将发展为约150万人的港口城市，在这次七七事变中是华北和蒙疆地区军事、交通、经济上最重要的地域。① 《天津都市计划大纲》强调，天津"将来是华北最大的贸易港，在经济上将发展为最重要的商业城市和大工业地，并且是华北通往蒙疆的大门，因此期于各方面的各种重要设施的完备"。天津新市区的人口计划是，"现在有120余万人，在30年后主要城区约250万人，其他周边地区约50万人，预定约有300万人"。② 1940年10月伪天津市政府颁布的《天津都市计划新市街土地租用概要》更加明确，"天津是华北经济中心地，在水陆交通上，尤为联系日本、满洲、蒙疆等诸地之门户，将来塘沽新港完成，兼以海河水运便利，而成为大贸易港，则不独为商业都市，且为大工业地之发展区"。③ 抗战胜利后，南京国民政府成立了华北敌伪产业处理局接收日伪企业，此后该机构撰写了《天津的经济地位》，将天津发展定位为北方最大贸易口岸，东北、华北工业品等的主要转运地和供应地，是"华北工商业、贸易、金融、海陆、内河交通中心地"。④ 这实际上就是抗战时期天津的经济定位。

当然，日伪当局制定的各个城市规划只是战时的临时之举。伪华北政委会建设总署的《华北都市建设概要》明确了华北城市建设的特殊性，即"华北最紧急和重大的使命就是要符合与战时平行的建设的要求。也

---

① 〔日〕塩原三郎：《都市計画：華北の点線》，第97页。
② 〔日〕塩原三郎：《都市計画：華北の点線》，第47页。
③ 天津档案馆藏资料J55-2-2154，第2页；转引自天津市档案馆、天津商业大学编《天津土地资源管理利用档案选编（1928~1949）》，第116页。
④ 李洛之、聂汤谷：《天津的经济地位》，南开大学出版社，1994，第361~363页。

就是说，对于作战，为了要确保兵站线的铁路、公路、水路等交通线的恢复和改良，以及防洪作为重点的基础上，着手作为重要兵站基地的重要城市北京、天津、济南、石门、太原、徐州、青岛等城市建设的应急性"。毋庸置疑，战争下的城市建设，其重点是应急措施。无论是城市规划和城市建设，都强调的是保障运兵和物资运输的铁路、道路、河流和机场等交通设施、保障社会治安的上下水道、公共设施等，还要强化对日本军队设施和日本人的保护。所以，这样的规划和城市建设比其他所谓的经济开发计划更没有实施的可能性，仅是为了侵略者的需要，尽最大可能维护其殖民统治。

第三章　日本对电力和冶金、机械业的"开发"与统制

中国驻屯军在1936年3月制定的《华北产业开发指导纲领案》中，把发送电、冶金、化工、建材等列为"对日满经济或国防有重大影响的企业"，是统制性产业，不论其资本来源和所在地，"均根据国际的观点加以统制"，并强调"对于要迅速开发的必需国防资源的重要企业，以中国方面的自身能力难以开发，要依靠日本方面的积极投资来促进开发"，其所需巨额资金"要依赖日本方面的积极投资"，政府"一定要特别促进财阀巨头的崛起"。此后，日本中国驻屯军等又制定了有关华北投资、电业、钢铁业、煤矿、机械等行业部门的一系列"开发"纲要和具体的计划。天津的发电送电、冶金和机械等行业均属于日伪当局直接控制的统制性产业。

天津的发电业起步较早，七七事变前已经形成一定的规模，那时日本的中国驻屯军等就开始加强对天津发电业的调查，并通过满铁的兴中公司实施对天津发电业的控制。天津的冶金和机械工业起步于洋务运动的机器局，后逐渐发展为北方机器制造业的中心，驻屯军也企图充分利用这样的基础，建立制造战争武器装备的加工中心。七七事变后，日伪当局将这些行业列为统制性行业，也创建了一些新的企业，但是所谓的"开发"实际上是强制性的掠夺。

第一节　电力

城市的基础设施和工业等都需要有近代化的动力支撑，因此电业是一

切工业部门之母，在城市经济中占有极其重要的位置。天津发电业起步较早，各租界率先设立电灯厂，以解决城市照明、交通以及工业企业的动力问题。七七事变前日本已经将电力事业放在与交通、资源同等重要的位置，并且通过兴中公司的渗透和扩张，实现了对天津电业的实际控制。七七事变后，日方为了强化对天津电业的统制，设立了华北电业股份有限公司。该公司在对各发电厂的发送电等实施统一管理的基础上，兼并了华资、外资电业公司和各工厂的自有发电设备，从而实现了对天津电业的全面统制；与此同时，日方还强化发电、送电能力，建立了京津冀东范围内的输送电网；还试图发展华北地区的水力发电。

19世纪80年代，天津英租界成立紫竹林油气灯公司，开始用煤油灯作为道路照明，并为英租界的部分侨民提供照明和生活用电。天津最早的电力出现在1888年，是德国的洋行在羊毛打压机上安装了一台发电机，荷兰驻津领事馆也曾安装一千支烛光的电灯。而最早的电厂为1902年法商电灯厂，最初的发电量不足100千瓦。1904年比商世昌洋行在天津金家窑设立了天津电车电灯公司，这是天津最大的发电企业，发展最为迅速。该公司装配有6000千瓦以上的汽轮发电机两台，装机总容量21900千瓦，1906年的发电量为1000千瓦，到1930年代初总发电量增加到12800千瓦，用户有35000户，除了供给电车用电外，还向城区鼓楼半径6华里以内地区，以及意、奥、俄三国租界供电。[①] 此外，1906年和1908年外商分别在英、日、德租界先后建立了各自的发电厂，英租界的电灯厂是天津第二大电厂，装机容量约7500千瓦；德租界的电灯房在1917年收回德租界后归特一区区公署水电股管理，但是由于设备不良停止发电，改由英租界电灯房供电。1927年天津市电业监理处设立电业新公司，这是市政府管理的供电公司，其电源来自比商电车电灯公司，1935年天津电业新公司改组，脱离了天津市财政局。1919～1935年，华商在芦台、汉沽、杨柳青、宝坻等地兴办了六个仅供照明的电灯厂，总容量446千瓦，[②] 主要有：杨柳青电灯电力公司，1921年开始发电，创办时资本5万

---

① 全国电气事业指导委员会：《十年来之中国电气建设》，《中国电力》1937年第1卷第1期，第21页。
② 天津市地方志编修委员会编《天津简志》，天津人民出版社，1991，第430页。

元,1936 年增加到 14 万元,发电能力 100 千瓦;① 大沽德记电灯公司,成立于 1923 年,创办时资本金 5 万元,生产 13 千瓦直流电;芦台电灯公司,成立于 1919 年,创办时资本金 10 万元,发电量 100 千瓦;芦台镇济光电气公司,成立于 1930 年,发电量 75 千瓦;以及 1935 年在芦台成立的芦汉电业公司,发电量 70 千瓦。② 1920 年以后,随着天津民族工业的兴起,一些纺织、化工企业陆续建立自备电厂。其中,规模较大的有 8 个,1938 年装机总容量达到 28650 千瓦,相当于营业电厂的 41%。此外,尚有 21 个工厂有自备发电机,总容量 4000 千瓦。

表 3-1　1936 年天津的外资电厂

电厂名称	地点	发电设备容量（千瓦）	发电度数（千度）	投资总额（千元）
天津比商电车电灯公司	天津市	21900	28959	4100
英国驻津工部局电务处	天津英租界	7000	14185	—
天津法商电灯房	天津法租界	6000	6100	2981
天津日租界电灯房	天津日租界	2000	4200	—
共　计		36900	53444	

注:(1) 比商公司投资总额根据法郎 6250000 换算而来。
　　(2) 法商电灯房、日租界电灯房的发电度数均为估计数字。
　　(3) 法商电灯房发电数字,有 4200 千瓦和 6000 千瓦两种数据,在此采用后者。
资料来源:陈中熙《三十年来中国之电力工业》,中国工程师学会编《中国工程师学会三十周年纪念刊:三十年来之中国工程》,中国工程师学会,1946,第 17 页。李代耕编《中国电力工业发展史料:解放前的七十年(1879~1949)》,水利电力出版社,1983,第 19 页。

表 3-2　1932 年天津工厂自备发电设备一览

单位:千瓦

厂名	发电能力
华新纺织公司	1800
裕元纺织公司	3650
恒源纺织公司	2750
北洋第一纱厂	1800

① 全国电气事业指导委员会:《二十五年份中国电气事业概况》,《中国电力》1937 年第 1 卷第 1 期,第 32 页。日军占领天津后,1938 年杨柳青电灯公司停业,杨柳青电灯公司直接由天津输电,由于设备过于陈旧,日军让业主自行清理,日本设立了杨柳青供电所。
② 姚嘉桐:《电力发展忆往》,王华棠主编《天津——一个城市的崛起》,天津人民出版社,1990,第 148~149 页。

续表

厂名	发电能力
裕大纱厂	1500
宝成纱厂	1500
天津造币厂	96
大沽造船所	475
津浦铁路机械车厂	171
永利制碱公司	1100

资料来源：根据金曼辉编《我们的华北》（上海杂志无限公司，1937）第272～273页表格制作而成。

七七事变前，日本满铁的兴中公司已经向天津地区的电力渗透。1934年春，满铁派遣人员到天津等地调查华北地区电力事业。兴中公司成立后，即调查滦河、海河、永定河等水力资源，着手拟订控制天津、冀东电力事业的方案。[①] 1935年5月，满铁在经济调查委员会内又成立中国电气事业调查委员会，作为侵占全中国电力事业的策划机构，经过调查后向日本当局提出了华北电业开发计划。[②] 1935年末，日本中国驻屯军司令部提出吞并天津电业及在特一区建立电厂的方案。[③] 于是，兴中公司开始染指天津的电力工业。1936年8月20日，兴中公司收购了天津电业新公司，以及天津市旧德租界内的供电设备，建立了中日合办的天津电业股份公司，营业范围为电灯电力之供给、电气线路之经营、电气机器之出售或出租、对同类事业之投资或贷款，以及上列各项事业附带事业。[④] 该公司资本800万元法币，实付资本400万元，由兴中公司和天津市政府分摊，其中兴中公司部分由兴中公司与日本东亚电力公司平摊，合同规定"甲方（中方）出资如有未便情事时，乙方（兴中公司）暂行为甲方通融垫款"。[⑤] 天津市政府因资金短缺并未出资，除了以固定资产抵资外，向兴中公司借款作为政府的投资。这样，天津电业公司事实上成为完全由兴中公司投资的电力公司。兴

---

① 姚嘉桐：《电力发展忆往》，王华棠主编《天津——一个城市的崛起》，第148～149页。
② 李代耕：《中国电力工业发展史料：解放前的七十年（1879～1949）》，水利电力出版社，1983，第76～78页。
③ 李代耕：《中国电力工业发展史料：解放前的七十年（1879～1949）》，水利电力出版社，1983，第92页。
④ 〔日〕亚洲历史资料中心资料C01003180000。
⑤ 〔日〕亚洲历史资料中心资料C01003180000。

中公司为了让日本更多的电力会社进入华北，与天津市政府商定，天津电业股份公司实付资本外再筹资 400 万元，由东电、日电、宇治电、大同、东邦等日本五大电力公司组成的电力联盟共同出资。1936 年末，这五大电力公司共同投资组建华北电力兴亚会社，后又加入 15 个日本的电力会社，改称东亚电力兴亚株式会社。① 华北电力兴亚会社成立后，便按照原计划开始投资天津电业。这家看似由兴中公司、东亚电力与天津市政府合资的电力公司，实质是被以兴中公司为首的日本会社所垄断。②

与此同时，兴中公司还在冀东地区扩张势力。1936 年 6 月兴中公司逐步收买了芦台电灯公司、芦台的济光电灯公司、通州电灯公司、昌黎的昌明电灯公司。1936 年 11~12 月，满铁在华北的派遣人员向日本中国电气事业调查委员会提出冀东电气事业现状及统制方案，建议成立冀东电业公司，统一当时伪冀东防共自治政府所辖地区的电力工业。③

七七事变后，日伪当局制定了一系列的"开发"华北电力计划。1937 年 9 月 30 日，日本华北方面军的《华北经济开发基本要纲草案》，再次将发电、输电列为统制企业。④ 同一天制定的《华北开发国策会社要纲草案》，计划使用淄川、博山、门头沟、山西的煤炭火力发电，利用滦河、永定河的水资源水力发电，共发电近 100 万千瓦。⑤ 1937 年 10 月，满铁华北经济调查委员会提出《配合华北产业开发的发送电网计划方案》，计划建立输电网系统，依靠门头沟的煤炭资源以及永定河的水力资源建立平津输电系统，依靠开滦的煤炭和滦河的水力资源建立山海关、秦皇岛、唐山、塘沽输电网络，该计划还提出了火电发电目标是 40 万千瓦、水电的目标是 26.4 万千瓦。⑥ 1938 年以后，日伪当局不断制定和修改华北电力"开发"计划，如 1938 年中期制定《华北产业开发第一次五年计划》，计划把华北地区的发电能力从 16 万千瓦增加到 1942 年的 60 万千瓦，其中火电 42 万千瓦，水电 18 万千瓦，比

---

① 解学诗主编《满铁与华北开发会社》，《满铁档案资料汇编》第 11 卷，社会科学文献出版社，2011，第 354 页。
② 樋口弘：《日本对华投资》，北京编译社译，商务印书馆，1959，第 136~137 页。
③ 李代耕编《中国电力工业发展史料：解放前的七十年（1879~1949）》，第 92 页。
④ 居之芬主编《日本对华北经济的掠夺和统制——华北沦陷区资料选编》，第 16 页。
⑤ 居之芬主编《日本对华北经济的掠夺和统制——华北沦陷区资料选编》，第 19 页。
⑥ 李代耕编《中国电力工业发展史料：解放前的七十年（1879~1949）》，第 90~91 页。

七七事变前提高近3倍。① 日本侵华战争进入相持阶段后的1939年，兴亚院华北联络部制定了《华北产业开发三年计划》，计划华北发电1941年增加到37.9万千瓦，1942年增加到40.4万千瓦。② 除了扩大火力发电能力外，日伪当局还要增加水利发电。据1939年10月24日的《国民新闻》报道，兴亚院、兴中公司、东亚电力均制定了华北电力扩张计划，其中第一期计划是在今后三年内，在京津和冀东地区建立20万千瓦的火电站为工业供电，同时对滦河、永定河等河流水利资源进行调查，以图水利发电。③

根据日伪当局各阶段的计划，天津的发电业迅速被日本的公司垄断。天津市政府所持的天津电业公司的股份转由伪天津特别市公署持有，兴中公司股份改为与东亚兴业会社共同投资。这样，天津的电业在兴中公司的主持下，完成了日本多家电力公司对天津电力事业的垄断。同时，天津电业公司继续增大天津的发电量，强化和扩大输电能力。1936年12月，天津电业公司经过勘察研究决定，在海河岸边原俄租界的俄国花园南修建天津发电所，1937年3月正式破土动工，但原定于1937年11月竣工的工期被七七事变延误，1938年3月1日天津发电所一号机炉竣工发电，同年6月二号机炉建成发电。于是，天津市停止向英租界电灯房购电，同时还关闭了日租界电灯房。1942年8月，天津发电所又开始安装三号机炉，1943年7月1日并网发电。④ 天津发电所总装机发电容量达到3万千瓦，装有2台1.5万千瓦的发电机，投资800万元，是当时华北最大的发电厂。⑤ 天津发电所除了对特一区及距离天津6华里的近邻地带供电外，余电供应给钟渊等日商纱厂以及日租界。⑥ 天津电业公司还不断加强输电能力。天津发电所建立初期，共有8条输电线路，其中4条为从发电机直接

---

① 居之芬主编《日本对华北经济的掠夺和统制——华北沦陷区资料选编》，第24页。
② 居之芬：《日本的"华北产业开发计划"与经济掠夺》，中共中央党史研究室科研部编《纪念抗日战争胜利50周年学术讨论会文集》下卷，中共党史出版社，1996，第250页。
③ 〔日〕《北支の経済開発：華北電業の使命重大時事経済の解説》，《国民新聞》1939年10月24日。
④ 赵金生：《天津第一热电厂的今昔》，《河东区文史资料》第20辑，2008，第115~116页；居之芬主编《日本对华北经济的掠夺和统制——华北沦陷区资料选编》，第317页。
⑤ 天津市地方志编修委员会：《中国天津通鉴》，中国青年出版社，2005，第259页。
⑥ 《沦陷区之电气事业》，《资源委员会月刊》1940年第2卷第10~12期，第73页；陈真：《中国近代工业史资料》第4辑，第885页。

引出的 5.5 千伏输电线，供给发电所周围地区用电，另外 4 条经主变电站升压后的 22 千伏的输电线，向天津市第一座 22 千伏的变电站供电，这个变电站安装了 4 台单相容量 1500 千伏的变压器，向日租界供电，但发电所最高输出电力仅有 3500 千瓦，约占额定产能的 12%，供电范围有限。① 1939、1940 年，天津发电所相继建成了容量为 4500 千伏的南京路变电站、3000 千伏的席厂村变电站，对电车和天津以外的地方供电。② 1939 年 10 月，为了配合塘沽建设新港和都市计划，又增加 20000 瓦电力供给塘沽，在天津到塘沽之间建立蓄电所与变电设备，在塘沽设置变压所一处。③ 到 1940 年，天津电业公司能够出售的电力为电灯用约 40000 千瓦、电力用 610 马力、电机用 197095 千瓦。④ 在冀东地区，1937 年 12 月 8 日天津电业公司与尚未撤销的冀东伪政权合资成立了冀东电业公司，资本金 300 万元，实际上完全由兴中公司出资。冀东电业公司在唐山、山海关设置了业务处，在通州、芦台、昌黎设置了出张所，在唐山、芦台、滦县、山海关、通州、昌黎设置发电所。1938 年 1 月 1 日，冀东电业公司正式营业。1938 年 2 月 18 日，兴中公司将 1936 年收购的冀东各小电厂转给冀东电业公司，同时收购了唐山的启新电力厂和山海关电灯厂，⑤ 后来又收购了滦县电灯公司。通过一系列收购活动，冀东电业公司的发电能力达到了 1169 千瓦。

表 3-3 冀东电业公司收购冀东等地各电厂一览

厂别	成立年份	性质	资本		设备		供电
			资本金	投资	发电（千瓦）	电灯（盏）	
通县电气公司	1918	民办	50000	35000		7200	北平电车公司
芦台济光电气事业公司	1930	民办	50000	36000	破损	5000	

---

① 赵金生：《天津第一热电厂的今昔》，《河东区文史资料》第 20 辑，2008，第 118 页。
② 天津电网调度史编委会编《天津电网调度史》，中国电力出版社，2005，第 4 页。
③ 《沦陷区之电气事业》，《资源委员会月刊》1940 年第 2 卷第 10~12 期，第 73 页。
④ 陈真：《中国近代工业史资料》第 4 辑，第 885 页；《沦陷区之电气事业》，《资源委员会月刊》1940 年第 2 卷第 10~12 期，第 73 页。
⑤ 解学诗主编《满铁与华北开发会社》，第 100 页。

续表

厂别	成立年份	性质	资本		设备		供电
			资本金	投资	发电(千瓦)	电灯(盏)	
唐山启新电力厂	1907	民办	206287		14900	6690	启新洋灰公司
滦县新明电灯股份有限公司	1934	中日合办	50000	10000	75	2852	
昌黎昌明电灯股份有限公司	1935	官民合办	20000		50	1982	
秦皇岛秦榆电灯股份有限公司	1930	中日合办	100000		150	5634	
山海关电灯股份有限公司	1931	中日合办	100000		150	8103	

资料来源：根据日本亚洲历史资料中心 B02030553600 编成。

如前文所述，七七事变后满铁的兴中公司垄断了天津的电力事业。为了适应大规模掠夺需要，1937 年 12 月兴中公司的天津支社成立了临时电气事业委员会，1938 年 1 月该委员会移至北京支社，同年 4 月又成立兴中公司华北总局电业部。1938 年底，兴中公司直接经营的电厂发电总量扩大到 31169 千瓦。① 但是到 1939 年，华北地区的发电能力仅恢复到战前的 65.3%，因此兴亚院华北联络部开始策划直接管理华北电业。1939 年兴亚院与日本有关部门商讨华北电气事业由单一公司经营的办法，大致要点如下：华北电气事业的发电、输送以及分配由一个公司管理，这个公司在华北开发会社的指导下以华北电气实业有限公司名称经营，现有的华北各电气公司以其资产入股加入新公司，该公司由中日合办。② 1939 年 8 月，兴亚院制定了《华北电业株式会社设立要纲》，认为电业在恢复与"开发"的同时，要实行一元化的管理。1939 年末，华北开发会社开始筹划设立华北电业股份公司，并接收了兴中公司经营的电气事业，达到统制华北电业一元化的目的。③ 1940 年 2 月，中日合办的华北电业股份公司正式成立。该会社资本金 1 亿元，日方由华北开发会社、东亚电力兴亚会社出资，中方由伪华北临时政府和部分华商共同出资；其总部设于北京，在

---

① 居之芬主编《日本对华北经济的掠夺和统制——华北沦陷区资料选编》，第 7 页。
② 《沦陷区之电气事业》，《资源委员会月刊》1940 年第 2 卷第 10～12 期，第 78 页。
③ 陈真：《中国近代工业史资料》第 4 辑，1961，第 885 页。

东京有事务所，在北京、天津、唐山、石门、青岛、太原、张店、开封等地设立支店，在海州设立出张所，共计统辖了42座发电所。前述的天津电业、冀东电业等公司皆纳入华北电业公司。华北电业公司在"统一电压、统一周波、统一电价、统一经营"的方针之下，着手统治整个华北电厂资源，逐步建立了从发电、送电到配电的一元化统制。1941年，华北电业公司拥有发电容量34万千瓦，其中公用电厂43个，总发电量为19.2万千瓦；工矿自备电厂71家，总容量14.7万千瓦。送电线路总长395.6公里，配电线路长度5591公里，变电设备容量60987千伏安。①

华北电业公司成立后，原天津电业公司改成其旗下的天津支店，下设兴亚第二区出张所和塘沽、廊坊、杨柳青、沧县等营业所，冀东电业公司改称唐山支店，下设秦皇岛出张所和芦台、古冶、汉沽、滦县、山海关、昌黎、北戴河等营业所。②华北电业公司规定，天津支店的资本额为800万元、发电量为3万千瓦，冀东电业资本额为300万元、发电量为885千瓦。③并且，华北电业会社还整合了天津及附近各工厂的自备发电设备，裕大、公大六厂、公大七厂、恒源、北洋、裕丰等纱厂的自备机械发电设备被整合。

表3-4 1940年6月天津及附近地区发电设备一览

性质	名称	所在地	原动力	周波数	设备容量（千瓦）	发电能力（千瓦）	备注
日华合办	天津支店	天津	汽	50		30000	
	唐山支店	芦台	汽	50		70	
第三国	比商电车电灯公司	天津	汽	50		21900	比利时资本
	天津英租界	天津	汽	50		7500	英国资本
	天津法租界	天津	汽	50		5300	法国资本
	天津日租界共益会	天津	受	50		(2600)	从华北电业受电，不显示契约电量
	杨柳青电灯电力	杨柳青	汽	50		100	事变前文献记载

① 刘国良：《中国工业史》（近代卷），江苏科学技术出版社，1992，第714页。
② 〔日〕亚洲历史资料中心资料 B06050421800。
③ 《沦陷区之电气事业》，《资源委员会月刊》1940年第2卷第10~12期，第78页。

续表

性质	名称	所在地	原动力	周波数	设备容量（千瓦）	发电能力（千瓦）	备注
第三国	(××)电灯局	宝坻	—	—		36	事变前文献记载
	大沽德记电灯	大沽	—	—		70	事变前文献记载
纺织等自用	天津纺第一工厂	天津	汽	50	1400	0	停止运行
	天津纺第一工厂	天津	汽	50	5900	5900	其中1400千瓦为准备状态
	钟纺第六厂	天津	汽	60 60	2850 2500	2850 2500	
	钟纺第七厂	天津	汽	60 60	1000 1600	1000 1600	8月份完成扩建后达到5000千瓦
	恒源纺织公司	天津	汽	60 直	4000 24	4000 0	其中2000千瓦为准备状态
	北洋纺织公司	天津	汽	60	3800	3800	其中800千瓦为预备状态
	裕丰纺织公司	天津		50	5600 125	5600 125	125千瓦仅在紧急情况下启用
	东洋制纸公司	天津	汽	50	2500	2500	
铁道自用	京山线	塘沽	汽	直	40		
		杨村		直	5		
	津浦线	天津	汽	直	162		
		唐官屯		直	5		
其他自用	永利化学公司	塘沽	汽	60	2100		
	渤海化学公司	汉沽	汽	50	270		
	东洋化学公司	汉沽	汽	60	750		

资料来源：亚洲历史资料中心资料C12122139200。

华北电业公司建立后，鉴于华北只有火电而没有水电的状况，计划利用黄河、滦河、拒马河、永定河等水利资源发电。[①] 1938年日伪当局制定的《华北产业开发第一次五年计划》中就有增加水力发电18万千瓦的计

---

① 解学诗：《满铁与华北开发会社》，第284页。

划。华北电业公司设立后，曾经两次调查水利资源，对滦河的调查，据称滦河有50万千瓦的发电潜力，并着手建设喜峰口12万千瓦的水利发电工程，试图利用滦河水力资源发电，提供给热河、河北等地区。①

太平洋战争爆发后，日本军政当局要求华北地区"现地自给"，加快资源"开发"的速度，尤其是矿石采掘、扩建高炉等方面，以保证日本不断扩大的战争需要。为此，华北电业公司实行垄断性管理，以保证各企业的电力供应，其势力也进一步膨胀。1942年3月，日伪当局解除对平汉线、陇海线沿线电厂的"军管理"，将10家电厂并入华北电业公司；原来在济南、烟台、青岛的几家电力公司也成为其属下的子公司；并控制了绝大多数主要工厂的自备电厂。华北电业公司1942、1943年连续增资到1.7亿元和3亿元。这样，华北电业公司成为华北电力的垄断性公司，实现了日本原来"一业一社"的计划。该公司年发电量由1940年的174.9百万度，增加到1943年的541百万度，② 1944年达到679百万度。③

在天津，华北电业公司接管了天津英、比两国的发电厂和供电系统，基本垄断了天津中国城区的发电业。同时，日军还对天津英租界电灯房实行军管理，1942年将英租界工部局电务处（包括黄家花园发电所）交给伪天津市政府管辖，改称特别行政区电务处，1943年被华北电业公司收购，改称华北电业公司兴亚二区出张所，1944年4月1日并入华北电力公司的天津支店，黄家花园发电所成为天津第二发电所。④ 1941年12月21日，日军派员同华北电业公司天津支店经理等人接收了比商电车电灯公司，更名为军管理天津电车电灯公司，由华北电业公司天津分公司经理高原出任经理。最初，对比商电车电灯公司是调查监督，所有事务组织都没有变更，1943年5月华北电业公司增派多名人员，协助管理电灯标价以及生产计划，此后经过多次增员，日军掌握了各项事务大权。1943年8

---

① 《沦陷区之电气事业》，《资源委员会月刊》1940年第2卷第10~12期，第78~79页。
② 〔日〕亚洲历史资料中心B06050421800；不包括第三国以及自备发电机发电量。
③ 严中平：《中国近代经济史统计资料选辑》，科学出版社，1955，第147页。
④ 姚嘉桐：《电力发展忆往》，王华棠主编《天津——一个城市的崛起》，第151页；天津市档案馆编《近代以来天津城市化进程实录》，天津人民出版社，2002，第280页。

月日军将原公司管理层的外国人全部押送至潍县集中营，1944年4月原公司的所有业务并入华北电业公司天津支店，更名为天津第三发电所，原来的电业发电所改称天津第一发电所。① 至此，天津电业除法租界的电灯房外，全部由华北电业公司控制，其天津支店下辖下述三个发电所。天津第一发电所装机容量30000千瓦，第二发电所7000千瓦，第三发电所20400千瓦，天津支店发电设备总容量达到57400千瓦。1945年，国民政府接收其天津支店输电、变电、配电设备等资产总价值为法币882257853元。②

表3–5 华北电业公司天津地区发电设备一览

电厂	设备容量（千瓦）	可能发电量（千瓦）	锅炉		原动机		发电机			
			蒸发量 T/h	座数	容量（千瓦）	架数	容量（千瓦）	电压 V	周波数	架数
天津第一发电所	30000	27000	80	3	5000	2	15000	5500	50	2
天津第二发电所	7000	4000	91	1	1000	1	1000	5500	50	1
			13.6 18.2	1	1000	1	1000	5500	50	1
			12.2	1	2500	2	2500	5500	50	2
天津第三发电所	20400	15000	7.5 6.5	2 2	3000	1	3000	5000	50	1
			6.5 8	2 2	3000	1	3000	1000	50	1
			21 25	2 2	6000	1	6800	5000	50	1
			7.5	2	7500	1	7600	5000	50	1

资料来源：根据郑会欣的《战前及沦陷期间华北经济调查》第364页的表格制作而成。

1940年华北电业公司成立后，天津电力的输送在该公司"统一电压、统一周波、统一电价、统一经营"方针下也被逐步纳入华北电网。首先，

---

① 彭家荣主编《杨柳青发电厂志（1958~1988）》，《杨柳青发电厂志》天津编审委员会，1991，第249~250页。
② 居之芬主编《日本对华北经济的掠夺和统制——华北沦陷区资料选编》，第332页。

在 1941 年 5 月统一了京津唐电费。① 其次，1941 年 12 月华北电业公司天津支店建成了第一座 77 千伏总容量 16500 千伏的塘沽变电站，以及第一条津塘 77 千伏输电线，向塘沽供电，最高输送能力达到 1.5 万千瓦，支持了塘沽港口的建设。1942 年 2 月北京南苑变电站及京津间 77 千伏输电线路建成，开始向北京送电，最高输送能力增至 2.75 万千瓦，使得天津各电厂与石景山发电厂联网运行。1942 年 3 月开始工作的北京南苑变电所负责平津地区电力调度，成为华北地区最早的电网调度机构。② 1943 年 4 月建成塘沽经汉沽到唐山的塘唐 77 千伏线路，开始以 33 千伏运行，1944 年 11 月升至 77 千伏送电，最高输送能力增到 2.85 万千瓦。③ 自此，京津唐 77 千伏的电网正式形成，使得原来发电、供电的区域大部分连成一体，这是后来京津唐电网的雏形。

表 3－6　1942~1944 年华北电业公司在天津地区的输电线路统计

年份	线路名称	总长度	电气方式	开工至竣工时间	备注
1942	军粮城	11.1	20KV1 回线	1941.2~1942.1	供给军粮城精谷公司电力
	北京天津	114.4	70KV1 回线	1941.5~1942.1	增强京津两市电力供需关系
1943	唐山塘沽	91.2	70KV1 回线	1942.7~1943.4	
	塘沽大沽	9.5	30KV1 回线	1942.8~1943.4	
	卫津河农场	6.1	30KV1 回线	1942.12~1943.5	
1944	天津农场	16.6	20KV1 回线	1944.3~1944.6	

资料来源：根据居之芬等主编《日本对华北经济的掠夺和统制——华北沦陷区资料选编》第 320~322 页表格制成。

此外，日伪当局还在杨柳青、张贵庄、塘沽、军粮城、汉沽、小站等地建设了多座变电设备。为了增加水稻产量，1942~1944 年三次在军粮城增建变电所；为了保障张贵庄机场的用电，1942 年后在该地 3 次建设变电所；为了保证塘沽新港的建设，1941 年在北炮台建设了 3 部 1000 千伏安变电设备，1942 年又设立了 6 部 2000 千伏安的变电设备；为了满足日本在天津纺织业的用电，1942 年和 1944 年为日商的裕丰纺织厂、天津

---

① 姚嘉桐：《天津电力工业发展史》，《天津文史资料选辑》第 34 辑，1986，第 34 页。
② 天津电网调度史编委会编《天津电网调度史》，中国电力出版社，2005，第 5 页。
③ 赵金生：《天津第一热电厂的今昔》，《河东区文史资料》第 20 辑，2008，第 118 页。

纺织厂建造了变电设备；1944 年在小站建设了 3 部 1000 千伏安的变电设备。

表 3 – 7　1941~1945 年华北电业公司在天津地区变电设备统计

	变电厂名称	设备容量	电气方式	开工至竣工时间	备注
1941	杨柳青	100KVA3 部	22000V~5200V	1941.4~1941.6	200KVA3 部完成后撤去
	塘沽	5500KVA4 部	77000V~3300V 77000V~6600V	1941.5~1941.11	天津分公司施工
	北炮台	1000KVA3 部	33000V~6600V	1940.3~1941.11	卖与华北交通会社
1942	张贵庄	50KVA3 部 100KVA3 部	22000V~5500V	1942.4~1942.5	200KVA3 部完成后撤去
	军粮城临时	200KVA6 部	22000V~3300V	1941.12~1942.5	500KVA4 部完成后撤去
	塘沽筑港	2000KVA6 部	33000V~6600V	1942.5~1942.8	卖与华北交通会社
	裕丰纺织	6000KVA3 部	22000V~3300V	1942.12~1943.3	现在使用
1943	汉沽临时	1000KVA2 部	33000V~6600V	1943.3~1943.5	1000KVA3 部完成后撤去
	军粮城	500KVA4 部	22000V~3300V	1942.10~1943.5	1000KVA3 部完成后撤去
	杨柳青	200KVA3 部	22000V~5200V	1943.5~1943.6	现在使用
	大沽	250KVA3 部	33000V~3300V	1943.5~1943.6	—
1944	军粮城	1000KVA3 部	22000V~3300V	?~1943.5	现在使用
	张贵庄	300KVA3 部	22000V~5200V	1944.6~1944.6	500KVA4 部完成后撤去
	小站	1000KVA3 部	22000V~3300V	1944.4~1944.6	现在使用
	天津纺织	1000KVA3 部	22000V~6000V	1944.6~1944.7	现在使用
	天津第三发电所变电设备	1000KVA3 部	22000V~5500V	1944.5~1944.10	现在使用
	汉沽	1000KVA3 部	77000V~6600V	1943.4~1944.11	现在使用
1945	张贵庄	500KVA4 部	22000V~6600V	1945.4~1945.5	现在使用

资料来源：根据居之芬主编《日本对华北经济的掠夺和统制——华北沦陷区资料选编》第 326~331 页表格制成。

随着战局的发展，日本物资不足日益严重。1943 年 3 月 11 日，华北电业公司联合伪满洲电力协议会、华北开发会社及轻金属等有关会社，召开了"中满蒙电力联络会",会议决定,"关于产业开发用电力机材及技术之交流,决由满洲供给机材及技术,华北、蒙疆方面供给煤铁矿、石膏及劳力;关于电气机材自给一事,决互相提供游闲资材,目下暂以柱上变压器、中小型电动机、电线、电灯泡为重心"。① 华北电业公司天津支店为了解决动力不足的问题,1944年12月25日奉命成立了电力消费合理化委员会,更加严格地控制各业的用电量,要求工厂调整用电设备,对于"用户新增不必要者可以停止",提出了用电的原则"第一位先尽军需,第二位为间接军需,第三位即已有各厂家"。② 日本投降前夕,其天津支店的各发电所,已经不能发挥全部产能,其中第三发电所共装有低温低压4台机、14台燃煤锅炉,装机容量为204万千瓦,但实际能力只有1.1万千瓦。③ 据1945年4月调查,天津第一发电所月发电量为2.6万千瓦,为装机容量的86%;第二发电所月发电量为0.38万千瓦,为装机容量的54%;第三发电所月发电量为1.2万千瓦,为装机容量的59%。

表3-8 1945年4月华北电业公司天津地区电厂发电量

厂名	月发电量 (千瓦时)	最大发电量 (千瓦)	月煤消费量 (公斤)	单位消费量 (公斤/千瓦时)	发电时间
天津第一发电所	11272000	25650	10110000	0.9	连续
天津第二发电所	1733000	3800	2756000	1.7	连续
天津第三发电所	4517825	11970	7341000	1.6	连续

资料来源:根据郑会欣《战前及沦陷期间华北经济调查》第370页表格制成。

同时,日伪当局也加强了与发电输电有关的电气器材的生产。华北开发会社为了实现华北电气器材自给,积极支持日商在天津设立有关企业。1940年5月,日本东光电气株式会社在天津设立工厂,从事电气机器制造、普查、修理业务,工厂设有电机工厂、灯泡工厂,每月能生产灯泡

---

① 解学诗主编《满铁与华北开发会社》,第284~285页。
② 天津市档案馆、天津社会科学院历史研究所、天津市工商业联合会:《天津商会档案汇编(1937~1945)》,天津人民出版社,1997,第861页。
③ 彭家荣主编《杨柳青发电厂志(1958~1988)》,《杨柳青发电厂志》天津编审委员会,1991,第250页。

20000盏、修理变压器5台，员工有81人。① 1942年，日本东京芝蒲电气株式会社设立华北电机株式会社，从事电动机、变压器等重型电机等机器的修理，总社设在北京，在天津设有工厂，1945年2月华北开发会社对华北电机会社融资，目的是支持该企业制造电动机和变压器。② 为此，华北电机会社制定了1945年的生产计划，拟制造550台电动机，修理改造650台电动机，制造1300台变压器，修理改造700台变压器；③ 但是这仅仅是计划而已，该公司天津工厂到1945年仍然只能修理电动机、变压器，并未达到制造电动机的能力。1945年南京政府接收在天津的敌伪产业时，在该工厂的接收书中记载：该工厂1943年2个月修理电动机20台、变压器30台，1944年8个月修理电动机360台、变压器480台；1945年同样只有修理的记录，即近6个月修理电动机400台、变压器420台。④

在华北的沦陷区和游击区内，抗日军民采取各种方式反抗日伪的统治，其中割断电线和电话线，破坏日伪的电力和通信设施是非常重要的手段。为了能够及时补充战争和维持统治的需要，日伪当局除了要强化生产电机、变压器等设备外，也加强了电线的生产。比如1943年8月，华北开发会社将日本古河电气工业株式会社、住友电气工业株式会社、藤仓电线株式会社三个公司在日本国内工厂拆卸下来的陈旧设备运到天津，在天津东于庄设立工场，生产电线电缆；⑤ 1944年2月，由华北开发会社和日本的古河、住友、藤仓公司共同出资3000万元，设立了华北电线株式会社，计划华北开发会社投资1000万元，古河和住友各投资750万元，藤仓投资500万元，以旧铜、碎铜及碎铜合金的电力再冶炼，生产各种电线、电缆、金属线及其材料，还有与此有关的附属品和各种机器的生产、购入、加工、销售，并承担设计和承包电气工程以及以上相关事业的投资。该会社总社设在天津，工厂也设在天津特别市第三区蓆厂村，1944

---

① 居之芬主编《日本对华北经济的掠夺和统制——华北沦陷区资料选编》，第692~695页。
② 居之芬主编《日本对华北经济的掠夺和统制——华北沦陷区资料选编》，第668~669页。
③ 郑会欣：《战前及沦陷期间华北经济调查》，第396~397页。
④ 居之芬主编《日本对华北经济的掠夺和统制——华北沦陷区资料选编》，第671页。
⑤ 白崇厚：《北运河之滨的一颗璀璨明珠：记天津电子线缆公司的四十六年》，《天津河北文史》第3辑，1989，第124页。

年8月动工修建。原计划该工厂的月生产能力为溶解电气铜600吨，生产铝线、铜线和各种绝缘橡胶线800吨。到1944年11月末建成裸线押线设备，1945年3月末完成安装铜的精炼设备，即可进行生产。① 但是，1944年10月才开始安装机器，线材工厂只是临时安装了押线机、编组机、绝缘机械等简单的设备，同年12月开始进行押线作业，勉强生产最简单的橡胶绝缘线和棉卷线，各种设备多数尚未安装，到1945年8月工程建设只完成了60%，大部分各种电线的生产设备没有建成，仅能生产少量的橡胶绝缘线和棉卷线。②

第二节　冶金业

冶金业从广义上包含勘探、开采、精选、冶炼以及轧制成材等各个部门。在中国的近代工业部门中，由于主权、矿山资源、资金和生产条件等方面的因素，冶金业又可分为采矿、冶炼业。采矿基本是在资源所在地的矿山，如果焦炭来源便利，有的还在附近建立冶炼工厂等，一般是通过铁路运到港口出口，或者是在具有一定生产能力的城市加工和精炼。冶金是近代工业重要的生产和加工行业，并为工业提供必需的原材料，在一定程度上代表着工业发展的水平和实力。天津作为北方的经济中心和近代工业集聚中心，不仅为华北各地采矿企业的创立筹集了巨额开办资金、提供了人员特别是技术和管理的人才、技术引进和产品销售市场，就天津本身的工业而言也开始形成以冶炼钢铁和制成品为主的冶金业。

中国的冶金业以铁器生产为主，近代工业中车床、刨床等机械母机最初主要靠国外进口，洋务运动时期各地军事工业企业需要钢铁制造枪炮弹药，开始在各地机器局内建立冶炼车间，成为中国最早的近代冶金业。天津的冶金业也是如此。1867年清政府在天津设立天津机器局，购进制造火药和炮弹雷管铜帽的机器以及蒸汽机、炼铁炉和车床，这是天津近代第一座炼铁炉，称其为铸造厂，主要铸造炮弹和炮架、车架。1888年李鸿

---

① 解学诗主编《文献补遗与满铁年表》，《满铁档案资料汇编》第15卷，第310~311页。
② 居之芬主编《日本对华北经济的掠夺和统制——华北沦陷区资料选编》，第672、675页。

章筹办天津机器局炼钢厂，1892年从英国购进了一套西门子马丁炼钢法的炼钢设备，即先进的马丁炉；并从其他外国公司购进化铜炉、水力压钢机、起重机、新式车床等，聘请了炼钢和熔钢的技师，于翌年下半年开始进行小规模炼钢、轧钢，这是我国北方第一座炼钢厂。与此同时，在三条石一带，出现了手工冶炼工厂、作坊，其中1897年马文衡、李汝林建立全聚成铸铁厂，装备有1座简单的化铁炉和1台4人拉的大风箱，生产铁锅、铧犁和车轴等，这是天津最早的铸铁厂。1908年全聚成铸铁厂可以铸造各机械厂加工用整套轧花机和织布机毛坯。[1] 到1914年天津又出现了7家小型炼铁厂。1930年代，逐步兴起了一些小型压轧和五金制品工厂，主要生产小型钢材、铁丝、圆钉、窗纱、铁丝网等产品，但大多数设备落后，规模不大。1935年一个小型轧钢厂——天兴制钢所出现，装备有1台小型轧钢机、1台200马力电机，有工人35人，使用废铁轧制扁钢，年产量不过1000吨。1936年初冶金工业产值只占当年天津工业总产值的0.34%；直到1937年前，天津不包括小作坊的钢铁工厂共有21家。[2]

华北是天津的经济腹地，那里拥有丰富的煤炭和铁矿资源，自20世纪以后政府、军阀官僚、民间资本和外资开始投资设立近代化的矿山，从而使得华北地区成为全国重要的煤炭、铁矿石等资源的生产地，天津也开始有煤炭的出口。天津作为北方最大的工商业城市，军阀官僚聚集，华北大部分矿山的筹建是在这里进行的，巨额的开办资金是在这里筹集的，很多矿山的总部也设在天津，如滦州、开平煤矿的筹建、集资以及总公司所在地；龙烟铁矿煤矿的策划和斋堂煤矿的集资；山东淄川的中日合办鲁大公司、河北的井陉矿务局、河南焦作的福公司的总公司等都设立在天津；而且其产品的销售也离不开天津的工业和港口。

1937年兴中公司在《华北产业开发计划要纲》中提出，对于华北钢铁业的方针是由日本资本创立华北产业开发综合机关，原则上由该机构直接或间接投资，以图实现对钢铁产业控制。兴中公司计划在天津投资

---

[1] 天津市冶金工业局史志编辑室编《天津冶金史》内部资料，1987，第222页。
[2] 周传典等编《当代中国的钢铁工业》，当代中国出版社，1996，第580~581页。

8453.2万日元新设中日合办的天津制铁所，利用龙烟、井陉等矿山的矿石220万吨，年产生铁50万吨、钢材10万吨；其目的是向日本出口钢铁，即将天津制铁所与石景山制铁所生产的产品，每年向日本输送100万吨铁矿石、45万吨生铁。① 但七七事变后，各地矿山均被日军占领，生产停滞，运输受阻，天津制铁所的创办计划被搁置。

  日军占领华北地区后，为了生产更多的武器又制定了钢铁生产计划。1938年8月，日本企划院制定的《钢铁生产力扩充计划》要求，逐步提升日军占领区的钢铁生产能力，避免对其他国家钢铁的依赖，严格限定钢铁进口，谋求钢铁自给，计划到1941年华北地区生产钢材50万吨、钢块64万吨、铣铁100万吨、铁矿石230万吨。② 由于炼钢需要有焦炭和高炉，高炉一时难以建成，当务之急是要有更多的铁矿石等资源出口日本，所以重点还是提升原有铁厂的冶炼能力。日本兴亚院华北联络部于1939年5、6月间又制定了《华北蒙疆钢铁业统制开发基本要纲》，要"急速开发华北蒙疆主要矿业，确保对日铁矿石的供给，并复兴和建设当地制铁业"。③ 1940年7月兴亚院华北联络部制定的《华北炼铁事业计划要纲》提出，"扩充华北的炼铁事业，改变铁矿石、黏结性煤和钢铁重复运输的不经济状况，迅速在石景山、阳泉及太原各地扩充炼铁事业"。④ 对于日本扩充钢铁的政策，满铁调查部推出了《华北制铁业立地条件调查报告》，提出如果新设规模大的制铁所，应该设在天津及其附近地区。华北开发会社也积极响应，1941年10月末出台了《华北应成为扩充东亚炼铁业重点地区的理由》，从华北冶炼原料和劳动力丰富而低廉等因素，说明华北建设制铁业的可能性，从现有输送能力有限、海上运输不安全、产业分散等角度，阐释在华北发展钢铁业的必要性，为在天津建设大型炼铁工业做准备。⑤ 随着欧美对日本的物资禁运，由于太平洋战争爆发后海运不畅等问题，日本开始推行就地冶炼的措施，1941年8月的《华北钢铁增

---

① 解学诗主编《满铁与华北开发会社》，第335~338页。
② 〔日〕亚洲历史资料中心 A06033006100。
③ 〔日〕《大東亜戦争中ノ帝国ノ対華経済政策関係雑件》，日本外交史料馆，E0005-2。
④ 解学诗主编《满铁与华北开发会社》，第466~467页。
⑤ 解学诗主编《满铁与华北开发会社》，第471~473页。

产计划要纲》说道:"在目前紧迫的形势下,华北产业开发所必不可少的钢铁资材不靠从日本内地输入,以当地筹办为目标,以期达到自给自足",至于建造钢铁厂的具体地点,鉴于"如今已将工业地区综合于大天津,故应将天津附近地区作为候补地"。①

同时,华北各地的矿山和冶炼企业经过军事化管理以后恢复生产,通过加大投资和强化管理,加大了煤炭、焦炭和铁矿石的生产,华北地区的钢铁生产量有了一定的增加。据统计,华北地区1936年的生铁生产量为5000吨,1937年增加到8000吨,1939年为3.9万吨,1940年为5万吨,1941年为6.1万吨;钢的产量原本很小,到1941年的生产量为12814吨。② 这些,进一步促使天津的冶炼业有所发展。

首先是日本民间资本根据日本的所谓产业开发计划涉足天津冶铁业,其中规模最大的是中山钢业所。1935年9月,日本人中山悦治在天津郑庄子兴建该厂,1937年4月首先建成钣镀金工场,生产镀锌铁皮,有工人30多人,1938年建成制钉铅丝工厂,1939年4月建成铁丝工厂,1940年9月建成小型轧钢机,生产9毫米盘条,1943年3月建成翻砂工厂,1943年9月才建成一座25吨碱性平炉开始炼钢。这个项目共投资伪联币9.04亿元。此外,1938年日本人伊藤信广投资伪联币1530万元,在小孙庄开办了伊藤兴业株式会社,生产圆钢、方钢、螺钉等产品。1939年日本人石川爱三郎投资450万日元,在陈塘庄创办兴亚钢业株式会社,主要产品有钢丝绳、镀锌铁丝、刺铁丝、螺钉、钉子等。③ 1939年12月日本在天津成立华北矿业会社,资本金500万元,实缴资本125万元,从事金银铜铅的采掘精炼。④ 天津的民族冶金企业在日本企业的挤压下,处于瘫痪状态,勉强维持生产的20余家工厂被日伪当局控制,仅能为日方加工军需产品。⑤ 天兴制钢所在日本的威逼下,1939年开始接受日本人的加工

---

① 解学诗:《满铁与华北经济(1935~1945)》,第220页。
② 严中平:《中国近代经济史统计资料选辑》,科学出版社,1955,第147页。
③ 王纪充、张明:《天津冶金业的龙头:天津钢厂》,《河东区文史资料》第20辑,2008,第154~155页。
④ 解学诗:《满铁与华北经济(1935~1945)》,第459页。
⑤ 中共中央党史研究室科研管理部编《日军侵华罪行纪实(1931~1945)》,中共党史出版社,1995,第471页。

订货，同年日本通过天津市五金同业公会以捐献钢铁为名，将二三百吨钢铁掳走，后来又掠夺了数十吨钢材。①

太平洋战争爆发后，战争的巨大消耗要求华北提供更多的物资和国防工业原料。于是，日伪当局对物资实行全面的统制和严格的配给，对矿山实行强制性掠夺。而且，日本从华北进口铁矿石的运输线路变得越来越不安全，这使得日本在提高运输能力和效率的同时，决定铁矿石要"合理性增产"，要大规模兴建制铁业，即将在华北本地进行冶炼提上了日程。日伪当局以1941年8月的《华北钢铁增产计划要纲》为蓝本，调整了钢铁扩充计划，将计划建设的700吨高炉由2座增加到4座，新工厂预定地点从塘沽改为天津郊外的张贵庄，计划由华北开发会社与日本制铁会社各出资500万日元，设立华北制铁株式会社，这个方案1942年5月获得日本内阁批准，预定在天津张贵庄新设华北制铁所，生产规模为生铁80万吨、焦炭140万吨，购置生产设备以及5.5万千瓦的发电机组，建厂需要有55万吨钢材、3.5亿日元资金、7500名工人的支持。1942年12月15日华北制铁株式会社在北京成立，但是张贵庄建设新厂所需的设备物资、资金等方面的困难，迫使日本内阁变更计划：以石景山制铁所为基础，建设500吨高炉2座，从日本运来所需设备。而天津张贵庄的新厂，推迟为第二期计划。②

与此同时，为了解决钢铁生产的不足，日伪当局竭尽全力在华北各矿区附近建设小型炼铁熔炉，以积少成多，扩大生铁的生产，提供给各个炼钢厂。1941年12月24日，日本内阁决定"移设内地熔矿炉、迅速新建小型熔矿炉"，计划在华北新建小型熔炉59座。1942年11月26日，东京召开了东亚经济恳谈会，大东亚省大臣青木一男在关于"大东亚经济建设"的阐述中，提出在沦陷区当地生产成品或半成品钢铁的方针。12月24日，日本企划厅制定了《小型熔炉建设方针》，要求华北小型熔炉生铁年产为18万吨，建设经费由华北开发会社、日本产业设备财团、日

---

① 张国凤：《天兴制铁所——天津第一家轧钢厂》，《天津文史资料选辑》第31辑，1985，第199页。
② 解学诗：《满铁与华北经济（1935~1945）》，第220~221页。

本钢管公司、日本制铁公司分担调拨。① 随着战局对日本越来越不利，日本开始强化建设小熔炉的措施。1943年5月22日，日本大东亚省大臣批准了华北蒙疆小型高炉经营方针，将建设小型熔炉临时性措施，变成长期性的政策，计划在华北各地建设60座小熔炉，所产的铣铁全部运到日本，由华北开发会社负责统一包购。② 为此，日本在华北各地大力建设小熔炉，其中在天津依托中山制钢所，由华北开发会社与之合作，而日本产业设备财团承担筹措资金的任务。其实早在1942年12月，日伪当局已经根据大东亚省的指示计划建设特种熔矿炉，1943年2月10日的《华北小高炉建设预定表》（计划概要），就对天津铁厂的建设做出安排，计划天津共建设5座20吨小熔炉，在1943年6月末完成，预计年产能力3万吨，其中1943年产量为1.2万吨；对天津各炼铁厂的原料方面也进行了安排，即铁矿石来自龙烟铁矿，煤炭来自大同、开滦，石灰石来自唐山，焦炭来自工厂。③ 1943年2月，华北制铁株式会社与日本产业设备财团签订契约，通过向财团租赁设备的形式，在天津的中山制钢所建设小熔炉5座；④ 3月中山制钢所天津工厂开始奠基建设，10月、11月第三、四小熔炉举行点火仪式，12月第二、五小熔炉点火。1943年11月10日，华北开发会社与中山制钢所正式组建了天津制铁所，12月中山制钢所天津工厂正式更名为天津制铁所。⑤ 1943年天津制铁所10月份生产铣铁360吨，11月份生产铣铁643吨；预计1943年产铁8000吨，1944年产铁3万吨。⑥ 后来对计划产量进行了调整，1943年的产量增加到10480吨，但是实际当年仅产铁4845吨，完成计划的46.2%，⑦ 1944年，第一号小熔炉点火，至此5个小熔炉全部建成，天津制铁所年产量达到3万吨。

---

① 王士花：《"开发"与掠夺：抗日战争时期日本在华北华中沦陷区的经济统制》，中国社会科学出版社，1998，第43页。
② 居之芬主编《日本对华北经济的掠夺和统制——华北沦陷区资料选编》，第44~47页。
③ 解学诗主编《满铁与华北开发会社》，第482~483页。
④ 解学诗：《满铁与华北经济（1935~1945）》，第221页。
⑤ 居之芬主编《日本对华北经济的掠夺和统制——华北沦陷区资料选编》，第504~505页。
⑥ 〔日〕亚洲历史资料中心 B06050527100。
⑦ 〔日〕亚洲历史资料中心 B06050529900；1944年出版的《华北开发株式会社及关系会社概要》统计表中天津制铁所1943年产铁4786吨，完成计划的45.6%。

但是，原料不足制约着天津制铁所乃至整个华北冶铁业的生产。1944年4月，日本拟定的华北各制铁所该年度生产计划中，天津制铁所生产铣铁30295吨，比原定计划又有所增加，但直到3月份天津制铁所只有第四、五号小熔炉在运转，生产了530吨铣铁。① 1944年6月，日本国务大臣藤原视察华北蒙疆地区，面对沦陷区制铁以及小熔炉生产，他不得不承认"因为制铁原料矿石及煤炭，最优先供应日满，中国制铁业处于极为困难的条件下"，他要求小型熔炉竭尽全力保证所有熔炉点火运作。② 天津制铁所就是因为焦炭量不足造成第五小熔炉一度灭火。③ 按照计划，天津制铁所1944年产铁26580吨，④ 但全年出铁24107吨，完成计划的91%。1945年日本侵华战争陷于困境，各矿山生产停顿，铁路也难以运输，天津制铁所的第五、二、三小熔炉先后灭火停产。天津制铁所自从设立以来，共生产铁34504.343吨，平均进行运转的小熔炉有3座。⑤ 除了天津制铁所外，天津还有一些日资的小型冶金企业，具有炼铁、炼钢、压延、冷拔、合金、制造金属品和耐火材料等生产能力，使天津的冶金工业初具规模。但是，即便是日资企业也同样有原料等方面的问题，难以维持正常的生产，到1945年日本在天津的冶金企业有14家。⑥ 而民族资本的冶金企业，在严厉的行业统制下，难以生存，纷纷停产或转行。

1944年初，为了解决钢铁不足的问题，日本实行对钢铁产销的一元化统制，日本驻北京大使馆提议成立公司，强化钢铁的产销统制。《华北钢铁销售株式会社要纲》规定，原来由华北开发会社与各组合经营的钢铁业务，全部由华北钢铁销售会社统一经营，普通钢材、钢铁制品、生铁与土铁以及铸铁管、特殊钢的铸钢与锻钢、碎铁、合金铁、钢铁半成品由华北钢铁销售会社收购、销售、输移出入、保管以及进行价格调

---

① 〔日〕亚洲历史资料中心资料B06050529900。
② 王士花：《"开发"与掠夺：抗日战争时期日本在华北华中沦陷区的经济统制》，第44~45页。
③ 居之芬主编《日本对华北经济的掠夺和统制——华北沦陷区资料选编》，第505页。
④ 解学诗主编《满铁与华北开发会社》，第481页。
⑤ 居之芬主编《日本对华北经济的掠夺和统制——华北沦陷区资料选编》，第505~506页。
⑥ 中共中央党史研究室科研管理部编《日军侵华罪行纪实（1931~1945）》，中共党史出版社，1995，第471页。

整，解散各种钢铁协议会与组合，原来由华北开发会社部分自营的事业，如钢材、钢铁制品、土铁、碎铁等，皆由华北钢铁销售会社承接。[①] 1944年4月1日，在北京成立了华北钢铁销售株式会社，对全部钢铁类产品的收购、保存和销售、输入输出等业务实施了全面的更严格的管制。[②] 于是，日本在华北地区的钢铁生产和销售以及进出口等方面建立起了一元化统制。

第三节 机械制造业

机械制造业是工业的心脏，它为工业、农业、交通运输业、国防等提供技术装备，是整个国民经济和国防现代化的物质技术基础，它的发展是衡量一个国家或地区经济发展与科技发展水平的标志。近代开埠以后，上海、天津等大城市出现了一些机械制造工厂，铁路开通后也建立了一些机车修造厂，但是大部分是一些规模小、设备简陋、生产能力低的机器装配、修理以及零件制造；农业机械也仅仅局限在制造简单农业生产所需的农具和农机配件；而且，有些较大型企业还被外资所把持。因此，机械制造业在整个国民经济中占的比例甚小。

近代天津的机械制造工业始于清朝政府创办的天津机器制造局，从其购买和使用的机器设备以及生产产品来看，包括机械制造业的机器制造、金属冶炼、铸造、热加工、船舶修造等方面，该机器局的东局是当时世界最大的机器局之一。清政府为了北洋水师各军舰的修理，还在大沽设立了大沽船坞，专门修造各式轮船。除了政府兴办的机器局等企业外，外国引水员创办的大沽驳船公司于1874年在大沽设立船厂，修理停泊在天津各码头的外洋船只；洋行在各租界码头附近兴建了数家羊毛打包厂，最早的是1874年高林洋行创办的打包厂，到1900年有9家，多以蒸汽动力带动一两台打包机，为出口羊毛驼毛服务。1884年广东商人罗三佑创办的德泰机器厂和1886年天津英租界内的万顺铁厂是天津最早的民资机械企业，

---

① 解学诗主编《满铁与华北开发会社》，第547~549页。
② 解学诗主编《满铁调查部》，《满铁档案资料汇编》第14卷，社会科学文献出版社，2011，第300~301页。

修理轮船和矿山机器,并制作中西马车、造酒铁锅等器具。当时天津英法租界的海大道一带是天津早期民族资本机器制造业的发源地,有德泰机器厂、万顺铁厂、炽昌铁工厂等,多是为出口货物的打包和轮船修理服务的。但是,1900年八国联军占领天津时,将天津机器局和大沽船坞等全部摧毁,尚不成规模的机械制造各企业也毁于一旦。20世纪以后,政府推行北洋新政,提倡振兴实业,天津地方政府创办了规模较大的机械制造工厂——北洋劝业铁工厂。该厂1906年由政府筹银20万两兴建,除了在西窑洼的总厂外,还在大沽设立了分厂,该厂生产的产品有锅炉、汽机、气剪、气锤、汽碾、车床、刨床、钻床、铣床、起重机、抽水机、石印机、铅印机、压力机、织布机、榨油机、磨面机、消防水龙头等各种机器,为天津和附近地区近代工业提供了必要的工作母机和设备,年销售额六七万银两,是当时北方最大的机械制造工厂。同时,在天津城北门外的三条石附近出现了一些铸造和机器制造厂。最早的是1897年建成的金聚成铁厂和1901年建立的郭天成机器厂,到1915年有3家机器制造厂和7家铸造厂,多为没有蒸汽等近代动力的手工业作坊。随着天津近代工业的崛起,这一地区铁业作坊和手工工场迅速增加,并且增添了以电力为主的动力设备,1916年拥有电力设备的工厂增加到28家,1925年有机械工厂20家、铸造厂25家,迎来了该地区机械厂发展的鼎盛时期。到1937年前,三条石地区从事铸铁和机器制造的工厂已达300家左右,成为当时有名的"铁厂街",较为著名的企业有1918年建成的郭天祥机器厂,在当时已经注册商标,以及1926年建成的福聚兴机械厂。

从规模来看,除了英商1925年设立的资本17万元的东方机器厂、资本60万元的永和机器厂和资本30万元的义利铁钢厂外,多为资本额从400元到5500元不等的铁工厂以及小机器厂,规模不大,以仿照外洋模型制造机器为主,且集中在三条石一带。比如华兴厚机器厂,资本5500元,有20名工人,年营业额约1万元,主要生产手织机、轧花机、保险箱等;郭天成机器厂,资本2500元,有30名工人,年营业额约6万元,主要生产手织机、粉丝机等;孙恩杰机器厂,资本2000元,有7名工人,年营业额约5000元,主要生产棉织机、榨油机等;吉祥顺机器厂,资本2000元,有30名工人,年营业额约1万元,主要生产手织机、火

第三章 日本对电力和冶金、机械业的"开发"与统制

炉等。① 由此可见,民族资本的机器厂规模一般不大,资本额多数在数千元。

天津的机械工业中,还有专门为铁路、机械制造和出口服务的机械厂,如津浦路机修厂,也有学校和工厂附设的机械厂,如河北省工业学院机械厂、南开大学机械厂、华新纱厂修机厂、中国油漆公司机械厂,其中,数量最多、设备最为精良的是专门的商业机械厂。② 1929 年统计,民族资本的机器工业中,资本额在 500 元以下的有 26 家,500~1000 元的有 17 家,1000~2000 元的有 14 家,2000 元以上的仅有 4 家。③ 1935 年,天津规模较大的民营机械制造厂不过 10 家,即德利兴、孙吉恩、俊记、义聚成、久兴、志达、庆兴、恒大、信昌,能够制造车床、刨床、铣床、钻床、印刷机、轧花机、针织机、纺织机、造纸机、柴油机、榨油机、锅炉、水泵、搅拌机等。④ 据不完全统计,1933 年天津市有民族资本的机器和金属品企业共计 170 家,其中 2000 元以下的 120 家,2000~10000 元之间的 45 家,万元以上的仅有 5 家。⑤ 另据河北省的统计,有一定规模的民营机器厂近 20 家,资本额多在数千元。

表 3-9　1934 年天津具有一定规模的民营机器工厂一览

厂名	成立年份	资本（日元）	设备	人数（人）	原料	产品
和记制钉厂	1932		3 台机器,60 匹马力	职员 8 人、男工 12 人、童工 20 人	欧洲各国进口铁条	铁钉
辅业铁床工厂	1906	6000	3 台手摇机器	职员 2 人、男工 14 人、童工 13 人	外国进口及上海产铜,国产铁、铅,开滦、井陉煤	高低铜床、高低铁床

---

① 天津市档案馆:《近代以来天津城市化进程实录》,第 223 页。
② 陈真编《中国近代工业史资料》第 4 辑,第 858~859 页。
③ 鲁荡平:《天津工商业》卷上,天津特别市社会局,1930,转引自罗澍伟主编《近代天津城市史》,第 539 页。
④ 参见陈真编《中国近代工业史资料》第 4 辑,第 860~863 页。
⑤ 《天津市统计年鉴·社会类》,天津市政府统计委员会,1935,第 6 页,转引自罗澍伟主编《近代天津城市史》,第 528 页。

续表

厂名	成立年份	资本（日元）	设备	人数（人）	原料	产品
大昌隆铜丝罗底工厂	1925	8000	40台机器（制造罗底机、拔线机），马力20匹，人工、电力各半	职员11人、男工40人	欧美铜丝，上海批线，自造铜丝	粗细黄铜丝、96股综线、铜丝罗底
明星印刷制罐工厂	1930	32000	50台印刷制造铁罐机器，17匹马力	职员11人、技师7人、男工60人、童工50人	英美马口铁，德美油墨	铁罐
志成印铁制罐厂	1932	10000	19台机器（印铁机、印纸机、印罐机），15匹马力	职员14人、男工22人、童工60人	英日进口马口铁，日本进口及国产纸张，美国进口及国产油墨	颜料桶、茶叶桶、化妆品盒、药饵盒
德利兴铁厂	1924	10000	30台机器（刨、锻、钻床），6匹马力	职员5人、技师2人、男工40人、童工60人	辽宁生铁，英美进口熟铁，英美德进口钢，湖南铅，湖南锡，鸭绿江木材	机床、刨床、钻床、印刷机、轧刀、水泵、机器零件
三义成铁工厂	1923	4000	6台机器（制造切面、磨面）	职员3人、男工20人	国产生熟铁、木料	切面机、磨面机、机器零件
金聚成铁厂	1912	1000	翻砂旧法，未装配机器	职员4人、技师2人、男工10人、童工5人	湖北生铁	生铁物品
华北铁工厂	1931	500	3台车床，3匹马力	职员4人、男工6人、童工7人	天津的生熟铁	各种机械零件
郭天祥东记机器厂	1923	6000	1台电滚，6台车床，3匹马力	职员5人、男工12人、童工38人	辽宁、山西生铁，英美日进口熟铁，辽宁木材	轧花机、切面机、弹花机
恒大机器厂	1915	10000	8台机器（车、刨、钻床）	职员4人、技师2人、男工5人、童工15人	辽宁生铁，英美进口及国产熟铁	矿山机器
中天机器锅炉工厂	1931	10000	14台机器（车、刨、钻、镟床），8匹马力	职员2人、技师2人、男工18人、童工8人	美、英、德进口、本国产元铁、角铁、铁板及五金，辽宁、山西生铁	水管锅炉、立式汽机、旋转滤液机、压滤机附泥泵、风扇、真空机

续表

厂名	成立年份	资本（日元）	设备	人数（人）	原料	产品
兴记铁厂	1925	40000	12台制造螺母、螺丝、铆钉等机器，50匹马力	职员5人、技师2人、男工25人、童工5人	国外进口的元铁、扁铁	螺丝栓、螺丝、铆钉
寿星黑油发动机制造厂	1929	4000		职员4人、技师1人、男工4人	山西、辽宁的生熟铁	黑油发动机
飞轮工厂	1931	450	2台压力机	职员5人、技师1人、男工5人、童工20人	英国进口的路皮铁，德国进口的钢管	自行车后架子、车架子
同盛和铁厂	1912	1000	3台机器，5匹马力	职员3人、技师1人、男工10人、童工15人	德国进口路皮铁、湖北生铁	自行车、人力车、洋井龙头
志达机械制造厂	1926	不详	不详	职员5人、技师1人、男工10人、童工30人	—	针织机器(织袜自动机、织袜笨机、织衣横机、织毛套横机、织汗衫机、织罗文背心机)
裕仁针厂	1932迁	2000	1台造针机、2匹马力	职员5人、男工6人、童工30人	日本进口、天津生产的钢丝	自动袜针、横机针、本机针
大业袜针工厂	1933	4500	26台制造袜针机器、2匹马力	职员6人、技师3人、男工5人、童工25人	日本进口的钢丝	织袜针、织衣服针

资料来源：根据《河北省重要工厂调查》(《国货年刊》1934)第244~255页编制而成。

尽管天津的机械制造工业仍然处于起步阶段，大多为小型工厂，设备简陋，但是在华北地区则为起源地和中心，外地的一些机械制造厂的技术工人和设备都是天津提供的，在设立数量、资本额、工人总数和产值上天津都是其他地区不可比拟的。20世纪30年代后华北地区各省市设立的机器厂大致状况如表3-10所示。

表 3-10 1937 年前华北地区的机器厂

地区	城市	厂数(家)	资本(元)	工人数	产值(元)
天津地区	天津	625	768250	3072	1935360
	大沽	1	40000	—	—
山东地区	青岛	45	89600	791	1350000
	济南	14	44500	319	231000
	夏津	1	1000	19	6000
	黄县	1	5000	8	3200
北京地区	北平	16	169000	676	425860
河北	高邑	1	1000	15	9450
	定兴	1	6000	29	18270
河南	开封	2	18200	75	47250
	新乡	1	4000	40	72000
	安阳	1	3000	30	18900
	郑县	1	2000	26	21600

资料来源：根据顾毓瑔《三十年来中国之机械工业》（中国工程师学会编《中国工程师学会三十周年纪念刊：三十年来之中国工程》，中国工程师学会，1946）第 7~8 页表格精简改编而成。

从全国的机械制造业来看，天津是仅次于上海的机器制造业中心。从全国来看，天津的机器工厂最多，七七事变前全国共有机器厂 1054 家，其中上海为 218 家，天津 625 家，无锡 43 家，青岛 45 家，北平 16 家，武进 16 家，济南 14 家，其他各地所设者最多不过 10 家，少者仅为 1 家。① 但是，从资本总额、从业人员数量来看，天津机器制造业要比上海差一些，全国机器厂资本总额为 614.08 万元，其中上海最多，为 321.4 万元，天津其次为 76.825 万元；全国该行业共有工人 20524 名，其中上海有 7548 名，其次为广州 3823 名，再次为天津 3072 名；全国该行业的总产值为 1797.36 万元，其中包括上海、南京、无锡、武进、南通、镇江、淮阴的上海地区为 634.89 万元，广州为 371.474 万元，天津为 193.536 万元，分别占 35.32%、20.67% 和 10.77%。②

1936 年日本中国驻屯军主持制定的《华北产业开发指导纲领案》中，

---

① 《沦陷区之翻砂机器业》，《资源委员会月刊》1941 年第 3 卷第 2~3 期，第 91 页。
② 顾毓瑔：《三十年来中国之机械工业》，第 7~8 页。

机械制造业并没有列入统制性行业，日本对天津和华北地区的重点投资行业中也没有机械制造业。不过，该方案提出，对于华北现存的容易开发的部门，日本要给予指导和"经验技术的援助"。所以，七七事变后，日本对天津和华北地区的机械制造业的措施是扶持日商的投资和经营。由于机械制造业的产品有些涉及战争需要，所以日本对有关军事工业基础部门的机器工厂采取了扶植政策，为日商企业提供原料和技术，进而建立了一些新的机器工厂。比如大连的日本企业收买天津清喜洋行的骨粉工厂后，设立了进和天津铁工厂，另外一家是伪满洲的企业在天津设立的分厂，而有的日商直接在天津开设工厂。到1940年前后，日商在天津设立了昌和洋行工厂、安原铁工所、西山铁工所、天津钢业工厂、天津制铁工厂、东和工厂、恒升机器工厂、鸿发铁工厂、义昌洋行、小松洋行、得利兴、三井铁工厂、中岛机器行、天津机器工厂等15家工厂。① 其中，义昌洋行1940年3月28日在天津成立的工厂，资本金1000000元，实缴资本600000元，生产各种机具。② 另外，日本的甲斐铁工所在1939年12月1日改组成立了兴亚钢业会社，资本额1000000日元，实缴资本725000日元，生产各种铁线。③ 据不完全统计，到1942年日商有近20家机械制造工厂，生产电动机、变压器、卷土机、送风机、压缩机、搬运机、自行车和零件等。

表3-11 1937~1942年天津日商新设立的机器厂一览

厂名	资本（日元）	产品
大达交通器材会社	5000	车辆及零件、线路用品
进和天津铁工厂	500	铁线、铁钉
满洲滚轮会社（ロール）天津分厂	500	制胶、制线、制粉、纺织等机器
昌和洋行工厂		车体及零件
安原铁工厂		纺织机械零件
西山钢公所		铁钉等

---

① 《沦陷区之翻砂机器业》，《资源委员会月刊》1941年第3卷第2~3期，第97~98页。
② 解学诗：《满铁与华北经济（1935~1945）》，第459页。
③ 解学诗：《满铁与华北经济（1935~1945）》，第457~459页。

续表

厂名	资本（日元）	产品
中山钢业厂	1000000*	
天津钢业厂	1000000	
天津机器厂	7000	制造机器及装设水管
天津制铁厂	3000000	
东和工厂		
恒升机器工厂	300000	
鸿发铁工厂	250000	
义昌洋行	1000000	
中岛机器行	10000	制造机器及装设水管
得利兴	1000000	
小松洋行		
三井铁工厂	30000	制造一般机器

注：* 包括上海两家分厂在内的资本总额。
资料来源：《沦陷区之翻砂机器业》，《资源委员会月刊》1941年第3卷第2～3期，第69页；刘国良编著《中国工业史》近代卷，江苏科学技术出版社，1992，第596页。

对原有的华商等机械制造的企业，日伪当局则通过抢占、收购或者供应原料和限定产品销路等方式加强管制。1941年5～7月，日军强迫天津五金业同业公会各会员缴纳各型原料、铁板、洋钉、盘条、铅丝、铁管、钢条等，共计7608.702吨，按照1946年5月的价格折合国币640377.1130万元。① 据1941年的调查，原有的铁厂、机器厂除了被日军强占和收购外，侥幸仍由华商经营的且勉强能够开工的仅有4家，生产能力大为衰减。

表3-12　1941年前天津华商机械制造业工厂设备情况

厂名	资本（日元）	设备	产品（事变后）
美利钢桶厂	30000	9台马达、2座反射炉、1台发电机	
明权铁工厂	150000	14台工作机械、1台发电机	仅修理
恒大铁工厂	100000	5台旋盘、8台保罗盘、1台马达、1台压力机	制造一般机械
德利兴机器厂	10000	1台工作机械	制造印刷机

资料来源：《沦陷区之翻砂机器业》，《资源委员会月刊》1941年第3卷第2～3期，第95页。

① 北京市档案馆编《日本侵华罪行实证——河北、平津地区敌人罪行调查档案选辑》，人民出版社，1995，第402页。

太平洋战争后，海上运输断绝，日本国内经济陷入困境，政府建立战时经济体制，一切要全力保证战争需要。对于中国则要求"取得为完成帝国的战争所必要的更多物资，确保军队的自给"，"谋求在占领区内重点并有效地取得重要的国防资源"，华北地区在竭尽全力增产煤炭和铁矿石且大规模兴建制铁业的同时，对于机械工业"重点放在增强和完备开发用机械器具的修理能力上"。因为，战争扩大后需要更多的武器弹药和军用物资，机械制造业要为战争工具的生产提供基础性支持，而日本已经没有能力为华北地区的扩大生产提供资金和技术支持，进而改变了太平洋战争前日本向华北地区提供资金和机械母机的政策，要求华北地区发挥自身能力，迅速扩展以天津、青岛为中心的机械制造业，[①] 并对原材料、生产规模和产品销路采取更为严厉的统制。

1944 年 7 月，日本派遣调查团对华北机械业进行了两个多月的调查，调查结果显示，二级程度的工作机械厂、100 马力以下的产业机械厂尚可维持生产，但是由于钢材质量低劣以及供应不足，更因为需要承担日本军火的生产，华北机械行业产能效益十分低下，影响了机械制造业的生产和发展。为此，该调查团建议华北开发会社积极进行增产活动，如整备机械阵容、提升工厂产能、提高技工水平、补充资材等。1944 年，华北开发会社为了提高生产资材（尤其是生铁等原材料）的质量，聘请了日本林兼重工业株式会社的董事兼总工程师来华北指导各主要机械厂的生产，使得华北各厂铸铁质量提升，机械生产能力有所提高。为了提高华北地区机械制造的自给能力，首先需要解决的问题就是车床、刨床等工作母机的生产。原来完全靠从日本进口，此时进口渠道完全断绝，而 1944 年华北地区的机械制造业企业需要一千多台工作母机，本地生产的工作母机又粗制滥造，严重地影响该行业的生产。为此，日本当局制定了统制性政策：统一工作母机的规格，划定工厂的生产范围，在当地制造质量上最好的急需的工作母机，要按照适当价格实行配给，以规避价格暴涨的风险。华北开发会社依据以上的政策，1944 年 5 月定制了 240 架工作母机，其中天津的日商企业安定精机工厂、东和工厂、天昌铁工厂承担了 150 架，原计划

---

① 郑会欣：《战前及沦陷期间华北经济调查》，第 394 页。

1945年6月全部完成,事实上由于原料(主要是钢材)的缺乏,日本投降前青岛和天津两地仅仅完成了80架。日本对机械实行本地制造的同时,强化原料供应、生产和销路的统制。1944年8月,华北开发会社对各厂进行配给定制,以谋求增产,结果同样因为钢材不足而没有实现。[①] 1944年9月,华北开发会社以天津的日本兴亚铁工株式会社为基础,引入日本住友的机械技术,在天津组建了华北机械工业株式会社,资本总额为1200万日元,其中兴亚铁工会社500万日元,住友机械会社500万日元,华北开发会社200万日元,意图借助日本国内的力量扩大生产和提高生产质量。华北机械工业会社计划月铸造出115吨的产业机械,最高要达到月生产量200吨,主要生产卷扬机、搬运机、压缩机和排风机等。但是,由于钢铁主要用来支撑枪炮弹药的生产,根本没有能力供应给机械制造业,该厂的生产能力大为缩减,1945年月铸造能力仅为70吨,月锻造能力仅为17吨。[②]

表3-13 1945年天津重要日本机械工厂概况

厂名	技术员(日人)	员工(华人)	机械数(台)	铸品设备(电炉)	熔解炉	其他	制造机械种类
华北机械工业株式会社	20	760	700		1.5吨1座	0.5吨2座	卷土机、送风机、压缩机、搬运机
恒升机械工厂	10	570	170	1吨1座	3吨1座	0.5吨2座	兵器、农器具
北支电机株式会社	10	200	90				电动机、变压器
谦实铁厂	6	38	5		1.5吨1座		压缩机、粉碎机、木工机械
华北自动车株式会社	10	240	300	1吨1座	1吨1座	0.5吨2座	自行车零件
昌和工厂	10	600	320		1.5吨1座		自行车
东和工厂	4	100	45		1.5吨1座	0.5吨1座	工作机械

---

① 郑会欣:《战前及沦陷期间华北经济调查》,第394~395页。
② 居之芬主编《日本对华北经济的掠夺和统制——华北沦陷区资料选编》,第680~685页。

续表

厂名	技术员（日人）	员工（华人）	机械数（台）	铸品设备（电炉）	熔解炉	其他	制造机械种类
安定精机工厂	5	200	53		3吨1座		工作机械、唧筒、衡器
大信工厂	5	150	40		1吨1座 5吨1座 6吨1座		唧筒、碳车
石丸制作所	6	170	65		1.5吨1座	0.5吨1座	兵器
大中工厂	4	200	40		3吨1座		兵器、碳车
中山钢业所	10	700	240				制铁、压延、铁丝、铸钢
山本制钢所	10	100	20				压延
合计	110	4028	2088	1吨2座	1吨2座 1.5吨5座 3吨3座 5吨1座 6吨1座	0.5吨8座	
外有小工厂23家		1162	615				

资料来源：郑会欣《战前及沦陷期间华北经济调查》，第398页。

在机械制造业中还有专门从事铁路机车车辆和船舶的修造、汽车制造与装配的运输机械制造的企业。在抗战前，天津也有一些轮船修理厂、铁路车辆修造的机修厂和汽车修配厂，如1902年的大沽造船厂等，稍有规模的汽车修配厂除了修理外也可以装配客货汽车。七七事变后，交通运输是统制性行业，轮船和机车车辆的修造以及汽车的生产、装配和修理，都与交通运输有着密切的关系，且此前该行业基本属于尚未起步阶段，所以日本通过资本投入和技术支持等加速了运输机械制造业的发展。

抗战前，在华北地区的唐山、长辛店、石家庄、南口、青岛和太原等铁路沿线城市有较大规模的机车厂，天津只有机车房和西站的机修厂，主要是车辆的检修。抗日战争爆发后，铁路是日军维护沦陷区治安和保证战争运输的生命线，要不断扩大运输能力，加之抗日军民对铁路公路的破袭战，也加大了机车车辆、铁轨和铁路器材的损失，需要加强铁路列车和器材的修造。各地的机车车辆厂已经是在日军管理下生产，但环境和材料等方面的限制使其难以保证战争的需要，而日本国内也没有能力支持华北。所以，1940年1月8日兴亚院华北联络部制定了《华北车辆株式会社设立要纲》，"鉴于华北铁路车辆和铁路用品的供需现状，为在现地进行制造和装配"，设立同华北交通会社有密切关系的华北铁道车辆株式会社，以谋求在当地生产列车车辆。该计划是，由华北交通会社与日本、伪满的车辆制造会社联合出资3000万日元（现金2000万日元、现物1000万日元），其中华北交通会社现物出资650万日元，以青岛工厂、山海关工厂充作现物出资，并入以修理车辆为主要业务的大陆交通器材制造会社和京津工业公司，专门负责车辆的制造、组装、修理和购置。[①] 1940年6月华北车辆株式会社成立，由华北交通会社出资800万日元、日本大陆交通机材会社出资200万日元、伪满洲车辆会社出资1200万日元，其主要业务为机车、客货车、电车、汽车、特殊车辆车体及小型船舶的制造、组装、修理与销售；信号机、保安装置用机具制造与销售；线路附属的铁路用品的生产与销售以及上述各项的附属事业。[②] 该会社迅速在唐山、天津、长辛店、石家庄、南口、济南、徐州、张家口和太原等地恢复并重建了9家机车车辆厂，其中天津的车辆厂规模很小，主要是停靠在各个车站车辆的保养和简单的维修。[③] 从1940年7月起，该会社年产客货车1000辆、机车2部。[④] 另外，1939年日商在天津张贵庄建立了大陆交通器材株式会社，该厂设备简陋，以生产铁路沿线的机械号志及部分电气号志为主。[⑤]

七七事变后，天津的汽车制造逐渐形成一个行业。1938年1月，日本丰田汽车公司筹划在天津设厂。同年4月22日丰田天津工厂开始生产，主要是卡车、公共汽车的装配和修理业务。1940年2月20日，丰田天津工厂与丰田汽车公司脱离，以天津工厂为主体改组为华北汽车工业会社，资本金600万日元，本部设在北京，在天津工厂新设了铸造、锻造、热处

---

① 解学诗主编《华北交通与山东、大同煤矿》，《满铁档案资料汇编》第12卷，社会科学文献出版社，2011，第237~239页。
② 解学诗：《满铁与华北经济（1935~1945）》，第382页。
③ 张利民：《日本对华北铁路的统制》，《抗日战争研究》1998年第4期，第114~115页。
④ 郑克伦：《沦陷区的交通》，《经济建设季刊》1942年第1卷第2期，第277页。
⑤ 中国铁路史编辑研究中心编《中国铁路大事记（1876~1995）》，中国铁道出版社，1996，第145页。

理、机械等车间,现地生产汽车零部件,从事组装汽车业务,成为汽车制造厂。① 对于原来的丰田汽车公司和华北汽车工业会社生产装配汽车的品种,日本华北方面军的要求是依据日本的方针和统制政策进行,即根据当时一直延续的作战需要以及军民两用的考虑,中国的汽车组装和零件制造由丰田汽车公司提供,除此之外要设立以修理华北交通会社及其旁系会社所属汽车为主要业务的工厂。主要任务是将丰田汽车公司运输货物的大车或者煤车,改造为适应土路行驶的车型,或者制造新的适合公路和土路的大型货车。② 翌年,华北汽车工业会社天津工厂开始制造汽车配件和煤气发生炉,以解决汽车维修的需要和汽油供应的不足。③ 日本为统制天津市的日商汽车生产、修配和运输业,1941年7月组建了天津汽车协会。该协会由在天津居住或开业的日本人组成,其会员主要分为:汽车生产、进口、贩卖业者,销售汽车零件业者,汽车修理业者,汽车运输业者(包括一般运输业及报关业),出租汽车业者以及特殊会员(自己家里有汽车而自愿加入的人)。④ 通过将天津市的汽车生产、修理、销售、运输、租赁等营业者组织起来,以期实现汽车生产与运输业务的一元化统制。在日本侵略战争崩溃之前,日伪当局进一步加强了对该行业的统制。1944年6月,因"军事要求",以华北汽车工业株式会社为主干,统合华北、蒙疆的华北交通、蒙疆汽车、日系中央兵器厂及其他汽车同业企业的财产和经营,改组为华北汽车工业股份有限公司,资本3000万日元(其中华北交通会社出资1000万日元),其主要业务有:汽车进口、组装、修理、销售;汽车车体的制造销售;汽车部件生产、进口、再生产、销售;代用燃料机的进口、制造和销售。⑤ 华北汽车工业公司本社设在北京,还有蒙疆支社和东京出张所,在天津、北平、济南、青岛、太原、石门、开封、徐州、保定、张家口、大同、厚和(今呼和浩特)、包头、宣化、郑州设立营业所。虽然各地的营业所均设有修理厂修理汽车,但是主要的输配、制造二部设在天津。该会

---

① https://www.toyota.co.jp/jpn/company/history/75years/text/taking_on_the_automotive_business/chapter2/section5/item7.html.
② 〔日〕亚洲历史资料中心 C04122554300。
③ 耿捷主编《天津公路运输史》第1册,人民交通出版社,1988,第163页。
④ 耿捷主编《天津公路运输史》第1册,人民交通出版社,1988,第164~165页。
⑤ 解学诗:《满铁与华北经济(1935~1945)》,第384页。

社的输配部设在天津旧法租界中街，主要负责华北汽车工业会社及所属单位的各项供应工作；制造部设在天津南开马厂道，下辖 5 个工场：天津南开工场，为最先进的工场，生产规模较大，设备也较齐全，有铸造、机械、锻工、煤气发生炉、车体、镀金等 6 个车间，能够制造汽车配件、汽车车身及煤气发生炉等；天津南开修理厂在南开马厂道，设有部件修配、修理和钳工 3 个部门，主要业务是整修汽车；第一工场在东局子、第二修理厂在旧法租界 2 号路，主要从事检修汽车。① 但是由于原料的缺乏，尤其是不能从日本进口机械设备，天津的这些工厂只是生产汽车零件。②

在太平洋战争以后，日伪当局已经无力为天津和华北各地机械制造业提供资金和机械母机等设备，不得不加强在当地的生产，妄图用当地生产的产品供应侵华战争，华北的机械制造业形成了以日商为主的短暂发展，且重点在天津和青岛。1943 年，在北京、天津、青岛三个城市中，日商经营的 80 人以上机械工厂约有 1500 家，生产总额达到 6 亿日元以上。太平洋战争后期，日伪当局推行的"献金献铁"运动，则是以强盗行径不顾一切的抢掠，造成机械行业的瘫痪。当时，无论是华北各地的矿山，还是城市中的冶炼业，都因为原料和设备等问题使得生产陷于困境，战略资源枯竭，战争物资匮乏，日伪当局即启动"献金献铁"运动，强迫企业和民众交出一切可以利用的铜铁，充作冶炼厂的原料，不仅掠取公园等公共设施中的铁栏杆、铁门等，工厂的机器设备，商店和居民的铜铁招牌、牌坊、门窗、香炉蜡台、铁锅等无不被日伪军强行掠走，投入炼炉中制造武器弹药。机械行业更是如此。1943 年以后，天津的自行车制造业遭到日伪军三次洗劫。比如 1944 年日军进攻中原地区需要大批自行车，就在天津出动军队在日商的配合下查封了春立德等六大车行的存货，勒令自行车业公会完成"购车"任务，结果以市场价 1% 的价钱"购"车 15000 辆；③ 从此天津自行车制造业一蹶不振，数十家企业相继破产倒闭。据 1945 年统计，天津有大小机械行业工厂 300 余家，有一定规模的多为日商工厂。④

---

① 耿捷主编《天津公路运输史》第 1 册，第 163~164 页。
② 郑会欣：《战前及沦陷期间华北经济调查》，第 395~396 页。
③ 转引自陈真等《中国近代工业史资料》第 2 辑，第 449~450 页。
④ 《瘫痪了的机器工业》，《工业月刊》第 5 卷第 8 期，第 9 页。

第四章 日本对化学工业的掠夺与统制

中国近代的化工厂逐渐形成一个特定的生产行业，即化学工业，主要包括纯碱和酸等以及橡胶、火柴、制革、造纸、染料颜料、化妆品与盥洗卫生品的生产。纯碱和硫酸等属于盐化工产品，其生产水平是20世纪衡量一个国家工业水平的指标之一；火柴、制革、造纸、橡胶以及染料、颜料、油漆、化妆品等属于基础化工产业，体现了社会经济和社会生活的需要。对于近代天津来讲，近临渤海湾，盛产海盐，依据长芦盐田的自然优势和作为北方工业中心的地理优势，天津在中国率先创办了生产纯碱等盐化工的企业，是近代中国化学工业的发源地之一。化学工业也是天津近代工业的支柱行业，在华北地区乃至全国处于领先地位。

第一节 化学工业

天津是长芦盐的主要生产区，近代盐业除了原来的利用自然环境进行摊晒生产的各盐场外，出现了中国最早的利用电力等近代设备生产精盐的企业，即久大精盐公司，此为近代盐业生产之嚆矢。该公司1914年由范旭东在天津创办，最初资本5万元，年产精盐1500吨，到1931年，久大公司年产精盐38.264万担，粗盐6.72万担。[①] 1936年资本增加到250万

[①] 天津市档案馆编《近代以来天津城市化进程实录》，第223页。

元，年产精盐40余万担。① 久大精盐公司建立后，天津一些企业家也开始利用海水生产精盐，精盐生产逐渐形成一个行业。比如1921年建立的通达精盐公司，公司设在天津，工厂设在丰润，1926年投产，当年生产精盐54.8吨，1930年增产到1363.8吨，年产精盐3万担（合1500吨），② 到1931年时，年均产盐8万担左右。③ 中国原来的食用碱是土碱，近代工厂出现后工业用碱依靠进口，进而受到英国卜内门公司在进口数量和价格等方面的限制。第一次世界大战爆发后，中国进口碱的数量急剧下降，范旭东等人决定采用当时世界先进水平的苏尔维制碱技术利用海盐生产纯碱，1918年投资40万元创办了永利制碱公司（1934年更名为永利化学工业公司），这是中国第一家盐化工企业。该公司设在天津，在塘沽建立工厂，从美国购置设备，1923年完成基本建设并试运行，1926年生产出碳酸钠含量超过99%的纯碱。为了区别土法生产的土碱和进口的洋碱，该公司又将洋碱称为纯碱，定名"红三角牌"行销全国，打破了外国企业的垄断，填补了中国化学工业的空白。1926年在美国费城的万国博览会上，永利制碱公司品质优良的纯碱获金奖，1930年在比利时的工商博览会上又获得金奖，奠定了中国化工产业的基础。该公司1926年生产纯碱4504吨，1933年10月后扩大生产，纯碱生产量增加，1933年3月开始生产烧碱，日生产烧碱六吨多，1928~1937年纯碱产量从257981担增至612410担，销量从209491担增至650005担，除供应国内市场需要外，远销至日本和东南亚；永利制碱公司资本亦增至550万元，1936年有职工千余人，成为我国最大的纯碱生产厂。该公司还成立了中国第一家私立化工研究团体——黄海化学工业研究社，创办了《海王》旬刊，与永利制碱厂、久大精盐公司成为集化工原料、产品和研究为一体的团体。

永利制碱公司的成功，吸引了一些华商投资兴建化工企业，进而带来了天津化工行业的形成与发展。比如创建于1926年的渤海化学公司，资

---

① 王达：《天津之工业》，《实业部月刊》1936年第1卷第1期。
② 李俊胜：《我国最早的精盐生产企业之一——通达精盐公司》，《丰南史志资料选编》第二辑，1986，第54页。
③ 天津市档案馆编《近代以来天津城市化进程实录》，第223页。

本从最初的10万元，增到20世纪30年代的60万元，年产泡花碱（矽酸钠）、硫化碱3500多吨，其中1931年产泡花碱2000吨。① 1929年建立的兴华泡花碱厂，总厂设在天津，1931年在上海闸北设立分厂，资本4.5万元，工人一百多人，生产原料纯碱来自永利制碱公司、石英来自门头沟，年生产泡花碱1300多吨，多销于东北、上海、天津、广州、汉口等地，九一八事变之前年营业额20余万元，九一八事变后东北市场尽失，年营业额为十余万元。② 老天利公司，在北京、天津各设一厂，1931年时天津厂每年可产泡花碱140万磅（合635吨），还能生产少量的硫化碱。③

1929年在天津兴建的得利三酸厂是中国第一家民营硫酸厂，在唐山建有分厂，其原料为唐山硫黄、霸县硝石、塘沽的盐，原计划生产硫酸、硝酸、盐酸，但是由于资本欠缺，仅生产硫酸一种，1931年硫酸年产量为72万磅（合327吨），销往华北各地。1933年，天津出现了华北最大的硫酸厂——利中硫酸厂，资本金逐渐增加到20万元，总厂设在天津，以煤矿中的硫铁矿为原料生产硫酸，故计划在唐山设厂，1934年5月投产，年产硫酸800吨。渤海化学工厂，每年能生产500吨盐酸，1931年产600吨盐酸；④ 1936年，永利制碱公司在南京创建了永利化学工业公司硫酸铔厂，投入1000万元，但是因为抗日战争全面爆发并未大规模地生产。

表4-1　1936年前天津的盐碱酸工厂一览

单位：万元，吨

厂名	厂址	设立时间	资本金	出品和年产量
久大精盐公司	天津塘沽	1914	250	精盐62500
永利制碱公司	天津塘沽	1918	400	纯碱72000、烧碱5400、洁碱1800

---

① 天津市档案馆编《近代以来天津城市化进程实录》，第221页。
② 国立中山大学化学工业考察团调查：《中国化学工业调查》，国立中山大学出版部，1933，第46页。
③ 天津市档案馆编《近代以来天津城市化进程实录》，第221页。
④ 天津市档案馆编《近代以来天津城市化进程实录》，第221页。

续表

厂名	厂址	设立时间	资本金	出品和年产量
通达精盐公司	公司在天津、工厂在河北丰润	1921	50	精盐 1500
兴华泡花碱厂	天津塘沽、上海闸北	1929	5	泡花碱 1350
渤海化学工厂	天津塘沽	1926	60	盐酸 500、泡花碱硫化碱 3530
利中硫酸厂	天津	1933	20	硫酸 800
得利三酸厂	天津、唐山	1929	5	硫酸 400
老天利公司	北京、天津	1927		
永利化学工业硫酸铔厂	南京六合	1936	1000	硫酸 43200、硝酸 3600

资料来源：根据陈真《中国近代工业史资料》（第四辑），第 510、512 页表格改编而成。

　　日本对天津以及华北地区的海盐和化工产品十分重视。因为，纯碱、盐酸、烧碱和硝酸等化工产品与生产炸药等军事工业有着直接的关系。日本从 20 世纪 20 年代就企图从天津大量进口食盐，以补充国内生产的不足，但盐业属于中国政府的专卖行业，日本长期无法染指；同时日本要发动侵略战争，也急需用以制造火药的化工产品。因此，七七事变前日本各界就觊觎天津的盐碱酸工业。1934 年渤海化学工厂因为经营困难，曾经向日本的三井物产会社谋求合作，该会社请示日本军部，日本军部表示赞同，但最终未果；5 月，渤海化学工厂又向满铁提出合作，日本军部认为与渤海化工合作"可成为将来利用长芦盐的根据，有事时可作为军事工厂"，但是满铁对于与渤海化学的合作兴趣不大，建议日本的旭玻璃会社参与合作。① 为了调查渤海化学工厂的经营状况，日方成立了渤海化学工业公司对策委员会进行调查。虽然日方最终未能达到合作的目的，但是由此可以看出日本对天津化学工业的关注程度。1936 年，日本昌光玻璃株式会社大连工厂委托三菱商事会社天津支店，对天津的永利、久大、渤海化工等工厂进行调查，从调查报告内容看主要涉及资本金及资本关系、原料来源及产品品种、质量等。② 与此同时，满铁的华北地区调查中也特别

---

① 解学诗主编《满铁与华北开发会社》，第 567~568 页。
② 解学诗主编《满铁与华北开发会社》，第 565~575 页。

关注天津的化学工业。1936年3月满铁的《华北制碱工业对策案》提出，应对中国关内的制碱工业实行严格的统制政策，计划控制华北制碱业，并收购渤海化工工厂等。① 1937年3月，满铁《关于华北制碱工业的意见书》提出了控制永利公司的计划，并策划了实施方案以及应对英国制碱公司的对策，以此来控制华北地区的碱业产销。② 在1936年日本中国驻屯军制定的所谓的开发华北经济的产业计划，就把盐业和化工统统确定为统制性行业。

天津沦陷后，精盐和化工的生产企业，或被日军军事管理，或被日商强占。永利制碱公司的设备和技术人员南迁，久大、永利公司停产，化工生产几乎停顿。1937年12月9日，兴中公司奉冀东特务机关长令，对久大、永利两公司实行军事管理；1939年8月20日华北盐业株式会社成立后，久大、永利开始由华北盐业会社负责产销运营。1937年11月29日，日本唐山宪兵队查封了通达精盐公司在丰润的工厂，1938年1月临时委托东洋纺织株式会社天津出张所经营，最终由在天津的东洋化学工业会社负责经营。③ 1937年冬天日本派人接收了利中酸厂，大清、金山、清山三家日商，以"军事管理"为名带领日军占领该厂，并将企业的总技师扣押，然后送至日本"受训"，这位总技师因受精神打击过甚，归国后不久即忧郁而死，后来日方委托日资中山钢业所经营这家酸厂。④ 渤海化学公司则于1936年冬破产倒闭，1937年6月被中国银行以清理债务的方式接管，中国银行又将其移交给新华信托储蓄银行管理，此时厂内设备已经停运两年；1939年天津人李松庵以80万元价格收购，1940年春日商大建产业株式会社参与经营，虽然名为合作经营，但是事实上一切厂务都为日本人把持，不久

---

① 〔日〕支那驻屯军乙嘱托工业班：《北支板硝子曹达工业调查报告》，1937，第102页。
② 〔日〕南满州铁道株式会社调查部：《北支那曹达工业立案计画并调查资料》，1937，第4页。
③ 参见南开大学经济研究所经济史研究室编《中国近代盐务史资料选辑》第三卷，南开大学出版社，1991，第47~52页；中央档案馆等编《华北经济掠夺》，中华书局，2004，第691~692页。
④ 参见赵慎五《与日商争夺市场的利中酸厂》，《天津文史资料选辑》第95辑，2002，第75页；中共中央党史研究室科研管理部编《日军侵华罪行纪实（1931~1945）》，中共党史出版社，1995，第467页。

华北盐业会社与伊藤忠商店等日商合伙购买了渤海化学公司，更名为华北化学工业公司。① 该公司由华北盐业公司出资 550 万元，日本东洋纺织公司出资 50 万元，是纯粹的日本法人，主要在天津的汉沽设立盐化工提纯工厂，该工厂于 1941 年开始运转，年底出产洗涤精盐 3895 吨、溴素 5.9 吨、氧化钾 8.02 吨、固体氧化镁 15 吨，产品全部运往日本。

由于盐和化工产品是日本急需的战略物资，属于统制性企业，其生产和运销以及出口等一直受到日本军政当局的高度重视。1938 年 7 月，日本陆军省军务课提出《华北盐及碱业开发要纲案》，计划至 1941 年末华北地区年产纯碱达到 12 万吨，通过石灰法或者电解法生产烧碱 2.2 万吨；此外，该《要纲案》还特别强调，反对设立新的制碱企业，应通过对永利公司的内部改造和扩展，使其在 1941 年底日产碱 400 吨，并认同制碱工业所需电力由自家供给的现状。② 1939 年 9 月 4 日，日军特务部通过《华北盐及碱业开发要纲案》，计划将华北制碱的年产量由 12 万吨增加到 12.5 万吨，烧碱 2.7 吨。③

被日伪当局军事管理和委托经营的天津化学工业各工厂，虽然得到了些许投资，在生产运营和销售上通过统制予以一定的支持，但是其生产能力基本未达到抗战前水平。从久大公司精盐的产量看，日军对久大公司实行军事管理后，为了恢复生产，对设备和机器进行修复和改造，但是在 1939～1941 年精盐产量也没有明显增加，1939 年 10 月至 1940 年 9 月的产量为 18583 吨，1940 年 10 月至 1941 年 9 月产量为 19712 吨，1941 年 10 月以后的半年间生产 8903 吨，④ 即年产量没有超过 2 万吨，没有达到抗战前久大公司 3.5 万吨精盐的最高年产量。天津盐业的增产，主要是在

---

① 天津化工厂厂志办公室：《天津化工厂部分合并厂简介》，《汉沽文史资料》第 2 辑，1988，第 88 页；余孟杰：《沦陷期间华北化学工业之状况》，《科学时报》1946 年第 12 期，第 16 页；芮和林：《日本侵华时期的长芦盐区》，《盐业史研究》1993 年第 1 期，第 40 页。
② 〔日〕南满州铁道株式会社编《北支那盐及曹达业开发计画书》，南满州铁道株式会社调查部，1940，第 76 页。
③ 〔日〕南满州铁道株式会社编《北支那盐及曹达业开发计画书》，第 5 页。
④ 〔日〕亚洲历史资料中心 B08061243900、B08061244600、B08061246100。

伪长芦盐务局领导下通过扩大盐田面积实现的，此将在农业和盐业章节中详述。通达精盐公司被东洋纺织会社接收后，计划分两期完成恢复生产，1938年3月15日完成主要设备检修，用两台小蒸发炉，日产精盐3500公斤；1938年4月5日完成对大蒸发炉的修理，每日增产精盐5000公斤，届时精盐日产量为8500公斤，① 但这仅仅是计划，实际生产并没有达到预计年产量。

碱酸的生产也是如此。永利制碱公司在天津沦陷以前已经将机器设备和技术人员等南迁，所以兴中公司接管永利制碱公司后，根本无法投入生产。由于兴中公司并没有制碱技术，在技术上求助日本最大的碱业公司旭硝子会社，双方签订协议，公司资金两者折半出资；在运营方面，由双方人员协商决定，双方在权利义务上相互平等，兴中公司人员负责公司事务部门，旭硝子公司派遣的技师负责技术部门。从1937年12月开始，旭硝子公司派遣技师到永利公司进行调查，研究恢复生产问题。调查指出，如果以日产纯碱80吨的生产目标（约为一半的生产能力）实行复工，自1938年6月1日起可以投产。② 为了实现复产，1938年3月，兴中公司计划对永利、久大公司投入运营资金315000日元，③ 1938年7月1日工厂修复完成，着手生产，7月15日首次生产碱；1939年3月烧碱工厂完成建设，开始生产。根据《华北盐及碱业开发要纲案》的计划，日方又投入资金对永利公司受损设备进行修缮。据日方统计，1939年兴中公司对永利公司投入修缮费共计170万元，1940年100万元。④ 根据目前所得资料，一直到1944年，永利公司的纯碱生产数量并没有恢复到日本占领前的水平。七七事变前，永利公司日产纯碱最高达到160吨，年产5.5万吨，烧碱年产5000吨左右。而如表4-2所示，永利公司自1938年开始恢复生产，最初由于煤的供应不足造成产量受限，⑤ 截至1941年，其纯

---

① 南开大学经济研究所经济史研究室编《中国近代盐务史资料选辑》第三卷，第51~52页。
② 〔日〕兴中公司：《永利化学工业管理所概要》，1938，第50~51页。
③ 解学诗主编《满铁与华北开发会社》，第79页。
④ 〔日〕日本亚洲历史资料中心 B06050553200。
⑤ 〔日〕日本亚洲历史资料中心 B09041468000。

碱年生产数量不超过 4 万吨,即每日不超过 100 吨。① 而在 1943 年的《昭和 18 年帝国议会关系杂件说明资料关系》中,曾记述永利公司日产纯碱约 100 吨,为了增产而进行的各项作业也正在进行。② 1944 年 1 月制定的《昭和 19 年度中国生产扩充及物资动员计划》,预计当年永利公司生产纯碱五六万吨。③ 但是,从南京国民政府平津敌伪产业处理局的接收报告中可以看到,一直到 1944 年,日本占领下的永利公司纯碱、烧碱的生产数量没有恢复到战前水平。

表 4-2　1938～1942 年永利纯碱生产数量

单位:吨

起止时间	总产量	月产量	日产量
1938.7～1939.3	20374.620	2263.847	75.462
1939.4～1939.8	139111.260	2762.252	92.075
1939.11～1940.3	12164.700	2432.940	81.098
1940.4～1940.9	18117.190	3019.532	100.650
1940.10～1941.3	19452.270	3242.045	108.068
1941.4～1941.9	19847.130	3307.855	110.262
1941.10～1942.3	18502.560	3083.760	102.792

资料来源:居之芬主编《日本对华北经济的掠夺和统制——华北沦陷区资料选编》,第 565 页。

表 4-3　1939～1944 年永利烧碱生产数量

单位:吨

起止时间	总产量	月产量	日产量
1939.3～1939.8	1483.052	247.175	8.239
1939.11～1940.3	1264.020	252.804	8.427
1940.4～1940.9	2057.000	342.833	11.428
1940.10～1941.3	1913.100	318.850	10.628
1941.4～1941.9	2132.000	355.333	11.844

① 《永利化学工业股份有限公司概况书》中亦有 1938 年 7 月至 1942 年 3 月的永利纯碱生产数字,虽然几份数据的年度统计起始月份不同,但数据却反映了同一倾向,即截至 1941 年底,永利年产纯碱均不超过 4 万吨,烧碱年产不超过 4000 吨。详见居之芬主编《日本对华北经济的掠夺和统制——华北沦陷区资料选编》,第 565 页。
② 〔日〕日本亚洲历史资料中心 B05014012500。
③ 〔日〕日本亚洲历史资料中心 B08060388500。

续表

起止时间	总产量	月产量	日产量
1941.10~1942.3	1930.083	321.681	10.723
1942.4~1942.9	2024.150	337.358	11.245
1942.10~1943.3	2139.700	356.617	11.887
1943.4~1943.9	1554.300	259.050	8.635
1943.10~1944.2	884.100	176.820	5.894

资料来源：居之芬主编《日本对华北经济的掠夺和统制——华北沦陷区资料选编》，第566页。

日本接办渤海化学工厂后，仅能生产硫酸钠、矽酸钠、硫化钠三种产品，其余设备废置。① 利中酸厂为中山钢业所接管后，日本通过中国人吴印塘购买了天津利中酸厂股东的股票29股（原共200股），又没收了抗日将领的股份，把利中变成中日合资的企业。此时，该厂日产硫酸3吨，除了供中山钢业所使用外，其余交给盐务局所辖的硝磺局销售。1939年天津发大水后，停工时间比开工时间还要多，1944年完全停工。②

日伪当局除了接收华资的化工企业外，为了达到增产支持侵华战争，还开设新的化工厂。1938年3月，东洋纺织株式会社投资100万日元筹建东洋化学工业株式会社汉沽工厂，1939年6月开工建设；后来由东洋纺织株式会社、华北盐业公司及华北开发株式会社等4次追加投资，投资总额达3600万日元。③ 1941年11月第一工场卤水处理部竣工，12月试车运转，1942年4月开始营业，第一工场主要生产食盐、芒硝、氯化钾、氯化镁、钾肥料、溴素等，其中年产食盐2900吨、溴素58吨。④ 1941年底共生产洗涤精盐3895吨、溴素5.9吨、氯化钾8.02吨、固体氯化镁15吨，全部运往日本。⑤ 1938年6月，日本人清水一太郎与

---

① 余孟杰：《沦陷期间华北化学工业之状况》，《科学时报》1946年第12期，第16页。
② 赵慎五：《与日商争夺市场的利中酸厂》，《天津文史资料选辑》第95辑，2002，第75~76页。
③ 芮和林：《日本侵华时期的长芦盐区》，《盐业史研究》1993年第1期，第39页。
④ 天津化工厂厂志办公室：《天津化工厂部分合并厂简介》，《汉沽文史资料》第2辑，1988，第86页。
⑤ 李茂盛、马生怀：《华北抗战史下》，2013，第59页。

姚石青，合资建设了大清化学株式会社汉沽工厂，建厂初期以生产芒硝为主，后来逐步开始生产盐酸、硫化碱等产品。1939年7月，日商青岛维新化学工业株式会社在汉沽筹建维新化学工业株式会社汉沽工厂，工厂占地83亩，主要产品为无水硝，月产量180吨，作为该厂制作硫化碱的原料。①

日本最大的垄断性机构——华北盐业株式会社，也直接从事盐和化工业的生产，在大沽、汉沽、塘沽都建有盐化工厂，其中大沽工场为华北盐业工业部门的核心工场。1939年12月28日华北开发株式会社批复了华北盐业株式会社提出在塘沽大梁子地区建设大沽工场的规划报告，1940年4月16日华北开发株式会社批准大沽工场计划扩充到5万吨卤水处理装置的方案：工场占地面积近60万平方米，建筑面积2738平方米，投资405465日元，计划1942年11月20日竣工。1940年，由日商的义和祥株式会社天津营业所开始招工，分片垫地，做施工前的准备，1941年开始进行正式施工。由于生产溴素需要大量液氯，因此决定利用原盐制取烧碱过程中产生的氯气，于是该厂又开始规划在大沽工场创立氯碱工业。计划分三期建设：第一期建设10个500安培的小型水平隔膜电解槽，日产碱0.56吨，氯气直接用于生产溴素，并生产少量漂白粉，也曾试产过合成盐酸；第二期，建立日产10吨碱的电解工场，配备容量为4000安培的西门子式水平隔膜电解槽80台以及配套的蒸发、液氯、漂白粉等工序及设备，计划在1945年初投产，但是器械在运输中损坏，直到日本投降也没有建成；第三期，计划扩大到日产烧碱20吨，对电解、蒸发厂房、水银整流器能力、漂白粉生产装置进行相应安排。同时，还着手建设二溴烷的厂房和进行工业设备安装，但最终因为设备器材不足而中辍。1942年7月，华北盐业会社还在大沽盐田第2~3区之间筹建专门生产溴素的大沽分厂，1943年投产；1944年华北盐业会社又在塘沽附近筹建塘沽工场，该工厂计划利用盐田卤水生产溴素、氯化镁等产品，直到1945年才投产。②

---

① 芮和林：《日本侵华时期的长芦盐区》，《盐业史研究》1993年第1期，第39页。
② 达古华：《日伪时期的大沽化工厂》，《塘沽文史资料》第4辑，第50~53页。

表 4-4 华北盐业会社在天津的化工工厂一览

	大沽工场	汉沽工场	塘沽工场
所在地区	本工场：天津县六区大梁子庄 分工场：大沽盐田第二区、第三区中间	汉沽寨上镇	宁河县塘沽盐田侧海滩站附近
主要设备	电解碱设备 盐卤工业设备	洗涤盐设备 盐卤工业设备	盐卤工业设备
制品	烧碱、漂白粉、合成盐酸、液体盐素、氢、溴、氯化钾、氧化镁	洗涤盐、溴、氯化钾、氧化镁	溴、氧化镁
使用工人	约1100名	约600名	约200名

资料来源：居之芬主编《日本对华北经济的掠夺和统制——华北沦陷区资料选编》，第546页。

表 4-5 1940~1945年华北盐业会社各化工厂的生产状况

单位：吨

产品	工场名	1940年	1941年	1942年	1943年	1944年	1945年
溴素	汉沽工场	—	5.904	50.323	52.247	33.050	6.282
	塘沽工场	—					0.197
	大沽本工场	—			18.771	55.485	14.250
	大沽分工场	—			12.945	51.350	4.175
	大沽（中间制品）	—					
氯化钾	汉沽工场		8.020	229.416	155.681	231.848	84.900
	大沽本工场	—				144.270	86.785
固体氯化镁	汉沽工场	—	15.000	1201.034	3513.611	6008.850	1495.750
	塘沽工场					90.500	1000.750
	大沽本工场					2532.500	2982.200
	大沽分工场					121.500	405.850
氯气	大沽本工场						19.326
电解碱液	大沽本工场						27.638
漂白粉	大沽本工场						31.320

资料来源：居之芬主编《日本对华北经济的掠夺和统制——华北沦陷区资料选编》，第549~550页。

1944年1月15日，日本政府加强了对化工产销的统制，成立了华北化学制品统制协会，撤销了华北交易统制总会下辖的天津化学制品输入配机组合等，并接管了这些组合的业务。该协会本部设在北京，在天津、济南、青岛设立支部，协会的目的是"对华北化学制品进行综合性统制运营，并对化学制品贮藏保管和强行生产"，主要业务是：制定化学制品综合供求计划,对化学制品的输移出入、生产和配给计划以及化学制品的价格进行审议,对技术进行指导以及统一化学制品的规格,整备华北地区的化学制品生产工业,并对其进行帮助和指导。对于化学制品输入方面,在日本输入困难的境况下,则从伪满洲、朝鲜、华中输入,为了应对输入锐减的困局,日本积极谋求现地生产,"竭力斡旋融资和粮食与机材的引进",将与华北开发关系密切的90多个化学制品品种定为协会的特定品种,由协会统一制定配给计划分配。①

七七事变后,日本对天津的民族化工企业采用"军事管理"和委托运营、直接接收等方式,实现了占领和统制,尽管进行所谓的"修缮和改进"及"投资",但其产量并没有达到抗战前的生产水平。与此同时,日方利用国内资本新设化工企业,利用天津的自然资源生产战争需要的产品,以支持侵略战争。

第二节 油漆业

七七事变前,天津是仅次于上海的油漆生产中心。天津最早的油漆工厂为创办于1920年的大成油漆厂,资本金40万元,因经营不善1924年改组为源记油漆厂,1927年停工后又改组为振中油漆厂,1929年改组为中国油漆公司,产品销往天津、上海、南京、北京、东三省等地。该厂在上海设有分厂,到1936年资本金增到50万元,1929年营业额10万元,1930年增加到20万元,1934年增加到30万元,② 1931年产油漆、磁漆、清漆共约4.48万担。后来,天津又有永华(后期迁上海)、保华油漆厂建立。1921年,冯国璋的儿子冯书安创办了东方油漆厂,开办资本5000元,后增资至5万元,1931年产油漆、清漆约2250担。③ 1929年,参与创办永利制碱公司的陈调甫投资2万元创办了永明油漆厂,这是天津技术水平较高的油漆厂。陈调甫在青年时代,就对油漆颇有研究,曾经著有

---

① 参见解学诗主编《文献补遗与满铁年表》,《满铁档案资料汇编》第15卷,第305~306页。
② 纬明:《天津油漆业》,《商业月报》1936年第16卷第11期,第2页。
③ 参见天津市档案馆编《近代以来天津城市化进程实录》,第222页。

《国宝大漆》一书。陈调甫创办的永明漆厂，最初厂房占地面积狭小，设备简陋。他借鉴永利碱厂的经验，择优选拔人才从事新产品的研发，不断开发新产品。他购进美国酚醛清漆，组织技术人员进行化验分析，针对其耐水性差的弱点，采用中国廉价的桐油作为改性剂进行试验，研制出的新产品性能超过美国酚醛清漆，陈调甫把它命名为"永明漆"，这是中国油漆工业的第一个名牌产品，替代了进口油漆，为中国涂料事业的发展打下了基础；1933年"永明漆"获得南京国民政府颁发的优质奖章，蜚声中国。此外陈调甫还首先研制成功了国产喷漆，以汽车修理用漆和铁路车辆用漆为主攻方向，取得了良好的业绩；① 永明漆厂1934年营业额为12万元，有工人30人，技师3人，销路遍及中国。② 此后，在天津先后出现过大小油漆厂近10家。③ 到1936年，全国共有大小油漆厂13个，其中华资的有12个，上海有7个，天津有中国、东方和永明3个，汉口、重庆各1个。其中规模最大的有上海的开林、振华、永固和天津的中国油漆公司，仅次于这些大厂的油漆厂，上海有4家，天津有东方、永明2家以及汉口、武汉的2家。④ 在天津除了这些机器油漆厂外，还有十余家手工油漆厂。⑤

表4-6 1936年天津各油漆工厂一览

厂名	成立时间	资本	年营业额（元）	设备	人员（人）	原料	产品
中国油漆公司	1929	200000	520000	德国设备，2部煤油引擎（共45匹马力）与电力	—	国产胡麻、桐油、核桃油	29种产品（铅油、瓷油、金银瓷器、汽车磁漆）厚漆、清漆、磁漆

---

① 陈调甫：《天津永明漆厂简史》，中国人民政治协商会议全国委员会文史资料研究委员会编《文史资料选辑》合订本第5卷第17~19辑，中国文史出版社，2011，第394页。
② 纬明：《天津油漆业》，《商业月报》1936年第16卷第11期，第2页。
③ 陈歆文编著《中国近代化学工业史（1960~1949）》，化学工业出版社，2005，第203页。
④ 全国经济委员会：《油漆工业报告书》，全国经济委员会，1936，第77页。
⑤ 吴承洛：《三十年来中国之化学工业》，中国工程师学会编《中国工程师学会三十周年纪念刊：三十年来之中国工程》，中国工程师学会，1946，第15页。

续表

厂名	成立时间	资本	年营业额（元）	设备	人员（人）	原料	产品
永明油漆厂	1929	20000	100000				厚漆、清漆、磁漆
东方油漆工厂	1921	5000	60000	9台制油机，9.5匹马力	职员5人，男工20人	国产桐油、苏子油、松蜡，国外进口颜料	厚漆、清漆、磁漆

资料来源：全国经济委员会编辑《油漆工业报告书》，全国经济委员会，1936，第78页；《河北省重要工厂调查》，《国货年刊》1934，第242~244页。

油漆生产属于供应战争需要的统制性产业，天津沦陷后日伪当局从生产这个环节就加强了统制。天津的日本驻军，意欲吞并天津各油漆厂，为侵略战争服务。1938年春，中国油漆公司在驻津日军的支持下被日商强行购买，工人全部被日本留用，而技术人员和职员一律被遣散。日本接收中国油漆公司后，改名为东亚油漆株式会社，生产军用油漆，产品专供军用，不在市面上销售。[1] 驻津日军还企图与东方、永明两厂合作，生产军用油漆。1939年前后，驻津日军曾两次与永明油漆厂商讨合办生产军用油漆的工厂，[2] 此时永明油漆厂的负责人陈调甫避居上海，将部分资本和仪器转移到上海，工厂只能生产一些化学试剂，勉强维持生存，留守天津的王绍先、梁兆熊以经理不在天津为由而回绝，恼羞成怒的日伪当局以军需为名，强行将永明油漆厂寄存在中国银行仓库的130余件进口贵重原料全部劫走，价值相当于永明油漆厂财产的一半，致使永明油漆厂被迫停产。[3] 东方油漆厂在原料短缺的情况下，用库存的一些原料进行限量生产，以维持工厂不致倒闭，基本上处于勉强维持的状态。[4]

---

[1] 苗庆提：《天津中国油漆颜料公司概述》，中国民主建国会天津市委员会、天津市工商业联合会文史资料委员会编《天津工商史料丛刊》第三辑，1985，第21~22页。

[2] 王绍先：《陈调甫与永明油漆厂》，《天津文史资料选辑》第6辑，1979，第147页。

[3] 陈黄芳、陈勤远：《抗战时期的永明油漆厂》，《天津文史资料选辑》第106辑，2005，第12页。

[4] 参见陈歆文编著《中国近代化学工业史（1960~1949）》，第205页。

除了吞并或收买原有的企业外,日伪当局为了扩大生产规模,供应侵华战争,鼓励日商投资创办油漆工厂。日本在东亚油漆厂东面设立了一个规模不大的华北油漆株式会社,此外满洲油漆株式会社也设立了几个工厂。于是在天津,油漆形成了一个独立的行业。

表4-7　1945年前日本在天津的油漆工厂

厂名	东亚油漆工厂	中华油脂工业工厂	华北日本油漆工厂
类别	股份公司	股份公司	
投资额(万日元)	120	300	
固定资本(万日元)	295	300	
流动资金(万日元)	765		
月生产能力(吨)			
坚炼油漆	90	170	67
调和油漆	80		90
熟炼油	100	150	18
清漆类	10	15	12
磁漆类	10		15
清喷漆类		10	
水性涂料	50	25	5
印刷用清漆			13

资料来源:李洛之、聂汤谷《天津的经济地位》,南开大学出版社,1994,第338、340页。

第三节　橡胶业

七七事变前,我国的橡胶工业集中在上海与广州,到1933年全国共有民资橡胶厂74家,其中上海有48家,广州有21家,而天津的民族资本橡胶厂仅有1家。[①] 天津的橡胶制品,最早为日本商人从国外贩卖来的进口产品,1929年国民政府改订关税,影响了橡胶产品的进口,对把持天津橡胶进口的日本商人影响最大。日本商人改弦更张,开始在天津投资

---

① 参见全国经济委员会编《橡胶工业报告书》,全国经济委员会,1935,第34~35页。

设立工厂。1930年日本商人在天津创办怡丰橡胶厂,资本金10万日元,这是天津第一家橡胶厂。同年日本商人又创办了泰山橡胶厂,资本金10万日元;1932年的濑口橡胶厂,资本金5.5万日元。① 与此同时,天津的民族资本橡胶工业开始出现。1933年,天津的第一家华资橡胶厂——北洋橡胶制品厂成立,资本金1.5万元,装备有轧胶机1台、电滚1台,全厂职工32人,原料为从新加坡进口的树胶,生产胶皮底女鞋、帆布学士鞋以及鞋底、鞋跟等,② 而人力车、自行车的内外胎中邓禄普公司等进口货物占有市场90%。1934年国民政府再次改订关税,进口税从20%提升到30%,进口物资受到很大影响,天津的日资和华资橡胶厂均乘此机会生产外胎,过去邓禄普公司等进口货物所垄断的市场逐渐被本地货所占据。③ 例如,日本的怡丰橡胶厂,最初仅有2台12吋轧胶机,从日本买进外胎模子,生产自行车外胎;④ 乘机设立专门生产里外胎的中村橡胶厂,资本金5万元;西长橡皮工厂,资本金6万元。⑤

总体来讲,七七事变前的天津橡胶业主要由日本人开办,7家胶皮厂中6家是日商创办的,民族橡胶厂只有北洋1家工厂,资本最多的不过5万元。⑥ 据上海橡胶工业公会在1936年10月的统计,全国所需生胶数量为2871.5吨,其中天津为480吨,占全国需求量的16.7%,超过青岛(13.6%),⑦ 仅次于上海和广州,处于第三位。

表4-8 七七事变前天津的橡胶工厂一览

厂名	性质	设立时间	资本金	工人			日生产量	制品
				日本人	朝鲜人	中国人		
怡丰橡胶厂	日	1930	15000	—		50	胶鞋2000双	胶皮鞋
西长橡皮工厂	日	1935	30000	6	—	24	车胎150对	自行车车胎

---

① 李洛之、聂汤谷:《天津的经济地位》,第174页。
② 《河北省重要工厂调查》,《国货年刊》1934,第189~190页。
③ 牟耀先:《天津市的橡胶工业》,《天津经济统计月报》1948年第30期,第6页。
④ 边炳章:《解放前天津橡胶业》,《天津工商史料丛刊》第2辑,1984年,第1页。
⑤ 李洛之、聂汤谷:《天津的经济地位》,第174页。
⑥ 〔日〕南满州铁道株式会社天津事务所调查课:《天津地方に於ける製造工業》,《北支经济资料》第15辑,1936,第86页。
⑦ 龙树德:《青岛橡胶工业之过去及现在》,《青岛橡胶季刊》1946年第1期,第33页。

续表

厂名	性质	设立时间	资本金	工人 日本人	工人 朝鲜人	工人 中国人	日生产量	制品
泰山橡皮工厂	日	1931	40000	—	—	65	鞋底5000双	胶皮鞋底
濑口橡皮工厂	日	1931	55000	—	5	30	鞋底5000双 内胎1000对	胶皮鞋底、自行车与人力车内胎
奥山胶皮工厂	日	1934	不详	不详	—	—	不详	自行车车胎
北洋橡胶物品制造厂	中	1933	15000	—	—	3	年产:鞋底50000双	胶皮鞋底
中国胶业制造厂	中	不详	不详	不详	不详	不详		

资料来源:〔日〕南满州铁道株式会社天津事务所调查课《天津地方に於ける制造工业》，《北支经济资料》第15辑，第86页。

橡胶是主要的战略物资，其生产属于统制性行业，因此七七事变后日本限制了生胶输出，1938年3月天津各橡胶厂停工。① 为了解决天津生胶短缺问题，天津各日系工厂向日本总领事馆提出复工申请，并于1938年9月28日由怡丰、中村、西长、泰山、濑口、天津化学工厂等日商企业成立了天津橡胶工业公会。尽管如此，天津各橡胶厂原料仍旧严重短缺，从1939年的生产数据来看，天津各橡胶厂均呈现开工不足状态，其生产率仅为生产能力的31.8%。在日本占领天津后的一年多时间，天津橡胶产业主要产品仍为胶皮鞋、鞋底、鞋跟、自行车里外胎、人力车里外胎，还不能生产汽车里外胎，生产能力基本没有提升。为了加强战略物资的生产，以尽最大可能支持侵华战争，日本开始设立新的橡胶工厂。1938年日商创立天津化学和福助工厂，福助胶鞋天津工厂11月开始生产，日产胶鞋1万双。至此，日本在天津的橡胶厂前后共设了11家，垄断了天津的橡胶生产。这些橡胶工厂的主要产品有小型汽车轮胎、自行车里外胎、胶鞋、胶底、机带胶布、胶管等。②

---

① 牟耀先:《天津市的橡胶工业》，《天津经济统计月报》1948年第30期，第6页；李洛之、聂汤谷:《天津的经济地位》，第174页。
② 边炳章:《解放前天津橡胶业》，《天津工商史料丛刊》第2辑，1984，第51页。

表 4-9 1939 年天津橡胶制品生产能力与产量比较

产品	生产能力	生产数量	生产率(%)
自行车外胎	1770000 条	380000 条	21.5
自行车内胎	3840	1600	41.7
人力车外胎	600	60	10.0
人力车内胎	600	60	10.0
胶皮鞋	1040000 双	570000 双	54.8
胶皮鞋底	4250	2724	64.1
胶皮鞋跟	1250000 打	268000 打	21.4
胶皮套鞋	600000 双	不详	—
平均生产率			31.8

资料来源：李洛之、聂汤谷《天津的经济地位》，第 174 页。

与此同时，中国商人也逐步学到一些日本的橡胶生产技术，开始设立工厂。1938 年华资的通兴橡胶厂成立，聘请日本技师，生产补胎胶、电线胶、胶底后掌等产品。1939 年中国人创办的义堂、瑞昌、富盛等橡胶厂开业，其中义堂在大连日商协盛橡胶厂工作的职工帮助下，利用其绘制的机器图纸制作了轧胶机，生产补胎胶、电线胶，以后又制造马靴、运动鞋、力士鞋等产品。1940 年后，中国人相继创办了裕合、裕德、大陆、巨源、飞龙、永丰、兴亚、北洋、长城、博华、顺隆、双凤等橡胶厂。其中，裕合橡胶厂是 1940 年由曾经在日资的濑口橡胶厂担任职员的杨凤藻创办的，主要生产鞋底和鞋后掌；大陆橡胶厂最初为中日合办，1943 年转为华资，能够生产汽车内胎。在 1942~1945 年，又有利兴、利群、协成、万源、富德、同心、东昌、恒兴、光华、华胜、春生、钰华、德盛等橡胶厂开业。到 1945 年，天津民族资本曾经经营的橡胶厂有 30 家，但这些橡胶厂资金少、规模小、技术差，一些工厂开业不久便停产倒闭，有的仅仅是修补汽车和自行车胎。① 日伪当局把生胶、棉纱、汽油等原料物资列为统制物资，加上日资橡胶厂的排挤，中国人经营的橡胶厂多数无法维持生产而陷入停产或半停产状态。天津的飞龙橡胶厂开业初买了一些汽油和煤油等原料，被日军发现后立刻全部没收，还把厂主抓走扣押。

---

① 边炳章：《解放前天津橡胶业》，《天津工商史料丛刊》第 2 辑，1984，第 52~54 页。

第四章　日本对化学工业的掠夺与统制

据1945年后南京国民政府平津敌伪产业处理局调查，天津共有11家橡胶工厂。① 从生产品种和规模上看，日商的企业占有十分重要的位置。比如怡丰橡胶厂，资本达到50万日元，有职员43人，工人189人，只有该厂可以生产汽车轮胎，其年生产能力为：汽车外胎3700条、汽车内胎5000条，自行车外胎9万条、自行车内胎10万条，人力车内外胎共计2.7万条、机器轮胎260万吋、三角机器轮胎100万吋、轧胶机180条和各种零件120吨。日商的中村（大和）橡皮公司，资本20万日元，有28名职员，140名工人，主要生产自行车内外胎，年生产能力为自行车外胎6万条、内胎36万条、其他各种内外胎10.5万条、机轧胶12吨、胶皮管9万尺、带铁线胶皮管6万尺、水管子9万尺、硬胶皮12吨、各种零件12吨。日商的西长橡皮公司，资本6万日元，自行车内外胎的年生产能力为6.9万条以及10吨胶皮管、棒球胶皮球1.8万个、硬胶皮30吨、蓄电池槽1000个、各种零件60吨。福助橡皮工业公司30万元资本，有职员46人，工人368人，主要生产胶鞋，年生产能力为橡皮鞋130万双、运动鞋40万双。泰山橡皮公司也是主要生产胶鞋，年生产能力为运动鞋10万双、五眼鞋5万双、胶皮长鞋2.4万双、大车内胎1.3万条以及机轧胶60条、防水布67200码。天津化学公司年生产能力为胶皮鞋4万双和30吨的各种零件。濑口橡皮工厂的年生产能力，除了1万条自行车外胎和5000条自行车内胎外，还有6万打保险套、3000打水囊和各种零件250吨。另外一些企业规模较小，如东亚橡皮年生产能力为胶皮鞋20万双、再生胶皮300吨、修理各种轮胎5000条。1941年以后建立的兴满橡皮公司，年生产能力为运动鞋80万双和三角机器轮胎60万吋；天津兴业橡皮公司生产汽车内胎、自行车内外胎、人力车内外胎和机器轮胎，但没有原料，基本没有形成规模化的生产。②

因此，七七事变后天津的橡胶业继续被日资垄断，出于战争的需要扩大生产规模，增加产品种类，但是华资橡胶业则在夹缝中生存，技术设备简陋，规模较小，并且部分工厂依靠在日系工厂工作的职工的经历

---

① 《橡胶——天津的新兴工业》，《工业月刊》1948年第5卷第10期，第20页。
② 李洛之、聂汤谷：《天津的经济地位》，第338、343页。

和经验，进行模仿性生产，从生产品种和规模上仍然无力与日资企业相比。

第四节 火柴业

天津的火柴业，是天津近代纺织、面粉、地毯、精盐、制碱、火柴等六大工业行业之一，占有重要地位。1886年吴懋鼎集资设立的天津自来火公司，资本1.5万两，1887年开工生产，1891年失火烧毁后，又招股建立新厂，资本金4.5万两，这是天津最早的火柴厂。[①] 1909年民资北洋火柴公司成立，1919年设立了北洋二厂，20世纪30年代的资本额达到33万元。1910年天津华昌火柴公司成立，1918年与北京丹凤火柴公司合并成立丹华公司，分设丹华第一厂（丹华北平厂）、丹华第二厂（丹华津厂），1919年后新招股金70万元，共计120万元，收买了辽宁安东锯木厂，改组为丹华东厂，发展成为华北地区规模最大的火柴厂。1928年又有华商设立了荣昌火柴厂，资本2万元。除了华商火柴厂外，日商也染指天津的火柴业。1919年日商在天津设立东亚火柴厂，翌年中日商人合办了中华火柴厂，实收资本40万元，但中方投资仅为两三万元，1923年该厂收购了经营不善的东亚火柴厂，设立中华二厂，1928年后中华火柴厂各厂相继停业，1933年出租给华商经营改名为大生火柴厂，资本额达40万元。1926年，日本人开办了三友火柴厂。1930年因为金贵银贱的影响，丹华、北洋火柴公司一度停工，荣昌火柴厂也出让给丹华火柴公司，而日本工厂因为抵制日货一度停产。为了解决火柴业的困境，1936年2月中日组建了中华全国火柴产销联营社，对于中日各厂的产销进行了限定，其中丹华津厂年产量为52000箱，大生火柴厂49000箱，北洋公司19000箱，日商的三友火柴厂16000箱。[②] 到七七事变前，在天津各火柴厂中，

[①] 曲振明：《吴调卿与天津自来火公司》，中国人民政治协商会议天津市河西区委员会文史资料委员会编《河西文史资料选辑》第五辑，中国文史出版社，2004，第83~85页；万新平：《天津早期近代工业初探》，刘志强、张利民主编《天津史研究论文选辑》，天津古籍出版社，2009，第655~656页；许桢：《汇丰买办吴调卿与天津早期现代化》，张利民主编《城市史研究》第26辑，天津社会科学院出版社，2010，第207~208页。

[②] 天津市档案馆编《近代以来天津城市化进程实录》，第281页。

丹华公司的规模最大，北洋次之，大生再次之，但营业最好的则是日商的三友，大生次之，丹华、北洋再次之。

表4-10 1934年天津的火柴工厂一览

厂名	性质	资本	员工(人)		资本(万元)		月产量(箱)	
			职工	工人	固定	流动	硫化磷火柴	安全火柴
北洋第一厂	中	33万元	22	543	205000	209500	约2000	—
丹华津厂	中	25万元	40	1100	184000	475000	约3429	约35
大生火柴厂	中日	40万日元	28	450	155000	386000	约3000	
荣昌火柴厂	中	2万元	20	270	10000	12000	约546	
三友火柴厂	日	2万日元	11	256	6600	23000	约1500	

资料来源：根据王达的《天津之火柴工业》（《实业统计》1934年第2卷第6期）第83、85页的表格改编而成。

七七事变后，中华全国火柴联营社业务停顿，华商各火柴厂停工。为了垄断火柴产业，1939年2月日方决定恢复中华全国火柴联营社，把联营社总社从上海迁到天津，并在天津（管辖华北区）、青岛（管辖鲁豫区）、上海（管辖华中区）设立分社，各分社下设支社，目的是"调节生产专卖，以期分配之均衡，提供一半消费者以最公正价格之商品"。① 日方要求伪华北临时政府、伪维新政府管辖下的各火柴厂加入伪联营社，生产方面仍然按照事变前分产合销的办法处理，并且威胁华商火柴厂不加入者一律对其工厂实行军事管理。② 最终，华商各厂不得不加入伪联营社。伪中华全国火柴联营社成立后，加入该社的有华商55家，日商8家，中日合办1家。③ 在鲁豫地区共有35家，其中日资6家，中日合办1家，华

---

① 中国第二历史档案馆编《中华民国史档案资料汇编（第五辑第二编）——财政经济（三）》，江苏古籍出版社，1997，第193页。
② 居之芬主编《日本对华北经济的掠夺和统制——华北沦陷区资料选编》，第709~710页。
③ 陈歆文编著《中国近代化学工业史（1960~1949）》，第119页；火柴厂总数参见中国第二历史档案馆编《中华民国史档案资料汇编（第五辑第二编）——财政经济（三）》，第193页。

资 28 家；华北地区共 9 家，日资 2 家，华资 7 家。①

火柴既是日用品，也属于战争物资，伪联营社首先限定各厂的产量，从生产数量上实行统制，如 1939 年生产限额为：鲁豫地区 388740 箱，华中地区 280188 箱，华北地区 179379 箱。② 各分社派出驻厂查核员进驻各厂监督，这些查核员全由日本人充任，监督各厂的生产数量和销售。

表 4-11 伪中华全国火柴联营社华北区（天津分社）各工厂基本生产量（1939 年 12 月）

地区	厂名	国籍	规定年度产量（箱）
天津	大生火柴工厂	中	2762
	天津丹华火柴厂	中	36677
	北洋火柴工厂	中	19541
	荣昌火柴工厂	中	2195
	三友洋行工厂	日	14133
	中华磷寸会社	日	41436
北京	北平丹华火柴厂	中	29895
	厚生火柴工厂	中	3240
泊头	永华火柴工厂	中	20452
合计			170331

资料来源：中国第二历史档案馆编《中华民国史档案资料汇编（第五辑第二编）——财政经济（三）》，第 194 页。

为了防止火柴大量流失到抗日根据地，伪联营社在火柴的销售上实行集中发卖制度，即各支社与经销店建立合同，由经销店缴付一定数目的保证金，按议定区域经销，给以 3% 的佣金。伪联营社对火柴的批发价格也进行了统制，规定硫化火柴：天津工厂制造的 95 支火柴价格每箱 49.5 元，青岛工厂的每箱 48.5 元，北京、泊头、济南各厂火柴在此基础上另外计算运费；硫化火柴分为 5 级，每低一级减价 0.3 元；对于安全火柴，天津、青岛制造的火柴，扁盒每箱 50.66 元，中盒每箱 79.42 元，小盒每

---

① 中国第二历史档案馆编《中华民国史档案资料汇编（第五辑第二编）财政经济（三）》，第 194 页。
② 中国第二历史档案馆编《中华民国史档案资料汇编（第五辑第二编）财政经济（三）》，第 196~197 页。

箱57.91元。在这种批发价格的分配上，生产的工厂可获利15%，各地火柴批发商获利3%。① 分社有权随时派人到各经销店查点存货，查核售价与账册，如有不按伪联营社规定的销区及价格销售的，则取消其经销合同，以杜绝火柴流入抗日根据地。② 此外，日方对于零售价格也进行了统制，1940年11月14日颁布的《华北区火柴运费标准及分销零售限价暂行办法》规定，硫化磷火柴每包（十小盒）以国币一角五分为限，安全火柴每包以国币二角为限，并规定"各地火柴联营分社或支社，得于必要时，设立直接零售处，按公定价格直接销售于用户"。③ 伪联营社不仅通过各地分社控制了各地火柴的产销，由于火柴所需的氯酸钾可以用作炸药，因此对制造火柴的主要原料氯酸钾采取集中采购、统一分配。沦陷区各厂所需氯酸钾原来多数由日本"盐酸加里（氯酸钾）配给组合"供应，少数由各厂自行购买，1940年2月旋又决定改由总社统一向日本购买，然后按照各厂生产比率分配使用，各厂不得自行订购或高价购买。

在这样的统制下，天津的各火柴厂是以上一个月的总产量定下一个月的总产量，按照议定的比例分配各厂的产量，按照议定的价格（标准成本加5%的利润）由联营社收购，然后转给天津或其他地区的商家出卖，不允许各厂直接售卖，重要的原料也由联营社配给。④ 1939年，日本人强行收回租给华商经营的大生火柴厂，恢复了中华火柴厂的厂名，这样天津日商的火柴厂恢复到过去的两家。中华火柴厂还代管了在山西被军事管理的西北、爕和、昆仑三家火柴厂。1938年，天津丹华津厂、北洋、荣昌、大生、中华、三友6个火柴厂生产量为62250百罗，比1926年生产量几乎增长了1倍，超过1938年生产限制量62231百罗。这是因为山东、山西的火柴业受到战争影响，为天津火柴业的发展提供了机会，但是就其生产能力而言，其实际产量仅占其生产能力的27%。⑤ 1939年，天津

---

① 中国第二历史档案馆编《中华民国史档案资料汇编（第五辑第二编）财政经济（三）》，第193页。
② 青岛市工商行政管理局史料组编《中国民族火柴工业》，中华书局，1963，第127页。
③ 《华北区火柴运费标准及分销零售限价暂行办法》，华北政务委员会政务厅情报局：《华北政务委员会公报》1940年第37～42期。
④ 参见天津市档案馆编《近代以来天津城市化进程实录》，第281页。
⑤ 李洛之、聂汤谷：《天津的经济地位》，第185页。

各火柴厂生产总量为116845大箱。就整个华北地区而言，参加伪联营社的火柴厂，1939~1940年平均月产火柴38000多箱，较1937年平均月产量下降了20%，1943~1944年平均月产14000多箱，较1937年下降了70%。①

太平洋战争爆发后，日本加强对各类物资的统制。伪联营社呈请兴亚院华北联络部和日本驻北京大使馆，自1941年起将所有火柴原料（各种化学原料及木材、纸张等）全部划归伪联营社统一配给，并规定非经联营社允许不得将原料售卖或转让，违者将暂时或永久停止配给。② 1943年以后，由于原料供应短缺，各厂纷纷减产，最后不得不在华北地区实行火柴配售。③ 伪联营社将火柴分配给经销店组合和分销点组合，然后通过安清道义会、合作社联合会、华商杂谷组合、日商杂谷组合等，分配给零售店，再由各地区、保、乡公所配给消费者。随着原料日渐缺乏，尤其是化学原料奇缺，日伪政权领导下的伪联营社只配给各厂极少的化学原料，对产品实行统收；并削减产量，到1944年开始按照华北各省人口数量，以每人每天使用三支火柴计算，确定整个华北地区年产火柴24万箱，其中民用194000箱，军用16000箱，用作交换品的30000箱。此时，火柴改用硫黄制造，各地工厂制造的火柴都取消了牌号、等级，完全按一个价目搭配。④ 于是，天津各火柴厂或减产，或倒闭，生产量急剧下降。到1944年华北地区各华商火柴厂仅生产火柴16.8万箱，是1937年的30%。⑤ 天津的日资火柴厂也不例外，中华火柴厂实际月产1500单箱，为其设备产能的60%。⑥

综上所述，日本为了实现对火柴业统制，强制华资火柴工厂加入伪中华全国火柴联营社，并通过伪中华全国火柴联营社控制火柴的生产、销售、价格等。太平洋战争爆发后，日伪当局对火柴业的统制进一步强化，统制扩展到原料、生产和市场配售等各个环节。日本占领下的天津火柴业，由于原料不足和产量定额等，基本处于低产维持的状况，生产规模远远没有达到抗战前的水平。

---

① 青岛市工商行政管理局史料组编《中国民族火柴工业》，第130页。
② 青岛市工商行政管理局史料组编《中国民族火柴工业》，第128页。
③ 天津市档案馆编《近代以来天津城市化进程实录》，第281页。
④ 青岛市工商行政管理局史料组编《中国民族火柴工业》，第131页。
⑤ 转引自许涤新等《中国资本主义发展史》第3卷，人民出版社，1993，第444页。
⑥ 李洛之、聂汤谷：《天津的经济地位》，第341页。

第五节 造纸业

天津的造纸业兴起于第一次世界大战期间,1914年华商创办了北洋大成造纸厂,资本金200万元,机制粗细纸张;1918年华商又创办了河北久利造纸厂,资本金59万元,机制各种洋纸,[1] 这两个工厂因为经营不善,湮没无闻。第一次世界大战后,天津造纸业迎来了黄金时代。1921年,华商创设了北方、权利、会文、利用等工厂,利用稻草制作草纸、手纸;[2] 在这四个工厂中,北方造纸厂资本金最多,为2000元,权利造纸厂的资本金仅800元。[3] 1922年,振华机器造纸公司在天津创办,造纸厂1923年投产,资本金50万元,用稻草制造草版纸,该厂为当时华北地区唯一的版纸生产企业。但是,该厂经营一年半就陷入瘫痪困境,1926年出租给上海竟成造纸厂,作为竟成造纸厂的二厂,[4] 1931年年产版纸2000吨,[5] 1931年竟成造纸厂退租后,再次出租后更名为余记造纸厂,[6] 1932年开始营业,[7] 1935年版纸年产量4500吨,工人约200人,[8] 到1937年余记造纸厂资本金减为10.5万元,年产版纸2000吨。[9] 1931年,北京的王佐臣联合天津商人接办了源兴电报纸条厂,改名为新成机器造纸厂,资本金60万元,该厂以废纸为原料制造29种纸张,1935年该厂日产5吨纸张,雇用工人五六十名,[10] 1936年年产量为200吨,工人有

---

[1] 黄绍绪、江铁、周建人等编《重编日用百科全书(中册)》,商务印书馆,1934,第3354~3356页。
[2] 陈歆文编著《中国近代化学工业史(1960~1949)》,第147页。
[3] 年鉴编纂委员会:《中国经济年鉴》第3编第11章"工业",商务印书馆,1936,第L114页。
[4] 唐凌阁:《中国机器纸业调查》,《科学》1926年第11卷第3期,第294页。
[5] 天津市档案馆编《近代以来天津城市化进程实录》,第222页。
[6] 部分材料将之称为"裕记造纸厂"。
[7] 宁立人:《天津振华造纸厂的变迁》,《天津文史资料选辑》第6辑,1979,第153~158页。
[8] 上海社会科学院经济研究所、轻工业发展战略研究中心编《中国近代造纸工业史》,上海社会科学院出版社,1989,第107页。
[9] 《河北省动力工厂统计表》,《实业部月刊》1937年第2卷第2期,第247页。
[10] 《工业调查:天津的造纸工业(1935年4月23日)》,天津市地方志编修委员会办公室、天津图书馆编《〈益世报〉天津资料点校汇编(三)》,第376~378页。

44人。① 1934年天津商人创办了肇兴纸厂,以稻草制造草版纸,资本金不及余记的1/5,全厂职工五六十人,这是华北第二家版纸厂。② 到1935年,天津的造纸业在华北地区首屈一指,形成近代天津工业的支柱行业,共有振华余记机制纸版厂、肇兴机器造纸厂、新成机器造纸厂、北方造纸厂、会文造纸厂、权利造纸厂、利用造纸厂等7家企业,③ 其中振华余记、肇兴以稻草为原料生产版纸,是真正用原料造纸的工厂,而其他5家厂都是以废纸为原料造纸。④ 1936年,日本满洲事情案内所的《北支经济事情》记载,天津有北洋大成、河北久利、余记三大造纸厂,北洋大成造纸厂资本200万元,河北久利造纸厂资本50万元,余记造纸厂即原来的振华机器造纸厂资本50万元,年产版纸4500吨。⑤

七七事变后,华北地区的8个造纸厂中4个被日本人抢占,天津的振华余记、新成两厂仍能继续经营。余记造纸厂退租后,由振华造纸厂收回自营,半年后日本的三井、三菱会社派人来厂要求合作,提出的条件是:双方投资按百分比分配,振华造纸厂全部产值为49%,日方提付现款,份额为51%,由三井、三菱会社派员接管,振华造纸厂厂方则以搪塞拖延应对。在日本商社的威逼下,振华造纸厂1940年聘任日本人神初与一为顾问,摆脱了三井、三菱会社的纠缠,业务开始好转。从1941年起,振华造纸厂自日本购置设施,对原有的版纸机进行改革并添加了辅助设备,又添置了薄纸机两台,生产牛皮纸、油毡纸,扩大生产能力,日产能力由十四五吨增至二十四五吨。⑥ 新成造纸厂靠破碎布头、纸浆、桑布为原料,维持生产。太平洋战争爆发后纸张短缺,促使天津商人投资设立造纸厂,工厂数量一度达到19家。这些造纸厂,一般规模较小,设备不全,

---

① 上海社会科学院经济研究所、轻工业发展战略研究中心编《中国近代造纸工业史》,第148页。
② 《工业调查:天津的造纸工业(1935年4月9日)》,天津市地方志编修委员会办公室、天津图书馆编《〈益世报〉天津资料点校汇编(三)》,第374~376页。
③ 《国内外贸易消息》,《国际贸易导报》1935年第4期。
④ 《工业调查:天津的造纸工业(1935年4月9日)》,天津市地方志编修委员会办公室、天津图书馆编《〈益世报〉天津资料点校汇编(三)》,第376页。
⑤ 〔日〕满洲事情案内所:《北支那经济事情》,1936,第63页。
⑥ 〔日〕宁立人:《天津振华造纸厂的变迁》,《天津文史资料选辑》第6辑,1979,第159~162页。

技术不高，只有星星造纸厂装备有多缸多网造纸机1台，其他工厂只安装了1台单缸圆网造纸机。但海运停滞、物资紧缺，使得规模小的造纸厂难以为继，随开随停，如远大、祥泰等因产品低劣而倒闭，春光因营业不振而关门，华北纸厂因纸浆供应不足而转手租予中兴纸厂，大陆造纸厂也因纸浆供应不足而夭折。①

天津沦陷前后，日本设立了3家造纸厂。日商小楠洋行的小楠造纸厂创办于1939年，只有两架旧机器；② 日商兴亚洋行的兴亚造纸厂规模也较小，两厂年生产能力约600吨。③ 东洋制纸会社是华北地区规模最大的造纸厂，是造纸业的垄断者。该厂创办于1936年9月，资本金1000万日元，七七事变后又接受了野村会社的资本，进而取得"国策特权公司"的资格。东洋制纸会社天津工厂改进造纸方法，以白河上游胜芳的芦苇为原料，获得了胜芳附近主要产芦苇区的采伐权、租用权，每年采掠芦苇25000吨，并与三菱商事会社订立5年合同，每年由其提供共计15万石的福建木材，还获得了东北木材原料，年生产量为15000吨，占中国沦陷区日本造纸工厂总生产能力的61%，是名副其实的国策会社。

表4-12　日本投降前在天津的造纸工业一览

厂名	员工		产品	生产状况	
	职员	工人		月产能力	月产实际
东洋制纸工业株式会社	248	658	纸	250万磅	70万磅
东洋加工纸工业会社	9	30	壁纸、隔断纸	3.6万磅	1.2万磅
协和制纸工厂	12	142	草纸 Manilla Ball	0.9万刀 450万磅	1万刀 0万磅
同和河北工厂	4	21	段Ball 不燃板	15吨 6000张	0 0

资料来源：李洛之、聂汤谷《天津的经济地位》，第353页。

---

① 张钰甡：《天津造纸行业史略》，《天津工商史料丛刊》第一辑，1983，第58~63、65~66页。该书提及的小南造纸厂，应为小楠造纸厂，疑为笔误。
② 李儒铨：《造纸二厂五十年》，《天津河北文史》第4辑，1990，第109页。
③ 上海社会科学院经济研究所、轻工业发展战略研究中心编《中国近代造纸工业史》，第165、195页。

第六节　制革业

　　天津是华北和西北地区皮毛的集散地，也是中国最主要的皮毛出口口岸，大量的皮毛从天津出口国外。皮毛的集中和出口也带来制革等行业的兴起。比如天津最早使用动力的就是服务于皮毛出口的打包行业。1898年吴懋鼎在天津设立北洋硝皮厂，经过长期筹建，1908年开工生产，这是我国机器制革业的开端，1927年因管理不善长期停业。1915年在天津出现了第二家新式皮革厂——华北硝皮厂，1917年投产运行，1937年资本增加到30万元，专产法兰皮、花旗皮和两色皮。[1] 1918年，出现了中日合办的裕津制革厂，该厂原名韦良硝皮厂，本为法国人创办，后经营不善售与日商大仓会社，成为中日合办工厂，而事实上工厂掌握在日本人手中，[2] 1928年裕津制革厂的资本达到了35万元，[3] 雇用工人百名，年产底皮4000担。[4] 但到了1934年因为原料不足而停产。[5] 1921年天津一大制革公司成立，资本金40万元，实收20万元，1926年由于经营不善而停业。

　　20世纪30年代，天津制革业进入黄金时代。1931年统计天津有新式制革厂11家，以裕津为最大，华北、鸿记次之。裕津厂产量占天津皮革产量半数以上，主要产品有花旗、法兰、箱皮、马具皮等。华北厂在天津是华商经营的最大规模皮革厂，资本金1万余元，1929年资本金增到20万元，最高时年营业额达到60万元，工人90多人，职员十余人，初期以马皮为主，年产约2万张，后来专心研制花旗、法兰两种皮革，产品销往天津、北京、张家口、营口、吉林、奉天一带，[6] 到1931年底，年产底

---

[1] 杨健英：《天津制革工业及其工业公会》，《天津工商史料丛刊》第七辑，1987，第169~170页。
[2] 陈真：《中国近代工业史资料》第4辑，第624页。
[3] 〔日〕《京津の列国利権及び邦人経営の事業》，《中外商业新报》1928年5月17日。
[4] 天津市档案馆编《近代以来天津城市化进程实录》，第223页。
[5] 杨健英：《天津制革工业及其工业公会》，《天津工商史料丛刊》第七辑，1987，第168~169页。
[6] 国立中山大学化学工业考察团调查：《中国化学工业调查》，国立中山大学出版部，1933，第57页。

皮2500担。① 鸿记建于20世纪30年代，是唯一出产鹿皮的工厂，主要有花旗、法兰、鹿皮3种产品，是天津的名牌产品。② 天津的恒力硝皮厂，资本3000元，机械不多，但是制作面皮精良享誉天津，可以与进口货相媲美。③ 利生厂是中国第一家皮革制球工厂，该厂从制革开始，自己缝制篮球、足球等皮制球类产品，后逐步增设木工部、制革部、制弦部、营业部，是中国体育用品制造业中规模最大的工厂。此外天津还有皮作坊三四十家，主要集中在西南城角、太平庄、南开大街、南大道、华家场一带。④ 20世纪30年代初期，又有数家制革厂设立，如得力生和德发源制革工厂，但规模很小，资本为2000元和5000元。到1937年七七事变前，包括机器制革厂与手工制革厂在内，天津的大小制革厂共有60多家。⑤

表4-13 1931年天津新式制革厂概况

名称	资本（元）	设立年份	出品数量	工人数
裕 津	500000	1918	3000 担	
华 北	200000	1915	12000 张	45
鸿 记	100000	1920	7000 张	37
万盛和	80000	1923		
恒 利	70000	1922	1500 张	24
中 亚	50000	1923	4000 张	22
祥 茂	30000			
荣 记	10000	1920	3000 张	14
利 生			各种球类	30
长 记	10000	1926	3000 张	17

资料来源：陈真：《中国近代工业史资料》第4辑，第623页；陈歆文编著《中国近代化学工业史（1960~1949）》，第139页；《全国资本五万以上制革厂调查》，申报年鉴社编辑《申报年鉴1934》，申报馆特种发行部，1934，第703页。

① 天津市档案馆编《近代以来天津城市化进程实录》，第223页。
② 陈真：《中国近代工业史资料》第4辑，第624页。
③ 国立中山大学化学工业考察团调查：《中国化学工业调查》，国立中山大学出版部，1933，第60页。
④ 陈真：《中国近代工业史资料》第4辑，第621、623页；陈歆文编著《中国近代化学工业史（1960~1949）》，第139、140页。
⑤ 杨健英：《天津制革工业及其工业公会》，《天津工商史料丛刊》第七辑，1987，第170页。

七七事变后，日商钟渊公大株式会社开始在天津涉足制革业。钟渊公大株式会社购买了长期停业的北洋硝皮厂，更名为公大天津皮革厂（也称公大第一制革厂），① 创办时资本额 40 万日元，② 1942 年前资本额为 700 万日元③，1945 年公大天津皮革厂投资额为 2057 万日元，其中固定资本、流动资本分别为 137 万日元、1920 万日元。④ 1941 年，日商公大会社又购买了长期停工的天津一大制革公司，更名为华北皮革株式会社天津工厂（又名新华北制革厂），⑤ 1945 年前月产底皮、面皮 2800 张，实际产量为 1400 张，开工率大约达到一半。⑥ 日本商人还千方百计地想吞并华北制革公司，日商的洋行、公大制革株式会社、神荣公司等先后威逼利诱华北制革公司，企图强行购买其厂房、机器，强购不成改为加入股本，企图将华北制革厂变成中日合办工厂，被拒绝后又提出租用的要求。万般无奈，华北制革公司将机器设备拆下隐藏，将厂房租给德商洋行，只留下一小部分机器维持生产。⑦

天津沦陷初期，日伪当局对生皮控制不太严格，天津的华商皮革厂从本地、河北、山东、河南等地购入原料，尚能维持生产。1939 年，日本人成立了华北原皮协会（后改为皮革加工统制协会），80% 的生皮归日本军用，剩下的 20% 为协会垄断，各厂需入股才能分配生皮。⑧ 天津制革业

---

① 周乃庚、李威仪、叶茂荣：《天津机器制革业及华北制革厂》，《天津文史资料选辑》第 31 辑，1985，第 189 页。
② 〔日〕日本商工会議所編《北・中支に於ける事変前工業と其の復興状況》，《東亞経済資料》12，日本商工会議所，1939～1940，第 96 页。
③ 柯绛、杨立：《1942 年前日本在华工矿业资产之调查统计》，《民国档案》1991 年第 2 期，第 50 页。
④ 李洛之、聂汤谷：《天津的经济地位》，南开大学出版社，1994，第 337 页。
⑤ 天津市档案馆编《近代以来天津城市化进程实录》，第 279 页；周乃庚、李威仪、叶茂荣：《天津机器制革业及华北制革厂》，中国人民政治协商会议天津市委员会文史资料研究委员会编《天津文史资料选辑》第 31 辑，天津人民出版社，1985，第 190 页。
⑥ 李洛之、聂汤谷：《天津的经济地位》，第 341 页。
⑦ 周乃庚、李威仪、叶茂荣：《天津机器制革业及华北制革厂》，《天津文史资料选辑》第 31 辑，第 194 页。
⑧ 周乃庚、李威仪、叶茂荣：《天津机器制革业及华北制革厂》，《天津文史资料选辑》第 31 辑，第 194 页。

工业公会会长王晋生带头抵制，天津其他会员也纷纷效仿。① 1941年后，皮革被日伪当局列入军用物资，属于统制性产品，开始对各制革厂实行原料定额配给，一律只配给牛头尾皮，其数量不及成品的1/10，产品全部收归军用，于是各工厂生产时停时开。比如天津华北制革厂事变前有120多人，每天可制皮百余张，而此时原料配给极少，每日只能得到三四套零件的"配给"（每套零件为牛头、牛尾各1只，牛足4个），无奈只好仅留一小部分机器，其余厂房设备变卖出租，改行靠织牛毛鞋里或布线袜子勉强生存。其他华商制革厂生产基本停顿。② 另外，日军还以军需品等名目强迫皮革厂为其生产，或者对其设备和产品强行没收。比如"亨利皮件厂建立于1937年2月，1939年11月天津日本军需品商会日人名松好道者迫令承做挽马缰等物，复令工厂全部家具须交日本军需品商会接收"，由于工厂主没有应允，数日后开来汽车，"将民工厂之全部家具23种及皮革1808件强行没收"。③

太平洋战争爆发后，日方加强了对皮革业的控制。1943年9月15日，为了实现华北皮毛一元化统制，日伪当局命令成立华北皮毛统制协会，由"在华北现有之经营商号以兽毛、原皮之收买、加工、配给、输出入为营业者，或同等团体，或有特别情形而经理事会决议并经监督官厅承认者，或监督官厅制定者"组成，负责皮毛的收买、加工、配给、输出入之事业。该协会在北京设立总部，在"必要地区"设置支部或出张所，进而对皮毛的收购和配给实行严格的统制。④ 在华北皮毛统制协会的业务范围内规定，只能在北京、天津、青岛、济南、开封、石门地区收买皮毛，收买方以原来曾经由军方指定的人员为主，然后派遣一定数量的日本人、华人协助进行；⑤ 在皮毛的配给方面，计划"将各地现有加工业

---

① 杨健英：《天津制革工业及其工业公会》，《天津工商史料丛刊》第七辑，1987，第180页。
② 陈真：《中国近代工业史资料》第2辑，第448~449页。
③ 北京市档案馆编《日本侵华罪行实证——河北、平津地区敌人罪行调查档案选辑》，第361页。
④ 天津市档案馆、天津社会科学院历史研究所、天津市工商业联合会：《天津商会档案汇编（1937~1945）》，第811~812页。
⑤ 《华北皮毛统制协会业务概况》，《华北纤维汇报》1943年第1号，第25~26页。

者"进行整理统合,将现有的组合或公会等统制机构作为华北皮毛统制协会的配给机构。① 1943年的《毛革类搜集促进要纲》规定,华北皮毛为军事物资,不允许自由加工,为此对市面皮毛进行强制收买,"库存品除使所有者至华北皮毛统制协会登记外,并须令由该协会收买之"。② 在这样严苛的统制下,加之出产皮毛的本来就是贫瘠地区,日伪军的蹂躏,交通受阻,致使皮毛难以运到天津,无论日商的制革厂,还是华资的制革厂均不得不停产,或者改为他业。

第七节 染料业

天津的染料工业十分薄弱,土布和丝绸所用的染料多依赖进口。织布和印染业的发展,促使一些商人投资建立染料厂。1918年前后建立的集粹染料公司是天津最早的染料企业,但资本小,规模有限。1930年代以后天津出现兴建染料厂的高潮,1930年天津商人张书泉在老北开开办了一家生产合成染料的工厂——久兴颜料化学厂,创办时资本1万元,后增资至15万元,该厂主要用日本的中间体二硝基氯苯生产硫化青、硫化膏,1936年日产140~150桶染料(每桶110余斤),工人60余人,1936年夏天因为黑色燃料滞销而暂停生产。宝星颜料厂成立于1933年底,使用国产硫黄为原料,1934年后硫化青跌价,硫黄昂贵,造成工厂亏损,1936年初停工。1934年杨佩卿在天津拉萨道开办了裕东化工厂,制造靛蓝、天然天蓝、盐基杏黄等,成为天津自产自销的手工业厂家。③ 此外,还有裕兴泰颜料行创办的裕兴颜料厂,也因为原料硫黄昂贵而停工。

日本对于与军事工业有密切关系的硫化染料工业非常重视,1930

---

① 《华北皮毛统制协会民国三十三年度事业计划》,《华北纤维汇报》1944年第5号,第48页。
② 田苏苏、李翠艳主编《日本侵略华北罪行档案1:损失调查》,河北人民出版社,2005,第377~378页。
③ 李振江、宋福中、毕敬生:《天津染料工业发展概况》,《天津工商史料丛刊》第二辑,1984,第14~15页;年鉴编纂委员会编纂《中国经济年鉴》第3编第11章"工业",商务印书馆,1936,第L93页。

年代后开始在天津设立工厂。据1935年3月出版的《满铁调查月报》报道，日商在天津已经建立2个染料厂，其中福光工厂日产300桶粉末状硫化青；大清洋行染料厂月产400樽粉末状硫化青；坐落在杨庄子的维新化学工业公司天津工厂，资本35万元，除了生产化工产品外，也生产染料，年产4万桶。正在计划筹建的有，大和化学染料厂，筹资4万元，计划年产6000到1万桶硫化青，工厂设在日租界；金山工场生产硫化青和月产3000元左右的配合燃料；此外，还有德商德孚洋行开设的工厂。① 据1936年出版的《日本对华投资》一书记载，日本在天津共建成3个染料厂：维新化学工艺社，资本金35万日元，生产硫化染料，以及天津工业公司和大和化学染料厂，其产量为5000桶和1.8万桶。②

1937年七七事变后，日本中断了中间体的供应，1938年裕兴和裕东染料厂相继倒闭。③ 1938年，在日本政府的鼓励下，日本的帝国燃料公司通过三井财团的资助创办了天津维新染料厂，建厂过程得到了青岛日商维新染料厂的技术、人员帮助，生产硫化青染料。大清化学工厂，主要拼装硫化青。④ 这两个厂成为天津染料行业的主要生产企业。在抗战期间，整个华北地区共有染料厂15个，其中天津有6个工厂，其余分布在济南、潍坊和青岛，华北每年硫化青总需要量为5万桶（每桶100斤），天津生产约3万桶，济南等地生产约1万桶。其中维新化学青岛工场和天津工场是华北地区染料的主要生产企业，年产硫化青240万斤、硫化碱2800吨，销往河北、山西两省，由天津三菱商事会社包销。⑤

---

① 年鉴编纂委员会编纂《中国经济年鉴》第3编第11章"工业"，商务印书馆，1936，第L93页；参见李洛之、聂汤谷《天津的经济地位》，第69~70页。
② 樋口弘：《日本对华投资》，北京编译社译，商务印书馆，1959，第58页。
③ 李振江、宋福中、毕敬生：《天津染料工业发展概况》，《天津工商史料丛刊》第二辑，1984，第14~15页；谢佑庆：《天津化学染料工业及其同业公会》，《天津工商史料丛刊》第八辑，1988，第86~87页；曹振宇编著《中国染料工业史》，中国轻工业出版社，2009，第71页。
④ 陈歆文编著《中国近代化学工业史（1960~1949）》，第197页。
⑤ 余孟杰：《沦陷期间华北化学工业之状况》，《科学时报》1946年第12期，第21页。

表 4-14 抗战时期华北的染料厂一览

地区	厂名	设立年份	资本(元)	生产力	其他
天津	福美染料工厂	1935	10000	年产硫化青 540000 吨	日本私人资本
	大清化学工厂	1936	25000	月产硫化青 2000 桶	合资
	大和化学染料厂	1935	40000	日产硫化青 2500 斤	合资
	维新化学天津工厂	1937	1000000 日元	年产硫化青 400 万斤 年产硫化碱 2800 吨	日资,帝染系
	中国有机染料厂	1935	1000000 日元	年产硫化青 1500000 斤	停业中
青岛	维新化学工艺社	1933	1000000	年产硫化青 16000 箱	日资,帝染系
	中国染料公司	1929	200000	年产硫化青 8500 箱	股份公司
	中国正业化学染料厂	1931	100000	年产硫化青 3000 箱	合资
潍坊	裕鲁染料公司	1924	100000	年产硫化青 1000000 斤	股份公司
	华德染料厂	1933	200000	年产硫化青 1200000 斤	合资
济南	裕兴染料公司	1922	200000	年产硫化青 18000 箱	股份公司
	天丰染料厂	1933	500000	年产硫化青 400000 斤	合资
	振华染料厂	1931	500000	年产硫化青 7000 箱	合资
	华丰染料厂	1932	300000	年产硫化青 400000 斤	合资

注：1 箱 = 1 桶 = 100 斤
资料来源：余孟杰《沦陷期间华北化学工业之状况》,《科学时报》1946 年第 12 期,第 22 页。

在日本投降前夕,各染料厂开工严重不足。日本的维新化学天津工厂,月产硫化青 2 万斤,仅为其设备产能的一成；大清化学工厂,硫化青设备产能为 90 吨/月,实际年产为 10 吨；福美津工厂,实际月产硫化青 4500 公斤,为其设备产能的 12%。①

---

① 李洛之、聂汤谷：《天津的经济地位》,第 341 页。

第五章　日本对交通运输和电信业的统制

　　交通运输业是指专门从事运送货物和旅客的社会生产部门，可以分为铁路、公路、海运和内河水运、航空以及港口码头等行业。在中国的近代，主要有内河航运、海运与港口码头，兴建的各条铁路，按照近代技术修筑的公路，以及新出现的航空运输。电信业，主要指近代以后出现的电报、电话。这些生产部门和行业，自出现以后迅速发展，在政治、军事和经济等各个领域发挥着十分重要的作用，甚至关系战局的变化、社会的稳定、城市的发展和农村的兴衰，是政府在平时和战时最为关注和控制的重要部门。

　　天津傍河临海的地理位置，使其自明清以后就是华北、西北和东北地区的交通枢纽，也是南北方经济联系的重要集散地。开埠以前，依靠海河流域各河流沟通了与华北地区的交通往来，凭借沿海运输增强了与江南地区的联系，成为北方最大的商品集散中心。开埠通商以后，轮船代替帆船，港口的建设和航路的开通，将海运扩展到国外，内河航运的方式等也有所转变；更为重要的是，铁路迅速兴起和长途汽车运营等，促使华北交通环境在全国率先发生变革，进而形成了以近代交通为主，传统交通方式为辅的交通体系。天津的港口成为连接西方和日本的口岸；津浦、京奉铁路在这里交会，并由此连接了京汉和京张，使得天津成为北方最大的铁路交通枢纽，加之近代公路的建设和内河航运的发展，大大提升了天津的政治、经济地位，在战时其战略地位尤为重要。电信业也是如此。天津是近代电报的发源地，1879年就架设了从直隶总督至大沽炮台及北塘兵营之间的电报线,这是中国最早的电报线,此后又铺设了天津至上海的电报线路;同年天津轮船招商局架设了一条从大沽码头到紫竹林的电话线。以后,随着天津政治经济地位的提高,以天津为中心主要用于外交和进出口贸易的电信网络逐步建立。

天津如此重要的地位,引起日本朝野各方的高度重视,20世纪30年代以后军政各界制定的对华北各种方针政策以及实施各项计划中,都将交通运输和电信业列为统制性行业,妄图利用和"开发"铁路,保持和"发展"海运、河运和电信业支持侵华战争,强化与日本本国以及沦陷区的联系,以达到占领全中国和维护其殖民统治的目的。

第一节 铁路

1888年唐胥铁路延伸至天津,天津成为中国第一座拥有铁路的城市,京奉、津浦、京汉和京张铁路陆续开通后,天津通过铁路"可由陆路北经满洲西伯利亚以与欧洲相接联,而南可经首都(指南京)以与亚洲商务中心之上海相接联。又平绥、平汉路及正太和大部分之运输,均赖天津集散场所,其贸易区域可远达蒙古、新疆及长江腹地"。① 在近代,华北是中国关内铁路网最密集的地区,天津则是华北地区的铁路交通枢纽。

七七事变后,华北铁路是日本侵华战争的生命线,军队调配、武器弹药的补充以及军需和战略物资的运输都要依靠铁路。日本在华北的经济政策为掠夺以煤、铁、棉花、盐为主的战略资源,也亟须铁路线路的完备和安全。伪临时政府的最高经济顾问平生釟三郎发表谈话称:"华北开发,应从铁路实施始,搬运丰富物资及开发资源,均应由铁路。"② 更重要的是,华北地区沦为殖民地后,铁路是战争中运送兵员和物资的生命线,只有铁路的畅通才有可能使其统治达到从城镇的"点"通过铁路和公路的"线",来达到对整个华北地区的"面"的殖民统治。因此,日军占领华北地区以后,就将铁路置于军队的直接管理之下。

---

① 宋蕴璞:《天津志略》第11编·交通,1931铅印本。
② 应廉耕:《整理日人经营东北华北农业资料之拟议》,《台湾统计通讯》1948年第2卷第3期,第4页。

第五章 日本对交通运输和电信业的统制

首先，设置铁路运输的统制机构。七七事变后，鉴于铁路对战争关系重大，日军所到之处立即占领铁路，实行军事管理。1937年9月日本华北方面军参谋长命令特务部长喜多诚一郎，"直接供作战用的中国方面交通、通讯机关，统由军方直接使用"。1937年10月，日本政府宣称，"在军事上必需的交通设施及资源开发，应在必要的统制下进行"。① 为此，1938年4月27日，日本军方与新成立的华北伪政权订立了所谓关于交通通信和航空的备忘录，规定，"在日军需要军事行动的期间，日军华北最高指挥官对交通通讯及航空等给予军事上必要的管理"，② 从而迫使华北伪政权承认日本军事管理铁路的事实。

为了控制铁路，七七事变后的第四天，日军就设置了山海关运输班，负责北宁铁路军事运输及电气设施，同时组织华北派遣监视员，监督、调查线路及各种施工事务，联络修复铁路事宜。战争初期，华北铁路破坏严重。据统计，1937年末华北铁路各线毁坏约7200处，约占全部铁路设施的16.8%，其中津浦线最严重，平均每公里3.1处。③ 于是，华北方面军急命满铁派员进入华北，进行紧急性修复。7月21日，满铁开始接手天津地区铁路事务，随即山海关运输班改称天津运输班，专门负责特殊运输，即军队和军需物资的运输。9月1日，撤销天津运输班，成立天津运输事务所，下设通信、电务、信号、电力四个班。原有的北宁铁路局也聘天津运输所所长为顾问，将天津运输所各班长以及属下聘为北宁铁路局处级及以下顾问，完成了对北宁线铁路的统一管理。12月1日，满铁撤销天津运输事务所成立天津铁道事务所，受1938年1月在天津成立的满铁华北事务局领导。1938年6月20日，北宁铁路局与天津铁道事务所合并，改称天津铁路局。④ 因此，战争初期满铁在军队的指挥下率先行动，几乎控制了包括天津在内的华北铁路。

---

① 〔日〕日本防衛庁防衛研修所戦史室：《華北の治安戦》，第1册，第42、44页。
② 居之芬主编《日本对华北经济的掠夺和统制——华北沦陷区资料选编》，第229页。
③ 〔日〕福田英雄编《華北の交通史：華北交通株式会社創立史小史》，ティビーエス・ブリタニカ，1983，第348－349页。
④ 罗文俊、石峻晨编《帝国主义列强侵华铁路史实》，西南交通大学出版社，1998，第519页。

但是，日本军政当局和财阀等对由满铁垄断华北铁路的状况有所顾虑，认为满铁控制华北铁路，尤其是以满铁的名义投资，会让中国人产生华北为"满洲第二"的印象，将导致中国方面的反感。而且，在1936年以后日本中国驻屯军和政府制定的各种对华北地区经济掠夺的方针政策，已经确定了十分明确的原则，如日本政府1936年1月16日公布的《处理华北纲要》决定，"对经济部门的扩展，以依靠私人资本自由渗入为原则"；① 1936年3月中国驻屯军炮制的《华北产业开发指导纲领案》也指出，重要产业建设所需的巨额资金"要依赖日本方面的积极投资"，政府"一定要特别促进财阀巨头的崛起"。② 日军侵占华北之后，其国内财阀欣喜若狂，争先恐后地涌入华北，以扩大各自的势力。1937年8月，满铁会社总裁立即以关东军顾问的身份向日本军政当局提出《华北善后处理要纲和意见书》，认为"以满铁设立三十年的传统精神、机构、财力和人力理所当然地要应用于华北"，"对产业也有多年的经验"，"以交通事业和资源开发为中心的各项华北产业开发，满铁是首当其冲的"，且满铁子公司兴中公司，如同日军的总后勤部，已经随着军队侵入各个城镇，接收和代管了日军侵占的50多个工矿企业，成为"一元化的华北经济指导的综合机关"，③ 进而表示出要全面掌控华北地区经济的意图。因此，日本军政当局重申以往的原则，继续实行鼓励日本各财阀和会社到华北投资的方针，规定新的投资方向，指导各财阀投资于战争所需的国防资源等行业。1937年华北方面军制定的《华北经济开发基本要纲案》强调，要组成一个由满铁、日本国内资本和国家投资的国策会社，来统制华北的主要产业。④ 同时，为了避免各财阀之间的矛盾，日本政府规定的方针是，"不准许一个会社对满洲和中国采取一元化的经营"。⑤ 从而打消了满铁要独占华北交通或其他产业的企图，以纠集国家和财阀的财力、物力和人力组成国策会社，对华北的重要行业和经济命脉进行有计划的统一管理，以

---

① 〔日〕《支那立案調査2-1-2》，第103~110页。
② 〔日〕《支那立案調査2-1-2》，第103~119页。
③ 〔日〕《泉山三六藏文书》第3号，日本东京大学教养学部图书馆藏。
④ 〔日〕《陸支密大日記》，1937年10月15日。
⑤ 〔日〕《现代史资料》，第9册，第60页。

第五章　日本对交通运输和电信业的统制

迅速掠取华北的重要国防资源和物资，全力为侵华战争服务。

在这种背景下，日本着手筹划组建统制铁路的机构。1937年末华北方面军特务部制定了《交通机构构成处理要纲》；1938年2月又通过了《日中合办华北铁路股份有限公司（暂称）设立要纲》，确定了设立宗旨、资金和人员组成。1938年9月，日本华北方面军司令部制定了《华北交通股份有限公司设立要纲》，经过修改后于1939年4月14日获得日本内阁通过。为了建立华北交通会社，日本华北方面军与华北伪政权进行了多次交涉，仅1938年9、10月和1939年3、4月，日军特务部长和王克敏的会谈就达33次，共65小时之多。① 1939年4月17日，华北交通会社正式成立，资本金3亿日元，其中伪华北政权仅出资3000万日元，满铁出资1.2亿日元，华北开发会社出资1.5亿日元。华北开发会社的出资全是"现物出资"，即把日军强占的华北铁路各种设施估价后作为对华北交通会社的实物投资。总部设在北京，名义上为中国法人，但是公司的重要职务均由日方担任。根据会社条款，为了统制华北交通运输，会社对铁路、汽车运输、内河水运以及上述附属事业进行投资，经伪政权许可可直营业务。华北交通会社为华北开发会社下属的子公司，属于日本统制华北的国策会社之一，它统辖华北的铁路、公路、港口、航运等全部的交通运营，也参与铁路、公路和港口的建设。就铁路运营而言，华北交通会社成立的时候，接收的机车和车辆为事变前的63%，② 华北铁路长4995公里，1940年3月末增加到5604公里，1941年3月末铁路为5295公里，1943年3月末为6009公里，1944年7月为5911公里。③ 华北交通会社在北京、天津、张家口、济南设置铁路局，负责各地实际业务。天津铁路局设立经理、营业、运输、工作、公务、电气及警务七处分管业务，主要管理北宁干线、津浦干线、石德干线、西沽支线、天津南站支线等，总里程为605916米。④ 其次，修筑铁路。日军和华北交通会社等除了对天津周边地

---

① 〔日〕福田英雄编《华北の交通史：华北交通株式会社创立史小史》，第620页。
② 《华北铁路近况》，《侨声》1939年第1卷第6期，第82页。
③ 解学诗主编《华北交通与山东、大同煤矿》，《满铁档案资料汇编》第12卷，社会科学文献出版社，2011，第201页。
④ 郑会欣：《战前及沦陷期间华北经济调查》，第451页。

区由于抗日军民和灾害造成的铁路损毁常年进行修补之外,在天津附近也进行了一些铁路新线路的调查测量与建设,以及为了便于进出口和修建塘沽新港等进行复线施工。

在七七事变前,日本就企图在华北地区修筑铁路。1935 年《何梅协定》签订后,日本打着"开发华北"的口号,设想修筑四条铁路线,包括天津至石家庄的津石铁路,计划修筑沧州到石家庄的铁路,然后与津浦铁路相连到大沽,便于战时调动军队和平时掠取内地煤炭等运往天津出口日本,达到"日本痛感有必要在华北确保一条权利属于自己的铁路"的野心。① 为此,兴中公司在中国驻屯军的支持下经过调查后拟订了《津石铁道建造计画案并参考资料》、《津石铁道主要准备材料调查书》、《津石铁道输送计画案》,以及与冀察政务委员会进行交涉的《津石铁道ニ関スル契约书》、《津石铁道ニ関スル契约书附属交换公文》、《津石铁道ニ関スル委员会与中间ノ契约书附属交换文书》等,准备投资 300 多万元建造津石铁路及井陉运煤线,冀察政务委员会根据国民政府"路不能修"的原则采取拖延的策略应对日本,最终未能实施。②

七七事变以后,日本为了掠夺山西大同的煤炭资源,计划修筑大同到天津塘沽的铁路,以扩大煤炭向日本的出口。按照日本的计划,大同煤矿年产要达到 1000 万~3000 万吨,宣化铁矿、包头的煤矿年产要达到 150 万吨,这些煤炭需要通过铁路运到天津出口。1938 年初满铁派遣专家调查大同煤矿,最后认定大同煤矿的开采受到铁路运力不足的制约,③ 尤其是平绥铁路关沟段运输能力不足,为了解决这个问题,日本决定另辟一条铁路——大塘线(大同到塘沽),计划长度为 550 公里,途经阳泉、涿鹿、门头沟、丰台、天津,其中塘沽到丰台与北宁线平行修筑双轨,沿着永定河进入察哈尔南部,然后折向大同,日本预计大塘线修成后,其运输能力要比平绥线增加三倍有余。1940 年,首先开始修筑丰台到沙城段的 105 公里线路,同时对大同(经宣化)到沙城段进行了测量,从丰台到塘

---

① 转引自谢学诗《兴中公司与"七·七事变"》,《社会科学战线》1987 年第 3 期。
② 宓汝成:《帝国主义与中国铁路 1847~1949》,上海人民出版社,1980,第 313~316 页。
③ 郑克伦:《沦陷区的交通》,《经济建设季刊》第 1 卷第 2 期,1942,第 277 页。

沽新港段则利用京山线改建复线,① 到1942年,完成第一、二期工程;②到1944年,又完成了丰台到塘沽、丰台到南仓、天津北到北塘之间的双轨铺设,还完成了南仓到天津北等路段的二线土石方和桥梁工程。③

京山线上的塘沽站（今塘沽南站）建于1888年,在站北设人字线,列车进站后首尾换项,运转不便;1889年在站南设迂回线8.2公里,拆除人字线,其线路走向由北塘经塘沽南站（原塘沽站）再到塘沽站（原新河站）沿海河形成马蹄形的套线。1940年,日本为了方便建港物资的运输,在新河修建了铁路调车场,1943年把塘沽站从京山线剔出,另建一条长3.2公里曲线连接新河站和海滩信号所,这样京山线不再绕行迂回线,干线缩短了5公里。新河到塘沽利用一部分迂回线连接到货场,改称塘沽支线,拆除迂回线剩余部分,进而使得物资运往港口更为便捷。④ 为了配合塘沽新港建设和进出口的迅捷,华北交通会社还将京山线自北京到丰台、塘沽到唐山段改成复线,⑤ 1943年完成了塘沽支线中从塘沽到新港全长9.1公里铁路的建设。⑥

除了以上修筑活动外,日本还在天津进行了一些修路活动。1940年修筑了天津北站到南货场间长8.2公里的铁路,但由于物资匮乏,到1945年8月停止修建。⑦ 日本曾计划修建天津到高碑店之间133.5公里的铁路,计划1942年11月完工,但是最终只是进行了测量。⑧ 比如1939年天津发大水,导致天津西站到安陵之间津浦线破坏,1940年在良王庄与周李庄之间的独流减河上修筑了1座长704米34孔的上承钣梁桥,在独流与静海之间的独流减河上修筑了1座长518米25孔的上承钣梁桥等。⑨

再次是扩大铁路运输能力。日本占领华北地区后,立即着手恢复铁路

---

① 金士宣、徐文述:《中国铁路发展史》,中国铁道出版社,1986,第459页。
② 郑克伦:《沦陷区的交通》,《经济建设季刊》1942年第1卷第2期,第276页。
③ 天津市地方志编修委员会办公室等编著《天津通志·铁路志》,天津社会科学院出版社,2006,第46页。
④ 天津市地方志编修委员会办公室等编著《天津通志·铁路志》,第47、61页。
⑤ 金士宣、徐文述:《中国铁路发展史》,中国铁道出版社,1986,第461页。
⑥ 朱其华主编《天津全书》,天津人民出版社,1991,第305页。
⑦ 郑会欣:《战前及沦陷期间华北经济调查》,第439页。
⑧ 郑会欣:《战前及沦陷期间华北经济调查》,第439页。
⑨ 天津市地方志编修委员会办公室等编著《天津通志·铁路志》,第54~55页。

运营，以支持战场上军队和物资的调运。1937年8月北宁铁路恢复通车，1938年4月15日津浦铁路北段（天津到蚌埠）通车，1939年1月正式运营；1938年3月津浦线南段（蚌埠到浦口）通车，同年4月与北段直接通车。① 日本计划从1938年6月起，华北铁路运输能力每半年增加一倍到一倍半，但是抗日军民的破击战使得一些路线时运时停，不断修筑。从1937年12月至1940年12月，华北铁路营运里程从1293公里增加到5943.7公里；运输货物数量也从57万吨，增加到1940年6月的210.8万吨，但是从单位运输数量来看，却从1937年12月的每百公里4460吨，下降到1940年6月的每百公里3679吨，1938年12月之后一直是呈下降的状态，说明铁路的运输效能并没有提高，反而下降，远远没有达到原来的预期目标。尤其是临近抗日根据地和游击区的铁路，运输能力低下。从各个铁路局的运输量来看，平津两铁路局占73.6%，张家口铁路局所属的平绥铁路占11.7%，而山西铁路局占0.9%，② 由此可以看出，平津两铁路局是华北铁路运输的重心所在。

铁路运输首先是特殊运输，即战场上军队调动和军需物资的补充；其次是将日本急需的煤炭、矿产品、铁矿石等运到天津港口，供给日本。因此，华北铁路的运输重点除了特殊运输外，就是煤、铁矿石、盐、矾土、棉花等战略物资，即以上述物资为主的货运占据全部运输量的大半。③ 为了保证军队和军需物资的运输，华北交通会社采取了优先货运的政策，用各种方式压制客运，具有十分强烈的掠夺华北资源的侵略本性。从1940年2月起，华北交通会社实行了《中日满货物联运办法》，根据各地物资状况，在华北设立了20余处联络站，凡属联络站向日本运输的货物，需要利用日本铁道省、通信省所属铁道航线时，无论零担或整车之货物均可自由托运，各路运输机关对于货主负有完全连带责任。比如中途转运、货物保险、代付运费等，均无须自行操劳。而运费的规定，又实行了所谓差别等级运费办法，按照货物种类、距离远近以及运输数量分别厘定其差别运费。对于日本所需资源，从

---

① 郑克伦：《沦陷区的交通》，《经济建设季刊》1942年第1卷第2期，第273~274页。
② 郑克伦：《沦陷区的交通》，《经济建设季刊》1942年第1卷第2期，第277~278页。
③ 解学诗主编《华北交通与山东、大同煤矿》，社会科学文献出版社，2011，第201页。

运费递增率来看，长距离的运输比短距离的运输有利，如山西等地的煤铁等运往天津的费用要低于运往较近的开封。① 为了增强运输能力，华北交通会社又实行了所谓的"货车增载制度"，即加大机车的牵引力，让火车超载，计划1944年的货车载重量增加二成。1941年12月7日，日本侵略者为了实施战时运输统制政策，在长春设立大陆铁道运送会议事务局，对朝鲜、伪满、华北、华中铁路实行统一控制，但效果甚微。② 在军队和各种优惠政策支撑下，华北铁路运输的货运量有较大的增长。华北交通会社1940年4月至1941年3月的货运数量，较1939~1940年增加了18%，较之于七七事变前增加了56%，其中煤炭及矿产占71%，农产品占10%，林产品占3%，水产品占3%，畜产品占1%，其他占3%，即煤铁等战略物资占据较大比例，其中煤炭较之上年增加了29%。③ 1942年货物输送数量较七七事变前增加了约80%。华北铁路的客运量也有所增加。原因是北京与东北各地的列车增加了车次，如北京—釜山列车在1940年4月为每天一列，1940年秋增加到每天两列，北京—长春、北京—沈阳的快车也每天增加了一列；另外，增开了北京至青岛、南京、开封、包头和太原等地的直达列车。这些，都增加了关内外和华北地区之间以及南方的人员往来。据华北交通会社的统计，1940年的客运量为4000余万人，较之1939年增加了36%，比七七事变前增加了115%，1943年达到了8350万人次；客运收入1939年为13360万元，1940年为21790万元，增加了63%。④

第二节　公路

在传统时期，中国道路系统是以不同等级城市相连接的驿道（也可

---

① 郑克伦：《沦陷区的交通》，《经济建设季刊》1942年第1卷第2期，第287~288页。
② 中国铁路史编辑研究中心编《中国铁路大事记（1876~1995）》，中国铁道出版社，1996，第148页。
③ 农村经济研究所：《华北政务委员会施政纪要二周年纪念》，农村经济研究所，1942，附录第9页。
④ 农村经济研究所：《华北政务委员会施政纪要二周年纪念》，农村经济研究所，1942，附录第9页；参见解学诗主编《华北交通与山东、大同煤矿》，社会科学文献出版社，2011，第202页。

称官道）组成的。在华北，以北京为中心，有官道通往省城及主要城市。天津开埠以前的官道主要通往北京、直隶省城保定以及德州和山海关等城市。此外，由于天津地势低洼，常有洪涝发生，便出现了同时具有通行和防洪双重功能的道路，就是所谓堤道、埝道和叠道，"捍水灾而利行旅"，如海河叠道、西沽叠道和海河北岸的北埝道等。随着邮传制度的衰落，旧有道路渐告失修。20世纪铁路出现以后，有的驿道改做铁路的路基，有的则变为一般性的交通商路。民国以来，近代筑路技术与汽车传入，我国道路交通随之转变，修建公路和开拓汽车运输是当时中央和地方政府的施政方针之一。近代道路最初名为汽车路，后通称公路。除了有地方政府主持修建的官办公路外，地方驻军修筑了兵工路，绅商等为了经营汽车运输也集资兴办公路，还有"以工代赈"修建的公路。[①] 天津地区第一条用近代技术修筑的公路是始建于1917年的京津公路，由于当时正处在军阀混战时期，工程拖延至1928年才全线通车。到了20世纪30年代，除了京津公路外，连接天津的有津保公路、津德公路、津盐公路、津沧公路、津宝公路以及津白公路等6条近代公路。[②]

民国初年，天津地区的公路建设和管理由直隶警察厅公路科负责，主要是使用近代技术与标准来修筑和管理可供汽车运输的公路，并于1926年成立了直隶全省汽车路管理局，管理营运道路以及汽车长途运输。[③] 1928年南京国民政府成立后，河北省建设厅将设在天津的汽车路管理局改组为河北省汽车路管理局，将设在北平的京兆国道局改组为河北省汽车路管理局分局；该局制定了《河北省修治公路条例》、《河北省修治公路征收土地章程》和《河北省修治县路乡路暂行通则》等，规范了筑路技术规定和公路管理，还统一规划了全省省路的建设。因为天津是特别市，1929年6月河北省政府由天津迁北平，将北平的分局、天津的总局改组为河北省第一、第二省路局，第一省路局设唐山办事处，第二省路局设保定、邯郸、卢沟桥办事处。1933年12月将设在天津的第二省路局并入第

[①] 中国公路交通史编审委员会：《中国公路史》第一册，第147页。
[②] 宋蕴璞：《天津志略》第11编·交通，1931铅印本，第二章，陆路。
[③] 天津市政工程局公路史编委会编《天津公路史》第1册，人民交通出版社，1988，第125页。

一省路局，设局于北平，1934年10月又改组为河北省公路局，在天津、保定等处设立办事处。① 天津的公路管理则由天津特别市工务局下设公路管理科负责。为了保证公路运输的安全和通畅，还专门设立了路警派出所。

日军侵占华北地区后，为了军队和军需物资的运输，必须保证公路的畅通，故立即加强了对公路的管理。伪中华民国临时政府于1938年4月1日组建了华北建设总署，统一管理华北地区的工务工程，负责公路、水利、港口、都市、机场的建设，也是管理华北公路交通的最高权力机构，署内设有总务、经理、公路、水利、都市等五局；另外，为了防止抗日军民的破路，还有一个庞大的武装警备队。伪建设总署分别在天津、北京等地设立了4个建设工程局，划定管辖范围。伪天津工程局负责天津市、天津县及宁河县一部分的城市工程和公路建设，管辖范围大体为北到山海关，南到沧州，东到塘沽，西北到武清县以西，包括现今天津市境与河北省部分地区。局内设置了事务、经理、公路、水利四个科，在天津、独流、塘沽分别设立了第一施工所、第二施工所、塘沽施工所和天津测候所，局内编制有局长、技监、科长、科员、技正、技士、技佐等。除了伪政权组建的公路交通管理机构外，日本还设置了一套交通机构，直接管理公路的修建和维护，保障战时的需要。华北交通会社就是具有代表性的机构之一。它不仅控制铁路、水运、航空、邮电和汽车，而且还直接插手控制公路建设事业，是一个综合性的垄断集团。

在加强管理机构的同时，日伪政权持续不断地扩建新建供作战军队和物资运输用的公路。日军占领天津后，立即着手大规模地扩建公路，以保证战场兵源和物资的供应。伪华北建设公署从1938年开始，先后制定了三个包括天津在内的华北公路整备计划。1938年制定了第一个为期十年的计划：按照正规的技术标准，计划在华北地区修建国道25条，8250公里；省道50条，9460公里。抗日军民持续不断的破

---

① 梁建章：《河北省之公路运输》，《交通杂志》1936年第1~2期，第226~227页；中央党部国民经济计划委员会主编《十年来之中国经济建设（一九二七——一九三七）》，1937，第45页。

路运动，让侵略者的计划落空，只好中途废弃。抗日战争转入持续阶段后，1939年日伪政府又制定了五年计划，主旨改为以修缮为重点，在五年内将华北地区全部已有的残毁公路通过补修与改善，以达到能够雨季通车的目的，不再强调技术标准。这个计划需要整修公路11600余公里。但整修公路的进度远不及抗日军民的破袭速度，这样的修缮计划再次中途落空。1940年日伪政府制定的第三次计划，根本没有确定具体的公路里程指标，也没有修筑的技术标准和详细的工程费用概算，只是要建成一个公路路线网，责成各省市和各地区尽其所能按期赶修，以满足其侵略的需要。①

在华北地区公路整修计划的指导下，伪天津工程局对其管辖境内的公路进行了整修。到1942年9月，在整个华北地区通过整修和新建的26条国道、52条省道中，抵达或通过天津境内的公路有国道7条（段），省道7条（段）。在天津地区新建和改善的干线公路，主要有6条（段）。天津的道路中，通往北京的道路以及通往大沽海口的道路最重要，故在新建和改善干线公路中投入力量最大的就是天津至塘沽、北京至天津这两条公路。

天津至塘沽的公路全长45公里，这是日伪统治者在天津最早修筑、标准最高的公路，也是其利用塘沽港口从海上与日本及东南亚战场沟通的主要公路，有相当重要的战略地位。日伪政权占领平津后，即对此路进行大规模新建，原拟修建成30米宽之"超速公路"，并为此专门设置了津塘施工所，终因力不从心，只建成了路基，并在以后对路面陆续进行改善。1939年夏，此公路尚未完工就被洪水淹没，经过再次施工后，于1940年竣工。该条公路大部分路段路基填高1米左右，培宽到22米，加上两侧边沟，总宽近40米。在22米宽的路基上整修土路面7米，中央4米铺筑有砂石（军粮城以东）、碎石和石砌的路面（军粮城以西），后因力量不济，材料紧缺，始终未能铺筑水泥混凝土路面。该条公路修成后，连同平津路段统称为"平塘国道"，天津至塘沽公路为平塘国道津塘段。为修筑公路，施工者依仗军队的力量无偿强拆民房，

---

① 天津市政工程局公路史编委会编《天津公路史》，第1册，第198~200页。

强占耕地,强征民工,远近几十里的农民在军队刺刀威逼下被迫到工地修路,天亮上工,日落才准下工,有的路段每方土仅三角钱的工钱,只能买约一斤半玉米面,有些路段根本不给工费,完全是强征劳工。天津至北京的公路,是日伪政权在原有基础上修筑的。为了保证北京、天津和塘沽的联系,保证物资运输的通畅,日伪政权从1938年开始对原来的京津大道(也称平津汽车路)进行了大规模改建。到1939年下半年,培宽路基8~10米不等,有的路段铺设了4米宽卵石路面,1940年又开始铺设水泥混凝土路面,原设计为双车道宽6米,受各种条件限制,只在路基一侧建起了3米宽单车道的水泥混凝土路面,于1942年完工。与此同时,天津市政府管辖境内由柳滩至小王庄旱桥(今京津桥)2.26公里分两段修筑了砖基炒油及砖基泼油路面试验路。由此,把平津路与津塘路连接了起来,使得日本侵略者在军事上把京、津、塘连成了一体,在其统治期间基本上保持了线路的畅通,为维护殖民统治发挥了重要作用。①

伪天津工程局除了修建公路干线外,还对天津地区的一些公路支线进行了修缮。天津到大同的公路原来标准太低,一些路段通车困难,日伪政权从1938年开始对该线进行了三次大规模整修,其中1939年进行的第二次整修主要是天津境内公路段。这次共整修公路124公里,改建桥梁216延米。通过整修,天津至霸县路段的路基培高加宽,大部分铺筑了碎石路面,构成了通向京、津、保三角区中心腹地的要路。天津至喜峰口公路由天津经杨村、宝坻、蓟县南部,向北至喜峰口,喜峰口是日军从东北通向冀东、天津、北京一带的咽喉,军事战略地位十分重要。日伪政权对于该地区的道路修缮则利用原有路基,于1939年间分杨村至崔黄口、大口屯至宝坻、宝坻至白龙港等几段修筑,后又经全面整修,经林南仓可以到达喜峰口。天津至济南公路,由天津经杨柳青往南到达山东。1938年间,日军为打通津济公路,解决杨柳青镇内路段狭窄的问题,强拆镇内民房,动用坦克推倒民房,以拓宽路面。由杨柳青往南到静海,从1939年修筑新线长40公里、路基宽5~8米不等,基本上沿津浦铁路走向;静海县城

---

① 天津市政工程局公路史编委会编《天津公路史》,第1册,第203~205页。

至唐宫屯长 24 公里公路，是沿南运河东堤岸走向，线形弯曲，穿过水塘、稻田，日伪政权虽然只是在旧有河堤路基上加以整修，往南延伸到德州、济南，但是也相对改善了原有的运输条件。天津至盐山公路全长 198 公里，仍沿用宋哲元 1936 年所修公路，只是略加整修，维持路基宽 7 米左右，未进行大规模的修筑。与此同时，日军还加强了天津市区与近郊道路的建设。到 1939 年，伪天津建设工程局首先修建了包围英、法租界的干线道路；进而着手新市区的建设，其中主要是特三区、特四区，还修筑了一些近郊公路。

日本占领天津的八年间，除了着力修建不少干线公路外，还在天津周边大量修筑了被称为"警备路"的地方公路。特别是 1938～1942 年的五年间，在今天津周边的广大农村地区，以县城为中心，在原来已有的区县大道的基础上普遍整修和改建，并开辟了一些新的公路，把这些路统称为"警备路"。这些警备路还有一个特殊的功能，就是利用其路基和路沟为封锁线，把广大农村地区分割成小块孤立的封锁区，以围剿和消灭抗日力量。据不完整的资料统计，在天津现有五个县内新建和利用原有旧道整修的警备路多达 86 条，长达 1400 公里。①

日本占领天津的八年间，通过对干线公路的新建、扩建和改建，天津地区以天津市区为中心，由平津、津塘、津同（津保北线）、津喜、津保（南线）、津沧（津济）、津沽、津盐等干线公路构成了通达山东、山西省和关外的大干道；连同过境的其他干道和境内各郊县修筑的所谓"警备路"，形成了一个粗略的公路网。如果按 1940 年日本占领时期的行政区划，天津市已经有国道、省道、县道 1900 余公里，每 100 平方公里平均有公路 21.7 公里。至 1945 年，在现今天津地区境内的干线公路，包括过境公路和重复路线，已达到 430 公里；省道路线达到了 429 公里；称为"警备路"的地方公路达到 1400 公里，公路密度的增加和技术水平的提高是显而易见的。可以说，突破了民国初期公路逐步演变和缓慢发展的格局，用侵略军队和强制手段把天津地区的公路引向了一个畸形发展的阶段。

---

① 天津市政工程局公路史编委会编《天津公路史》，第 1 册，第 207~208 页。

第五章 日本对交通运输和电信业的统制

表 5-1 天津地区 1935 年前公路运营线路

种类	线路	起点	终点	中经	长度（华里）	全线票价（洋元）
干线	津保线	天津	保定	静海、大城、任丘、高阳	387	6.0
	津沧线	天津	沧县	静海、青县	240	2.6
	津沽线	天津	西大沽	咸水沽、葛沽、新城	103	1.8
	津白线	天津	白沟河镇	青光、王庆坨、信安、霸县	233	4.0
	津盐线	天津	盐山	小站、小王庄、吕家桥、旧城	316	5.4
支线	津子线	天津	子牙	炒米店、独流主口	125	1.5
	津献线	天津	献县	任丘、河间	405	5.6
	津新线	天津	新安	笞冈、雄县	261	4.0
	津永线	天津	永清	朗城、后羿	150	2.6
	津堂线	天津	唐三里	王庆坨、得胜口	84	1.4
	津葛线	天津	葛渔城	双口、马头	140	1.4
	津胜线	天津	胜芳	杨柳青、何家堡	90	1.4
	津同线	天津	同居	小王庄	170	3.0
	津高线	天津	高湾	韩村	321	5.0
	津庆线	天津	庆云	韩村、杨二庄	361 公里	6.0
其他	津喜线	天津大毕庄	喜峰口	潘庄、黄庄、新安镇、林南仓	445	5.3
	平津线	北京大黄庄	天津	通县、马头、河西坞、杨村	216	2.2

资料来源：根据江南燕的《河北省长途汽车行驶概况》（《道路月刊》1935 年第 47 卷第 3 期）第 24~26 页内容编辑而成。

天津地区的长途汽车运输业最早开始于 1920 年。当时，步兵统领署的 2 辆汽车经营天津到北京的运输，这是天津长途汽车运输业的开端。1917~1923 年，华北地区是各路军阀混战的主要战场，出于军事以及商业考虑，地方政府和军队修筑的数条近代公路，促进了天津长途汽车运输业的发展。1924 年，天津拥有一二辆汽车的汽车行达到 38 家，营运汽车 60 辆；1937 年，天津已有货运汽车 400 辆，有通往宝坻、蓟县、香河、盘山等地的 28 条长途运输运营线路，营业线长达 1910 公里。[①] 在 20 世纪 30 年代，河北省主席宋哲元为了发展公路运输业，专门设立了冀察汽车

---

① 董坤靖：《天津通览》，人民日报出版社，1988，第 142~143 页。

管理局，经营天津至保定等线路；同时计划开辟平津及沿平汉铁路南下，以及通往太原等各条汽车营运线路。① 1935 年，平津地区有商营汽车公司 70 余家，运营线路有 16 条干线和 16 条支线，② 呈现以天津、北平为中心辐射河北的态势。

1933 年《何梅协定》签订后，日本就开始觊觎华北的公路运输业。1935 年 11 月伪冀东防共自治政府成立，天津的宁河、宝坻、蓟县地区的 16 条公路处于伪政权的控制之下，伪冀东政府出台了修筑冀东国道的计划。③ 同时，满铁设立了冀东汽车公司开始经营汽车运输，还企图逐渐向京津、蒙疆地区扩展业务。④ 1936 年，宋哲元与日本中国驻屯军司令田代签订《华北经济开发协定》，允许日本在华北开办公路交通事业。关东军要求满铁修建连接伪满与华北的公路运输线，于是满铁派遣人员到山海关进行调查，随即设立了山海关汽车班，开始经营山海关附近的两条公路运输线。⑤ 满铁还派出人员到山海关、唐山、天津、北平等地，调查华北公路运输状况。根据调查报告，关东军命令满铁开辟四条公路运输线，其中一条为承德到天津（经古北口、北平）。满铁又派遣人员到天津，着手准备成立汽车公司的工作。1936 年 4 月 1 日，满铁设立华北汽车公司，该公司在满铁天津办事处内设立事务所。从表面上看，华北汽车公司为满铁天津事务所的旁系会社，但事实上经营业务均以天津事务所为主体，公司的职员全由事务所员工兼任，各地分公司也由事务所庶务课自动车系人员兼任。在公司设立当年，有 692 公里的汽车运营线路，拥有职员 77 人，车辆 44 辆；⑥ 以后又在内蒙古地区扩张线路，到七七事变前该公司经营线路总长 2095 公里，拥有 120 辆车辆。⑦ 华北汽车公司虽然营业业绩较差，连年亏损，一直由满铁补充亏损，但由于它是根据日军需要建立的，

---

① 解学诗：《满铁与华北经济（1935~1945）》，第 409 页。
② 江南燕：《河北省长途汽车行驶概况》，《道路月刊》1935 年第 47 卷第 3 期，第 24 页。
③ 天津市政工程局公路交通史编委会主编《天津公路史略》，第 1 册，第 178~181 页。
④ 浅田乔二著《1937~1945 日本在中国沦陷区的经济掠夺》，袁愈佺译，第 299 页。
⑤ 杜恂诚：《日本在旧中国的投资》，1986，第 129 页。
⑥ 王士花：《"开发"与掠夺：抗日战争时期日本在华北华中沦陷区的经济统制》，第 65 页。
⑦ 解学诗：《满铁与华北经济（1935~1945）》，第 410 页。

在华北事变、长城沿线与中国军队作战中发挥了不可替代的作用。同年,设在天津的满铁天津事务所,把原承包津沽公路长途运输的华商德荣公司挤垮,抢占了该线的营运。① 与此同时,日本的民间资本也开始染指天津公路运输业。1937年前后,一家日本人私营的汽车行三协自动车部在塘沽成立,从事天津到塘沽50公里运输线和塘沽附近地区的运输业务,有汽车2辆。② 1937年3月,日资东昌央行在天津投资设立同达汽车行,有两吨的货车2辆,从事天津到平谷间的货运业务,营业线路长160公里。③

表5-2 1937年日本华北汽车公司所属子公司营运线路

公司	总部	线路
山建汽车公司	山海关	山海关—建昌营
民新汽车公司	唐山	唐山—喜峰口、唐山—胥各庄
承平汽车公司	北平	承德—北平
张多汽车公司	张家口	张家口—多伦

资料来源:根据杜恂诚《日本在旧中国的投资》第129页的示意图编制而成。

七七事变后,日本占领者认为在铁路不发达的地方,要迅速恢复占领区的治安,要调运军队和弹药,要尽快地掠夺重要的国防资源,都必须迅速地恢复和改善汽车运输,且修筑公路的成本较低,可以迅速地弥补铁路运输能力的不足。1937年7月21日,即天津还没有沦陷,华北汽车公司就开设天津—北京的运营线路。④ 1937年11月11日,日本华北方面军特务部下发了《华北汽车事业对策》,要求汽车运输业适应战时汽车征发的需要,在军事利用、经济"开发"以及治安维持方面发挥作用。为此,对汽车运输业实行"管理统制"和"许可"制度。该文件同时规定,一些汽车线路为统制路线,这些线路只准许统制线路的经营者经营,其经营者就是华北汽车公司。1937年11月16日,又选定河北省13条路线(共

---

① 天津市市政工程局公路交通史编委会主编《天津公路史略》第一册,第178页。
② 杜恂诚:《日本在旧中国的投资》,1986,第130页。
③ 杜恂诚:《日本在旧中国的投资》,1986,第130页。
④ 居之芬主编《日本对华北经济的掠夺和统制——华北沦陷区资料选编》,第275页。

● 抗战时期日本对天津的经济统制与掠夺

1899公里）交给华北汽车公司进行统制经营，其中天津的线路为5条，经过天津的线路为1条；1938年3月又追加了9条线路，其中天津的线路为1条。为了实现统制，华北汽车公司还取消了原来运营这些线路的经营者，通过"合作"收购、调换线路等办法重新组建统制线路的经营者，以便更直接地支援侵华战争。①

为了适应运输事业的发展，1938年初华北汽车公司进行了改组，除了蒙疆地区之外，撤销原来的各地分公司，在天津、石家庄、太原、济南、青岛设立了办事处，办事处下设置了营业所。天津办事处管辖平津、河北部分地区，在北京、天津、唐山、滦县、沧县设置了营业所。1938年4月，天津办事处共管辖线路33条，里程1817公里，占华北汽车公司总里程的24%；有客车173辆、卡车187辆、特殊车4辆，共364辆，占华北汽车公司汽车总数近1/3，共有员工825人，其中日本人361人、中国人464人，占员工总数的32%。② 1938年末，华北汽车公司经营的天津地区的长途线路主要有：6条以天津为中心的线路，2条过境线路。由此可见，平津地区的公路运输，在华北汽车公司的地位十分重要。

表5-3　1938年末日本华北汽车公司经营的天津长途运输线路

类型	线路	起止地点		里程（公里）
		起	止	
以天津为中心的线路	平津线	北京	天津	140
	津塘线	天津	塘沽	50
	津大线	天津	大沽	65
	津庆线	天津	庆云	123
	津保线	天津	保定	144
	津遵线	天津	遵化	188
过境线路	津保南线	马厂	保定	147
	新盐线	新城	盐山	160

资料来源：耿捷主编《天津公路运输史》第1册，人民交通出版社，1988，第148页。

---

① 解学诗：《满铁与华北经济（1935~1945）》，第411~412页。
② 居之芬主编《日本对华北经济的掠夺和统制——华北沦陷区资料选编》，第277页。

在日本占领当局的支持下,华北汽车公司的营运范围扩展到华北全境,车辆由不足 100 辆增加到 1211 辆。① 但是,华北汽车公司的经营状况一如既往,入不敷出。根据日本统制华北地区经济的"一业一社"的政策,日伪当局决定由华北交通会社接管华北汽车公司,其运营的 7687 公里汽车运营线等业务悉数转移给华北交通会社。华北交通会社设置了自动车部,其下设运输、技术二课,将华北汽车公司原来各地的办事处改成自动车事务所。1940 年 7 月 1 日,华北交通会社进行体制改革,"因铁路人事交流事务简单化起见",废除自动车事务所,在各铁路局内设置自动车处,其下分运输、技术两课,自动车处直接管辖各地营业所业务。同年 11 月 1 日华北交通会社再次设立了自动车局,下设计划、营业、技术第一、技术第二主干及输送课等,对汽车运输实行全行业的统制。②

表 5-4 1939 年 6 月华北交通会社所辖事务所汽车运营里程

事务所	运营里程(公里)	占华北总里程比例(%)
天津事务所	2312	38
石家庄事务所	648	11
太原事务所	345	6
济南事务所	1963	32
青岛事务所	813	13

资料来源:根据《华北汽车公路总里程突破六千公里:治安恢复之成绩》(《侨声》1939 年第 1 卷第 7 期)第 93 页的数据编制而成。

天津铁路局自动车处,在管理上属于华北交通会社和天津铁路局管理,在运营路线上受日军的操纵。天津铁路局自动车处沿着北宁、津浦铁路在天津、唐山、滦县、秦皇岛、沧县和德县设 6 个汽车营业所,营业所还在重点县、镇与停靠点,设汽车票代卖所,代卖所得 5% 的收益,代卖所大多挂个招牌而已,形同虚设。③

华北交通会社对长途汽车的运营是垄断性的。当时该会社的人员宣

---

① 参见耿捷主编《天津公路运输史》第 1 册,第 147~149 页。
② 居之芬主编《日本对华北经济的掠夺和统制——华北沦陷区资料选编》,第 278 页。
③ 耿捷主编《天津公路运输史》第 1 册,第 153 页。

称，"我社的汽车为日本军的国防武器的一部分"，自动车部的运输课长公开表示："我曾在满铁多次听到有人说：'汽车事业是个不赚钱、不合算的买卖，由我公司去办，就是一个错误。'我想，这样的缺少见识的言论，不应该在我公司出现，汽车事业在军事上的重要性，现在用不着多费口舌。因此掌握华北交通的我公司，对汽车事业担负的使命，就应是不言而喻的。"① 华北交通会社成立伊始，继续推行统制性管理，增加了统制性运营线路，1940年5月后，以天津、北京为起点，远到山西运城、河南开封、江苏海州（今江苏连云港）的主要公路运输路线，均归华北交通会社独家经营，天津到塘沽的长途运输线也被日方所抢占，不准天津的各汽车行经营，中国汽车商行运营的路线，要报华北交通会社批准。② 华北交通会社还制定了《汽车运输暂行规程》、《汽车包车运输规则》、《汽车统计报告手续》等，实行所谓的汽车运费改革与搬运手续合理化，并计划扩充运营线路。1939年春开通汽车公路达5000多公里，③ 到1939年6月底达到6000多公里，其中天津事务所运营里程为2312公里，④ 占全部线路里程总数的38%。1941年12月底，华北交通会社运营汽车线路达到16000公里，1942年天津事务所管辖内为3465公里（包括临时营业在内）。与此同时，天津铁路局自动车处的汽车数量、运营线路也在增加，1942年有汽车451辆，其中客车137辆，货车314辆，运营线路为67条，主要在平津一带、河北、山东等地从事运输业务。⑤ 1940年客运量为912.75万人次、货运量为315416吨，比1939年分别增加了38%和91%，1941年的客货运输量分别为8924890人次和340244吨，比1939年分别增加了35%和106%。⑥ 华北交通会社的汽车业务中运输军队和辎重占有绝大比重，如1937年11月，日军要将存放在塘沽的9万吨军用木材运到丰

---

① 转引自耿捷主编《天津公路运输史》第1册，第150页。
② 参见耿捷主编《天津公路运输史》第1册，第172页。
③ 农村经济研究所：《华北政务委员会施政纪要二周年纪念》，农村经济研究所，1942，附录第11页。
④ 《华北汽车公路总里程突破六千公里：治安恢复之成绩》，《侨声》1939年第1卷第7期，第93页。
⑤ 参见耿捷主编《天津公路运输史》第1册，第154页。
⑥ 参见耿捷主编《天津公路运输史》第1册，第156页。

台，塘沽运输公司运力不足，最终满铁华北事务局协调华北汽车公司、国际运输公司协助完成。① 在日伪军对抗日根据地扫荡中，华北交通会社的汽车是后勤保障的运输者，有时编成 5~30 辆的汽车运输纵队，跟随军队到各地"讨伐"。② 尽管华北交通会社每年亏损二三百万元，但执行了日军所需的兵源、军需物资运输的所谓"特殊使命"，也为掠夺华北资源提供了必需的运输条件。

除了华北交通会社外，日本有关运输的国策会社也参与了天津的汽车运输。比如国际运输株式会社 1937 年 12 月 7 日在天津设立营业所，以后迁到北京，升级为华北支社，其主要业务有：铁路车站发送、到达的整车、零担货物的转运、领取；市内搬运、装卸和短途运输；车站、货场内行李包裹的装卸、搬运；仓库储存等。③ 由于汽车运输业是统制性行业，天津原有的各华商汽车运输行被日本的会社强行收买。大昌、大美、公记、永固等 10 家汽车商行，被华北汽车公司和华北交通会社收买，永固长途运输公司原有汽车 8 辆，经营天津到唐山的长途运输，七七事变后被华北汽车公司以 2.4 万元接收。1941 年，日本进一步强化了对华北汽车业的统制。兴亚院华北联络部拟由华北交通会社经营脚行业务，即将在码头和车站等处的装卸业务由华北交通会社实行统一的管理，但是华北交通会社与国际运输会社华北支社经过研究后，并未实行。④ 1941 年 6 月 7 日兴亚院华北联络部制定了《华北运输株式会社设立要纲》，"为了发展华北的小运输业和整备路上运输的有机体制，以增进民众福利，并适应国防上的要求"，决定设立华北运输株式会社。⑤ 1941 年 10 月 1 日，以国际运输公司华北支社为基础，由华北开发、华北交通等共同出资 1200 万日元，组建了华北运输株式会社，除了经营水陆运输劳力供应、仓库和资金融通等业务外，还办理海陆联运货物运输、代理报关，以及通过华北交通会社经营河道运输网的内河航运业务；本部设在北京，在各地设有支店及办事

---

① 参见解学诗主编《满铁与华北开发会社》，第 76~77 页。
② 参见耿捷主编《天津公路运输史》第 1 册，第 150 页。
③ 参见耿捷主编《天津公路运输史》第 1 册，第 159~160 页。
④ 参见解学诗主编《华北交通与山东、大同煤矿》，第 216~217 页。
⑤ 参见解学诗主编《华北交通与山东、大同煤矿》，第 236~237 页。

处，其中在天津设有支店，塘沽设有办事处。① 该会社为了进一步整合天津市内的小型运输业，1944年9月把天津市内60余家日营小运输业者合并组建了天津运送株式会社，作为该会社的子公司，公司设在天津第一区滨江道4号，资本500万元，有汽车48辆，马车73辆，骡马50匹，下设总务、作业、第一业务、第二业务、车辆等五部，主要承揽市内运输，代办报关业务，兼营仓库业。实际上是对市内运输和装卸业实行一元化统制。

天津是直接向日本出口煤铁、棉花和食盐等战略资源的最大港口和华北经济中心，日本要将其建成侵华战争的兵站和基地，对于天津的市内公共交通也加强了控制。

天津的公共电车起步最早，1903年后就陆续开通了天津城区连接各租界的电车，成为天津的景观。天津的公共汽车出现得较晚，直至20世纪20年代初才出现了租赁汽车的汽车行，最早的公共汽车就是这些汽车行开创的。1925年，同兴汽车公司进口了几辆旧汽车，开通了天津第一条公共汽车路线，即万国桥至河东大直沽之间的线路，1929年增加了大红桥到海光寺的线路，拥有汽车30多辆。此后，又有几家汽车公司经营公交汽车。比如1929年成立的天津公共客座汽车公司，经营马家口到下瓦房、国民饭店到大营门两条线路，有汽车50多辆。1934年天津市政府开办公共汽车运营，经营北站到东北角线路，不久因营业不善由同兴公共汽车公司接办。1935年云龙公共汽车公司成立，经营国民饭店到小刘庄的线路，有汽车十余辆，受到天津公共客座汽车公司排挤，1936年被该公司兼并。② 这样，天津的公共汽车交通就由同兴汽车公司、天津公共客座汽车公司运营电车线路之外的线路，这些公共汽车线路多集中在各个租界、租界与车站之间。

七七事变后，天津的公共交通经历了一个特殊的阶段。日伪当局一方面由华北汽车公司强行接收了中国民族商营的同兴汽车公司、天津公共客座汽车公司，强行收买了在各租界行驶的所有私营公共汽车；另一方面于

---

① 参见解学诗主编《满铁与华北开发会社》，第282页。
② 参见天津市档案馆编《近代以来天津城市化进程实录》，第422页。

1938 年成立了华北汽车公司天津公共汽车部，后改称天津交通株式会社，为中国法人代表，资本 200 万元，经营天津市内公共交通，华北汽车公司所经营的公共交通业务也移交给该会社。① 至此，天津的公共汽车在日伪机构的把持下，实行了统一经营。天津交通会社成立后新添 15 辆汽车，1941、1942 年又增添了 30 辆新车和部分设备；公共交通汽车营业里程 1937 年为 44.9 公里，平均每日运送乘客 10134 人次，1941 年为 47.4 公里。天津交通会社虽然名义上经营十余条线路，全长 56.5 公里，但是实际正常运行的仅 7 条，即天津北站至中原公司、马家口至下瓦房、小刘庄至中原公司、天津站至中原公司、天安里至谦德庄、万国桥至小孙庄，总共 24.4 公里，共有运营车辆 121 辆，② 运营路线大多途经日本在天津的机关团体所在地，其他交通路线配备少数、残破的车辆运营。天津的公共电车，原为比利时的天津电车电灯公司经营，太平洋战争后的 1943 年，日军接收天津电车电灯公司，改称"军管理天津电车电灯公司"，1944 年 4 月日伪当局将其经营的电车、电灯分管，12 月将电车业务并入经营公共汽车的天津交通会社。至此，日伪政权对包括公共汽车、电车在内的全部天津城市公共交通实现了一元化统制。随着战事的发展，天津公共交通的业务继续萎缩。1945 年 4 月，营业里程仅为 16.1 公里，营业路线仅为 4 条，营业汽车 105 辆，其中实际营业的仅有 70 辆，而能出厂运行者只有 25 辆，占实际营业车辆的 35.7%。1945 年国民政府接收天津交通公司时，公共汽车路线仅为 3 条，营业里程 11.7 公里，共有营业汽车 99 辆，而能行使者仅有 8 辆，1945 年平均每日运送旅客 6985 人次。③

第三节　航运业

天津是华北航运中心，航运业包括两个方面，其一是以轮船为主的近海和远洋航运以及港口建设等；其二是使用拖轮和帆船为主的海河流域各个河道的内河航运。

---

① 参见耿捷主编《天津公路运输史》第 1 册，第 149 页。
② 参见耿捷主编《天津公路运输史》第 1 册，第 175 页。
③ 参见天津市档案馆编《近代以来天津城市化进程实录》，第 423 页。

一 轮船海运业的兴盛与日本统制

天津开埠前，海上运输是以帆船为主的沿海运输，虽有一定的规模，但受政府的海禁政策和航海技术所限，发展缓慢。康熙二十三年（1684）清政府撤销海禁政策后，中国沿海形成了贯通南北的北洋航线，每年往来船只迅速增加，天津每年大约有上万艘来自上海的船只，货运量也在五六十万吨，还有为数不少来自江浙、闽粤和渤海湾内东北、山东等地的船只，促进了天津集散中心的形成。天津开埠后，与世界各港口联系有所加强。最初，天津轮船还没有普及，在口岸停靠的仍然是帆船，但外国的夹板船载重量大、抗风浪能力强，是由从事运输业的专业船舶公司承办，很快显示出在运输上的优势，在海运中所占比重迅速提高，改变了所有货物由国内帆船运载的局面。轮船的广泛使用和港口的建设，缩短了天津与世界各港口的空间距离，在远洋运输和长距离沿海运输上，形成了轮船取代帆船运输的格局。天津海关统计，1869年进入天津的洋船中，轮船为136只，帆船为199只，但轮船所载吨位超过帆船；1877年的轮船与帆船数量分别为339只和123只，轮船已经占多数，到1899年经过海关进入口的帆船只有38只，仅占总吨位的1.68%。[①]海运航线上出现了由外国洋行和专业航运公司专营的航线。最早经营远洋航运的是英商怡和洋行、太古洋行、美商旗昌轮船公司和日本邮船会社，主要经营定期往返于天津至广州、上海、香港等航线，还代理远洋航线。1881年太古天津分行设立后，即开辟了天津至上海的航线，在较长时间内垄断了远洋和大部分沿海轮船航运。1873年轮船招商局成立，打破了外国公司垄断轮船航运的局面。轮船招商局开办伊始，就在天津设立分局，开辟了上海至营口、天津和烟台航线，由于轮船招商局不仅承揽近海和部分远洋航线的货物，还替代江浙的沙船运送漕粮，故航运量逐渐扩大，在较长时期内保持其在国内航线上的优势。

20世纪以后随着进出口贸易的发展和轮船运输的确立，中外航运公

---

① 参见吴弘明译《天津海关年报档案汇编》，1993，上册第117、171页，下册第89页。

司迅速在各港口建立机构，开展远洋、近海和驳运等业务，形成了在不同公司控制下海运业的迅速发展。1896年日本与清政府签订《中日通商行船条约》后，日本邮船公司、大阪商船公社、日本汽船会社先后在天津建立了海运业务，有横滨、神户、长崎以及台湾基隆至天津、营口、福州、上海的航线，且往返船只数量多，间隔时间短，与太古洋行和怡和洋行形成强有力的竞争。1910年，日本日清汽船株式会社设立后，在天津有办事处、码头和仓库，四千吨级的"嵩山丸"与"华山丸"承担着天津至上海的定期航线。中国的民间资本也开办了航运公司。1911年，盛昆山创办了直东轮船公司，总公司设在天津，分公司设在龙口，1934年有轮船4艘，其中2艘吨位在1000吨以上，主要航行于北洋、南洋航线，以及天津到渤海各口岸航线，如天津到海参崴、上海、广州和长江各埠。① 1920年前后，郑效三、李镜轩在天津创办了北方航业公司，总公司设在天津，分公司设在上海，1930年资本增加到100万元，有轮船7艘，其中6艘吨位超过千吨，最大的3586吨，专门航行于北洋、南洋航线。② 1919年，王仲三创办了天津通顺轮船公司，到1937年前，已经有大小轮船5艘、驳船5艘，总吨位4000吨。③ 在天津，大吨位的远洋货轮停在大沽和塘沽，靠驳船转运到天津城区海河沿岸的码头，所以驳船业务也十分发达。最初英国人办的大沽驳船公司、天津驳船公司以及法国的仪品公司、日本的和清洋行几乎垄断了驳船业务，轮船招商局曾一度拥有驳船、拖船11艘，后来被太古轮船公司买走。1929年，金城银行下属的通成公司与久大公司共同创办了天津航业公司，资本金35万元，1931年正式运营，经营天津大沽塘沽至海河驳运、南北洋沿海等货运业务以及码头仓库业务，代理中外同业船舶进出口业务，1937年有拖轮4艘、驳船11艘、海轮2艘。④

---

① 王洸：《中国航业论》，交通杂志社，1934，第65~66页；参见聂宝璋、朱荫贵编《中国近代航运史资料》第二辑（1895~1927）（下册）中国社会科学出版社，2002，第1086页。
② 王洸：《中华水运史》，台湾商务印书馆，1982，第205页。
③ 王者师：《记天津通顺轮船公司》，《天津河北文史》第4辑，1990，第102~106页。
④ 参见天津市档案馆编《近代以来天津城市化进程实录》，第402页。

表5-5 1934年天津民营航运业公司一览

公司名称	成立年份	资本(元)	船数(只)	吨位(吨)
北方航业股份有限公司	1917	300000	6	10709
直东轮船股份有限公司	1911	300000	4	4563
天津航业公司	1930	—	3	4350
大中轮船公司	—	—	1	2594
永祥船务公司	—	—	1	1806
华通航运公司	1911	—	1	1398
日昌轮船公司	1911	—	1	1342
利顺行	1911	—	1	3187
孙德薰	1911	—	1	1491

注：其中北方航业、直东轮船为全部船只及吨位，而其他为1000吨以上的船只及吨位。
资料来源：王洸《中国航业论》，交通杂志社，1934，第72页。

表5-6 1935年天津各驳船公司简况

公司	国别	驳船数量(只)	驳船载重量(吨)	拖船数(只)
大沽驳船公司	英国	27	3180	12
天津驳船公司	英国	20	966	5
和清洋行驳船公司	日本	1	500	1
海河驳船公司	日本	10	1180	4
仪兴公司	法中	13	3700	6
招商局	中国	3	1650	2
通顺轮船公司	中国	5	1970	2
天津航业公司	中国	7	500	4
政记公司	中国	5	1730	2
益记驳船公司	中国	2	680	1

资料来源：王者师《记天津通顺轮船公司》，中国人民政治协商会议天津市河北区委员会文史书画委员会《天津河北文史》第4辑，1990，第106页。

更为重要的是，从20世纪20年代以后日本在天津的航运业迅速扩大，在各国的轮船业中占据首位，且随着侵华战争的临近愈发强势。1913年进出天津的船只为1999艘，到1924年增加到3042艘，其中日本轮船1133艘，日本轮船在数量和吨位上皆占据首位。[①] 1934年4月，日商在

---

① 姚洪卓：《近代天津对外贸易1861~1949年》，附录表5。

天津设立了白河驳船会社，资本金 30 万元，其中大连汽船会社投资 20 万日元，主要经营拖船以及舢板运输业务，1937 年盈利 10 万元。① 此外，日清汽船和大连汽船等公司把天津作为我国沿海航行的寄航港口，日本近海邮船、大阪商船等公司开辟了天津—神户航线，这些航运公司在天津、塘沽都有码头和仓库等辅助设施。② 1936 年，日本国际运输会社继承了天津东兴洋行的营业及一切设施，将天津办事处升格为支店，参与了天津塘沽运输公司的创建。③ 大沽和塘沽是轮船停泊的锚地，为了将长芦盐、煤炭、棉花等物资通过海河转运出口日本，1937 年 2 月兴中公司成立了近海装运作业的塘沽运输公司，④ 该公司由兴中公司、国际运输公司、大连汽船会社出资组建，设定了五年运输计划，每年运输铁或生铁、煤炭和长芦盐数百万吨，计划增设 500 吨级驳船 18 艘、150 吨级拖船 6 艘，修建码头 450 米。⑤

七七事变后，日本海军发表了"遮断航行"宣言，封锁了渤海湾与南方的航路，12 月又宣布封锁中国全部领海，1939 年 9 月禁止第三国船只在中国沿海航行，这样日本完全控制了中国的领海权。与此同时，日本在华轮船日益增多，日本邮船、日清汽船、大阪商船、大连汽船等会社继续扩大业务，而且日本一些中小航运公司也进入华北各港口。为了进一步垄断海上运输，保证战争的需要，1938 年 12 月 16 日日本内阁通过《东亚海运株式会社设立要纲》，决定设立东亚海运株式会社，主要经营中日间、中国沿岸、中国内河以及中国与南洋各国的海运业。⑥ 1939 年 8 月 5 日，日本邮船、大阪商船、日清汽船、近海邮船、三井船舶部、山崎汽船、冈崎汽船、阿波共同汽船等在华各轮船公司联合组成东亚海运会社，资本金为 7300 万日元，后增至 1 亿日元。总店设在东京，在天津、上海、大连、青岛、台北等地设立了支店。其中在天津地区，经营日本—天津、台湾—天津、天津—上海以及天津至华南各港口的航线，还包括内河航运

---

① 苏崇民：《满铁史》，中华书局，1990，第 573 页。
② 樋口弘：《日本对华投资》，第 221 页。
③ 苏崇民：《满铁史》，1990，第 574 页。
④ 参见居之芬主编《日本对华北经济的掠夺和统制——华北沦陷区资料选编》，第 124 页。
⑤ 参见解学诗主编《华北交通与山东、大同煤矿》，第 231~232 页。
⑥ 〔日〕《现代史资料》，第 9 册，第 646~649 页。

和天津港、塘沽港的码头仓库业。天津是华北地区的出海口之一，日本东亚海运会社统制下的海上航线共有 33 条，其中以天津为中心有 11 条，即天津至营口、大连、烟台、青岛、秦皇岛、上海、广州、汉城、神户、横滨、门司等。①

海运被日本轮船公司垄断后，兴中公司创办的从事船舶转运的塘沽运输公司 1938 年底船只增加到 20 艘，新建了 3 艘 300 吨的拖船，并收买英商的大沽造船公司。② 1939 年 12 月，华北开发会社合并了塘沽运输公司，将其资本金从 300 万日元增加到 600 万日元。③ 塘沽运输公司统制和垄断了天津港的进出口装卸和船舶运输业，为日本军队及物资的顺利运入，华北的煤、铁、盐、棉等国防资源及时输出日本提供了必要的保障。1938 年，日本以 8 万元伪联银券收购了英国人控制的大沽引水公司，日籍引航员增加到 10 人，控制了海河至出海口的引水权。为了保证华北对日伪满输出物资的顺畅，在日军特务部的指导下，兴中公司计划由塘沽运输公司组建华北驳船运输株式会社。④ 经过筹划，1941 年底天津驳船运输株式会社成立，实付资本金 1460 万日元，由塘沽运输公司、东亚海运株式会社、华北盐业公司、白河舶船株式会社、北岛商会大连汽船株式会社等以现物出资的形式出资。兴亚院华北联络部的《天津驳船运输株式会社设立要纲》规定，该会社垄断驳船业务，除了天津驳船外，不再批准新设驳船公司，以实现对天津港日本经营的驳船业的整合与统制。天津驳船会社名义上为中日合办，实际上是日本法人代表，总社设在天津，下设总务部、业务部、造船部、海难救助部，还在东京、釜山设置了事务所与北京办事处，在塘沽设置分室。该会社经营范围是，天津港及其附近驳船运输及船舶租赁业务、大沽港口装卸业务、造船及船舶修理业，并受托管理大沽造船所、新河工厂以及塘沽分厂；⑤ 计划有拖船 13 艘、驳船 113 艘、杂船 5

---

① 郑克伦：《沦陷区的交通》，《经济建设季刊》1942 年第 1 卷第 2 期，第 281 页。
② 参见居之芬主编《日本对华北经济的掠夺和统制——华北沦陷区资料选编》，第 128 页。
③ 参见居之芬主编《日本对华北经济的掠夺和统制——华北沦陷区资料选编》，第 164~165 页。
④ 参见解学诗主编《华北交通与山东、大同煤矿》，第 232~233 页。
⑤ 参见居之芬主编《日本对华北经济的掠夺和统制——华北沦陷区资料选编》，第 285~289 页。

艘。兴中公司的塘沽运输公司就此解散，该公司以及东亚海运会社在天津正在建造或计划建造的驳船业务由天津驳船会社接管。①

在日本的垄断下，天津的民营航运业公司处境艰难。九一八事变后，拥有四条轮船的北方航业公司，在安东、营口的货运受到较大影响，只能靠向各大银行借款度日；1935年后与大连的日本靖和商会船行、华商的永源船行建立了代理揽货载运关系，以维持运营，日本的靖和商会船行逼迫北方航运公司与之合营，经过周旋北方航运公司得以幸免。七七事变后北方航运公司被劫持，经过数年争取，1939年轮船才得以归还，"但强迫令将四轮交与日本国际运输会社代理经营"。日本国际运输会社不经过北方航运公司的同意，就擅自将一艘轮船转租给日本山下轮船会社，承担中日间海运。② 更为重要的是，天津各航业公司很多船舶在运送物资途中，或者抗击日本军舰进入长江沉塞江明封锁线，或者被日军强行征用后在往返于中日、北方与南方的航线中，被飞机炸沉炸伤，遭受巨大的损失。③ 比如北方航运公司的各个轮船在日本和中国沿海附近沉没，直东轮船公司的平济、北晋两轮沉没在上海十六铺及马当。④ 1939年，日本通过伪天津航运公会强征船只运输物资，通顺轮船公司轮船因在意租界，一些吨位较小的轮船、驳船被征用，尚有新泰、新福二艘轮船进行大沽口外过驳和近海客货运输。⑤

太平洋战争爆发后，日本为了解决资源问题，加强了对天津地区航运业的统制。1942年7月20日，伪华北政务委员会发布的《华北航运统制暂行办法》规定，华北从事航运的公司等凡是有船籍变更、船只买卖、船只改造、航线变更、业务变更必须获得该委员会的许可，船舶新开业者亦需获得许可，"华北政务委员会对于华北具有船籍港、船舶之所有者或航运业者，在航运统制上认为有必要时，得指定航路、就航区域及应当运送之人或物，命其航海；并指定船舶租金、航运手续费、水上运送费等额

---

① 参见解学诗主编《华北交通与山东、大同煤矿》，第233~235页。
② 参见北京市档案馆编《日本侵华罪行实证——河北、平津地区敌人罪行调查档案选辑》，人民出版社，1995，第342页。
③ 参见天津市档案馆编《近代以来天津城市化进程实录》，第402页。
④ 王洸:《中华水运史》，台湾商务印书馆，1982，第205页。
⑤ 王者师:《记天津通顺轮船公司》，《天津河北文史》第4辑，1990，第107页。

数。而于船舶之买卖贷借出资、航运委托、合同经营或共同经营及其他航运统制上必要事项，均得以命令行之"。① 这是对包括海上和内河等所有航运业更为严酷的统制。

日本还专门设立华北航业总公会等机构控制华北航运。1938年2月5日，日本海军在青岛设立船舶联合局，统制一切中国船舶。1939年改为航业联合协会，在华北各地设立17个支部及办事处，所属同业团体约有40处。1940年3月伪华北政务委员会颁布《华北航业总公会条例》，航业联合协会改组为华北航业总公会。该总公会设在青岛，北京、天津、烟台、海州设有支部，各地有事务处，连同青岛的总公会总共有20处，由华北沦陷区的船主、船员、船行及其他与航运业有关的机构共同组成，有二百余会员，日华各半。1940年10月加入的团体有28个，1941年新加入团体10个，其中天津有12只轮船，总吨位为2446吨。② 该总公会是统管航运业的机构，并设置一些团体，到1942年2月末，共有46个团体：16个民船公会、3个轮船公会、12个船行公会、4个合作社、3个驳船组合、3个舢板公会、1个海员工会，以及仓库组合、盐运组合、码头劳动组合等。③ 伪华北航业总公会是对各类船只和有关人员的管理，其主要管理的事务有海事诸团体的结合和指导统制，海事金融和海上保险的斡旋，调解航运纠纷，介绍海员，水路调查及海上保护，调查产业、贸易、海运、海难，刊发有关航运统计及报刊，接办伪华北政务委员会交办的船舶行政事务及为日军作战提供补助等。④ 比如在伪华北航业总公会的运作下，1942年11月日本"驻北平大使馆交通部长小林孝知通知各轮船公司，于民国三十一年十一月十六日在使馆开会，届时以军宪威胁迫令华北各轮船公司代表人以各公司轮船现物出资组织华北轮船联营社，供其运输"。⑤ 另外，日

---

① 居之芬主编《日本对华北经济的掠夺和统制——华北沦陷区资料选编》，第99页。
② 申报年鉴社编《民国三十三年度申报年鉴》，第886页。
③ 农村经济研究所：《华北政务委员会施政纪要二周年纪念》，农村经济研究所，1942，附录第38页。
④ 中国第二历史档案馆《中国抗日战争大辞典》编写组：《中国抗日战争大辞典》，湖北教育出版社，1995，第257页。
⑤ 北京市档案馆编《日本侵华罪行实证——河北、平津地区敌人罪行调查档案选辑》，第342页。

伪当局还设立了伪华北轮船联营社，也是股份有限公司，设立之初资本总额计国币370万元，分成74000股，每股50元，总社在青岛，天津、烟台设分社，并在各要港设置办事处或驻在员，其主要是统合华北船舶，尤其是在近海沿岸从事海上运输的船舶，以增强重要物资输送力。① 天津、烟台、青岛、大连各地民营大小轮船公司的船只，自联营社成立后，全被强制加入联营，天津分社中有11家航运公司。② 日本也加强了对华商驳船业的统制。1943年在天津设立了天津华商驳运股份有限公司，统制天津华商驳运事业，呈请伪华北政务委员会立案，并在伪华北航业总公会备案，所经营的事业为驳运货物、拖轮业务、拖轮驳船的代理业务、其他有关本业的附属业务；所航运的地区，以天津港为主体。该公司股份总额定为1000万元，其中现物出资928万余元，系各同业拖船11艘和驳船21艘的估价，现金出资约占总额7%。③

在伪华北航业总公会、华北轮船联营社，以及各类团体的统制下，天津各航运公司成为日本运送各种战争物资和战略资源的工具。由于日本侵略战争的不断失利和海上控制权的丧失，各航运公司在运送货物中遭受了重大损失，除了因使用损坏陆续拆卸的船只外，更多的是被强征运送物资的途中，被空袭、触礁、触雷而沉没，或者被日军强行掳走。1942年10月北方航业公司的北安号征调运送军用物资，被美军击沉于香港到西贡途中；加入伪华北航业联营社后北华、北庸号也先后被美国飞机炸沉，其中北华轮运送的是日本在上海掠夺的两千余吨银锭，1945年3月17日行至浙江温州附近被美机发现炸沉，船上员工共二十余人，连同押运的日本宪兵二十余名，仅有一名水手生还。④ 通顺轮船公司则以各种方式规避日本的征调，如1942年2月日本通知通顺轮船公司征用新泰号，该公司通过悬挂意大利旗帜的方式躲过一劫；1944年日本对海上实行灯火管制，结果通顺轮船公司幸存的新泰号，在驶往秦皇岛途中与日本满洲邮船株式会

---

① 申报年鉴社编《民国三十三年度申报年鉴》，第887页。
② 王者师：《记天津通顺轮船公司》，《天津河北文史》第4辑，1990，第107~108页。
③ 申报年鉴社编《民国三十三年度申报年鉴》，第887页。
④ 陈世如：《天津北方航业公司的兴衰》，《天津文史资料选辑》第24辑，1983，第167、169页。

社的船只相撞而沉没。① 除此之外，天津的各航运公司的新兴、海义、和兴、茂利、安利、成利、宏利等轮船，在为日本运输战争物资中被美机炸沉；② 抗日战争结束后在天津登陆被破坏损失船舶的统计中，天津北方航运公司损失 4 艘、天津政记轮船公司损失 18 艘、天津直东轮船公司和亚细亚航运公司各损失 3 艘、天津通顺轮船公司 4 艘、招商局天津分局损失 2 艘，还有个人的各式轮船 11 艘，总计达到 45 艘。③ 航行于锚地与港口之间的驳船，1937 年抗日战争全面爆发前有百余艘，1945 年时仅剩五分之一。④

二　内河航运

在天津，大清河、子牙河、南运河、北运河、蓟运河等五条河流汇集到海河入海，这五条内河的主要航道 1251 公里，连接周围约 22.5 平方公里的区域，故天津是华北内河航运的中心，在近代化陆路运输兴起之前天津与腹地之间的商品流通中内河是主要运输通道之一，即便近代化陆路运输开通，在许多城乡、集市之间仍然依靠内河运输加强与通商口岸、大中城市的联系。

1903 年，河南商人贾润才创办南运河轮船公司，开辟了天津到德州的内河客货运输航线，后把航线延伸到山东临清，入卫河直通河南周口；1907 年，保定商人刘济堂创办了津保轮船公司，开辟天津到保定的航线，但 1911 年破产。1913 年，直隶省行政公署与大沽造船所合办行轮局，该局除了管理全省内河疏浚等水利工作外，也拥有轮船、木质客货船，开辟管辖范围之内航线。在行轮局时期就开辟了津保线、蓟运线、栏沽线、津磁线、津沽线、津德线等客货运航线，1915 年经营的航线达到 570 公里，设有码头 55 个，船只 11 艘。该局除轮船客运外，还经营客货民船和运煤船的拖带业务，1928 年拥有 11 艘轮船和 26 艘木质

---

① 王者师：《记天津通顺轮船公司》，《天津河北文史》第 4 辑，1990，第 108 页。
② 王者师：《记天津通顺轮船公司》，《天津河北文史》第 4 辑，1990，第 108 页。
③ 天津市破坏损失登录表（船舶），天津市档案馆 2-2-1475；转引自中共天津市委党史研究室编《天津市抗日战争时期人口伤亡和财产损失资料选编》，天津人民出版社，2015，第 118~121 页。
④ 刘沦光：《航权：天津内河航权放弃之检讨》，《海事》1948 年第 2 期，第 32 页。

客船、货船、运煤船和码头船。20世纪20年代后军阀混战，该局经营管理落后，维系艰难，1928年后改名为内河航运局，开辟了芦蓟线客运和子牙河上游滹沱河上的3条客运支线，到七七事变前共有津保、津磁、津沽、津泊4条干线和津咸、沙吕、津胜3条支线，营运里程735公里，设营业站点90余处。① 另外，一些商人也开办专门从事民船运输的船行，1906年仅天津从事内河运输的船行就有21家，形成了以天津为中心的内河客运网络。1934年天津共有轮船51艘，在海关登记的帆船有1673艘。② 日方资料也记载，天津作为北方河运的中心，航线可达5000公里，在七七事变前河运载货量与铁路相当。③

天津的内河航运管理机构，最早为1914年设立的津保栏沽内河事务所，隶属于直隶行政公署实业司；同年5月，直隶行政公署改称巡按使公署，所有航务归政务处实业科管辖，设立了直隶全省内河行轮总筹备处，不久又改为董事局。1917年实业厅成立，直隶全省内河行轮董事局划归实业厅管理，1928年设天津特别市后，市政府接收该局，改称天津特别市直辖内河航运局，1929年该局改组为津保磁沽内河航运局，1930年1月又改组为河北省内河航运局。④

在日本占领天津初期，局势混乱，战场不断扩大，1938年1月日伪政权设立了天津特别市内河航运局，统管以天津为中心的内河运输。同时，日本特务扶持天津青帮设立天津内河航运公会。该公会规定，民营航运业必须加入内河航运公会，否则不能获准运营。1938年6月1日，该公会改称中国内河航运公会，总会设在北京，在天津、济南、太原、开封、石家庄、徐州等地设有分会，在青岛和保定设立办事处，在华北的主要内河航线拥有70多个码头，⑤ 主要为日本运送物资，曾组织"河防队"等武装队伍，协助日伪军队维持内河运输的治安。

随着日军占领的长期化，维持占领区治安和为战争运送更多的资源、

---

① 天津市志方志编修委员会编著《天津通志·港口志》，天津社会科学院出版社，1999，第374~375页。
② 〔日〕王洸:《中国航业论》，交通杂志社，1934，第32页。
③ 〔日〕亚洲历史资料中心 C13070304700。
④ 《河北省内河航运局改组经过及现在状况》，《中国建设》1933年第7卷第6期。
⑤ 〔日〕亚洲历史资料中心 C11111718400。

兵源、军需物资，是包括内河航运在内的华北交通运输的主要任务。1938年3月日本华北方面军司令部发布《华北水运对策案要纲》，其方针是将华北地区的水运通过交通会社（随后成立的华北交通会社）进行统制运营，加强运输能力，满足日本军方要求。具体而言：（1）海河艀船驱除外国势力，在交通会社领导下运营，并实现与铁路、船舶的联合作业；（2）内河航运由交通会社或其子会社运营，交通会社接收内河航运局的船只和设备；（3）针对民船，由政府出面，在华北地区主要河流沿岸组织成立强制性的民船协同组合，强化其运输能力，对其进行统制和指导；各地民船协同组合联合后成立民船联合组合，其长官由政府指命，并对各地的民船协同组合具有指导权；上述两类组合的任务是调解纠纷、协调运费，组合成员不支取酬劳，组合所需经费从成员中征收，政府给予补贴；交通会社向上述两类组合派遣顾问，顾问对一般业务具有实际权限；拟在内河及运河实行疏通改善作业，使轮船通行，加强运输能力。[①] 上述《要纲》反映出日方对华北内河航运的发展目标是实现内河航运与铁路、海运的联合运输，对华北区域内的交通事业实行一元化统制，为华北交通会社的设立奠定基础。同时，还对民用船只进行统制和指导，民船被纳入统制范围。1939年1月24日华北方面军司令部发布《华北内水运业管理暂行规定》，即进一步落实上述方针政策，对内河航运做出的规定是：华北方面军司令部对辖区内的水运业进行监督指导，由辖区的特务机关进行管理，包括发放航行许可证，在各水路要点设立监察员，对许可证和搭载物品进行监察等事务；对中国内河航运公会、其下属的分会和支会进行指导，取消旧政权和机构对航运业的指导监督权，谋求在军队指挥下的统一管理，辖区内的水运业运营团体和机构听从其指导；各兵团、补给工厂可征用辖区内船只。同时，为了保障运输、防止被破坏，各辖区还组织结成爱护村等等。[②] 同时，华北交通会社下属的天津铁路局中也有航运营业所，以保证铁路与内河航运的衔接与联运。由此可以看出，日伪当局既要成立会社，对华北区域内的铁路、公路、水运等一切交通设施实行一元化

---

① 〔日〕亚洲历史资料中心 C04120358700。
② 〔日〕亚洲历史资料中心 C11111698000。

第五章　日本对交通运输和电信业的统制

统制，又还要强化以军队和特务为主的实际管理。对于内河就是要集结一切输送力量，保证运输的畅通，使之成为铁路运输的辅助手段，进而实现铁路和水路运输的连贯畅通。

太平洋战争爆发前后，日本为了解决资源问题，加强了对天津地区航运业的统制。1942年7月20日伪华北政务委员会发布的《华北航运统制暂行办法》，在海运业和内河航运业内共同实行，从船只、航线到运输者、运费等进行全方位的实施统制。同时，日军和伪政权为了维持华北沦陷区的治安，保证所需物资的供应，不断强化管理机构。1939年4月华北交通会社成立后，于翌年3月接办河北省内河航运局，处理内河航运一切业务及航运上的指导、统制、警备、行政事务等，成立了由日本人开办的天津航运营业所。[①] 华北交通会社总部的水运部，增设码头、内水、管理、筑港四科，同时，在天津、北京、济南和开封铁路局设水运处，主管内河运输（1942年6月15日后水运业务改为天津和济南两地的铁路局主管），并在上述地区管辖内的重要地点设置航运营业所负责内河运输。但是，华北地区内河水运的航运许可发放仍旧由特务机关决定。[②] 在天津，1939年10月成立了由日本人组成的天津航运营业所，由天津铁路局管辖，收购了天津特别市内河航运局的设备和财产，成为最权威的管理机构，主要负责北运河（通州—天津）、子牙河（衡水—天津）、南运河（泊头—天津，不含泊头）等水路的业务。1940年4月，天津航运营业所根据日本军方命令接办了中国内河航运公会的业务，开始对民船进行全面性统制。于是，华北交通会社掌握了天津内河航运的行政和营业。1941年5月，华北交通会社又设立管船办事处，与航运营业所并立，管船办事处的业务主要有：办理船舶登记，代行对航行船舶检查和航行许可证发放等手续。

在客运方面，天津沦陷后海河上游各条客运航线全部停业，[③] 所有的船舶被征作"军用"运送物资，以天津为中心的内河航运也全部中断。

[①] 申报年鉴社编《民国三十三年度申报年鉴》，第886页。
[②] 王士花：《"开发"与掠夺：抗日战争时期日本在华北华中沦陷区的经济统制》，第59页。
[③] 天津市志方志编修委员会：《天津通志·港口志》，天津社会科学院出版社，1999，第375页。

华北交通会社成立后即管理内河航运，1939年7月日军委托该会社在济南、天津附近用汽船运送旅客，① 进而先后恢复了蓟运河（芦台—宝坻、丰台）、子牙河（天津—静海县王口）、南运河（天津—德州）的客运航线，使用8艘拖轮拖带木制客船进行间断的客运，运营路线800公里，② 以后运营线路扩展到其他内河，1941年以后开通了天津到通州、保定、邯郸、新乡以及芦台至丰台的航线，运营路线2460多公里，占在华北航线总长度的63.93%。于是，客运量有所增加，1939年4月到1940年3月的客运量为12.5万人次，③ 主要是日伪军队以及强行劫掠来的"华工"，普通旅客较少。

在货运方面，1938年6月日伪当局将华北地区所属的一千八百多艘、载重约5万吨的民船限定在冀东的蓟运河及其支流（1036华里）、以通县为中心的冀东运河（240华里）、永定河一部分（159华里）、保定的大清河（265华里）、石家庄区域的子牙河（715华里）以及子牙老河一部分（1088华里）、南运河一部分（1947华里）范围内航行，这是以天津为中心的主要运送日伪军人员和军需物资的被限制的内河运输。④ 华北交通会社接办后，水运部从1940年5月30日开始管理民船货运业务。它根据日本军队的命令安排计划，为了保证水路运送的安全，在各主要河道实施"船团运输"，即由拖轮拖带30~50艘民船编成1个船队，在日本水路警备部队、日伪河防队武装押运下运送各种货物；为了加大运输量和组成更多的船团，华北交通会社强行霸占和征集民船，有六千余艘民船被强制运营，载重能力为30万吨。比如天津的一个船户只有一对自制木槽船，1940年5月天津铁路局航运营业所的几个日本人来强征木船，"言装军用给养运赴河南及邯郸阵地"，因船主不去，被带到营业所吊打数次，关押5天，船只也被没收。⑤ 日伪军曾经一次性强占的1500艘民船，组成数十

---

① 申报年鉴社编《民国三十三年度申报年鉴》，第886页。
② 河北省地方志编纂委员会编《交通志》，河北人民出版社，1992，第246页。
③ 申报年鉴社编《民国三十三年度申报年鉴》，第885页；农村经济研究所：《华北政务委员会施政纪要二周年纪念》，农村经济研究所，1942，附录第12页。
④ 〔日〕《北支那经济年鑑》，昭和14年版，第745页。
⑤ 参见北京市档案馆编《日本侵华罪行实证——河北、平津地区敌人罪行调查档案选辑》，第368页。

个船团,在日伪军的押运和保护下运输各种物资,1938~1942年,每年为日本侵略者运送粮食、棉花、煤炭等物资50万~152万吨。尽管如此,由于抗日游击队的打击,在内河的航运时运时停,一度几乎陷于瘫痪,1937年抗日战争全面爆发前行驶各河的船只共有五千余艘,到1945年日本投降前仅存二千余艘。①

三 塘沽港口建设计划与夭折

天津是海上和内河航运的主要港口,最早的码头集中在海河、南运河和北运河汇集的三岔河口等处,主要供内河船只停靠和装运货物。天津开埠后,与国外的海上运输增多,各国来津船只多停泊在海河上游的紫竹林前,各国洋行和轮船公司争先在这里建造仓库、码头,形成了紫竹林码头。初期码头多为砖木结构,后来岸壁用片石和厚木板筑成垂直形,轮船可以直接靠岸。20世纪以后,港口向城区内之海河中游沿岸延伸,港口设施有较大的改善。这时各国租界占据海河的岸线长达15公里之多,有诸多的码头,各国为了加紧对华北的掠夺和扩展市场,加大了从天津进出口的规模,竞相整理疏浚河道、裁弯取直、加宽河面、修整堤岸、填平沼泽、构筑道路和建设码头仓库,使得数千吨轮船进入海河。比如英国在原有码头的基础上,用10年时间又修建了新码头和河坝,建设了第一架岸壁式钢结构固定起重机,拓宽了租界内海河河道,不仅使吃水在12英尺以上的轮船可以进入海河,还可以顺利转头。法、德、俄租界码头也都有显著的改变,进而租界码头岸线的加长,奠定了近代天津港区的基本轮廓。更重要的是,开始在塘沽开拓新的海运码头,以填补海河运输的不足。因轮船的进出要经过百余里的海河才能到达码头,而海河弯道多,常淤浅,给较大轮船航行和装卸带来许多困难,急需在入海口修建码头。塘沽地临渤海,与大沽隔河相对,海运的发展使其成为船户等聚落地,20世纪以后中外航运公司和企业纷纷到塘沽占据地盘,建筑码头,如德商礼和洋行、法商仪兴公司、英商开平矿务局、太古洋行和怡和洋行,中国的招商局及久大精盐公司等;一些航运公司还在塘沽设立了办事处等机构,

---

① 参见天津市档案馆编《近代以来天津城市化进程实录》,第404页。

进而初步形成了天津直接通渤海的码头，开始成为天津港自三岔口向深水河段演变的第二个重要港区。

天津沦陷后，日伪政权十分重视天津港口的吞吐量，因为天津港作为与日本联系的主要口岸，无论是出口战略资源，还是运送军队装备和机械设备，都必须有港口作为保障。首先，日本对紫竹林港区进行改造。1938年8月，华北交通会社按照有关方面的命令，制定了码头的建设计划：两年内码头吞吐能力要达到100万~120万吨，码头岸线增加到120米，能够同时停泊2000吨级船10艘，另外建仓库16座、堆场12万平方米以及铁路岔道4条，总投资1400万元。由于资金和设备的限制，到1941年仅建钢筋混凝土码头650米，只能停靠2000吨级船6艘；新建仓库7座，改造旧仓库7座，新建了煤炭码头660米，北炮台码头925米。扩建后的港区，共有停泊岸线14517米，营运500~2000吨级货运泊位94个（大部分栈桥是木质结构），港区仓库79座，计10万平方米，堆场（院）共计40万平方米。另有拖轮四十余艘，大、小驳船118艘，码头员工三千二百多人，每年平均有1500艘海轮和近千艘帆船进出港口，天津港成为中国北方最大的内河和海运港口。① 同时，华北交通会社于1940年8月在塘沽建成客货、散货、军用混用的码头760米，建成2座仓库；塘沽运输公司接管了原招商局码头的两个泊位、3条铁路专线，作为铁矿石等散货专用码头。②

日本当局为了将掠夺的煤炭、铁、棉花、盐等运往日本，计划增强包括天津在内的华北港口的吞吐能力。在日伪当局曾经制定的港口发展计划中，1942年的吞吐能力要提高到2185万吨，1946年为5215万吨，而华北地区的天津、秦皇岛、青岛、连云港四个港口1938年的总吞吐能力仅有1240万吨，远远不能满足日本的运输需要。③ 作为华北第一大港的天津港，海河沿岸的港口不敷运输需要，严重影响了日本的资源掠夺计划实

---

① 天津市志方志编修委员会：《天津通志·港口志》，1999，第73页。
② 李华彬：《天津港史》，人民交通出版社，1983，第214~217页；居之芬、张利民：《日本在华北经济统制掠夺史》，第184~185页。
③ 参见罗澍伟主编《近代天津城市史》，第664页。

行。早在1937年，兴中公司就开始对在塘沽筑港进行调查，① 1938年日本内务省也曾派人在渤海湾沿海地区实地勘察，1939年5月兴亚院制定了《华北新港计划案》，力主在海河口北岸距离海岸线5公里的地方修筑新港。② 1939年6月之后，由于日本视天津英租界为援蒋抗日的"温床"而加强了封锁，造成英租界内包括日本人的码头和仓库均不能利用，不得不使用他国租界的码头。于是，日伪当局对扩大既有港口吞吐能力和修筑新港的要求就愈加迫切。1939年6月19日，兴亚院制定了《华北主要港湾新改筑要纲》，一方面增强现有港口的吞吐能力，将现有设备能力400万吨（其中天津特三区100万吨，塘沽北站50万吨，塘沽北炮台码头250万吨）增加到1942年800万吨；另一方面筹建塘沽新港，从1939年起预计8年完工，分两期建设，每期4年，投资1500万元。预计1942年末塘沽新港的吞吐能力达到750万吨，1946年达到2700万吨。为了建设塘沽新港，计划在海河口左岸填海700万~1000万平方米，开通300米深、8~9米宽的航路，筑造防波堤4~8座，并建设仓库、栈桥等设备。各种设施完成后，预计停泊能力达到7000吨级船24艘、3000吨级船6艘。新港建设的资金由华北开发会社向兴中公司融通。同时，在陆路交通配套上，通过建设京山线复线和大同至塘沽线，增强物资输送塘沽新港的能力。③ 1940年间，德意日缔结同盟条约引发欧美等国对日加大物资禁运，为此1940年11月8日日本内阁通过《对华经济紧急对策》，提出要强化占领地军需物资输入日本，为此需要提升港口的吞吐能力，要求"顺应海陆输送能力的港湾诸设施（码头、船等）的能效性应急设备，特别是进一步研究塘沽新港的建设计划，谋求其资金、资材的筹措"。④

在这种政策的指导下，日本开始建设塘沽新港。由于最初建设新港的管理机关悬而未决，暂时由满铁的兴中公司从事建设工作，兴亚院华北联络部长官负责监督。1939年6月19日，满铁在北京设立华北新港

---

① 参见解学诗主编《满铁与华北开发会社》，第76页。
② 参见天津市志方志编修委员会：《天津通志·港口志》，第73页。
③ 〔日〕亚洲历史资料中心资料 C13070304800。
④ 居之芬主编《日本对华北经济的掠夺和统制——华北沦陷区资料选编》，第32页。

临时建设事务局，进行筹备。1940年7月31日，该局由北京移设塘沽，同年10月25日正式开工，此为塘沽新港兴建之始。1941年10月，兴中公司解散，华北新港临时建设事务局改称塘沽新港港湾局，隶属华北交通株式会社。依据日本兴亚院的计划，塘沽新港要建30公里的南北防波堤、开挖航道、建码头、船闸，年吞吐量要达到2700万吨，全部工程拟于1947年竣工。由于日本发动太平洋侵略战争，物资吃紧，建港口的资金、设备等无力筹划，致使原计划三次缩减，至1945年日本投降时完成计划不及一半。其完成的主要工程有：填筑工程312万立方米，航道开挖2/3，南北防波堤共完成11公里和横堤的一部分，第一码头完成700米，第二码头、驳船码头护岸和船闸完成85%的工程量，修筑铁路11公里、公路17公里以及装煤机、船坞、水井、房建等工程。① 塘沽筑港工程花费了大量的人力物力，据称最盛时有职员约1000人，技工2500人，小工万余人，所费款项为当时伪币八九亿元。② 因为塘沽新港的建设关系日本侵略战争物资的生产与供应，所以华北交通会社早在制定计划时就确定了边建设边使用的政策，虽然到抗日战争胜利前塘沽新港的建设与计划相去甚远，但在运输日本急需物资和支撑其侵略战争上起到一定的作用。

四 航空业

七七事变前，天津的民用航空业尚属起步阶段。第一次世界大战后，中国开始着手试办航空业，1918年北京政府交通部设立了筹办航空事宜处，不久国务院也设置了航空办事处，筹划航空事务。1920年5月8日，筹办航空事宜处开辟了北平－天津航线，这是我国最早的民航航线，但是这条航线时飞时停，不是定期航班，仅仅是开创。③ 1930年7月，民国政府与美国赖特飞机公司合资创办了中国航空公司，经营多条航线，其中南京—北平航线经停天津，1933年1月10日该航线延长至上海，经停天津、青岛、海州、南京，1935年7月17日增开了上海—南京—青岛—天

---

① 天津市志方志编修委员会：《天津通志·港口志》，1999，第73页。
② 参见居之芬主编《日本对华北经济的掠夺和统制——华北沦陷区资料选编》，第296页。
③ 姜长英：《中国航空史：史话·史料·史稿》，清华大学出版社，2000，第138~139页。

津—北平快班，每周往返2次，从1936年6月9日起增为3次。① 这样，在七七事变前，中国航空公司的2条平沪航线经停天津，天津在东局子建有飞机场，供飞机起落。②

在七七事变前，日本就觊觎中国的航运，企图以天津为基地，为侵华战争掌握制空权打下基础。1933年，在长城抗战中伪满洲航空株式会社副社长着手调查华北航空状况。《塘沽协定》签订后，日本提出合办航空公司计划遭到国民政府拒绝。1934年12月，伪满洲航空会社又派人在北平调查，并设立了华北航空事务调查所，一方面对冀察晋绥的航线以及设置机场地点进行调查，另一方面配合关东军的军事扩张行动，规划军用航线。随后，该公司以行使《塘沽协定》中的视察权为借口，强行开通空中航线，应关东军的要求开通了锦州—承德—张家口—北平—天津的航线，每周三个航班，主要是军用；翌年5月，调查所改为华北航空所，将临时军用航空事务转为定期业务，增派6架客机在这条航线飞行，到9月已经运营4条航线，深入山西、绥远、包头、青岛等地活动。③

与此同时，日本着手修建机场，1936年6月日本在天津李明庄强行占地13333.4公亩，修建机场，用作华北航运中心。1936年10月17日，日军逼迫宋哲元与日驻天津总领事崛内干城签订了《中日华北航空协定》，计划由冀察政务委员会、伪满洲航空会社共同出资合办惠通航空股份有限公司；同年11月惠通航空公司在天津正式成立，资本为450万元，日方投资250万元，中方出让土地使用权，日方出飞机、飞行员以及一切技术人员，虽然名义上中日资本各半，但事实上为日本独资。由张允荣出任董事长，伪满洲航空会社副社长儿玉长雄任副董事长，董事会7人中有4名日本董事。惠通航空公司的组织、职员多为原华北航空所的班底，日本通过惠通航空公司将原来非法航空机构合法化。该公司总部设在天津，

---

① 民航总局史志编辑部编《中国航空公司、欧亚—中央航空公司史料汇编》，民航总局史志编辑部，1997，第6、8页。
② 北宁铁路局：《北宁铁路沿线经济调查报告》（第三册），台北文海出版社，1989，第1004页。
③ 吴余德：《抗战时期日伪合办的民航事业——"中华航空股份有限公司"》，中国社科院近代史所民国史研究室等编《1940年代的中国》上卷，社会科学文献出版社，2009，第637页。

在北平、大连、张家口、锦州设有办事处。1936 年 11 月，惠通航空公司开辟了以天津为中心的航线：津—锦（州）线，津—大（连）线，津—承（德）线，其中津—大线可通日本福冈。1937 年 3 月 27 日天津与大连实现对航，28 日实现与哈尔滨对航，1937 年 6 月又开通了天津—东京航线，飞机从天津飞抵大连后，与日本航空株式会社的大连—东京航线衔接，① 实现了日本所谓的"日满华"直接通航。当时日本的飞机不能直接从日本本土飞到平津，日本想方设法在平津间修建机场，尽管宋哲元进行了抵制，但是持有张自忠批件的惠通公司，在天津东局子、北仓、塘沽、北平南苑、廊坊、通县建六个机场。这样，惠通航空公司事实上取得了华北地区的制空权。

　　七七事变后，日军在进攻天津时就利用东局子的机场，立即抽调关东军的军用飞机前往天津。1937 年 7 月 11 日，关东军所属的 6 个轰炸机、战斗机联队，分别从山海关、承德飞抵天津东局子机场和张贵庄机场，随后重轰炸机第六大队也抵达东局子机场，② 由此飞到侵华战场，配合日军占领华北各地，成为日军控制我国制空权的最主要战略基地。于是，这里也是天津抗日军民抗击日军侵占的主要战场之一，7 月 30 日抗日军民袭击了东局子机场，烧毁了飞机，破坏了跑道，使机场一时瘫痪。日军占领天津后，很快修复了机场的跑道等设备，随后日军驻在东北的飞机和日本国内调拨飞机均在这里起落，从空中支持侵华日军。1938 年 1 月，惠通航空公司开通了福冈—青岛—北京之间的每周 3 次往返的军用定期航班，并陆续开辟支援各地的军用航线，在北京、天津、青岛、上海、南京、汉口等地派遣驻在员，并设置了上海支所、营业所和南京出张所，进行军用客货运输。1938 年 4 月 27 日，日本华北方面军与华北伪政权王克敏缔结了《关于交通通信和航空备忘录》，华北伪政权承认了日本占领华北航空设施的现状，并且约定将来"在日军需要军事行动的期间，日军华北最

---

① 参见天津市地方志编修委员会编《中国天津通鉴》，中国青年出版社，2005，第 246、252 页；李惠兰、王勇编著《七七事变探秘》，中共中央党校出版社，2013，第 56 页。
② 王凯捷：《"七七"事变后占领天津的日本侵略军》，朱福奎主编《冀热辽抗日根据地研究论文集：纪念抗日战争胜利五十周年》，中共党史出版社，1995，第 511 页。

高指挥官对航空等给予军事上必要的管理",① 实际上是承认日本对华北航空的绝对控制权。

日本政府为了尽快实现对中国的占领,支持日本军部提出的建立"东亚新时代的空中大道"计划,即垄断中国的制空权,加速了中国国内、中国和日本空中通道建设。1938年12月16日,日本内阁通过《中华航空株式会社设立要纲》,宣称"中华航空事业欲求集权经营推进,欲谋政治、经济及国防上之充实"而成立中华航空株式会社,该会社"对于中华民国航空事业(包括飞机制造)享有独占权利",对于"国有飞机场独占使用权",在"土地买卖及其他关系公共事业上有特别权利"等。同日,伪中华民国临时政府、伪中华民国维新政府和伪蒙疆联合自治政府联合发布声明,以惠通航空公司为主体,筹建伪中华航空股份有限公司。次日,伪中华航空股份有限公司宣告成立,资本总额600万日元,由伪中华民国临时政府、伪中华民国维新政府、伪蒙疆联合自治政府、大日本航空公司、惠通航空公司共同投资,1939年9月21日资本增加到5000万日元。该公司主要业务有:以飞机搭乘旅客及运输邮件或其他货物等、飞机之租赁、其他关于飞机之一切事务、可资航空事业发展之事业,上述各项事业的附带事业以及投资融资事业。② 总公司设在北京,分公司设在上海,在日本东京设立分理处,在北京、上海、广州、张家口等城市设立管理局,在北京、天津、青岛、张家口、上海、南京、汉口、广州设立办事处和营业所。伪中华航空公司成立后,惠通航空公司解散,其航线和沦陷区一部分军用航线由该公司接办,并开辟了一些新航线。到1939年底,航线总长1.2万公里,拥有各型飞机15架。③ 到1941年上半年,伪中华航空公司有20条航线,其中华北航线8条、华中航线3条、华北华中联络线及华中、华南联络线各1条,7条航线联络伪满洲国和日本,④ 其中涉及天津的航线如表5-7所示。

---

① 居之芬主编《日本对华北经济的掠夺和统制——华北沦陷区资料选编》,第229页。
② 农村经济研究所:《华北政务委员会施政纪要二周年纪念》,农村经济研究所,1942,附录第49页。
③ 刘亚洲、姚峻主编《中国航空史》(第2版),湖南科学技术出版社,2007,第147页。
④ 郑克伦:《沦陷区的交通》,《经济建设季刊》1942年第1卷第2期,第285~286页。

表 5-7　1942 年伪中华航空公司有关天津和华北航线一览

航线	开航日期	班期
北平—天津—大连	—	每日往返
北平—锦州—沈阳	—	每两日往返
北平—青岛	—	每日往返
北平—张家口—大同—归绥—包头	1940 年 6 月 1 日	每周三往返
北平—开封—汉口	—	每两日往返
北平—青岛—福冈—大阪—东京	—	每日往返
青岛—济南—石家庄—太原	1940 年 9 月 1 日	每两日往返
青岛—徐州—商丘—开封	1940 年 12 月 22 日	每周三往返
连云港—大阪	—	暂不定期
北平—石家庄—太原—临汾—运城	1941 年 4 月 22 日	每周三往返
石家庄—开封	—	—
张家口—大同—太原	1941 年 6 月 3 日	每两日往返
上海—南京—徐州—济南—天津—北平	1940 年 3 月 16 日	每日往返
上海—青岛—大连	1940 年 4 月 13 日	每日往返

资料来源：郑克伦《沦陷区的交通》，《经济建设季刊》1942 年第 1 卷第 2 期，第 285 页。

从航线上看，天津是经停航站，但是出于战争的需要不断扩建和新建飞机场。1939 年，日本选中天津张贵庄东北、朱家庄（今朱庄子）以南的洼地修建大型军用机场。同年 3 月 11 日伪天津县公署颁布了《为友军在朱家庄以南建筑飞机场征用土地》的布告，并委令该村村长组成建筑飞机场实行委员会，强征民地 14719 亩。1939 年底到 1942 年，张贵庄修成一个设备简陋的圆形机场，有成交叉十字形的两条跑道，主跑道是长 1120 米、宽 60 米、厚 12 厘米的混凝土道面。机场建成后，开辟了日本福冈经青岛、天津至北平的定期航班。[①]

第四节　电信业

天津是我国最早建立电报、电话的城市之一。1879 年李鸿章在直隶

[①] 东丽区地方志编修委员会编著《东丽区志》，天津社会科学院出版社，1996，第 379~380 页。

总督行署与大沽、北塘海口炮台间设一条有线电报线,用于处理外交和军事等事务,这是我国第二条有线电报线路;1881年铺设了天津到上海的有线电话线,由此设立了津沪电报总局,1906年设立天津电报总局,并有直通上海的海底有线电报线路。20世纪30年代初,天津电报局由交通部核列为特等电报局,与北平、上海、汉口等电报局合称全国四大局,天津电报局有东、南、北三个分局和北马路营业处,通过海底水线和陆线直达通报的地点有31处,东路沿北宁铁路直达沈阳,南路沿津浦铁路到上海,西路到保定,北路到北平。1934年,天津无线电总台与天津电报总局合并,仍称天津电报局。天津的无线电报也是清末出现的。1905年,北洋大臣直隶总督袁世凯在北洋海军的"海圻"、"海容"等四艘主力舰上设置了无线电报机,接着在天津、南苑、保定的陆军行营也设机通报,这是我国无线电报的开端,1922年交通部在大沽设置长波无线电台,用于引导航行船只,1924年4月天津电话南局建立无线电台,政界商界均可应用,并于1928年成立了交通部天津无线总台,是全国无线电通信中心之一,管理冀鲁晋察绥五省无线通信。① 据1933年6月的调查,河北省共有无线电台5台,其中有长波电台1台,设在北平,短波电台4台,北平、天津各设2台;② 1934年天津无线电台与天津电报总局合并,为天津电报局的组成部分。1937年底,天津市区内有天津电报局和东马路、中山公园、邮政总局内和特一区内四个收发处,在塘沽、芦台、汉沽和北塘等有电报分局。

  1900年以前,天津的部分官衙、官邸有专用电话,主要是官府之间使用;丹麦人璞尔生将磁石式单线电话延伸至塘沽、北塘、北京,开创了长途电话,便利了天津与清王朝以及海岸军事防御的联系。但是,1900年后八国联军侵占天津北京,这些电话设施全部被毁。1902年清政府接收天津后,重新在东门外设立电话局,并收购了璞尔生铺设的电话线。民国以后,随着电话使用率提高和线路的延伸,天津在市区内陆续开设电话

---

① 天津市地方志编修委员会编著《天津通志·邮电志》,天津社会科学院出版社,1999,第8页。
② 金曼辉编《我们的华北》,上海杂志无限公司,1937,第286~287页。

分局，到 1928 年有 5 个电话分局，并开始使用自动交换机。① 1929 年，天津电话局用户达到 10256 户，同北平电话局并列为全国一等电话局。1904 年天津与北京之间电话线架设竣工，从此有了天津至北京的长途电话，这是中国最早的长途电话。1928 年天津有河北省第一长途电话局，业务范围主要是天津附近城乡。② 1931 年有天津至北京、保定、唐山、沧县的长途电话，线路总长度为 1969 里，有 11 条支线，有电话分所 28 个，交换机 21 台，电话 38 台。③ 七七事变前，天津除了总局外有五个电话分局，二、三、四分局分设在闸口、英租界和意租界，共装有西门子自动机一万个；五、六分局分设闸口和河北的月纬路，装有人工电话机 5400 个，有 11148 个用户。④

日军攻占天津时，电话电报线路与设备部分毁损，在闸口的第二、五电话局毁于炮火，租界内的机构和设备没有损失，但是各国租界之间、租界与中国街区之间的电信电话中断。电信是日军侵华的保证，早就被确定为统制性行业，占领天津后中国驻屯军司令官命令伪满洲电信电话会社迅速派员进关修复电信业，伪满电信电话公司立即派技术人员到天津，从大连运来 13 台电话交换机，修复电话设施，从该公司选派约 20 名话务员，电话业务恢复；中国城区的电报局被毁，日军在日租界建立新的电报电话局，8 月 5 日开始了与伪满洲、日本的电报联系，8 月 20 日开始了天津与日本、伪满洲的中日文收发业务，9 月 1 日已经可以直接与日本内地收发电报；⑤ 当年 12 月新的电报局建成，其所有人员的身份也十分特殊，都是随军的家属。

日军对各个电信机构实行军事化管理后，开始重组管理机构。最初是接管各个电报电话局，伪天津治安维持会成立后的 8 月 12 日成立伪平津通信总局，该局最主要的事情就是接收原来隶属于南京国民政府交通部的

---

① 天津市地方志编修委员会编《天津简志》，天津人民出版社，1991，第 670~671 页。
② 金曼辉编《我们的华北》，第 287~288 页。
③ 天津市政府统计委员会编《天津市统计年鉴（1928~1932 年）》，天津市政府统计委员会，1935，公用类第 16 页。
④ 《天津电信局概况》，天津市公安局档案馆 92 - 5168；转引自天津电信史料编辑组编印《天津电信史料》第二辑，1992，第 3 页；参见金曼辉编《我们的华北》，第 288 页。
⑤ 〔日〕亚洲历史资料中心 B02130114700。

天津各电报电话局，将各局管理的所有电信电话业务委托给伪满洲电信电话会社管理运营。在中国城区的各个电报电话分局，有的被炮火炸毁，有的被日军占领，日伪政府建立后很快被伪满电报电话公司接管。日伪当局对在各国租界的电报局、电话局和电台等的接管，一直延迟到1941年的太平洋战争以后。因为这些电话局等设在各国租界，没有被日军占领，继续坚持原有业务。比如天津电报局继续办理国际国内电报，1939年夏设备均迁至法租界，停止国际业务，只开通上海与成都的电报业务。1942年10月，日本占领各国租界，电报局被查抄，部分工作人员被捕，电报局全部纳入华北电报电话公司。最初，设立在英租界和意租界的三、四电话分局，拒绝将电话局移交日本占领当局。1938年2月后，日伪当局多次向租界当局施加压力，要求接管该电话局，并屡次破坏电缆。在局长的带领下，电话局职员展开了"抗交"斗争，伪华北电报电话公司指使日本宪兵队多次拘捕该局职员，拘捕达二十余人，施以暴行，胁迫职员工人另觅出路，还扬言出动军队强行接管。该局职员开会决定，决不屈服，坚持"抗交"。局长被伪政府替换后，该局总工程师朱彭寿与员工合力维护设备，保持通话畅通，拒绝接收。日伪当局未能如愿，4月5日日本宪兵队劫捕了朱彭寿，押在宪兵队，"施以非刑，体无完肤，内部受伤甚重，终于含冤死于敌宪兵队之拘留所中"。① 在日伪当局的逼迫下，租界当局为息事宁人，提出由英、法、意派代表暂时代管的折中办法，第三、四电话分局仍然没有落入华北电报电话公司之手，直到1940年9月，租界当局与伪政府签订协定，将电话局的管理权移交给日方；1941年太平洋战争爆发后日本派人进驻租界的这两个电话局，交华北电报电话公司接管。②

为了保证侵华战争的需要，天津的电信管理机构随之调整，其目的就是使天津乃至中国的电信成为能够为侵华战争和殖民统治提供保障的

---

① 刘世彦：《朱彭寿被害案之报告》，天津市公安局档案馆6-1731；转引自天津电信史料编辑组编印《天津电信史料》第二辑，1992，第479页。
② 参见吴云心《回忆沦陷时期天津电话局"抗交"事件》，《天津文史资料选辑》第24辑，1983，第122~127页；天津电信史料编辑组编印《天津电信史料》第二辑，第471~481页。

工具，企图将其纳入以日本为中心的包括伪满和中国的"大东亚共荣圈"通信网。1937年12月10日，日本、伪满洲、华北三地的电信人员制定了《华北电政处理备忘录》，主要内容是在北京成立华北电政总局，并尽快创立新会社。1938年1月1日华北电政总局在北京成立，平津通信总局撤销，接办了军管理的华北电信事业，局长和经理以及主要业务部门负责人均由日本人担任，伪满洲信话会社在华北的代表为华北电政总局要员。① 1938年7月31日，伪华北电信电话有限公司成立，资本金3500万日元，以中日合办的方式，由伪满洲电信电话会社、日本电信电话会社、国际电气通信会社各出资400万日元，华北开发会社出资1300万日元，华北伪政府以原有电信电话设备折合1000万日元作为现物出资。② 华北电信电话公司是统制性的机构，其业务范围为电气通信事业设施及经营（除广播无线电话事业外），电气通信设施和事业的租赁及其委托管理，前列各项的附带事业，电气通信有关事业的投资，以及其他经政府许可的事业，既包括电报、电话、无线电报、无线电话和其他电气通信事业的经营，也包括电气通信设备的租赁修理；③ 经营区域是河北、山东、山西及其邻近地区。其目的非常明确，就是"统一或消灭国营、省营、县营和敌性通信设施等经营主体，实现一元化，更适应兵站基地华北的重点产业开发整备设施，谋求治安和国防通信设施的强化扩充，促进以日、满、华中及蒙疆为一环的大陆通信政策的实现和大东亚电气通信体系的完成等"。④ 华北电信电话公司设总裁室、通信部、管理部，在华北各地先设北平、天津、青岛、济南四总局，以后又加设徐州、开封总局，后将总局改为通信局，此外在烟台还设有一个分局。⑤ 该公司在天津设立天津电报电话总局，其管辖范围是河北省内除了北京总局管辖以外的各地。总局下有庶务课、电报处和电话处，各处有科室和分局，如电报处有通信课、派送课、试验课和中街分局，以及在日租界吉野街等四个只受理电报的收发

---

① 〔日〕亚洲历史资料中心 B02030553300。
② 郑克伦：《沦陷区的交通》，《经济建设季刊》1942年第1卷第2期，第286页。
③ 参见居之芬主编《日本对华北经济的掠夺和统制——华北沦陷区资料选编》，第337~338页。
④ 中央档案馆等编《华北经济掠夺》，中华书局，2004，第543页。
⑤ 邮电史编辑室编《中国近代邮电史》，人民邮电出版社，1984，第194页。

处；电话处有加入课、交换课、试验课和河北分局，并设工务处负责通信设施的建设和维护。

1941年，华北电信电话公司进行了机构调整，增加管理机关和业务，业务机构的种类分为：中央电报局、中央电话局、电报局、电话局、电报电话局、无线送信所、无线受信所、电话中继所等。1944年华北电信电话公司又简化了机构，截至1945年4月25日，天津通信局是总的管理机构，直属机关有通信课、管理课、经理课、工作队以及送信所和受信所等，通信局下设机构有：天津中央电报局有4个业务课和3个分局、5个电报收发处；天津中央电话局有4个业务课和1个工作小队，有6个电话分局；唐山电报电话局有4个业务课和1个工作小队；塘沽电报电话局有大沽分局、新港收发处和塘沽送信所；秦皇岛电报电话分局下设1个电话分局；另外还有19个电报电话局、2个电报局、35个电话局、1个海岸局、3个中继所。①

天津的通信业最初主要是线路的恢复、延长和设施的增加，以发挥其侵华战争兵站和基地的作用。华北电信电话公司成立时，天津的通信线路只有以北京、天津为中心的国内线，即北京—天津、天津—芝罘线，北京和天津至伪满洲国以及从北京到蒙疆的线路。该公司开办计划中，首先是在华北各主要城市之间必须同时建设有线和无线二套通信机关，以防通信的断绝；其次迅速恢复原有的电报电话局，以配合"开发"上的需要；再次结成与日本、伪满间强力的通信网络；还要在北京建立电气通讯学院。1938年12月由华北开发株式会社制定计划要求，电信业要增加线路、延长线路，恢复天津—上海的线路，完成日满华通信网。② 为此，华北开发会社计划在1938年后的五年间投入3400万元进行电信、电话建设。③ 比如1939年4月建成连接华北和日本、伪满的通信大动脉第一期工程的北京至天津的无负载电缆，随后与天津至沈阳的明线载波线路相

---

① 《华北电信电话股份有限公司公司报》，转引自天津电信史料编辑组编印《天津电信史料》第二辑，第15~18页。
② 参见居之芬主编《日本对华北经济的掠夺和统制——华北沦陷区资料选编》，第155页；张肖梅主编《中外经济年报》，中国国民经济研究所，1939，第105页。
③ 参见居之芬主编《日本对华北经济的掠夺和统制——华北沦陷区资料选编》，第153页。

接，由此开通了与日本间的通话。到 1939 年 10 月，华北电信电话公司管辖的局、处达到 154 个，其中办理电报的 79 个，增加了有线、无线线路 30 条，其中最为重要的线路多与天津有直接的关系，如天津至大阪和朝鲜京城的无线线路、天津至青岛 3 条线路、天津至东京线路等；电话线增加到 184 条，包括平津至日本的有线电话。① 到 1945 年，天津的有线通信线路直接可以联系的城市有日本东京、大阪、福冈和朝鲜汉城以及国内的大连、沈阳、北京（3 条线路），青岛、烟台、徐州、济南（2 条线路），唐山、塘沽、德州（2 条线路），山海关（2 条线路）；无线通信线路可分别达日本和朝鲜的大阪、汉城，国内的上海、沈阳、青岛、烟台、济南、太原。② 以上主要是电报和长途电话的线路，市内电话方面却仅有少量的增加。1941 年 4 月天津 6 个电话分局共计装机量为 1.8 万部，使用者为 14597 部；1945 年 5 月全市用户总数为 18926 户，其中 83.7% 为自动电话机。③ 1945 年市内电话线路有 469.19 公里，电缆 453.37 公里，其绝大多数是架空线路。④ 以上说明日伪当局对天津通信事业的建设重点在于加强日本、东北和华北联系的长途电报和电话线路，是出于支持侵华战争和维持殖民统治的需要。通过分析天津中央电报局 1942 年 3 月电报份数的统计可以具体揭露通信业对战争和殖民统治的支持：收费发报项下，管辖范围内的 425748 份，其中日文电报占 64.54%，往东亚发报 628582 份，其中日文电报竟然占到 86.85%，即绝大部分是用日文发报，可以说明电报是为日本人服务的；还有 113935 份是免费发报，可能是与日本政府、战争、军队有关；该局收报量和转报量分别占到份数总量的 21.95% 和 55.40%，也可以说明天津作为战争的兵站基地的中枢作用。华北电信公司 1941 年 4 月对电报用户类别进行了调查，总共 1780 家用户，其中中国人有 700 户，日本人有 900 户，该公司也不得不承认"中国商户的使用率

---

① 《中日有线电话开通》，《侨声》1939 年第 1 卷第 7 期，第 97 页。
② 《华北电电事业史》，转引自天津电信史料编辑组编印《天津电信史料》第二辑，第 166 页。
③ 《华北电电规章》，转引自天津电信史料编辑组编印《天津电信史料》第二辑，第 234、271 页。
④ 中国第二历史档案馆资料 142 - 2238；转引自天津电信史料编辑组编印《天津电信史料》第二辑，第 256 页。

很低",如果以电报常用户和人口比较,中国人为 0.05%,日本人及其他为 1.8%;以电报常用户与商人数量比较,中国人为 5.6%,日本人为 20%;而在非商业电报上,在天津的 5 万日本人中每天约发报 130 件,而 144 万中国人中仅仅有 20 件。①

由此可见,在华北电信电话公司的统制性经营下,天津的通信方面加强了北京、华北与日本、伪满洲的联系,为日本扩大侵华战争和所谓的"开发"华北提供了保障。

---

① 《华北电电事业史》,转引自天津电信史料编辑组编印《天津电信史料》第二辑,第 195、215 页。

第六章　轻纺工业的萎缩

纺织与食品工业是天津最早兴起的行业，是天津近代工业的基础和支柱行业。20世纪30年代中期，在日本中国驻屯军等制定的掠夺华北经济方针政策和计划中，这些行业没有被纳入统制性企业，如中国驻屯军1936年2月制定的《华北产业开发指导纲领》中就有这样的语句：因为"棉纺织业信赖日本纺织联合会的统制力量，从统制企业中除外"，说明日本军政当局依靠日本的财阀来管理这类行业。① 同时，这些行业相对矿山、冶金、机械和交通等行业来看，投资较少，资金流转快，容易得到较高的收益，所以日本军政当局积极鼓励和支持日本商人投资经营。但是，随着日本侵华战争的全面爆发，战争所需的除了该行业能够提供的服装和食品等物资外，更重要的是战略所需的能源、武器弹药和粮食的供应，因此纺织和食品等轻工业几乎没有得到日本政府的政策和资金支持，加之因为各地农村被日军占领，农民惨遭日军的烧杀抢掠，不可能有正常的生产，纺织和食品行业的原料来源日趋紧张，使得这些行业趋于萎缩；战争后期日本推行总体战，对各种物资实行强制性的掠夺，这些行业基本丧失生产能力。

第一节　棉纺织业

如第二章所述，事变前天津的华商纱厂已经逐步被日本收购吞并，只剩下了恒源、北洋、达生三家，维持着纱锭83000枚、线锭2000枚、织

---

① 居之芬主编《日本对华北经济的掠夺和统制——华北沦陷区资料选编》，第11页。

机 560 台的生产规模。日本进攻天津时，各纱厂基本没有损毁，由于不是统制性行业，日军占领天津后并未对这三家纱厂实行军管理，而是通过日本财阀经营的纱厂从原料、生产品种和销售上予以控制，即在各方面"都必须与华北日商纱厂保持密切联系，采取同一步调"。① 加之，日商投资兴建的四喜纱厂投入生产，天津的华商纱厂虽然继续生产，但1938年运转率约66%，1939年仅为50%。②

在七七事变前，棉纺织业是军部鼓励日本财阀投资的主要行业，除了强行收购华商裕大、裕元、华新和宝成三厂等四家纱厂外，也按照驻屯军制订的计划，开始积极筹划创办新的纱厂。中国驻屯军曾经计划在天津等有条件的城市设立纱厂，要在天津新建10家纱厂，纱锭总数拟增加157.47%，织机总数拟增加626.24%。③ 日本人预测："在如此情况之下，日本纺织工业在中国的前途，将来在华北方面，愈将有飞跃的发展，不难想象。"④

表 6-1　七七事变前日本计划在天津新设日资纱厂

公司名	锭数	织机数（台）
上海纺	50000	1000
双喜纺	50000	1000
吴羽纺	145000	5000
仓敷纺（中兴纺）	50000	1000
岸和田纺	50000	1000
大日本纺（大康纱厂）	100000	2000
内外棉	50000	1000
合　计	495000	12000

资料来源：郑伯彬：《日本侵占区之经济》，资源委员会经济研究室，1945，第298~299页。

七七事变后，日本财阀对天津的棉纺织业，一方面促使原有的纱厂复工，另一方面积极筹备新厂建设。按照既定的新设纱厂计划和既有纱厂增

---

① 〔日〕大日本纺绩连合会编《东亚共荣圈と纤维产业》，东京文理书院，1941，第211页。
② 王萌：《抗日战争前期日本在华棉纺织业研究（1937~1941年）》，华东师范大学博士学位论文，2012，第76页。
③ 参见〔日〕《陆支密大日记》，1938年4月9日。
④ 〔日〕东亚同文会编《对华回忆录》，胡锡年译，商务印书馆，1959，第445页。

设计划，新设工厂纺锭为49.5万锭，织机1.2万架，已经存在的工厂增加纺锭26.4万锭，织机7500架，这样共增加纺锭75.9万锭，织机1.95万架。如果加上七七事变前日资纱厂的设备，天津日资纱厂的纺锭会达到100万锭，织机2.25万架，这与抗战前整个华北地区的纺织业设备几乎相当。①

表6-2 七七事变后天津日资纱厂增设计划

公司名	锭数	织机数（台）
裕大（天津纺）	10000	—
宝成（天津纺）	70000	2500
东大第六厂（钟渊）	30000	2000
东大第七厂（钟渊）	68000	2000
裕丰	50000	1000
唐山华新	36000	—
合　计	264000	7500

资料来源：郑伯彬：《日本侵占区之经济》，资源委员会经济研究室，1945，第299页。

于是，日本各纺织会社蜂拥而至，东洋、福岛和上海纺织会社捷足先登，自1936年开始在天津筹建裕丰、双喜纱厂和上海纺织分厂。但是，日军占领天津和华北地区以后，急切需要掠夺的是战略资源和供应战场所需武器装备、粮食物资，要求各财阀把财力物力集中到华北重要的国防资源产业上，以保证战争所需。日本华北方面军特务部坚决制止了日本纺织界在天津开设新厂的计划，要求原则上只保持战前的生产水平。1938年初，大日本纺织等五六个会社呈请批准设立新的纱厂时，华北方面军特务部则要求他们以"开发"重要国防资源为中心，至于"新设扩充纱厂，只准许限定在建设中和已经购置场地等最小限度内，避免使用在日本的停产机器和现行机器重新制定建设新厂的计划"。② 1938年9月，日本企划院对天津日本商人的纺织业实行了限制政策，规定现有天津的日商纱厂

---

① 郑伯彬：《日本侵占区之经济》，第299页。
② 参见〔日〕《陆支密大日记》，1938年4月9日。

的规模（精纺机、织机数量），对于其他纱厂的扩张计划一概不允。日本为了贯彻"中国农业，日本工业"的方针，1939年的政策要点为：现以复工或尚在修理中之既存纱厂设备，给予许可证；惟正在修理之厂，应限其复工，否则即取消其许可权；战前准许设立之厂及增加设备之计划，凡未着手进行者，即取消其许可权；凡战争开始以来之新设或增设计划，以及此后之新设或增设计划，必须先行取得核准许可证，才得以允许其开业；新设纺织厂，至少须已经具备干纺机与织机、所用之机械及出品种类，亦应有一定标准，否则即不许可其设立；现有工厂之各种生产设备，亦应依上项标准，才决定予以许可权，凡不符条件者，应在核准下命令合并或改组，否则即取消其"许可状"。① 这样，七七事变前日本民间资本的庞大扩张计划受挫，日商根据日本企划院的政策做出调整：凡是没有动工的全部放弃，七七事变前已经兴建的继续进行，原有纱厂的扩充计划照常推进。② 因为双喜纺织公司、上海纺织公司、岸和田纺织公司在七七事变前就已经着手建立，故纱厂陆续开工投产，但是生产能力被日本当局限定为90000锭。而富士、和歌山等纺织会社虽然与日本占领当局积极协商，最终也未能如愿。截至1938年8月，天津有日本财阀在七七事变前收购和新建的纱厂共计8家，有纱锭45万枚，织机近9000台。

在天津，七七事变后新建的三家日商纱厂，都是事变前就已经开始购地建厂的。日本福岛纺织株式会社的双喜纺织会社，原计划投资500万元，建成5万纱锭、1000台织机的纱厂，1936年10月开始实施，但是七七事变后形势发生了变化，随即修改了第一期计划，将规模缩小为3万纱锭、700台织机。1939年6月完成第一期计划，因为同年天津遭受水灾，设备受损，同年10月开始营业。③ 上海纺织株式会社1937年3月开始设立上海纺织会社天津纱厂，1939年5月建成，亦因天津大水同年11月开始正式生产。④ 日本岸和田纺织株式会社设立岸和田天津纺织工厂，1937

---

① 参见〔日〕《陆支密大日记》，1938年4月9日。
② 陈真：《中国近代工业史资料》第4辑，第242页。
③ 居之芬主编《日本对华北经济的掠夺和统制——华北沦陷区资料选编》，第637页。
④ 居之芬主编《日本对华北经济的掠夺和统制——华北沦陷区资料选编》，第619、634页。

年建立厂房，1939年11月完工，1940年5月开始生产。1941年7月日本岸和田纺织株式会社与大日本纺织株式会社合并，岸和田天津纺织工厂改称大日本纺织株式会社天津工厂。① 到1940年，日本新建的双喜纺、上海纺、岸和田纺都已完工，日本纱厂的生产能力进一步提升。根据调查资料的统计，到1940年4月，日本的纱锭比1937年9月增加97%，线锭增加159%，织机增加270%。② 就整个天津来说，1940年是棉纺织业设备存量的峰值期，此时日商、华商的精纺机为544204锭、捻线机25172锭、织机8793架，其中日商纱厂的精纺机、捻线机、织机占比分别为85%、92%、94%，处于绝对的垄断地位；而华商纱厂仅有恒源、北洋和达生纱厂。

日本军政当局为了垄断与控制天津的纺织业，1937年4月成立了日本纺织业天津事务所，宣称成立事务所的"目的在于为建设中的日本人纺织同业协议相互的福利问题，并且建立彼此间的亲睦关系"。七七事变前，事务所在业务上并没有取得太大成绩。事变后，"纺织同业会的团体化问题，迅速取得进展"。1937年9月经日本总领事馆批准，另外设立在华日本纺织同业会天津支部，会员为天津、唐山的日系纺织工厂，有天津纺、裕大纺、裕丰纺、公大第六厂、公大第七厂、双喜纺、上海纺、中兴纺、岸和田纺、大日本纺、内外棉、唐山华新共12家纺织工厂。1939年，事务局的理事后藤兼任了华北棉花协会的理事长，日本纺织同业会天津支部控制了华北的棉花收买、运输、配给，掌控了原料和产品市场。1940年6月，日本人在事务所内设置了天津纺织品机械用品输入组合，开始对纺织工业所需各种物资进行一元化输入统制，进一步加强了对天津棉纺业的控制。

随着日本侵略战争的不断扩大，军需物资供应更趋短缺，日本加强"军需优先"、"民需压缩"的政策，开始压缩非军需产业的生产，对以往自由经营的大批轻纺民营工业进行大规模压缩和全面统制。1942年4月，在华的日本纺织同业会的机构进行改革，在北京设立支部，统辖整个华北

---

① 居之芬主编《日本对华北经济的掠夺和统制——华北沦陷区资料选编》，第627页。
② 根据陈真《中国近代工业史资料》第4辑第243页表格计算。

各个支部，天津支部改成天津事务所。① 同时为了支撑纺织生产，1942年7月兴亚院华北联络部公布了《华北棉业机构整备要领》，据此设立了作为军部和兴亚院外围机关的华北棉业振兴会，开始从资金、生产、配给等方面对华北棉业进行一元化统制。1943年2月，日伪当局以华北棉业振兴会为基础改组为华北纺织工业会，将原华北纺织工业会与华北支部全部业务纳入，成为棉纺、毛纺、织布、染色、加工的统制机关。② 1943年8月，华北纤维统制总会设立，下设财团法人华北纺织工业会，进一步统制整个纺织工厂的业务。华北纺织工业会还出台了《制棉业统制要纲》，规定以制棉团为单位，对机械设备有一定规模的制棉业日华工厂进行统制，在华北地区设置5个制棉团，在天津地区设置天津制棉团。各个制棉团负责配给日华各厂所需原棉，登记与制棉团有业务关系的杂棉业者，登记之外的杂棉业者没有权利进行交易。③ 从此开始，天津纺织业的联络、调整各项事务，全部由华北纺织工业会管辖。

虽然七七事变后天津各纱厂的生产规模有所扩大，但是在战争状态下一直没有达到正常的生产，其产量增长幅度很小，并没有达到日伪当局的预期计划。日本基本垄断天津棉纺织业后，企图迅速恢复到战前的生产水平，但是其棉纱产量却连年减少。这是因为华北棉花连年减产，棉花还要按比例供给日本，加之工厂工人的消极反抗，各纱厂长期处于半停产状态。天津各日商纱厂1939年开工率大约为48%，1941年华北棉产有所增加，但各厂的开工率仅为63.3%。抗战前的1932年天津各纱厂的棉纱产量最高为162114包、棉布806468匹；1937年沦陷后年产棉纱为105781包、棉布642700包，分别相当于1932年的65.25%和79.69%；为了供应军需用布，各纱厂均购置织布机增加织布产量，使得织布产量有所增加，1938年棉布产量达2755835匹，比1932年增加2倍多；1939年天津的7家纱厂（包括4家日资纱厂）的棉纱产量只及抗战前的75%。④ 1940年后新的纱厂已经投产，天津纺织业的规模已超过青岛，居华北首位，但

---

① 参见居之芬主编《日本对华北经济的掠夺和统制——华北沦陷区资料选编》，第619页。
② 解学诗：《满铁与华北经济（1935~1945）》，第484页。
③ 《制棉业统制要纲》，《华北棉产改进会会报》1943年第5期，第12~13页。
④ 参见张肖梅主编《中外经济年报》，中国国民经济研究所，1939，第112页。

● 抗战时期日本对天津的经济统制与掠夺 ▶▶▶

其产量并没有太大增加,年产棉纱 73401 包,只及战前的 40%,棉布 4262925 匹,为战前产量的 4 倍多。① 1941 年太平洋战争爆发后,尽管日伪当局竭力强调改良棉花品种,扩大棉花种植,极力推进天津各纱厂增加产量,以保证战场的供应。但是,战局的发展变化和日伪政府与军队法西斯统治,使得华北农村的生存环境每况愈下,农民长期在死亡线上挣扎,几乎丧失生产能力。农业生产方面粮食种植尚且不足以供应日军和民众,更难以增加棉花生产,造成棉花生产规模不断下降,棉花产量远不及抗战前。而且,棉花首先保证的是军用,各纱厂所需原料常年不足,一些日商纱厂曾一度进口外棉以供急需,但杯水车薪,解决不了根本问题,反而增加了生产成本,造成各纱厂"万不得已,大施短工,其新设设备,也逐渐游闲化了"。② 面对原料日益枯竭,日伪当局进一步加强了对华北棉花和棉织品的统制,规定华北棉花要有一半运往日本和伪满洲国,本地消费的棉花还必须一半供给军需。各纱厂产品也以供军需为主,致使各厂无利可图,大多处于半停产状态。抗战胜利前夕,日商纱厂的开工率普遍不足 20%,如上海纺织厂的开工率为:棉纱 15%、棉布 15%~20%、麻线 30%、麻布 20%、帆布 20%;大日本纺织会社天津工厂开工率为:纺织 15%、织布 17%。③

表 6-3 1941 年天津棉纺织业概况

单位:元、包、匹

名称	设立时间	1941 年资产总值(元)	工人数	生产设备	产品	生产量	
						1940 年	1941 年
公大六厂(钟纺)	1918 年 4 月	34000000	5065	精纺机 98632 锭 捻线机 5376 锭 普通织机 3015 台	棉纱 棉布	5880 1391142	7900 1125890
公大七厂(钟纺)	1918 年 11 月	29000000	2331	精纺机 60123 锭 捻线机 5720 锭 普通织机 1530 台	棉纱 棉布	2236 684986	4540 551945

---

① 参见〔日〕中国驻屯军司令部《北支纺绩制粉工业调查报告》,第 37 页;李洛之、聂汤谷《天津的经济地位》,第 262 页。
② 李洛之、聂汤谷:《天津的经济地位》,第 251 页。
③ 居之芬主编《日本对华北经济的掠夺和统制——华北沦陷区资料选编》,第 635~636、628 页。

续表

名称	设立时间	1941年资产总值(元)	工人数	生产设备	产品	生产量 1940年	生产量 1941年
裕丰纺织株式会社天津工厂（东洋纺）	1936年	40000000	3824	精纺机102384锭 捻线机7200锭 普通织机2028台	棉纱 棉布	4687 1149896	8012 1193557
天津纺织公司	1922年1月	19000000	2900	精纺机56848锭 捻线机2520锭 普通织机748台	棉纱 棉布	17116 275088	20990 399753
裕大纺织股份有限公司	1921年1月	10000000		精纺机48672锭 捻线机2400锭	棉纱	10911	12505
双喜纺织株式会社（福岛纺）	1936年11月	15000000	1402	精纺机30040锭 普通织机700台	棉纱 棉布	9543 245538	6739 271500
上海纺织株式会社天津支店	1937年3月	8339052	1277	精纺机29948锭 捻线机1440锭 自动织机700台 麻纺织设备1套	棉纱 棉布	6321 199705	5779 178460
大日本纺织株式会社天津工厂	1937年	7131186	892	精纺机30000锭 自动织机500台	棉纱 棉布	4116 82148	5765 126372
恒源纺织股份有限公司	1930年5月	13302253	1754	精纺机36592锭 自动织机460台 普通织机150台	棉纱 棉布	7945 174490	7796 194765
北洋纺织股份有限公司	1921年9月	12757404	1386	精纺机37632锭	棉纱	13173	15064
达生制线厂	1922年11月	1906188	473	精纺机9072锭	棉纱	3548	3532

资料来源：根据郑会欣《战前及沦陷期间华北经济调查》第403~404页的表格精简而成。

1943年前后，日伪当局强力推行的献金献铁运动，将本来已经奄奄一息的各纱厂推向绝境。在太平洋战争前，日本制造武器所使用的钢铁依赖美国供给，太平洋战争后来源断绝，海路不畅，日本政府劝导各企业捐献那些与战争关系较小或剩余机器设备用于制造武器，日商纱厂为此捐献出大批机器。据日本在华纺织联合会1945年5月的统计，在华日商共捐献了 100 万纱锭的纺纱机和 4500 台织机，约占在华纺织设备的半数。① 就华北地区棉纺织业而言，1943~1944 年有 1/3 的设备被强令拆毁制铁或转产军工。在天津，除了裕丰、上海负有"特殊使命"外，② 其他日资纱厂都要"献铁"，天津各日商纱厂的设备拆毁了 15 万锭，1943 年裕大纱厂设备全部拆毁改为军用化工厂，1944 年双喜纺织公司卖出纺机 9400 锭。华商纱厂更是如此，日伪当局以捐献废铁的名义强制拆除一些设备。1944 年 7 月 27 日，华北纺织工业会派人拆除恒源纱厂纺织机械，包括打棉机 1 组台、梳棉机 20 台、捻条机 21 台、粗纺机 12 台、精纺机 29 台，合计 11584 锭，这些纺织机械的钢铁重量为 343930 吨。1944 年 9 月 26 日，华北开发会社又派人拆除了恒源纱厂各种功率的电动机 30 台和 1/3 的机器设备，使得恒源纱厂仅余 800 纱锭、40 台织机，折合时价 70.8315 万元法币；③ 北洋纱厂全部纺织设备被强行拆卸，从 1941 年 5 月到 1945 年 6 月被日本多次强行没收汽油、钢铁等物资，折合时价 267.7377 万美元。④ 据统计，华商的恒源、北洋和达生三家纱厂的纱锭和织机总数，1940 年 12 月为 81584 枚和 504 台，到献金献铁后的 1945 年 6 月分别为 65388 枚和 460 台，减少了 10%~20%。⑤ 天津的日商纱厂 1945 年的总锭数仅相当于 1942 年的近 69%。到 1945 年天津的日华纱厂总生产能力为纺机 407400 锭，线机 40552 锭，织机 9053 台，比 1940 年纺机总数减少了 18 万锭，生产能力仅及 1940 年的 69.11%。⑥ 到了抗战结束前，天津各纱厂的生产能力急剧萎缩，其中日资棉纺织厂全部陷于停工状态，双喜、大康、公大六厂基本上停工。

---

① 陈真：《中国近代工业史资料》第 4 辑，第 253 页。
② 天津市纺织工业局编史组：《旧中国时期的天津纺织工业》，刘志强、张利民主编《天津史研究论文选辑》，第 66 页。
③ 陈真、姚洛：《中国近代工业史资料》第 1 辑，第 459 页。
④ 天津市抗战损失调研课题组：《天津市抗战时期人口伤亡和财产损失》，中共党史出版社，2010，第 93 页；恒源和北洋纱厂财产损失报告单，天津市档案馆资料 128-9-10154，转引自中共天津市委党史研究室编《天津市抗日战争时期人口伤亡和财产损失资料选编》，第 118~121 页。
⑤ 天津市纺织工业局编史组：《旧中国时期的天津纺织工业》，刘志强、张利民主编《天津史研究论文选辑》，第 66 页。
⑥ 李洛之、聂汤谷：《天津的经济地位》，第 252~253 页。

表 6-4　1945 年天津棉纺织工业的设备

纱厂名称	精纺机(锭)	捻线机(锭)	织机(架)
中纺天津第二厂(旧公大)	81992	5376	2015
中纺天津第七厂(旧公七)	50272	5720	1530
中纺天津第三厂(旧天津)	48820	4920	1006
中纺天津第一厂(旧裕丰)	96352	8720	1932
中纺天津第五厂(旧双喜)	20640	4000	700
中纺天津第四厂(旧上海)	29948	7560	750
中纺天津第六厂(旧大康)	21040	2300	700
小　计	349064	38596	8633
恒源纺织厂	25008	—	460
北洋商业第一纺纱厂	26080	—	—
达生制线厂	7248	1956	—
小　计	58336	1956	460
合　计	407400	40552	9053

资料来源：李洛之、聂汤谷：《天津的经济地位》，第 252 页。

第二节　毛纺织业

　　华北北部和西北地区盛产羊毛，产量居全国首位，这些羊毛多集中到天津出口国外，天津出口的羊毛占据全国出口总量的绝大比重。1901~1905 年天津绵羊毛出口数量占全国的 77.66%，1934 年天津出口的绵羊毛和山羊毛分别占全国总量的 86.01% 和 91.74%，翌年分别为 85.74% 和 97.53%。① 天津集中了大量的羊毛和毛绒，促进毛纺织业的兴起和发展。20 世纪 20 年代外商在天津相继创办了海京、倪克、古绅三家毛织厂；进入 30 年代，华商东亚毛呢、仁立、祥和、章华等 4 家大型工厂也相继建立，形成与外商毛纺织厂对峙的态势。天津的毛织业在民国初年只有 4 家工厂、84 台织机，在 1929 年跃增至 303 家工厂、

---

① 许道夫：《中国近代农业生产及贸易统计资料》，第 313 页；参见姚洪卓《近代天津对外贸易》，第 133 页。

2749台织机①，使天津成为华北地区最为兴盛的毛纺织生产中心。

在呢绒纺织业中，天津较大规模的有仁立、海京、古坤三家毛纺厂。仁立毛纺织厂最初生产毛纱，后来生产毛呢，为华北第一家民族资本毛呢生产工厂，1936年生产的呢绒达到13.3万米，床毯1220条，② 1936年增添德国造精纺锭2000枚，织机52台，补充了染整设备，开始发展精纺呢绒生产，③ 1937年建成精纺车间，至此发展成为集粗纺、精纺、织呢、染整为一体的公司，其总部也从北京迁移到天津，在北京、天津、上海等地均设立了分厂。海京毛绒厂本为美商海京洋行1923年所设，下设纺毛部、织毯部、洗染部等生产部门，建有地毯厂，1928年海京洋行委托华商纺织地毯，开始生产呢绒，九一八事变后海京洋行认定日本会侵入关内，于是清理天津的业务，将毛绒厂出售给华人，改名为海同纺毛厂。④ 在毛纺业中，天津有东亚、仁立两厂，其中东亚毛纺织厂为华商毛绒线工厂中规模最大的，每年毛线的生产额占华商工厂总额的87%，全国毛线生产价值总额为340余万元，其中东亚毛纺织厂占300万元，该厂生产的抵羊牌毛线，1932年为12万磅，1933年跃到75万磅，1936年增加到145万磅，⑤ 该毛线1934年生产的100万磅，当年竟销出80万磅之多。⑥ 东亚毛纺织厂发展很快，创办时资本23万元，1933年底增加到50万元，1934年达到80万元；⑦ 1935年后东亚毛纺织厂兼并了祥和毛纺厂，设立东亚毛呢第二厂。这些企业主要是生产毛呢和毛线，其市场多在国内，有部分销往国外。

---

① 〔日〕南満州鉄道株式会社天津事務所調査課：《天津地方に於ける製造工業》，1936，第27页。工厂数统计应包含作坊数量。
② 张利民等：《近代环渤海地区经济与社会研究》，天津社会科学院出版社，2003，第226页。
③ 《中国近代纺织史》编辑委员会编《中国近代纺织史（1840～1949）》下卷，中国纺织出版社，1997，第112页。
④ 阎伏千：《天津美商海京洋行》，天津市政协文史资料研究委员会编《天津的洋行与买办》，天津人民出版社，1987，第149～152页。
⑤ 张利民等：《近代环渤海地区经济与社会研究》，第226页。
⑥ 陈真：《中国近代工业史资料》第4辑，第346页；《天津历史资料》第20期，1983，第55、352、361页。
⑦ 《工业调查：天津的毛制工业》，天津市地方志编修委员会办公室、天津图书馆编《〈益世报〉天津资料点校汇编（三）》，第392～393页。

表 6-5　1935 年天津毛织业工厂一览

厂名	性质	厂址	成立时间	资本（万元）	纺锭数	织机数	产品	备注
华北毛品纺织公司		河北路	1921	120	不详	织机 60 部	—	
东亚毛呢纺织公司	华商	意租界	1932	60	不详	织机 65 架	绒线	
仁立公司毛呢纺织厂	华商	英租界	1931	30	800	织机 55 架	地毯线、厚呢	
祥和纺毛厂	华商	法租界	1934.1	50	不详	织机 29 架	绒线	1935 年并入东亚毛呢
倪克纺毛厂	美商	海大道	1925	100	不详	织机 28 架 制地毯	橔座 250 座	地毯线
海京毛织厂	华商	达温波路	1923	50	1170	织机 50 架	地毯线、厚呢	1931 年后改名为海同纺毛厂
古绅纺毛厂	美商	法租界	1925	40	不详	织机 28 架	地毯线	
五三工厂纺毛部		火车站	1932.10	25	不详	织机 14 架	—	

资料来源：根据杨大金编《现代中国实业志》（上册，第 198～199 页表格）、孙昌煜《发展中国毛业之商榷》（《中国实业》，1935 年，第 2265 页）数据编制而成。

1937 年，天津的毛纺织业共计有仁立、东亚、海京、倪克、美古、五三毛纺厂章华分厂以及日商公大纱厂的毛织部，总共具有粗纺锭 8828 枚，精纺锭 2800 枚，绒线锭 1800 枚。[①]

由于我国西北地区羊毛的品质更适于纺织地毯，天津的地毯业亦十分发达。同属于毛纺织行业的中国地毯业的生产地集中于北平、天津、上海三处，其中北平最多、天津次之，北平、天津地毯厂使用的机器占 1/3，而上海全部为手工制作。[②] 由于规模、资金和技术均较为薄弱，因此天津地毯工厂与织机数量变化也较为频繁。据统计，截至 1930 年左右，天津

---

① 《中国近代纺织史》编辑委员会：《中国近代纺织史（1840～1949）》下卷，第 114 页。
② 陈真：《中国近代工业史资料》第 4 辑，第 357 页。

共有包括手工作坊在内的地毯工厂 303 家，织机 2749 台；① 1935 年减少到有大小地毯厂 152 家。在天津地毯业中，美国商人创办的古绅洋行地毯厂、倪克地毯厂最具规模。古绅为当时我国规模最大的地毯厂，1937 年 3 月资本金达到 100 万元，从打毛、洗毛到纺织、染色等工序全部实行机械作业，在天津的地毯行业可以说是首屈一指的。② 地毯厂的产品则多销往国外，进而成为天津大宗出口商品之一，出口总值一度上升为天津出口总值的第三位；在全国地毯出口中也占绝对优势，1922 年占全国出口总量 90%，1930 年占 99%，以后仍占 80% 左右。

七七事变后日军侵占天津，尽管天津毛纺织业大多数设在租界没有遭受巨大损失，但因为交通阻断，受到了原料匮乏和销路缩减的影响，导致大部分毛纺织业减产或者停产。七七事变前天津制造绒毯的工厂有 13 家、作坊 85 家，事变后未停业者开工率仅为 5 成。③ 仁立毛纺织厂在七七事变前购置了精纺机，建造新厂房，扩大生产规模，但是事变后新厂房没有开工，原有生产也因为一时没有原料而停止。④ 仁立毛纺织厂曾经乘羊毛商人急于抛售羊毛的时机，在中孚银行的支持下购入几千吨羊毛，恢复生产，但是开工率只有 80%；⑤ 20 世纪 40 年代初该厂生产的呢绒、床毯分别减少了 63%、36%。东亚毛呢毛纺织厂也受困于原料短缺，日产抵羊毛线一千五六百磅，较之抗战前减少了一半,⑥ 1938 年增添针织绒线锭 2400 枚和针织机，进口澳大利亚等国羊毛，以增加品种扩大销路，但是 1939 年欧战激烈，进口原料大减，国内销路全无，只好将生产重点转向麻纺织，1940 年从上海购买了一套黄麻生产设备，生产供应日本军队等所需的麻袋，后来又转向生产咳嗽糖、脑得康等西药，40 年代初该厂毛线产量较抗战前减少了 77%。⑦

---

① 方显廷：《天津地毯工业》，《方显廷文集》（二），商务印书馆，2012，第 15 页。
② 陈真、姚洛、逄先知编《中国近代工业史资料》第 2 辑，第 383~384 页。
③ 郑伯彬：《日本侵占区之经济》，第 308 页。
④ 姜国栋：《仁立毛呢纺织厂六十年的发展简史》，中国纺织科学技术史编委会编《中国纺织科技史资料》第 15 集，1983，第 74 页。
⑤ 郑伯彬：《日本侵占区之经济》，1945，第 308 页。
⑥ 郑伯彬：《日本侵占区之经济》，第 307 页。
⑦ 根据天津市纺织工业局编史组编《旧中国时期的天津纺织工业》表格改编而成；转引自刘志强、张利民主编《天津史研究论文选辑》，第 68 页。

第六章 轻纺工业的萎缩

欧美资本的毛纺厂同样受到影响。七七事变后，美资古绅地毯厂虽然并未停产，但由于毛纺织品需求锐减以及运费上涨，导致产品销路不畅。小型地毯业也是如此。七七事变后天津有1000元以上资本金的地毯工厂13家，作坊85家，因为其原料主要来自河北省的手纺毛线，战争后来源地沦为战场，手纺毛线锐减，资金少的工厂作坊也没有资金购买各毛织厂的毛线，相继有3家工厂和十余家作坊倒闭，仅存的85家，生产规模和从业人员均减少了一半，到1938年共有织机500台，工人1000人。① 而同期《申报年鉴》也有相同记载，天津原有毛织厂102家，1938年间有13家小厂停歇，生产量减去一半。②

与华商毛纺织业举步维艰的发展形成鲜明对比的是，日商的毛纺织业迅速扩张，并在天津毛织业中取得优势地位，其主要是供应日军侵华战争所需。日本早就在天津、张家口、包头等地设洋行分庄收购毛皮，以赚取利润。1923年，日商井泽洋行就曾经在天津设立绒毯厂生产毛呢，有织机155架，③ 这是日本涉足天津毛纺织业的开始。④ 满蒙毛织会社是90%资本为日商的毛纺织会社，1931年在天津设办事处收购羊毛，1937年出资200万元在天津购地830亩建毛织厂，后因七七事变爆发而中辍，事变后再次申请设立新厂被日本当局拒绝。不过满蒙毛织会社负责军管理的北平清河镇陆军织呢厂，在呼和浩特得以新建毛织厂，1940年终于接收了天津的古绅纺毛厂，增资扩建改组为满蒙毛织会社第二工厂，有资产225万元，织机387台，工人387人，1940年生产哔叽和罗纱的数量分别为91153米、76815米，1941年分别增加到147771米、250743米，生产数量居华北首位。1938年5月，钟渊纺织会社收买了天津英租界内的同华毛纺厂，改名公大毛绒厂，有精纺机7台、织机50台，1940年有500名工人，以生产制作西服的精纺毛料和毛巾为主，1940年生产精纺毛料39449米、毛巾27178件，1941年制作军装的精纺毛料增加到126243米，

---

① 〔日〕《昭和14年版北支那经济年鉴》，北支那经济通信社，1939，第187页；郑伯彬：《日本侵占区之经济》，第308页。
② 申报年鉴社编《民国三十三年度申报年鉴》，第668页。
③ 郑伯彬：《日本侵占区之经济》，第308～309页。
④ 〔日〕《昭和14年版北支那经济年鉴》，北支那经济通信社，1939，第211页。

毛巾减少到 7343 件。① 1941 年，日商公大七厂的毛纺部，添置了 40 台织机及染整设备，生产毛织品。② 此外，日商还在天津新建了具有日产 6000 条毛毯能力的天津制绒公司。这样，日本在天津毛织业中取得优势地位。

太平洋战争爆发后，日军进驻天津各租界，在租界内的华商毛纺织厂或被接管，或被日商吞并。东亚毛呢厂被接管后，被强迫改为麻袋厂为日本生产军需物品。日商计划吞并仁立毛纺织厂未遂，即加强了原料和销路的统制，仁立毛纺织厂只能生产棉袜勉强维持。③ 天津的外商工厂也在太平洋战争爆发后全部被视为"敌产"而被军管，并改组为日资企业，如美古绅洋行天津毛织厂被接管后改组为满蒙毛织株式会社第二工厂，增加了一部分设备，生产军毯、军服呢，④ 工人从事变前 300 人减少到 100 人，日产绒毯 30 条左右，多供应给日军。⑤

随着战争物资的日益短缺，日伪当局加强了对毛织业的统制。1943 年 8 月设立华北纤维统制总会，下设财团法人华北纺织工业会，华北纺织工业会随即出台了《毛纺织工业统制要纲》，在华北设立两个毛纺织集团，对原料、产量和销路等实行统一的管制，天津的钟渊公大、东亚毛呢、仁立毛呢、海同纺毛隶属于第二毛纺织团。⑥ 华北纤维统制总会同时制定的《毛革类搜集促进要纲》规定，"查华北牛羊等毛革类系为大东亚战争上极重要之物资，向悉供为军用……决意强行各种施策以资努力确保而谋完遂吾等供应军需之任务"，在皮毛加工及配给方面规定，"对于军方及协会配给以外之羊毛，禁止加工并硝制"，并对市面皮毛进行强制收买，"库存品除使所有者至华北皮毛统制协会登记外，并须令由该协会收买之"，对于皮毛物资的运送实行许可制度，"市民呈请输送许可时，必须经华北皮毛统制协会通过之"。⑦ 日伪当局实际上是通过集团制度对毛

---

① 郑会欣：《战前及沦陷期间华北经济调查》，第 407 页。
② 《中国近代纺织史》编辑委员会编《中国近代纺织史（1840~1949）》下卷，第 117 页。
③ 姜国栋：《仁立毛呢纺织厂六十年的发展简史》，中国纺织科学技术史编委会编《中国纺织科技史资料》（第 15 集），1983，第 75~77 页。
④ 陈真、姚洛、逄先知编《中国近代工业史资料》第 2 辑，第 384 页。
⑤ 郑伯彬：《日本侵占区之经济》，第 308 页。
⑥ 《毛纺织工业统制要纲》，《华北棉产改进会会报》1943 年第 5 期，第 15~18 页。
⑦ 田苏苏、李翠艳主编《日本侵略华北罪行档案 1：损失调查》，河北人民出版社，2005，第 377~378 页。

纺织业原料、生产、产品实行全面统制。与此同时，在天津驻守的日军还以军队急需为借口，直接到工厂勒索。仁立公司多次被强征或强迫加工，1942~1943年日本甲第1820部队强征该厂自用澳大利亚毛条20000磅，并强迫为其织哔叽4875.6公尺；1943年冬至1945年8月该部队多次强迫该厂为其加工棉毯和强征羊毛。据不完全统计，共加工棉毯3.5万余条，强征原料羊毛2万余斤，合计时价72.69万法币。[①] 而且，在日伪当局的严厉统制下，产品多供应给军队，毫无利润可言。因此，天津华商和日商经营的各毛织厂一直在走下坡路，至战争结束前，几乎停业。

第三节 面粉业

华北农村盛产小麦，城市居民的饮食习惯中面粉占有一定的比例，旧式磨坊也是明清时期城市手工业的主要组成部分，所以天津开埠以后作为最能够体现市民需求的就是机制面粉业迅速发展。天津是华北面粉生产的中心之一，也是天津近代工业的支柱产业之一。1876年轮船招商局会办朱其昂在紫竹林设立的贻来牟机器磨坊，是天津最早利用蒸汽生产面粉的企业。民国以后，天津出现建厂高潮，七年内建立了4家颇具规模的面粉厂，即1916年中日合办的寿星面粉公司、1919年的福星面粉厂、1920年的大丰面粉厂以及1921年华商收购巴西洋行一家面粉厂改名后的民丰天记面粉公司。此时，天津各厂日产面粉12000袋。之后，天津面粉厂数量进一步增加，生产规模也有所扩大，1926年天津有面粉厂10家，规模大者资本金百万，小者资本金数十万元。其中寿星、大丰、民丰、福星、嘉瑞、庆丰、寿丰为日产4000包面粉的大厂。天津各面粉厂所产面粉，主要销往天津、北京、唐山等地，曾经一度还出口到美、加等地。[②]

此时，各面粉厂的原料主要依靠派员设庄在小麦产地采购，以保证质量和数量，同时也降低了成本。1920年代以后，天津面粉业经历了改组、重组的过程。1925年寿星面粉厂经过改组，更名为三津寿丰公司。1925年

---

① 天津市抗战损失调研课题组：《天津市抗战时期人口伤亡和财产损失》，第88~90页。
② 赵兴国：《天津市面粉业概况》，《河北省银行月刊》1948年第1卷第3期，第17~18页。

后，天津面粉业受到美国、加拿大、澳大利亚输入洋面粉的冲击，有的停止生产，有的紧缩营业范围，如1926年裕和等三厂停业，1929年大丰改名为三津永年面粉公司，庆丰公司和福星公司停业数年后又重组恢复营业。1933年，三津寿丰、三津永年、民丰年记合并改组为寿丰面粉有限公司。①到1936年，天津有6家面粉厂，总日产能力21530包，其中规模最大的为寿丰公司，日产能力为15250包，其次为福星公司，日产能力5800包。②

表6-6 1931年天津面粉业一览

厂名	创建时间	资本额（万元）	机器总值（万元）	工人数（人）	年消耗小麦（万担）	原料来源	面粉年产量（袋）	面粉年销售量（袋）
三津寿丰	1916	60	52.44	137	85	东北、冀、鲁、苏、皖，主要来自冀	1595187	1467122
福星	1919	80	30	152	62	沪、芜湖与鲁、冀运河流域	1603622	1426091
三津永年	1920	70	24	147	60	豫、鲁、冀（主要为兴济、吕汉、泊头、沧县等镇）	1446041	1310079
庆丰陆记	1923	30	—	148	72	冀、豫、鲁、苏等省	1005651	942176
民丰年记	1920	30	10	142	41	冀、豫、鲁三省	1200000	1100000
嘉瑞合记	1923	8.4	50	160	95	豫、冀、南京、蚌埠、徐州、汉口	—	—
合 计		278.4	166.4	886	415		6850501	6254468

资料来源：根据赵兴国的《天津市面粉业概况》第18~20页的表格改编而成，《河北省银行月刊》1948年第1卷第3期。

日商也曾经染指天津的面粉业，早在1916年它就投资具有较大规模的寿星面粉公司，但是时值抵制日货运动高潮，不久即撤资。七七事变后，天津的面粉业出现了日商创办的大型面粉厂，如日本日清制粉会社天津工厂；1938年日商收购了嘉瑞合记，更名为三吉面粉株式会社，1939

---

① 赵兴国：《天津市面粉业概况》，《河北省银行月刊》1948年第1卷第3期，第17~18页。
② 上海市粮食局、上海市工商行政管理局、上海社会科学院经济所经济史研究室编《中国近代面粉工业史》，中华书局，1987，第281页。

年 2 月划入三井洋行改名为东亚制粉株式会社天津支店，成为日本制粉会社的面粉厂，资本金 700 万元，① 接着增加了 6 台磨粉机，日产 300 包。②

在生产上，华资的面粉厂则遇到原料短缺问题，加上日伪当局为了保证日军需要，要确保日商面粉厂的生产，并且控制面粉市场，统一收购和分配小麦，限定各面粉厂的生产数量等，故而生产时开时停。当时，日伪当局尚未将粮食生产和运销列为统制性行业，但是粮食却连年减产。最初，华北平原正值战争，农田被毁，农民逃散，农业遭到巨大的摧残和破坏。日伪军在华北实行"扫荡"和"三光政策"，残酷地屠杀抗日军民，强征民夫 4500 万人次为日军修铁路、公路、碉堡、据点和军事工事，耕地荒芜，劳动力极度匮乏，粮食产量逐年减少。而且，天津与小麦产地市场的交通阻断，各面粉厂已经召回原来的外庄和采购人员，只能从本地市场购进少量小麦，生产难以维系。有的面粉厂利用原来的采购渠道购买小麦，也时常被军队扣留和征用。比如福星面粉厂在河南、河北、山东等地收购了价值百万元的小麦，被国民党军队强行扣留；③ 寿丰面粉公司在外埠收购的十几万包面粉被国民党军队征用，损失了一百七八十万元；④ 据抗战胜利后寿丰面粉公司统计，在南京、镇江、蚌埠、芜湖、扬州等地购买的小麦损失了 111104 袋，折合时价 1752892 元。⑤ 由于原料缺乏，各厂纷纷购买进口的小麦以维持生产，如寿丰公司从澳大利亚进口小麦，来缓解原料紧张的困局。⑥ 更为重要的是，从 1940 年代以后日伪统治者为了保证日军对面粉的需要，开始对华北的粮食运销实行统制，且手段越来越严厉。1940 年 6 月，日本成立由华北的各个面粉厂、小麦收购商组成的华北小麦协会，负责小麦的收购，翌年 8 月把华北小麦协会原来的斡旋协

---

① 〔日〕日本商工会议所编《北・中支に於ける事变前工业と其の复兴状况》，《东亚经济资料》12，日本商工会议所，1939～1940，第 96 页。
② 上海市粮食局、上海市工商行政管理局、上海社会科学院经济所经济史研究室编《中国近代面粉工业史》，第 281～282 页；中共中央党史研究室科研管理部编《日军侵华罪行纪实（1931～1945）》，中共党史出版社，1995，第 471 页。
③ 蔺孝存：《福星面粉公司始末》，《天津文史资料选辑》第 4 辑，1979，第 183 页。
④ 孙冰如：《解放前天津的面粉工业》，《天津文史资料选辑》第 42 辑，1987，第 201 页。
⑤ 天津市抗战损失调研课题组：《天津市抗战时期人口伤亡和财产损失》，第 78～80 页。
⑥ 王槐英：《天津面粉工业及其工业公会》，《天津工商史料丛刊》第七辑，1987，第 33 页。

调性质的松散机构，改组成"小麦的收买、配给及制品统制的执行机关"，① 小麦全部由三井、三菱等会社统购，然后对面粉厂实行原料统配，对天津各面粉厂不再配售原料，不准自由经营，一律实行代磨，各厂经营愈加艰难。在天津地区，1941年日伪当局制定的《小麦收买大纲》规定，华北小麦协会天津支部负责收购小麦，县合作社联合会负责收集小麦上交天津支部，天津支部将收买的小麦实行原料配给，分配给各面粉厂加工，形成原料和分配的统制。② 而且，日伪当局对各面粉厂产销数量也予以规定，使华商面粉厂难以维持。有的华商面粉厂每月得到的原料，仅能维持生产十天左右，不得不停产或半停产。天津寿丰面粉股份公司也只有一个厂勉强开工，二、三厂一度关闭。③

太平洋战争爆发后，华北的抗日根据地不断扩大，日伪当局实行五次治安强化运动，不断加强法西斯统治，并疯狂抓捕和强征100余万青壮年劳力到伪满、日本当劳工，农业生产陷于绝境，小麦产量大减，抗日军民的破袭战使交通断绝。根据日本政府《战时紧急经济方策要纲》确定的"取得为完成帝国的战争所必要的更多物资，确保军队的自给"，建立战时经济体制的方针，日伪当局不断强化对粮食的统制。华北小麦协会负责统购、分配小麦给面粉厂生产面粉，各面粉厂必须按照其官定价格销售。后日方又对小麦的统制进行了调整，一部分小麦配售给面粉厂自营，一部分小麦发给面粉厂代为加工，其成品由日本专门机构配售，供应日军和民众，工厂没有利润可言。从1942年开始，寿丰、福星面粉两公司开始按照新的统制政策经营，1942年日本当局配给寿丰、福星的小麦分别为211914、216940公担，1943年就分别降为4084、1626公担，分别下降了98.1%、99.3%。与此同时，代加工的小麦从1942年的283584公担，增加到1943年的721359公担，增加了154%。从1944年开始华北经济进入"决战"阶段，实行"超重点主义"的方针，加强物资的统制和配给，以保证在华北日伪军和战争的需要，统制政策更加严格，所有天津面粉厂业

---

① 〔日〕浅田乔二著《1937~1945日本在中国沦陷区的经济掠夺》，袁愈佺译，第6~7页。
② 天津市档案馆、天津社会科学院历史研究所、天津市工商业联合会：《天津商会档案汇编（1937~1945）》，第575~576页。
③ 居之芬、张利民：《日本在华北经济统制掠夺史》，第124页。

务改为代加工，不允许自由经营。寿丰和福星两厂的经营状况可以证明各面粉厂的生产量逐年下降。

表6-7 1938~1945年寿丰、福星两厂经营状况

厂别	项目		1938年	1939年	1940年	1941年	1942年	1943年	1944年	1945年
寿丰面粉股份有限公司	消耗小麦	自磨	150585	451822	283904	295082	211914	4084	312	—
		代磨	—	—	—	—	109756	372902	143426	130291
	生产面粉	自产	485978	1600679	988338	1028299	717303	14412	1185	—
		代产	—	—	—	—	413222	1319149	515900	468047
	销售	天津	371291	1623273	866006	994360	740130	28325	1711	—
		北京	23850	42475	70095	52228				
		唐山	8450							
		其他	15060							
福星面粉有限公司	消耗小麦	自磨	155288	425922	435911	294214	216940	1626	—	—
		代磨	—	—	—	—	173828	348457	201392	130076
	生产面粉	自产	291328	839024	772868	599249	308589	2412	—	—
		代产	—	—	—	—	261020	505731	233004	136232
	销售	天津	291328	839024	772868	599249	308589	2412	—	—

注：小麦以公担为单位，小数点以后略；面粉以袋为单位。
资料来源：根据赵兴国的《天津市面粉业概况》(《河北省银行月刊》1948年第1卷第3期)第23~28页、王槐英的《天津面粉工业及其工业公会》(《天津工商史料丛刊》第七辑)第33页的表格改编而成。

第七章 日本对长芦盐和棉花、稻米等农产品的掠夺

在日本制定的对华北经济掠夺方针政策和计划中，盐是日本急需的资源，天津的长芦盐被列为统制性产业，由具有政府性质的公营或者是由特殊会社经营，重点是通过增产达到输日数量的最大化。棉花虽然最初没有列为重要产业，但纺织业1931年就被日本指定为重要产业，在国家统制下由财阀经营。在伪满洲国，不仅棉纺织业为重要产业，实行统制性经营，就连棉花也被列为重要物资。侵华战争全面爆发后的1937年10月，伪满政府颁布了《棉花统制法》，对产销和出口进行政府指导下的统制，即统制范围进一步扩大。在华北，天津的日本中国驻屯军1937年制定的《华北经济开发基本要纲案》强调，华北的经济，"要照应日满两国的产业计划，根据日满华北一体的计划实行之"。在驻屯军主持下，由满铁经济调查会制定的《华北产业开发计划案及表》和国防资源物资需求预测等一系列计划"把在平时和战时对日满圈必要资源的开发补给作为重点"，为此十分强调华北棉花的增产与出口日本。天津长芦盐和华北各地棉花出口日本，是天津出口日本的主要特点，即煤炭、铁矿石、盐、棉花的"二黑二白"，体现了日本对华北战略资源的掠夺。

最初，日本对华北农业掠夺计划的重点是棉花的增产和出口，对于稻谷、小麦等粮食作物并没有列为统制物资，但是要供应中国战场上的军需和占领地的民用，不敷部分依靠进口。因为日本本国的食粮供给除了本国生产外，主要从朝鲜和南亚地区各国进口稻谷。但是，随着侵华战争的长期化，在华北的数十万日本驻军，还有日侨和伪军，对粮食需求巨大；而且华北农村在战火下迅速衰落，各种粮食作物产量下降，到30

第七章 日本对长芦盐和棉花、稻米等农产品的掠夺

年代末城市和农村都发生了粮荒，城市中粮价不停上涨，农村缺粮更甚。因此，日伪政府越来越重视华北地区的粮食生产。1940年7月兴亚院制定的《华北产业开发五年计划综合调整要纲》提出，"华北农产物增产着重于米谷，以期在华日人（包括军队）可以就地取得粮食，小麦杂粮亦拟兼及，以求华北当地粮食自给"，① 即强调华北地区粮食的自给。1941年11月太平洋战争爆发，战争的巨大消耗和海运的断绝要求日本军政当局重视华北的粮食生产，保证驻地日伪军的供给。11月8日，日本内阁公布的《对华经济紧急对策》提出，"军队在当地自身生活上所需物资及特定的输出物资，尽量在其占领区内获得"。② 12月日本当局又颁布了《战时紧急经济方策要纲》，推行战时经济体制，在中国要"取得为完成帝国的战争所必要的更多物资，确保军队的自给"。1941年底日本兴亚院华北联络部根据日本政府的上述要纲，制定了《紧急粮食对策》《小麦征购促进对策纲要》《主要粮食配给统制纲要》等等，加强对粮食的统制。这时，包括稻谷、小麦等粮食作物成为统制性物资，主要在收购和分配上实行日趋严苛的统制。天津是日本在华北侵占的最大的工商业城市，周边的农村除了蓟县外，均属于沦陷区，而且天津是华北地区最主要的水稻产区，稻米又是日军和日侨最主要的食粮，日伪当局对天津地区农业的掠夺，主要反映在其土地的侵占、强占和强买，建立日系农场并对生产者进行强制性剥削，通过扩大种植面积和改进种植技术增加水稻产量，目的是保障侵略日军的粮食供应。有关日伪当局在棉花和稻谷收购、交易和分配上的统制，将在第八章中论述。

第一节 对盐业的掠夺性开发与输出

一 日本对长芦盐觊觎已久

天津是长芦盐区的重要产地。在五代后唐年间幽州节度使就设置了最早的芦台盐场，所产之盐贮于新仓（今宝坻县城）。元代在天津附近

---

① 居之芬、张利民：《日本在华北经济统制掠夺史》，第160页。
② 居之芬主编《日本对华北经济的掠夺和统制——华北沦陷区资料选编》，第34页。

的三汊沽、芦台、越支设置盐使司，管理产盐和销盐；明代洪武初年在长芦镇（今沧州市内）设置河间长芦都转运盐使司，所辖渤海24个盐场，永乐初年直称长芦都转运盐使司，长芦盐区正式定名。明代中期，天津境内部分盐场改煎盐为晒盐，产量和质量都有很大提高，其产量从明初的2500余万斤，增加到明末的3600余万斤，占全国的10%，弘治朝以后稳居第二位，成为天津城市兴起和发展的两大主要因素之一。清初，长芦盐的产量占全国总产量的12%，近代以后，长芦盐的产量继续增加，1912年产盐356.8万担，占全国产量的10.8%，到1921年翻了一番，增加到863万担，占全国产量的18.4%。抗战期间日本新开辟了大量的盐田，盐田由1931年的14.4万亩，增加到1945年的40.7万亩，增加了近2倍，产量在全国占据首位，占25.9%，以后几年均保持在20%以上。

盐对日本的军事工业和化学工业有着重要的作用，日本国内盐产量有限，原来多从北非、北美及地中海各国进口，因此急需开拓新的来源。中国华北沿海地区盛产海盐，且临近日本，海运便利，价格低廉，日本自清末就窥视从中国进口海盐。但是，中国历代政府视盐为主要税收来源之一，长期实行专卖制度，不得随意产盐和销盐，更禁止出口。1914年日军强占青岛后，曾与中方订了"青盐输日"合约，限定每年从山东向日本出口海盐，年输日数量最多为17.5万吨，最少为5万吨，并指定7家华商公司为输日盐的专业商，但由于中日关系开始紧张，实际上山东盐输日数量十分有限。[①] 20世纪30年代后，日本朝野侵华野心日增，日本妄图成为亚洲的霸主，为了增强军事实力，化学工业和纤维工业迅速发展，使得消费量增大，急需更多的盐等工业原料。中国沿海地区丰富的盐产资源遂成为日本觊觎对象，迅速实现中国海盐出口成为日本急切要进行的主要任务之一。

1936年，日本派遣专卖局的官员到华北调查长芦盐，日本政府根据其考察报告，决定从1936年8月开始每月输入6万吨，委托三菱、岩仓

---

① 长芦盐务局：《调查青岛盐输出及山东食盐配给状况》，长芦盐务局档案第596号，转引自丁长清《民国盐务史稿》，第293页。

公司办理长芦盐输日事务。① 同年 10 月，日本大藏省专卖局在日本内外两地盐务协商会上宣称，未来五年日本工业用盐需要 170 万吨，其中 135 万吨需要从中国输入，计划从华北输入 50 万吨长芦盐和山东盐。② 满铁的兴中公司充当了从事盐业活动和掠夺长芦盐出口的急先锋。1935 年华北事变后，兴中公司积极活动，迫使冀察政务委员会同意长芦盐输日，从而突破了中国政府一贯的禁止食盐出口的政策。1936 年 6 月 29 日，日本陆海外藏四省及对满事务局官厅共同决定，由兴中公司经办长芦盐输往日本之事。对于长芦盐输日业务，兴中公司原计划设立专门公司经营，但是日本政府认为，"长芦盐的对日出口工作，应在天津总领事馆及中国驻屯军司令部的斡旋之下，由长芦盐务机关直接执行"，而兴中公司只是代替日本国内的厂商办理进口事务。不久，日本政府外务局东亚司决定，从 1937 起由兴中公司从事对日本的长芦盐输出事业，并计划在 1937 年输出 20 万 ~25 万吨原盐。③ 兴中公司奉指令开始办理长芦盐输日有关业务，为此专门设置了盐业部。一方面兴中公司与冀察政委会、冀东伪政权交涉长芦盐出口事宜，并于 1936 年向日本输出长芦盐 7 万吨，1937 年又与冀察政委会等签订了输日长芦盐 21.5 万吨的合同。同时，兴中公司还以难民救济金的名义寄赠执行出口合同的芦丰商店 2 万元法币，实际是贿赂该店以加快输日盐的速度。另一方面，兴中公司为了获得大量的长芦盐，出资由长芦盐务管理局在汉沽配置输盐用的皮带传送机，还通过天津总领事向冀察政委会交涉，要求取消盐业生产的限制，并于 1937 年 3 月出资 20 万元法币来恢复休晒盐田生产，以增加产量；经冀东伪政权许可，还在天津汉沽以中国人名义建设精盐洗涤厂。④ 在短短 2 年内，兴中公司在促进长芦盐生产和出口方面的工作，得到日本军政当局的赞许。⑤

---

① 《日政府计划大量输入长芦盐晶》，《盐务汇刊》1936 年第 94 期，第 96 页。
② 南开大学经济研究所经济史研究室编《中国近代盐务史资料选辑》第三卷，第 9~10 页。
③ 刘红娟：《二次世界大战期间日本对天津长芦盐的统制和掠夺》，《城市史研究》，1996，第 155 页。
④ 南开大学经济研究所经济史研究室编《中国近代盐务史资料选辑》第三卷，第 39 页。
⑤ 华北盐业公司：《华北盐业公司移交调查书》，1945，天津市档案馆藏；参见居之芬主编《日本对华北经济的掠夺和统制——华北沦陷区资料选编》，第 538 页。

二 统制管理机构的设立

七七事变后,日伪当局进一步确定了掠夺长芦盐的计划,设立并不断加强管理机构。天津沦陷后,长芦盐区被日军占领,8月6日长芦盐务管理局发布声明称,长芦盐区被日本驻屯军接管,"本局及所属盐务机关,业归日本驻屯军接收管理,各场盐务仍照旧办"。① 在整个华北地区,基本上沿袭了原来盐务管理机构的组织形式和规章制度。伪华北政务委员会财务总署下设长芦、山东、青岛、山西、河南等盐务管理局,其下又设立办事处、场公署、场务所和分卡,管理产销区域的盐务。② 因此,日本控制下的长芦盐务管理局变成伪政权的专门机构,与之前相比最大的不同就是,各级要职均由日本人出任。长芦盐务管理局的大权,掌握在日人郑梅雄手中,各局下属之业务科均设一名日籍副科长,各盐场亦常由日本人任副场长,具体参与和操纵盐业生产和运销。另外,日伪取消了税警局,在伪长芦盐务管理局内设警务科,所有税警队一律改成盐警大队,③ 为了协调各地运销事宜,长芦盐务管理局在一些重要城市派遣"驻在员",后改成办事处主任。

除了伪长芦盐务管理局外,日本还设立了垄断性的盐业公司。最早从事盐业活动是满铁的兴中公司,就长芦盐的增产和出口日本工作取得实际效果。1937年11月23日,日本政府发布的《管理华北中国工厂、事业场等事务之通牒》提出:"军部嘱托今在华北之兴中公司、满铁等,伴同作战行动,实行该事",④ 即兴中公司垄断了长芦盐的产销及输日业务。随之兴中公司在长芦盐区建立了各级组织机构。1938年兴中公司分别在汉沽、塘沽、大沽设立盐田事务所,都由日本人担任所长;1939年1月又在乐亭县城设立大清河盐田事务所,筹建大清河盐田。⑤ 随着华北开发株式会社的成立,整顿天津地区的盐务也被提上日程。1939年1月,华北开发株式会社在《华北盐业开发纲要草案》中提出,整顿兴中公司的

---

① 任哮岗:《长芦盐务档案一束》,《档案天地》1999年第1期。
② 丁长清、唐仁粤主编《中国盐业史·近代当代编》,人民出版社,1999,第174页。
③ 李鹏图、刘序东、李邺亭:《长芦盐务五十年回顾》,《文史资料选辑》第44辑,1976,第135~136页。
④ 南开大学经济研究所经济史研究室编《中国近代盐务史资料选辑》第三卷,第48页。
⑤ 芮和林:《日本侵华时期的长芦盐区》,《盐业史研究》1993年第1期,第38页。

业务，将其经营的盐业剥离出来，另外设立华北盐业股份公司，长芦盐区所有日本人的盐业企业被合并于华北盐业公司。① 1939年4月兴亚院制定了《华北盐业股份有限公司（暂定名称）设立纲要》，计划建立华北盐业公司，继承"原兴中公司盐业部之一切业务及兴中公司现所保有对日输出长芦盐办理之独占权"，继续经营"兴中公司原受委托经营之久大精盐公司及永利化学工业公司之一切业务"，该公司不采取公开募股之方式，而采取设立发起人办法，即发起人将全股认受，即时成立，极力避免外来资本（包括中国资本在内）的认股，不得已而被迫出卖股份时，需在签约前先与日本政府协议。② 1939年8月20日，华北盐业股份有限公司成立，登记为中国普通法人，总公司设在天津，资本总额为2500万元（第一次以现金交股计为1000万元），由日本华北开发会社出资3/4，临时政府出资1/4，后变为中日出资各半。华北盐业公司设置了总务部、营业部、调查部、盐产部、工厂部，在盐场设立了汉沽盐田事务所、塘沽盐田事务所、大清河盐田事务所，在汉沽、塘沽、大沽设立工场。此外，还设置了盐业实验所（北塘）、输送事务所（塘沽）、京城事务所。③ 原来兴中公司关于盐务的一切财产，均为华北盐业公司继承，其中继承的土地就有约百万亩（984662亩）。华北盐业公司取代了兴中公司，对中国盐业的融资以及对碱类的生产、销售与出口进行管制；并从兴中公司手中接管了久大精盐公司和永利制碱公司，1940年2月又收买了中日合资的渤海盐业公司，其中包括渤海公司的土地、盐田、存盐等。1943年华北盐业公司又收买了裕民滩业公店复活新滩39副及滩地上一切设备所有权。④

三 长芦盐的增产计划与生产

日本满铁和驻屯军等对如何促进长芦盐的增产、如何掠夺长芦盐出口日本等曾经制订多次计划。七七事变前的1937年1月，满铁产业部就拟

---

① 南开大学经济研究所经济史研究室编《中国近代盐务史资料选辑》第三卷，第10页。
② 南开大学经济研究所经济史研究室编《中国近代盐务史资料选辑》第三卷，第58~61页。
③ 居之芬主编《日本对华北经济的掠夺和统制——华北沦陷区资料选编》，第532页。
④ 长芦局档：《开辟荒滩卷》。

定了《华北盐业开发要纲》，计划改良华北既有盐田（不含山东盐田），由现在年产 35 万吨增产到 60 万吨；并积极"开发"新盐田，在邓沽南岸五年内要新辟 7500 町步盐田，年产 45 万吨；新旧盐田要达到年产 75 万吨的能力。① 七七事变后，满铁兴中公司又重新制订了长芦盐的增产计划，主要是恢复荒废盐田、改良旧有盐田、"开发"新盐田、建立洗涤工场等。② 1937 年 8 月，兴中公司向伪长芦盐务管理局提出盐田改良与"开发"计划，计划改良既有盐田，恢复荒废盐田，预计年产量为 37.8 万吨；在白河南岸、汉沽、大清河、涧河新开盐田 14000 町步，合 23.2 万亩，预计年产量达到 91 万吨，加之改良旧有盐田，使得新旧盐田的产量达到 128.8 万吨。③ 1937 年 10 月，兴中公司进一步明确了"开发"长芦盐的三个途径：改善原有盐田，恢复荒废盐田，开辟新的盐田。但是，1937 年 12 月，兴中公司盐业事务所制定的《华北盐业开发计划纲要草案》，缩减了新开盐田的计划，计划只在白河南岸、邓沽开辟盐田 12000 町步，在 8 年内分两期完成，并没有提及大清河与涧河的盐田开辟事宜；强调通过改造既有盐田，提高单位产量的方法实现盐产增产目标，计划将单位产量提高到每町步 65 吨，从而将既有的 9102 町步盐田年产量 35 万吨提升到 60 万吨。这样，8 年后新旧盐田的年产量达到近 138 万吨。1938 年，兴中公司再次对长芦盐增产提出展望，计划 1941 年长芦盐产量达到 100 万吨，并且对之前的计划作了进一步调整，计划在大沽和汉沽新开盐田 1300 町步，1938～1942 年开始第一期工程，预计完成 8000 町步，第二期预计开发 4000 町步。另外在乐清盐田、大清河口一带开发 6000 町步。④ 1938 年，由于天气下雨，导致盐无法晒制，当年产量仅为二十余万吨，远远没有达到兴中公司制订的增产计划的目标。为此，日本当局再次对计划进行修改。1939 年 1 月，华北开发株式会社制定了《华北盐业开发纲要草案》，除了提出要设立华北盐业公司外，

---

① 参见解学诗主编《满铁与华北开发会社》，第 557 页；解学诗《满铁与华北经济（1935～1945）》，第 231 页。
② 参见解学诗主编《满铁与华北开发会社》，第 550 页。
③ 参见南开大学经济研究经济史研究室编《中国近代盐务史资料选辑》第三卷，第 42～43 页。
④ 芮和林：《日本侵华时期的长芦盐区》，《盐业史研究》1993 年第 1 期，第 38 页。

要求到 1941 年长芦盐产量增加到 110 万吨。1939 年 4 月，兴亚院依此制定了《华北长芦盐开发纲要》，提出按照 1941 年输日 60 万吨的目标，"逐步增加既开盐田，恢复之荒废盐田及新开盐田之设备，渐次推动建设"。1939 年 9 月，兴中公司重新调整了方案，计划在大沽、大清河开辟新盐田，面积共计 16000 町步，1941 年新盐田的产量达到 50 万吨；恢复废滩 6287 町步，同时继续对既有盐田进行改良、增产，总产量要达到 131.4 万吨。1939 年，由于天气晴暖，产量增加到五十余万吨，但当年天津大洪水损失了 5 万多吨盐。① 尽管如此，距离日本的盐产目标相差甚远。

太平洋战争爆发后，日本针对战争进程制定了新的方案。1943 年 9 月，伪华北政务委员会财务总署发布训令，宣称"大东亚战争已进入决战阶段，为昂扬国民参战意识，完成华北基地生产使命，特制定第一次促进华北新建设实施指导要纲"。为此，伪长芦盐务管理局各科分别拟定了实施方案，产销科的方案要点为：积极增加盐产，彻底实行中心主义方针，恪遵军方物资封锁策略，绝对禁止食盐流入"匪"区，与各县岸商合作推广销区，与现代关系机关研讨实施普遍配给盐斤办法，公定售盐适当价格，加以严密管理；硝磺科的方案要点：估兹大东亚战争已入决战阶段之际，军商各界需用硝磺数量较以前倍增，必须设法增产，拟数项办法：在产硝丰饶县份增设硝机关管理收硝；收硝价值酌以提高，以廉价杂量配给硝户，使之尽力熬制，以增产量；严饬所属硝磺机关励行缉私；硝磺实行配给办法，对于军用要尽量供给。② 具体而言，1943 年 12 月 16 日，芦台场场长翟宗熙呈伪长芦盐务管理局的该场拟定部分实施方案。甲：开辟新滩扩充圈池，努力制晒充实物资，添设卤坑，产制苦汁。乙：坨物部分，昼夜收放盐斤以利运销，改善称放手续，增加出口盐斤数量，整饬坨内工人，促进工作效能。丙：鱼硝部分，增产硝土，充实物资，增

---

① 芮和林：《日本侵华时期的长芦盐区》，《盐业史研究》1993 年第 1 期，第 38 页。
② 河北省档案馆馆藏档案 680 - 4 - 1536《华北新建设实施指导要纲及实施方案（1943~1944 年）》，转引自周秀芬《日本对长芦盐的统制和掠夺（1937~1945）》，河北大学硕士学位论文，2008，第 12 页。

产皮硝以供需要，残余苦汁熬制卤块，以尽物力，而资调剂。①

在恢复荒滩方面，兴中公司在七七事变前就已经开始。1936年底汉沽盐田面积有4582町步，其中约有2000町步已经停止晒盐。1937年，兴中公司恢复了1890町步盐田，汉沽晒盐的盐田面积增为4472町步。②1938年，兴中公司、华北盐业公司对盐田的复活做出明确规定，其措施包括贷款给各产地的开滩公店，规定复活荒滩的产盐交给华北盐业公司和派遣技术人员指导复活盐田等。③从1938年至1943年，日伪当局在长芦盐区以贷款方式，威迫利诱本地滩户恢复荒滩96副，其中汉沽47副，塘沽的新河39副、邓沽10副，即1938年恢复荒滩4180町步，1941年恢复荒滩1508町步，1942年恢复1080町步，1938～1942年累计恢复荒滩6768町步。④

长芦盐历来季节晒盐，实行的是限制产盐规模的政策，七七事变前兴中公司就开始策划延长生产时间以促使盐业增产。1938年兴中公司开始采取措施，最初在春季晒盐的时候取消了生产限制，到1939年兴亚院制定的《长芦盐业开发纲要》提出要在秋季晒盐，进而增加了盐产量。⑤兴中公司和华北盐业公司还不遗余力地开辟新的盐田，以增加产量和对日出口。1938年4月，兴中公司与伪长芦盐务局签订了20万元的借款合同，同时对汉沽滩业公司以及其他滩业签订了大约160万元借款合同，将其作为盐田开发资金。⑥华北盐业公司成立以后，就在大沽、汉沽、大神堂、大清河、蛏头沽等地直接征地、招工，分两期开滩348副，其中汉沽135副，大沽146副，大清河114副，到1941年累计开辟盐田16059町步，如果加上既有盐田9752町步，1942年盐田达到32579町步，为七七事变

---

① 河北省档案馆藏档案680-4-1536《华北新建设实施指导要纲及实施方案（1943～1944年）》，转引自周秀芬《日本对长芦盐的统制和掠夺（1937～1945）》，河北大学硕士学位论文，2008，第12页。
② 解学诗主编《满铁与华北开发会社》，第553页。
③ 王立敏：《日本对中国长芦盐业掠夺研究》，河北师范大学硕士学位论文，2011，第14～15页。
④ 芮和林：《日本侵华时期的长芦盐区》，《盐业史研究》1993年第1期，第38页。
⑤ 参见南开大学经济研究经济史研究室编《中国近代盐务史资料选辑》第三卷，第25页。
⑥ 参见解学诗主编《满铁与华北开发会社》，第550页。

第七章 日本对长芦盐和棉花、稻米等农产品的掠夺

前3.3倍。1943年，华北盐业公司开始恢复新河的2160町步旧盐田，①盐田总数增加到34739町步，为七七事变前3.56倍。到1943年，日本新开辟盐田的计划大体上已经完成，在长芦盐区新开辟盐田267750亩，其中87%已经成为投入生产的盐田。②

与之相适应，长芦盐的产量有显著提高。1939年产盐59.5万吨，1941年产盐79.9万吨，1943年高达121.2万吨，1938~1945年共产盐632.6万吨，年均79.1万吨。

表7-1 1938~1942年华北盐业公司的长芦盐田统计

单位：町步

年份	复活盐田				社有盐田			
	计划	累计计划	实际	累计实际	计划	累计计划	实际	累计实际
1938	4180	4180	4180	4180	680	680	680	680
1939		4180		4180	1185	1865	907	1587
1940		4180		4180	9065	10930	10000	11587
1941	1500	5680	1508	5688	4180	15110	4471	16058
1942	1080	6700	1080	6768				

资料来源：根据居之芬主编《日本对华北经济的掠夺和统制——华北沦陷区资料选编》第542页表格编制。

表7-2 1938~1945年华北盐业公司的长芦盐生产统计

单位：万吨

年份	既设盐田		复活盐田		社有盐田		合计	
	计划	实际	计划	实际	计划	实际	计划	实际
1938		25.3						25.3
1939		57.3		0.6		1.6		59.5
1940		41.8		4.9		2.2		48.9
1941	42.0	55.9	94.0	11.3	12.8	12.7	64.2	79.9
1942	44.9	46.9	15.0	11.3	31.6	38.6	91.5	96.8
1943	47.1	47.4	13.6	11.8	60.5	62.0	121.2	121.2
1944	52.3	34.5	13.6	10.4	75.4	56.5	141.3	101.4
1945	53.3	45.0	18.2	94.0	44.8	45.2	116.3	99.6

资料来源：居之芬主编《日本对华北经济的掠夺和统制——华北沦陷区资料选编》，第543页。

---

① 居之芬主编《日本对华北经济的掠夺和统制——华北沦陷区资料选编》，第541页。
② 郑会欣：《战前及沦陷期间华北经济调查》，第400页。

日伪当局还从技术上采取措施,提高长芦盐质量和产量。长芦盐一般多有泥土混入,导致其成色不良,影响工业等使用。为了提高长芦盐的质量,兴中公司1938年8月26日向伪长芦盐务管理局申请批准汉沽、塘沽的粉碎洗涤计划,即汉沽地区装备2架粉碎洗涤盐机,预计日产480吨,年产12万吨;在大沽装备5架粉碎洗涤盐机,预计日产1800吨,年产12万吨。① 1939年1月,华北开发株式会社制定了《盐业开发纲要草案》,计划到1941年完成在长芦盐区装配170万吨产盐的设备,其中包括洗涤盐的设备。此后,日本缩小了洗涤工场规模,1939年4月兴亚院的《华北长芦盐业开发纲要》,计划在1939年底在汉沽建成年产10万吨的粉碎洗涤工场。② 在汉沽的洗涤盐工场,1938年动工,1940年完工,日洗涤能力为400吨,年洗涤能力为10万吨,1943年年产80452吨,1944年下降到37955吨。③ 从洗涤盐产的数量可以看出,自从汉沽工场建成后,其设备一直没能足产运行,即使是产量最高的1943年,洗涤盐产量也只占其产能的80%。

四 长芦盐对日输出

长芦盐成为日本朝野率先想到要进口的资源。1936年后,兴中公司打破了中国政府食盐禁止出口的限制,到1937年七七事变前长芦盐已经出口日本22万吨。④

七七事变后,日本的工业用盐明显增大,本国产盐根本无力支撑战争的需要。据日本的相关统计,1937年日本产盐预计为53.5万余吨,而食盐和工业用盐的消费量为230.4万吨;以后因为战争原因日本国内产盐有所减少,而战争所需化工业则需要更多的原料支持,到1940年国内产量为57.4万吨,而消费量达到241.8万吨,需要大量的进口来支撑,即1937~1944年日本盐的

---

① 参见南开大学经济研究经济史研究室编《中国近代盐务史资料选辑》第三卷,第41页。
② 参见南开大学经济研究经济史研究室编《中国近代盐务史资料选辑》第三卷,第24~25页。
③ 参见居之芬主编《日本对华北经济的掠夺和统制——华北沦陷区资料选编》,第548~550页。
④ 参见居之芬主编《日本对华北经济的掠夺和统制——华北沦陷区资料选编》,第126页。但是有的材料指出是23万吨,参见詹汝珊《河北省长芦盐产销之检讨》,《河北省银行月刊》1948年第1卷第1~2期,第19页。

缺口每年都在 100 万吨以上，其中 1940 年高达 184 万吨。为此，日本当局和国策会社等制订了各种长芦盐输日的计划。1939 年 1 月，华北开发株式会社制定了《华北盐业开发纲要草案》，提出到 1941 年长芦盐输日 60 万吨。① 而兴中公司从创立起，就确立了长芦盐输日百万吨的目标，这个目标在七七事变前由于"中日国交不振，故对该事之实现究属无望"，但是七七事变后兴中公司抓住机会，计划到 1945 年长芦盐输日要达到 100 万吨。②

在兴中公司和华北盐业公司的运作下，1937 年天津的塘沽、新河、邓沽的丰财盐场和汉沽的芦台盐场输出日本长芦盐的数量是 370480 吨；1938 年两个盐场的产量和输出日本数量分别是 252683 吨和 370480 吨；1939 年分别为 591737 吨和 322225 吨。1940 年大清河、大神堂、大沽新盐田开始产盐，两个盐场的产量和输出日本数量分别为 490348 吨和 608830 吨；1942 年的产量和输出日本数量增加到 716000 吨和 733000 吨。③ 由于汉沽的芦台盐场地理位置便利，新辟大量盐滩，从而使得其产量大增，历年来输日盐总额占整个长芦盐区的 60%。1943 年长芦盐向日输出数量超过百万吨，达到 121 万吨；以后亦在百万吨上下。与长芦盐区的总产量相比较，输日数额时而占 50% 以上，时而超过当年产量，占到 111%。可以说天津的芦台和丰财盐场生产的盐绝大多数被华北盐业公司运到日本。更为重要的是，日本购买长芦盐的价格一直低于盐场的出厂价。1943 年各盐场产盐的出厂价一吨大约为 20 元，而日本则以 15 元购入，这完全是在沦陷区殖民统治下的暴力掠夺。④

第二节 棉花的生产与输日

一 天津在华北棉业的地位和输出

华北棉区（河北、山东、山西、河南的黄河以北地区）为我国最大

---

① 南开大学经济研究经济史研究室编《中国近代盐务史资料选辑》第三卷，第 10 页。
② 南开大学经济研究经济史研究室编《中国近代盐务史资料选辑》第三卷，第 42 页。
③ 郑会欣：《战前及沦陷期间华北经济调查》，第 244 页。
④ 参见王立敏《日本对中国长芦盐业掠夺研究》，河北师范大学硕士学位论文，2011，第 26、29 页。

的棉区，1931~1937年华北棉区的年平均种植面积占全国棉花种植总面积的41.5%，1934~1938年华北棉区的年平均籽棉产量占全国总产量的40%以上，其中河北省的籽棉产量约占全国总产量的1/4，大致相当于华北其他三省的籽棉产量总和。根据河北省棉产改进会对河北省棉产的调查，1934、1935年河北省棉田面积分别占全国棉田总面积的19.6%、20.4%，为仅次于江苏的全国棉花种植大省。[①] 由此可见，河北省在我国棉花生产上具有重要地位。

表7-3 1930~1937年华北棉花种植面积及占比

单位：千市亩，%

年份	1930	1931	1932	1933	1934	1935	1936	1937	年平均面积	在全国的比重
全国	34811	29295	34354	37460	41643	32434	52051	59316	40171	100.0
河北	2731	2734	4763	5669	7230	5849	9659	13852	6561	16.3
山东	6060	7384	6338	4961	5087	1668	5659	5575	5342	13.3
山西	254	323	280	1214	1663	989	1921	2287	1116	2.8
河南	2482	2667	3171	3433	3789	1663	5619	6463	3661	9.1

资料来源：根据许道夫编《中国近代农业生产及贸易统计资料》第210页表格改编而成。

表7-4 1934~1938年华北棉区的棉产量及占比

单位：千担，%

年份	1934	1935	1936	1937	1938	年平均量	在全国的比重
河北	2836	2166	2540	2243	1593	2276	22.1
山东	1334	407	1790	1366	1047	1189	11.5
山西	601	253	496	527	274	430	4.2
河南	1022	417	1367	1137	620	913	8.9

资料来源：根据李洛之、聂汤谷的《天津的经济地位》第191页的表格精简编制。

天津的周边各县都有棉花种植，其中武清种植面积最大，1935年多达18余万亩，宝坻种植面积仅次于武清，1935年面积为7万余亩。从河北全省来看，天津各县的棉花生产十分有限，种植面积仅占河北省的6%左右，其产量占5%左右。

① 河北省棉产改进会编《河北省棉产调查报告》，河北省棉产改进会，1936。

表7-5　1934~1935年天津及附近各县的棉花种植面积与产量及占比

项目	年份	河北	天津	武清	静海	宁河	蓟县	宝坻
棉田面积(亩)	1934	9058260	417097	182439	49345	48672	9471	72239
	1935	7348553	423886	182439	50965	48672	9471	72239
棉田占耕地的比重(%)	1934	—	—	13.05	3.35	7.8	1.1	4.7
	1935	—	—	13.05	3.46	7.8	1.1	4.7
皮棉产量(担)	1934	2236903	89673	43967	7796	10075	1600	14809
	1935	1906871	103478	44150	8307	10562	1610	14809

资料来源：根据河北省棉产改进会编的《河北省棉产调查报告》第15、26页表格编制。

虽然天津周边各县棉花生产较少，但天津凭借港口和运河的优势，成为华北棉花最大的集散地。华北、西北部分地区的棉花，除了满足本地的纺织和生活需求外，剩余的棉花或从郑州、济南转运到上海、青岛，或者直接运到天津。[①] 1930~1936年，从华北输入天津的棉花占华北棉花产量的20%~30%，个别年份高达42.7%，输入天津的棉花占河北省总产量的30%左右。七七事变后，青岛的日系工厂大部分被国民党军队炸毁，而天津的纺织工厂几乎没有受损，过去供应青岛的山东棉花，也运到天津，到1938年天津集散棉花的来源地，从河北扩展到了山东。而山东籽棉产量，1934~1938年五年间，年平均产量占全国总产量的11.5%。因此，天津市场集聚了华北绝大部分的棉花，成为华北棉花首屈一指的集散地。

表7-6　1930~1936年华北输入天津的棉花统计

单位：担，%

年份	1930	1931	1932	1933	1934	1935	1936
华北产量	3005499	3080510	3111243	3416256	4771276	2826255	4826298
输津量	1017844	1106429	1328112	805287	804902	853535	1245782
比重	33.9	35.9	42.7	23.6	16.9	30.2	25.8

资料来源：根据李洛之、聂汤谷《天津的经济地位》第33页表格精简并改编而成。

---

① 李洛之、聂汤谷：《天津的经济地位》，第192页。

一般而言，华北各棉产区的棉花集中到天津后，除了少部分用于各纱厂，绝大部分是通过天津港口转运到国内其他口岸和出口国外，使得天津港一直是我国棉花输出最多的口岸，1932年天津棉花出口竟然占全国棉花出口总量的93.4%，1936年为81%。① 20世纪30年代之前，由于战乱不断，华北各地的棉花主要通过大清河、滹沱河、子牙河、滏阳河、南运河等内河航路运抵天津，南京政府建立之后，铁路运输逐步代替了内河航运。天津棉花输出分国内、国外两个方向，从出口与转口比例来看，出口比例要高于转口比例，输出国外占输出总额的60%以上，输往国内占总额的30%以上。1931年经天津口岸输出棉花500644公担，其中输出国内、国外的比重分别为18.8%、81.2%，1932年输出国内、国外的比重为30.4%、69.6%，1935年输出国内、国外比重分别为36.2%、63.8%。在天津港出口棉花中，绝大多数出口到日本，1919～1933年出口日本的棉花占天津出口总量的80.8%；② 1931～1936年，天津输往日本的棉花占天津输出总额的平均比重也达到76.06%。从全国来看，天津港是我国输日棉花的主要港口，1935年日本从中国输入原棉427410担，其中从天津输入原棉268606担，占比为62.04%。③

之所以大量的棉花出口日本，是因为自明治维新以后日本的棉纺织业迅速发展，成为日本近代工业的支柱产业之一，而且各纱厂加工成棉纱和棉布等输出中国，赚取了巨额的利润，支撑着日本经济的发展。但是，日本国内棉花产量十分有限，需要从海外进口大量的棉花，"到1929年日本棉花消费已居世界第二位，仅次于美国，消费额约为1500万担，其中99%以上要靠外国输入，其本国产量不及消费量1%"。④ 为了解决棉花问题，20世纪初以后大批日本商人在天津从事棉花收购和出口业务，几乎垄断了天津棉花的出口。据统计，20世纪30年代前日商洋行经营出口的棉花占天津出口日本棉花总量的80%以上。⑤ 因此，在七七事变前日本在

---

① 李洛之、聂汤谷：《天津的经济地位》，第192页。
② 姚洪卓：《近代天津对外贸易1861～1948》，第144页。
③ 胡坤荣：《华北棉产之经济观》，《天津棉鉴复刊》1936年第1卷第1期，第18页。
④ 《敌寇统治下的华北棉业》，河北省档案馆馆藏，转引自杜秀娟《抗日战争时期日伪对华北棉花资源的统制与掠夺》，河北师范大学硕士学位论文，2006，第7页。
⑤ 参见方显廷《天津棉花运销概况》，南开大学经济研究所，1934，第29～30页。

第七章　日本对长芦盐和棉花、稻米等农产品的掠夺

表7-7　1931~1936年天津棉花输出

单位：公担，%

年份	总计	国内	国外	日本	
				数量	占比
1931	500644	94084	406560	360676	88.71
1932	541868	164994	376874	257754	68.40
1933	405537	152912	252625	221530	87.70
1934	337051	209219	167839	139153	82.91
1935	336687	121819	214869	134303	62.04
1936	524077	205265	318812	212396	66.62
平均	440977	158049	289597	220969	76.06

注：1公担=165斤。
资料来源：根据胡坤荣《华北棉产之经济观》(《天津棉鉴复刊》1936年第1卷第1期，第22页的表格)、新民译《一九三六年天津棉花集散之概况》(《四川经济月刊》1937年第7卷第1~2期，第125~127页)的数据综合编辑而成。

华北地区经济侵略的主要内容之一就是经营棉花，从在产地或天津收购、运输、库存、打包和出口到日本的各个环节都有日商的参与。

二　日本对棉花生产的统制机构和计划

棉花不仅是日本国内棉纺织业的原料，也是重要的军需物资，可以用来制作无烟火药、脱脂药棉、飞机机翼、降落伞、防雨布、人造丝、汽车轮胎、电话线、人造皮革等。随着日本侵华野心的膨胀，对华北地区棉花的掠夺计划与行动逐步实施。日本占领东北后，也曾开展植棉计划，但是由于气候等原因难以推行。[①] 1934年4月，日本大阪以及在华的棉纺织企业，以"中日提携"名义组成"山东棉花改良协会"，企图通过改良棉花品种，提高当地棉花的质量和产量；[②] 日本商人在昌黎、丰润、玉田等县也购买耕地一万亩，种植棉花。[③] 1936年日本拓务省派出官民调查团，对

[①] 向金声：《日本侵略华北和中国棉花问题》，《中国经济月刊》1936年第4卷第1~2期，第63页。
[②] 参见章有义编《中国近代农业史资料》第三辑，生活·读书·新知三联书店，1957，第586页。
[③] 《日本企图独占华北棉花》，《农业建设》1937年第1卷第8期，第920页。

华北等地棉花、羊毛等资源进行 40 天的考察后，要求政府拨专款在华北各地设立种植棉花的研究试验机构，培养人员，改良棉种，以提高华北棉花质量，增加对日输出。于是，1936 年日本拓务省计划出资 152 万元，在华北设立东亚棉花协会与羊毛协会，以 100 万元用于华北棉花和羊毛产销事业，包括在天津设华北农场试验所，购买土地建场植棉；为推广棉花种植共在天津和华北各地设立了 10 个植棉研究所和附属农场；在天津、青岛成立了棉花交易所和华北棉花协会等机构，控制华北棉业，以保证输出日本和在华日商纱厂的原料来源。① 兴中公司则以增加对日输出作为主要内容，主要控制华北棉花的交易和保管，简化棉花市场交易环节，建设棉花仓库和打包工厂。兴中公司最初打算在天津设立棉花仓库及打包工厂，业务包括设立皮棉工厂、棉花收购点、打包工厂、仓库和代理销售、包装、检验等级等内容，目的是"将棉花的买卖交易、保管储存做到合理化"，尤其是"发展与增加对我国（指日本）的贸易数量"，1936 年 6 月 5 日，日本外务省批准了兴中公司的计划。② 与此同时，兴中公司还意图建立收购、输日棉花的华北棉花会社，1936 年 6 月 29 日日本外务省、陆军省、参谋本部与对满事务局就兴中公司的计划达成谅解备忘录：华北棉花会社"为了便于向日本在华及日本国内的纺织业者供应原料"，有权"事先决定日本方面纺织业者的需要量"，具体从事"执行棉花的收购、运输、内销、出口、通融资金、储藏等工作"，并且认为"尽快创办"，先以河北省棉花为目标较为适宜，不久该计划由中国驻屯军主持设立的河北农村复兴协会替代执行。

驻在天津的中国驻屯军和满铁各机构所制订的一系列计划中，棉花增产也是主要内容之一。1936 年 3、4 月间，满铁经济调查会炮制出的"华北投资预想"等计划，对棉花所需资金进行了概算，计划 10 年内日本为华北棉花的增产投资 700 万元。③ 1937 年中期，在驻屯军的主持下满铁经济调查会制订的计划对棉花的要求是，五年后华北棉花的产量要达到 715

---

① 《日拓务省拟统制华北棉花羊毛》，《畜牧兽医季刊》1936 年第 2 卷第 3 期，第 115 页。
② 解学诗主编《满铁与华北开发会社》，第 593～594 页。
③ 〔日〕満鉄調查部：《支那立案調查書類第 3 編第 2 卷・対北支那投資方策》，第 32～47 页。

万担。

华北地区沦陷后，日本军政当局"根据日满华北一体的计划"制订了对华北农业生产的计划，增产棉花是主要内容之一。为了达到华北棉花增产后更多地出口日本和保证军队的需要，首先要有管理机构，采取统制性的政策和措施。如前文所述，七七事变前，兴中公司就计划在天津设立棉花仓库和打包工厂，并根据日本军政当局的指令设立华北棉花会社。七七事变后，兴中公司继续筹划成立华北棉花会社，计划将会社总部设在天津，将正在天津修建的棉花仓库及打包公司移交给华北棉花会社。1937年12月，日本外务省东亚局对于兴中公司设立华北棉花株式会社的申请做出答复，希望设立的棉花会社是一个非垄断的机构，并且声明根据将来的华北开发方针，会对会社的业务做出调整。[1] 1938年4月，由兴中公司、日本纺织联合会、日本棉花同业会与日本在华纺织同业会共同出资设立了华北棉花株式会社，主要业务表面上是代理收购棉花和向棉农提供种植棉花贷款，实际是以棉花打包及仓库业为中心，与兴中公司策划的建立从棉花收购到运输以及出口业务垄断性公司的计划还有很大的距离。

对于棉产区的棉花收购和贩运，日伪当局也组织棉花收购组合等机构实行统制性的管理。天津被日军占领后，中国棉商纷纷外逃，原有的日棉实业会社和东洋棉花会社基本控制了天津和华北的棉花交易。日伪当局就此将对华北棉花的收购全部交给了上述会社以及在华日商纱厂，即由他们在产地设立组织收购棉花。不久，日伪当局在华北各棉产区都设立了棉花收购组织，即棉花收购组合，在日军的主导下收购棉花。[2] 为了强化收购统制，日伪当局1939年4月改组了棉花收购组合，设立华北棉花协会，由日华纺织商团体及日华棉业团体组成，在北京设立总部，在天津、济南设立支部。该协会规定，"各纺织业者及棉花输出业者，非经本协会购入之物不得使用"，并且"管理工厂下之民间需用原棉"，由此确立了华北

---

[1] 参见解学诗主编《满铁与华北开发会社》，第596页。
[2] 王士花：《华北沦陷区棉花的生产与流通》，《清华大学学报》（哲学社会科学版）2008年第5期。

棉花协会在棉花交易中的垄断地位。① 华北棉花协会天津支部，由河南、河北两省的纺织业者以及中日棉业组织组成，成为天津的棉花交易统制机构。

太平洋战争后，日本的美棉进口完全断绝，中国成为日本用棉的唯一来源。为了更有效地控制华北棉花产销，1943 年 8 月伪华北政务委员会成立了华北纤维统制总会，下辖华北棉产改进会、华北麻产改进会、华北皮毛统制协会、华北纺织工业会、华北纤维股份有限公司、华北纤维协会、华北合作事业总会，宣布解散华北棉花协会、华北棉花振兴会，改组华北棉产改进会，从而实现对华北棉花、棉纺织、毛纺织业等全部纤维产业更加集中化的统制。在华北纤维统制总会统制下，华北棉产改进会负责指导棉花的生产、改良、收买、配给及运输，华北纺织工业会负责各种纤维之纺织及染色等生产环节，华北纤维公司负责军需纤维及其制品的管理、收买、配给和运输等，华北纤维协会负责各种纤维纺织染色以外的事务以及民用纤维品的配给、运输，华北合作事业总会配合华北棉产改进会从事棉花种植。② 华北纤维统制总会下的华北纤维股份有限公司，是与华北纤维统制总会同时成立的，由原来的华北棉业振兴会、华北棉花协会、华北棉花公司及华北纤维协会棉花输入组合合并而成，资本金 6000 万伪联银币，在北京设立总店，在天津、青岛、济南、石门、彰德、北京设立支店。该公司从事棉花的收购、储存、打包，棉籽的收购、加工、进出口转口贸易，棉织品的委托纺织与加工、买卖以及进出口转口贸易等。华北纤维股份有限公司作为统制棉花交易、运销和出口的实体，逐步扩大业务，垄断力进一步提升，1945 年 4 月 1 日合并了华北纤维协会，1945 年 7 月 1 日又合并了华北纺织工业会，这样民用纤维品的交易和各种纤维的纺织及加工、染色等业务全部由该公司实行一元化管理。③

日伪当局也设立了专门针对棉花生产的机构。1939 年 2 月 6 日伪中

---

① 中央档案馆等编《华北经济掠夺》，第 792～793 页。
② 物资统制审议委员会秘书处：《物资统制法规》，物资统制审议委员会总务处，1944，第 135～136 页；天津市档案馆、天津社会科学院历史研究所、天津市工商业联合会：《天津商会档案汇编（1937～1945）》，第 839～841 页。
③ 参见居之芬主编《日本对华北经济的掠夺和统制——华北沦陷区资料选编》，第 601 页。

华民国临时政府实业部将原来的河北省棉产改进会改组为华北棉产改进会，在北京设理事会，下设总务部、指导部以及计划委员会。这是日伪当局实行棉花生产、收购、运输的统制性机关，该会的指导部设置繁殖、推广、运销、水利四科，掌握棉种的改良、推广、繁殖、运销以及棉农合作、棉田水利等事务，计划委员会审议关于棉产改进的各项方案，并在各省设立分会。① 华北棉产改进会接受伪临时政府及日本纺织联合会、日本棉花栽培协会等的技术及资金援助，计划进行的事业包括：指导奖励棉花栽培，经营和委托经营采种圃，配给棉花种子、普及奖励棉区灌溉设施，指导奖励棉花合作事业，斡旋棉花金融。为了实现棉产增产目标，华北棉产改进会等采取的措施有：第一，在以前荒废的棉田恢复植棉；在游击区无法恢复的棉田，采取替代性办法，即在铁路两侧禁种高秆作物的地区、公路两侧300米、飞机场周围300米、县城及重要乡镇周围300米一律种植棉花，如果上述措施仍然不足的话，在水路附近也种植棉花；将七七事变前小麦、大米、玉米种植地转化为植棉地。② 1943年改组后的华北棉产改进会设立了7个支部，其中天津支部管辖冀东、渤海、津海三道，下设总务、经理、生产、收买四科，其中生产科负责指导棉花的种植收获、生产资料的管理和水利事业等，收买科负责棉花种子的购买等。天津支部在各产棉区的天津、宁河、宝坻、武清设置10个办事处，天津和武清两县的办事处中设置了8个驻在员。③ 1943年10月5日，华北棉产改进会制定的《棉业团编成要纲》规定，"为推进并辅助华北棉花资源之增产改良事业，藉期确保收买起见，将华北棉产地带划为数个地区，集合各地区现有中日纺织业者及棉业商社，分别编成棉业团"，包括从事纺织业的各纱厂和从事生产、收购的棉花商，天津的各棉产区属第2棉业团管辖。④ 各个棉业团与当地日军、特务机关合作，统制监督棉农的生产，进行垄断性收购。

---

① 参见居之芬主编《日本对华北经济的掠夺和统制——华北沦陷区资料选编》，第595页。
② 郑伯彬：《日本侵占区之经济》，第43~44页。
③ 《支部规则》《办事处规则》，《华北棉产改进会会报》1943年第1期，第16~17、20页。
④ 《棉业团编成要纲》，《华北纤维汇报》1944年特别号，第42~44页。

日伪当局根据日本政府对华北经济掠夺方针的变化不断修改华北棉花增产计划。1937年日华经济协议会下设农村对策委员会，农村对策委员会制订了《棉花增产九年计划》，企图将华北棉产量，增至1946年的1000万担。1938年初日本企划第三委员会的《华北产业开发第一次五年计划》中，也有棉花增产的计划。1938年日本兴亚院华北联络部制订了《华北棉花改良增产九年计划》，华北棉产改进会据此确定，在1938年棉花种植面积1508.8万亩、产量420万担的基础上，自1941年起，五年内大致恢复战前的棉田面积，到1946年要达到棉田3000万亩，产皮棉1200万担。① 但是，华北棉花种植面积的增加会压缩粮食作物种植面积，而在抗日军民的反击下，棉花产量锐减，日伪当局首先要保证的是粮食的供应，为此调整为粮食与棉花并重的政策，把重点放到粮食作物的生产上，棉花增产计划缩减到以500万担为目标。太平洋战争爆发初期，日本在4个月时间里占领了东南亚地区，获取了丰富的大米、小麦等粮食，日本国内的粮食供应压力暂时减轻。于是，日本策划的华北棉花增产计划也有改动。1941年9月兴亚院华北联络部制订了生产力扩充五年计划，又恢复了到1946年产量要达到960万担的目标。但是，随着日本在太平洋战争中的失利和华北各根据地日益活跃的抗日斗争，日本军政当局被迫确立了"以新粮食政策为中心的华北战时经济体制"，对于棉花增产，"为顾虑棉田大量扩增足以影响粮食之自给自足，增产棉花重点于棉田单位面积之最佳，而对扩增棉田采取缓进方针"，即停止了扩增棉花种植的计划。②

三 棉花的生产和输出

虽然日伪当局对华北棉花的生产、交易和出口有系统的方针和计划，但是日伪政权的法西斯殖民统治，侵华战争对农业的摧残和对中国民众凶残的杀戮，造成劳动力大量丧失，使得棉产计划根本不可能实现，也没有更多的棉花用于军需和出口日本。

---

① 河北省档案馆：《伪华北棉产改进会史料一组》，《民国档案》1997年第3期。
② 赵铭忠：《汪伪政府行政院会议录》第23册，档案出版社，1992，第484页。

根据日本的华北地区棉产计划，1938年的产量要达到420.4万担，实际上只完成计划额的31.5%，之后两年完成额仅分别为计划的28.3%、25.5%，实际产量仅占计划的25%~30%，只及战前最高年产量的20%~26%。

表7-8 1936~1940年华北棉花生产计划与产量比较

单位：千担，%

年份	计划增产数额	实际产额	实际产额占计划额之比重	实际产额之指数
1936		6232		100.0
1938	4204	1786	31.5	26.8
1939	4652	1315	28.3	21.0
1940	5172	1312	25.5	20.9

资料来源：《华北近三年来棉花收获统计》，《文化杂志》1942年第3卷第1期，第50页。

就河北省而言，不论是棉田面积，还是棉花产量，都呈现下降趋势。河北省棉田面积1938年比1937年减少了761万亩，1940年比1938年减少了238.3万亩，直到1942年才恢复到1938年的水平。与此同时，皮棉产量1938年比1937年减少了98.6万担，一直到1942年才超过1938年的产量，但是直到1945年也没有恢复到1937年的产量水平。对天津地区的调查是，自1938年至1945年，全市植棉面积减少76.5%，产量下降63%，1947年全市植棉面积，仅剩0.773万公顷。①

表7-9 1937~1945年河北省棉产统计

年份	棉田面积（千市亩）	皮棉产额（千市担）	与1937年之比较		
			面积减少（千市亩）	产额减少（千市担）	产额减少百分比(%)
1937	13852	2677			
1938	6242	1691	7610	986	36.8
1939	2570	782	11282	1895	70.8
1940	3859	1071	9993	1606	60.0

---

① 参见天津市农林局编《天津市农林志》，天津人民出版社，1995，第189页。

续表

年份	棉田面积（千市亩）	皮棉产额（千市担）	与1937年之比较		
			面积减少（千市亩）	产额减少（千市担）	产额减少百分比（%）
1941	5226	1344	8626	1333	49.8
1942	6158	1841	7694	836	31.2
1943	4562	1144	9290	1533	57.3
1944	5140	1535	8712	1142	42.7
1945	3256	983	10596	1694	63.3

资料来源：胡竟良辑《棉业经济统计：二十六年至三十四年各省棉产统计》，《纺织周刊》1947年第8卷第2期，第73页。

由于日本棉花不能自给，需要从美国、印度和中国进口大量棉花，严重影响着日本的国际收支。而且，一旦出现海上运输的封锁和禁运，棉花作为军需物资难以得到保障。因此，日本一方面为了摆脱对美棉、印棉的依赖，对汇兑实行管理，限制美、印棉花进口；另一方面从中国，尤其是从华北进口大量的棉花。七七事变后，日本的计划是从华北收购的棉花的40%运往日本，17%运往伪满洲，35.7%供给华北日商纱厂，不足8%运往华中、华南交换物资。① 日伪政府为此对棉花输出颁布了明确且严格的规定。1938年12月，伪中华民国临时政府宣布"棉花非经实业部总长之许可不得输出"。② 从华北棉花的统计数据来看，1937、1938年两年产量最高，输日数量1938年达到122.3万担，占棉花总产量的34.6%。以后棉花产量和输出日本数量，以及两者占产量的比重均呈下降的趋势，1939年华北水灾，估计当年华北需要量不下490万担，而收购数量根本无法满足华北的需要，没有大量的棉花输日。1940年，华北棉花产量仍然下降，即使全部供应华北各纱厂，也只能勉强维持约六成机器的运转，③ 1939～1941年输日棉花年均为62.6万担，1938～1945年华北棉花输日占华北总产量的30%左右（1939年除外），从这个比例来看，远远没有实现40%的输日目标。

---

① 郑伯彬：《日本侵占区之经济》，第44页；居之芬、张利民：《日本在华北经济统制掠夺史》，第233页。
② 居之芬主编《日本对华北经济的掠夺和统制——华北沦陷区资料选编》，第85页。
③ 吴宏明编译《津海关贸易年报（1865～1946）》，第519、523页。

表 7-10　1936~1945 年华北棉花生产与对日输出

单位：千担，%

年份	1936	1937	1938	1939	1940	1941	1942	1943	1944	1945
棉花产量	6233	5272	3534	1434	1722	1800	2000	2400	3400	4500
输日数量	367	370	1223	704	575	600	667	720	1017	1350
输日比重	5.9	7.0	34.6	49.1	33.4	33.3	33.4	30.0	29.9	30.0

注：（1）生产量为河北、山东、河南、山西之总皮棉生产量。
（2）1939 年以前是实际数据，之后为推定数据。
资料来源：叶笃庄：《华北棉花及其增产问题》，资源委员会经济研究所，1948，第 199~200 页。

第三节　强掠土地和水稻种植

一　强掠土地

日本对天津周边土地的掠夺主要是购买土地设立农场。七七事变之前，除了日军强行购买土地建立机场和兵营等军事设施外，在天津的日本会社和商人也开始购买土地，建立农场。1934 年上半年，日本决定由日本大阪兴业公司以资本 100 万元在华北各县占地 30 万亩植棉。① 当时，从事天津农业土地掠夺的两大组织是大众农业公司与兴中公司。1936 年，日本商人以 5000 万元的资金在天津组织了大众农业公司，在军粮城、北塘附近租种农田 3 万亩；与此同时兴中公司也在军粮城附近购地四五万亩，计划建立农场。1936 年，日本成立了租界开发委员会，由中国驻屯军、驻天津领事馆、天津居留民团以及天津共益会各选 3 名代表组成，其业务之一就是秘密磋商建立农场事宜，提出建议供有关方面参考。② 此外，其他一些日本公司和商人也加入掠夺土地的行列。宁河县位于三河汇流之地，适合种植水稻，1936 年日本商人以大大低于市场的价格购买农田十余万亩，计划种植水稻。同年，日本三井洋行还雇用中国人购买

---

① 章有义编《中国近代农业史资料》第三辑，生活·读书·新知三联书店，1957，第 586 页。
② 参见天津市地方志编修委员会编《中国天津通鉴》，第 248 页。

了娄家庄园地及苇塘一百多亩。1937年3月钟渊纺织株式会社以王一亭、顾馨一、赵聘卿三人名义购得宁河县营城及茶淀一带耕地及荒地约12万亩，充当钟渊启明农场协会用地。① 据1937年5月16日的《扫荡报》称："计售出之地皮，已知者有娄庄子五千余亩、八里台四千余亩、西开迤北千余亩及东局子、土城上下河、国升塘等处二万余亩。"② 日本掠夺土地造成"津塘一带沿海河两岸膏腴之地……多被日人买去"的局面。③

　　日本占领天津后，更加肆无忌惮掠夺土地。日本特务机关和伪政权下设的保甲组织专门建立了土地调查委员会，强迫农民按户登记土地，以便根据需要实行强买强占。对于凡是认为"需要"的土地，日本以军事用地的名义，采用霸占、低价强制征购、没收或无偿圈占等方式，随时征用农民土地，被霸占的土地，有的用于建造军事设施，有的供给日本商人建成农场后租佃给从日本迁入的移民和当地农民耕种。比如日本人要在杨柳青一带划定原来的耕地，"拟种稻供给军用"，计划强占任永田三家的330余亩耕地，任等不允，20名日本和朝鲜人乘汽车来到杨柳青，将任永田传唤到驻在那里的日本守备队暴打，致其"口鼻流血，染遍全身"，将耕地强占。④ 日本增幸洋行的日本人强令王恩波转卖天津北里八口村的二百余亩麦地，得知不愿出卖后，就率领多人在麦地里挖沟，向主人索要地契，强迫订立出卖契约，进而强占了田地。⑤ 另外，日伪也纵使青帮分子等以中国人的名义购置或盗卖土地，并占有逃荒农民的耕地转手给日本农场使用。⑥

---

① 钟渊：《河北模范农场设立要纲》，参见天津档案馆旧字第19号全宗。
② 吕万和：《解放前天津市郊的土地占有和地租》，《天津历史资料》1980年第5期，第13页。
③ 中共中央党史研究室科研管理部编《日军侵华罪行纪实（1931～1945）》，中共党史出版社，1995，第398～399页；另见罗澍伟主编《近代天津城市史》，第654页。
④ 北京市档案馆编《日本侵华罪行实证——河北、平津地区敌人罪行调查档案选辑》，第395页。
⑤ 北京市档案馆编《日本侵华罪行实证——河北、平津地区敌人罪行调查档案选辑》，第425页。
⑥ 张会芳：《抗战时期华北日系农场的殖民经营：以天津地区为中心》，《抗日战争研究》2004年第4期，第77～80页。

第七章 日本对长芦盐和棉花、稻米等农产品的掠夺

七七事变爆发前，日商等在天津建成的农场有：1936年中野宗一在海河左岸张贵庄建的中野农场、1936年钟渊纺织会社在塘沽购地建的久大农场以及中日实业公司的茶淀农场、军粮城农场等。日本占领天津后在周边设置了很多农场，1941年日本在津南区就建立了10个农场，侵占稻田八万余亩，到1941年天津地区日本人的"经营农村"就有48个。[①] 日本学者经过调查后认为，"天津附近的日本人租佃制大农场由1940年的十几处增加到了1941年的60多处"。[②] 根据另外一则资料，天津地区种植稻米的农场，1937年为5个，1938年10个，1939年增加到14个，1940年为21个，到1941年猛增到68个，而到了1942年进一步增加到83个。[③]

掠夺土地的主要施行者是日本组建的专业公司、专业组织以及日本个人，其中以专业公司、专业组织为主。这些公司组织不但直接经营农场，而且还通过金融贷款等方式控制了日本私人的农场。在天津地区，日本掠夺土地的主要机构是华北垦业公司与军粮城精谷公司。华北垦业公司是以中日实业公司为母体逐渐形成的。1913年中日合办中日实业公司，日方出资500万元，股东有三井、三菱、大仓、涩泽会社等，总裁由中国政府任命，公司分设日本东京和中国北京。成立后的10年，该公司转化成贷款投资公司，即主要从事对中国的矿业开采、山东轻铁公司、各地电灯公司、电话通信、铁矿等行业的贷款投资。九一八事变后，中日关系恶化，该公司贷款业务陷入停顿。为了迎合日本占领华北的状况，1939年4月该公司开始从事农业投资，同年5月与伪华北临时政府签订协议，对山东省农业进行投资。1939年开始涉足天津的农业经营，1940年在天津的茶淀、军粮城开发经营水田。1941年4月更名为华北垦业公司。按照该公司章程，公司"为了在华北从事农地开发、农产品的改良和增产，以及实现农民生活的稳定"，在华北地区主要从事获得所谓的"荒地"并加以开垦、管理耕地并进行农民移垦、对农业进行投

---

① 张会芳：《抗战时期华北日系农场的殖民经营：以天津地区为中心》，《抗日战争研究》2004年第4期，第81页。
② 〔日〕浅田乔二著《1937~1945日本在中国沦陷区的经济掠夺》，袁愈佺译，第5页。
③ 郑会欣：《战前及沦陷期间华北经济调查》，第346~349页。

资与融资等业务。① 该总公司设在北京，在天津有办事机构，直接经营 2 个农场，即军粮城农场、茶淀农场（包括茶淀、任凤庄、蓟运河地区三个分场）。1939 年该公司在华北农事试验场军粮城支场开始办公后，逐步接管了华北农事试验场获得的天津开源垦殖公司在军粮城的土地，建成华北垦业公司的军粮城农场。1939 年该公司购买了天津开源垦殖公司在茶淀、任凤庄的 2 个农场，② 1942 年在蓟运河地区又购买了土地，最后将茶淀、任凤庄及蓟运河地区的农场合称为茶淀农场。这两个农场共有十二万多亩土地。③ 此外，该公司通过发放贷款的方式，控制了日本人的 32 个农场。④

军粮城精谷公司是日商加藤三之辅 1940 年创办的。1939 年天津水灾，造成天津等地区稻谷减产，军队所需供应不足，加藤三之辅趁机与天津乡绅张一清、李德卿合作建立该公司，经兴亚院华北联络部、天津日本陆军特务机关批准，并得到日本领事馆营业许可，于 1940 年 1 月 15 日正式创立军粮城精谷公司，资金 100 万元，占地 500 亩，加上原来在河东试验田 250 亩，共 750 亩。⑤ 军粮城精谷公司在北京设立总部，在天津法租界设立支店，军粮城工厂部设 3 部 2 厂，即粗米部、细米部、机关部、榨油工厂、制粉工厂。1940 年 11 月建成一个年产 45 万担大米的清水式五机四个系列的碾米设备，1942 年建成糠油车间，1943 年建成制粉车间、麦饼车间。至此，军粮城精谷公司建成一个集加工、生产、储存为一体的粮食加工企业。军粮城精谷公司也是一个土地开垦、粮食种植公司。该公司成立了芦台、小站、咸水沽、葛沽、八里台、军粮城以及上海等 7 个"出张所"，在天津的水稻产区租赁土地进行生产，并通过出

---

① 居之芬主编《日本对华北经济的掠夺和统制——华北沦陷区资料选编》，第 724 页。
② 《华北垦业公司茶淀农场之概况报告》宣称为 1939 年中日实业公司购买两农场，但是，吕万和称是 1937 年日本掠夺开源公司土地而设置茶淀、任凤庄等农场。
③ 本数据根据居之芬主编《日本对华北经济的掠夺和统制——华北沦陷区资料选编》统计得出，参见第 762~763 页。吕万和在其《解放前天津市郊的土地占有和地租》中的数据为 16.5 万亩。
④ 吕万和：《解放前天津市郊的土地占有和地租》，《天津历史资料》1980 年第 5 期，第 16 页。
⑤ 东丽区土地管理志编纂委员会编著《东丽区土地管理志》，天津社会科学院出版社，1998，第 198 页。

张所控制生产和收购，即出张所下设农事组合，负责发放贷款、稻种、肥料等，秋天收获的稻谷先归还贷款，然后由农事组合收购上交精谷公司。到1944年，精谷公司控制的土地耕种面积达到47.8余万亩，收购稻谷6.1万多吨。①

此外，其他一些日本公司也纷纷掠夺土地、建立农场。钟渊纺织公司在宁河县茶淀的启明农场，占地12万亩，采取招佃出租方式，经营种植、畜产、水产业养殖及农产品加工，1944年产稻谷68.5万斤。② 日本东洋植拓株式会社采取强卖手段在宁河、芦台购得民田5万亩建立了芦台模范农场。③ 1941年，日本人在汉沽一带建成占地2.2万亩的华北农场，1944年4月改称为中日合办的中日机械农业公司茶淀农场。④ 据不完全统计，日本会社等在天津市有38个农场，有土地12351亩；在原天津县有农场62个，占有土地405238亩；在原宁河县有农场19个，占有土地504155亩；在昌黎等县有农场14个，占有土地443050亩，总共占有133个农场，1364814亩土地。⑤

二 水稻的种植

天津的宁河、汉沽、塘沽和冀东等地是华北地区水稻种植的主要产区。这些地方种植水稻可以追溯到宋辽时期，驻守当地的军队利用江南早季稻的种子，引河淀之水灌溉屯田，种植早季稻。但是，时值战争年代，人口难以聚集，水稻种植的规模和产量十分有限。明代，天津设卫，周边驻军增加，加之随军眷属和原住民等形成固定的居住地，守军屯田需要开垦荒地，天津海防巡抚汪应蛟于万历年间在葛沽等地开垦水田2000亩，实行十字围田，鼓励从南方来的官兵和眷属种植水稻，在现在的津南和汉沽等地形成一定的规模。万历末年，科学

---

① 赵继华、于棣主编《抗日烽火在天津》，天津人民出版社，2005，第472~474页。
② 天津市汉沽区地方志编修委员会编《汉沽区志》，天津社会科学院出版社，1995，第298页。
③ 政协唐山市委员会编《唐山名产》，红旗出版社，1997，第214页。
④ 天津市汉沽区地方志编修委员会编《汉沽区志》，第298页。
⑤ 天津市地方志编修委员会：《天津通志·民政志》，天津社会科学院出版社，1999，第537页。

● 抗战时期日本对天津的经济统制与掠夺

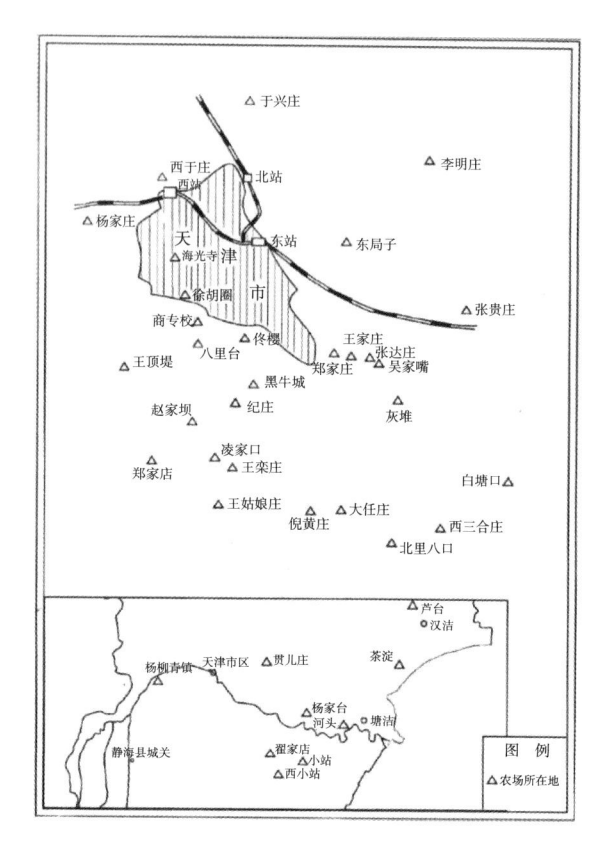

图7-1 天津地区日本人控制的农场

资料来源：崔士光主编《滨海城市：天津农业图鉴》，海洋出版社，2001，第210页。

家徐光启来到天津，先后4次屯田，并在葛沽购置荒地20顷，引来江南优良稻种，采用围田之法防涝，种植水稻；还将开垦、水利、施肥等实践及心得总结于《农政全书》中。清代，地方官员继续推行围田之法，尤其是清朝中叶记名提督周盛传率领盛军11营随李鸿章到天津驻守小站附近后，周盛传奉李鸿章命，大兴水利，涤卤刷碱，围田种稻，迅速推广了水稻的种植，到1880年前后，盛军屯田中开垦稻田已达6万余亩，民营稻田达13.6万亩，为附近地区种植水稻奠定了基础。清朝末年，政府曾经于塘沽等地设立营田管理局以及垦务局招募农民垦荒和种植水稻。民国以后，聚集在天津的军阀官僚开始强占土地，坐收地租。比如军阀张敬尧以家眷名义成立勋记公司，收买土地，在小站附近占有水旱田两万余亩，加上大量荒洼草地，共43100亩。徐树铮集诸多军阀之力成立开源垦殖公司，在军粮城、茶淀建立农场，租赁给农民种植水稻，并在军粮城设立工作站，在垦区内设立水稻试验站。

在天津的日本人也觊觎水稻种植，从20世纪30年代中期就在天津附近经营的农场中种植水稻。但这些日商的活动并没有获得日本官方的大力支持，七七事变后水稻种植仍然是这种状况。因为当时日本在华北地区主要推行的是棉花种植，以供应军需和出口日本，而军队和日本移民所需的大米多是从朝鲜输入。1938年日本的加藤三之辅来华北考察种植水稻，兴亚院华北联络部以及天津的陆军特务机关认为种植水稻会引发日本国内稻农的不满，建议加藤三之辅种植棉花。1939年，日本及其占领区稻米供应不足，尤其是朝鲜总督府担心大米输向中国会引发朝鲜米价上涨，开始限制对华北出口大米，① 加之天津水灾带来的粮食减产，促使日伪当局开始考虑在华北地区尤其是天津地区扩大稻谷种植，以保障军队和日侨的供应。兴亚院华北联络部农政班长东畑四郎明确表示，应该重视华北盐碱地带的水田开发，要求在华北的日本人的食粮要通过当地自给方式予以解决。②

1940年上半年，日本兴亚院技术部部长宫本武之辅对华北、蒙疆进行了实地考察，并在随后制定的《华北产业开发五个年计划综合调整要纲》中提出应集中力量重点发展华北的煤炭和粮棉生产的"重点主义"方针。在宫本制订的计划中，在粮食生产方面重点发展的是日本人作为主食的大米，计划从1941年至1945年稻谷生产要扩大几十倍，达到年产211万石。③ 1940年7月，兴亚院华北联络部出台《华北产米增殖计划》，该计划提出为了实现华北稻米自给自足的目标，对水稻生产实行有计划的改良增产，1941~1945年每年生产加工的大米要达到210万石；

---

① 〔日〕李海训：《"小站米"ブランドの形成と日本の華北占領》，《中国研究月报》2013年第67卷第7期，第8页。1938年，朝鲜因旱灾而水稻歉收，1939年2月朝鲜总督府发布《朝鲜米满支输出禁止令》，禁止朝鲜米输向东北、大连以及日军前线。
② 于克敏：《日军统治下的军粮城机米厂》，载周利成、王勇则编《外国人在旧天津》，第169页。
③ 居之芬、张利民：《日本在华北经济统制掠夺史》，第229页。

其措施是通过改善水利设施、普及优良品种、改善耕种施肥方法、预防病虫害等以提高水稻单产；通过开垦农田、转变农地用途，即耕地转为水田来扩大耕种面积；计划垦田58900町步，农地用途转化27800町步，其中天津地区计划开垦20300町步，占全部开垦面积的34%，农地用途被转化的土地为19400町步，占全部转化土地的70%。① 可以看出，由于天津附近各地是华北地区水稻的主要产区，计划中的开垦水田和将耕地转为水田多集中在天津。

为了推行水稻增产计划，日伪当局在一些农事试验场进行水稻品种的改良，以增加单产数量。以前天津附近各地种植稻谷的品种是葫芦头和大白芒，② 没有芒子，颗粒小，光泽差，产量低。1939年加藤三之辅着手创办军粮城精谷公司时，从朝鲜、东北引入陆羽和中生银坊主等新品种的稻种1万石。经过试种，单产有所增加，1940年的《华北产米增殖计划》强制性规定，水稻产区必须种植这些新品种。1940年以后，日本种子株式会社又从日本国内运来"银坊"、"金刚"、"水原"等稻种，要求稻农更换新品种。

实施水稻增产计划，更重要的是增加水稻种植面积。1940年以后，日本各有关会社竭尽全力扩大稻田种植面积。1941年成立的华北垦业公司计划在冀东和天津郊区等沿海地区五年内拓荒近2.5万公顷，其中有近2万公顷种植水稻，计划5年后产水稻38.6万石、小麦7.8万石、籽棉525万担，以解决日本在华北粮棉就地自给问题。③ 天津的日本商人等经营的各农场广泛种植水稻，水稻种植面积急剧扩大。加藤三之辅的《七年事业概况》提到，1941年天津水稻种植面积比1940年增长了近69%。据1942年不完全统计，在天津地区共有88个日系农场种植稻谷，其中水田面积比1941年增加了近63%，旱田增加12%，1941年日伪人员经营农场的水田面积为7732.6公顷，1942年增加到12568公顷，其各个农场的增加状况如表7-11所示。

---

① 〔日〕興亜院華北連絡部経済第二局：《北支那産米増殖計畫》，1940；日本亚洲历史资料中心资料B06050481500。
② 宁河县地方史志编修委员会：《宁河县志》，第218页。
③ 〔日〕《支研经济旬报》第139号，1941年5月21日，第15~17页。

表 7-11 1941、1942 年天津附近地区日伪农场水稻经营状况

单位：公顷，个

地区	农场	总面积	1941年 水田	1941年 旱田	1941年 荒地及其他	1942年 水田	1942年 旱田	1942年 荒地及其他
天津北边	北仓土地改良合作社	1150.0	20.0	—	1130.0	150.0	—	1000.0
	藤田	20.0	—	—	—	—	15.5	4.5
	北洋	60.0	—	—	—	60.0	—	—
	杨柳青	956.0	60.0	896.0	—	700.0	256.0	—
	爱路惠民研究所	27.0	14.0	5.0	8.0	14.0	5.0	8.0
	国光	3.0	—	—	3.0	—	—	3.0
小　计	6	2216.0	94.0	901.0	1141.0	924.0	279.5	1012.5
天津周边八里台	南海	26.2	—	—	—	12.2	2.2	11.8
	河合第一	18.0	18.0	—	—	18.0	—	—
	河合第二	21.6	—	—	—	21.6	—	—
	稻月	9.0	9.0	—	—	9.0	—	—
	东亚	100.0	—	—	—	100.0	—	—
	冈岛	67.2	15.0	27.0	25.2	23.0	—	17.2
	八里台精谷公司	56.0	—	—	—	48.0	—	8.0
	岛崎	50.0	—	—	—	37.0	—	13.0
	三和第一	38.4	—	—	—	19.2	—	19.2
	大康	12.0	—	—	—	12.0	—	—
	共商会	1.5	1.2	0.3	—	1.2	0.3	—
	裕安合义记家庄	41.3	41.3	—	—	41.3	—	—
	三谷	17.4	15.6	1.8	—	15.6	1.8	—
	三荣	6.4	6.4	—	—	6.4	—	—
	田(民)中	9.3	9.3	—	—	7.5	—	1.8
	佐野	6.0	6.0	—	—	6.0	—	—
	川德	16.5	16.5	—	—	16.5	—	—
	山下(保)	3.2	3.2	—	—	3.2	—	—
	东亚公司	5.0	5.0	—	—	5.0	—	—
	岛本	2.0	2.0	—	—	2.0	—	—
	酒井	3.4	3.4	—	—	3.4	—	—
	金井斋	2.5	2.2	—	0.3	2.2	—	0.3
	中日学校	1.2	0.7	0.5	—	0.7	0.5	—
小　计	23	514.1	154.8	29.6	25.5	411.0	31.8	71.3

续表

地区	农场	总面积	逐年经营面积					
			1941 年			1942 年		
			水田	旱田	荒地及其他	水田	旱田	荒地及其他
咸水沽	裕安合义王姑娘	138.0	6.0	—	132.0	60.0	60.0	18.0
	天津产业第一	22.0	18.0	—	4.0	22.0	—	—
	安华	24.0	24.0	—	—	24.0	—	—
	长泰	116.0	18.0	—	98.0	76.0	—	40.0
	大和	280.0	20.0	—	260.0	80.0	—	200.0
	增安	300.0	—	—	—	100.0	100.0	100.0
	裕安合义灰堆	63.3	63.3	—	—	63.3	—	—
	陆合祥	18.4	12.0	—	6.4	18.4	—	—
	三大	10.1	10.1	—	—	10.1	—	—
	利农公司	150.0	150.0	—	—	150.0	—	—
	藤井第一	468.0	360.0	108.0	—	360.0	108.0	—
	森山	24.0	20.0	4.0	—	20.0	4.0	—
	古贺	45.0	15.0	—	30.0	45.0	—	—
	坂江	112.4	30.0	—	82.4	89.9	—	22.5
小 计	14	1771.2	746.4	112.0	612.8	1118.7	272.0	380.5
小 站	唐官屯第一	100.0	—	—	—	100.0	—	—
	藤井第二	1120.0	500.0	—	620.0	470.0	30.0	620.0
	香川	350.0	—	—	—	280.0	20.0	50.0
	大安第一	522.0	138.0	18.0	366.0	246.0	18.0	258.0
	东一	467.0	250.0	—	217.0	300.0	—	167.0
	唐官屯第二	200.0	—	—	200.0	—	200.0	—
	藤井第四	1284.0	—	—	—	—	230.0	1054.0
	东安	1204.2	—	48.0	1156.2	—	90.0	1114.2
小 计	8	5247.2	888.0	66.0	2559.2	1396.0	588.0	3263.2
葛 沽	信义(华北垦业)	291.2	115.0	95.3	80.9	120.0	94.0	77.2
	春安	387.5	—	60.0	327.5	—	60.0	327.5
小 计	2	678.7	115.0	155.3	408.4	120.0	154.0	404.7
白河左岸	新盛	350.0	200.0	50.0	100.0	300.0	—	50.0
	本田	24.0	—	—	—	9.0	15.0	—
	山下(良)	12.0	12.0	—	—	12.0	—	—
	近松	223.0	165.0	21.0	37.0	165.0	21.0	37.0
	中野	350.8	310.1	22.7	18.0	329.1	21.7	—
	大陆	720.0	220.0	—	500.0	480.0	—	240.0
	新民会训练所	36.0	10.0	15	11.0	10.0	15.0	11.0
	田口	1.6	—	1.6	—	—	1.6	—
	富士	15.0	—	15.0	—	2.0	13.0	—
	永康	55.2	18.0	—	37.2	—	18.0	37.2
	志田	24.6	0.3	0.4	23.9	4.2	9.0	11.4
	天津产业第二	4.0	—	4.0	—	1.0	3.0	—

续表

地区	农场	总面积	逐年经营面积					
			1941年			1942年		
			水田	旱田	荒地及其他	水田	旱田	荒地及其他
白河左岸	近江绢丝	26.5	—	—	26.5	—	—	26.5
小 计	13	1842.7	935.4	156.2	727.1	1312.3	143.8	386.6
军粮城	大安第二	255.0	120.0	—	135.0	120.0	135.0	—
	安农公司	490.0	120.0	—	370.0	260.0	—	230.0
	东洋民生	700.0	200.0	465.0	35.0	235.0	465.0	—
	华北产研	162.0	125.0	5.0	32.0	125.0	5.0	32.0
	华北垦业军粮城	856.0	700.0	95.0	61.0	700.0	97.0	59.0
	军粮城精谷试圃	6.0	4.0	2.0	—	4.0	2.0	—
	三和第二	106.0	—	101.4	4.6	—	101.4	4.6
	敦任	180.0	—	—	—	—	180.0	—
	永泽	396.0	—	0.1	395.9	—	60.0	336.0
小 计	9	3151.0	1269.0	668.5	1033.5	1444.0	1045.4	661.6
芦 台	芦台模范农村	3500.0	1960.0	400.0	1140.0	2000.0	400.0	1100.0
	华北垦业任凤庄	659.0	450.0	79.0	130.0	659.0	—	—
	华北垦业茶淀	1000.0	700.0	60.0	240.0	700.0	60.0	240.0
	崔兴沽	120.0	58.0	12.0	50.0	58.0	12.0	50.0
	北支机械	1400.0	150.0	50.0	1200.0	1100.0	50.0	250.0
	钟渊启明	7212.0	15.0	200.0	6997.0	457.0	200.0	6555.0
小 计	6	13891.0	3333.0	801.0	9757.0	4974.0	722.0	8195.0
冀 东	华山公司	1440.0	—	—	—	150.0	—	1290.0
	七里海	810.0	6.0	—	804.0	500.0	—	310.0
	华北殖产第一	1260.0	90.0	—	1170.0	90.0	—	1170.0
	裕安	90.3	50.0	—	40.3	60.0	—	30.3
	西河南	60.0	45.0	—	15.0	50.0	—	10.0
	华北殖产第二	1500.0	—	—	—	—	—	1500.0
	田中(利)	20.4	6.0	—	14.4	18.0	—	2.4
小 计	7	5180.7	197.0	0.0	2043.7	868.0	0.0	4312.7
合 计	88	34492.6	7732.6	2889.6	18308.2	12568.0	3236.5	18688.1

资料来源：根据郑会欣《战前及沦陷期间华北经济调查》第346~349页的表格精简而成。

根据1945年5月日本驻天津总领事太田知庸给大东亚省中国事务局局长的报告，1941年天津及其附近地区（包括滦县、昌黎、文安）耕种面积比 1940 年增长了近 82%，1941 年总产量比 1940 增长了 81%，其中天津县的增长高达 185%；1942 年以后，河北地区水稻产量提升了 40% 左右，[①] 主要在小站、咸水沽、葛沽、军粮城、芦台和冀东各地等，如昌黎县 1944 年水稻种植面积比 1941 年增加了 7.3 倍，产量增加了近 8.5 倍。

同时，日伪当局还采取一些措施，以提升农作物的产量。天津作为食品集散中心和近代北方最大的工商业城市，农业并不发达，在天津周边还有一些洼地和荒芜之地，沿海附近更有很多盐碱地。如前文所述，七七事变前，日本在天津的商人就设置农场开垦荒地，种植水稻等粮食作物。七

表 7-12 1940~1944 年天津及附近地区水稻生产情况

单位：町步，吨

地区		小站	咸水沽	葛沽	军粮城	芦台	天津	昌黎
1940 年	耕种面积	—	—	—	—	—	—	—
	收获产量	—	—	—	—	—	—	—
1941 年	耕种面积	—	—	—	—	—	—	—
	收获产量	—	—	—	—	—	—	—
1942 年	耕种面积	—	—	—	—	—	—	—
	收获产量	—	—	—	—	—	—	—
1943 年	耕种面积	4999	3584	1378	5240	5695	2252	1570
	收获产量	13436	8948	2951	12167	10462	5129	1560
1944 年	耕种面积	6512	5511	1284	6582	8260	3250	2486
	收获产量	20736	8962	3407	20672	21498	8971	4041
地区		天津县	宁河县	滦县	昌黎县	文安县	合计	
1940 年	耕种面积	6723	5960	349	100	1521	14653	
	收获产量	21930	10720	313	76	1620	34659	
1941 年	耕种面积	19143	5704	374	300	1126	26647	
	收获产量	48216	11630	490	427	1976	62739	
1942 年	耕种面积	10670	5690	30	730	6100	23220	
	收获产量	19974	9958	51	1307	9187	40477	
1943 年	耕种面积	—	—	—	—	—	24718	
	收获产量	—	—	—	—	—	54653	
1944 年	耕种面积	—	—	—	—	—	31885	
	收获产量	—	—	—	—	—	88287	

资料来源：日本亚洲历史资料中心 B08060396800。

[①] 参见政协天津市委员会文史资料研究委员会编《沦陷时期的天津》，第 159 页。

第七章　日本对长芦盐和棉花、稻米等农产品的掠夺

七事变后，日伪当局为了保证战争和统治的需要，采取了一些措施，以增加粮食生产。其一，开垦洼地和荒地，治理盐碱地，进行土地改良。1937年3月钟渊纺织株式会社曾经以中国人的名义在宁河县营城及茶淀一带购地建立启明农场后，着手开垦附近约12万亩荒地，将其作为钟渊协会用地。军粮城精谷公司和华北垦业公司都将开垦荒地列为其经营范围，如华北垦业公司的章程中就有获得荒地并加以开垦的内容，计划在冀东和天津郊区等沿海地区五年内拓荒2.5万町步，相当于近2.5万公顷，并且首先开垦蓟运河地区的洼地、荒地与不良耕地。天津周边的土地受到海水中盐碱影响，不宜耕种，亩产量偏低，日本从碱地改良和水利改进等方面进行土地改良。华北垦业公司占有的土地多在滦河下游、蓟运河、马厂减河、永定河沿岸等地区，1941年日伪当局开始计划在这些地区进行土地改良，即在上游修建蓄水池，放蓄水池的水冲刷对碱地。[1] 华北农事试验场的军粮城分场也从地下水位、灌溉水量、整地样式三个方面改造盐碱地。[2]

其二，日伪当局通过育种和各种试验，力图增强农作物的抗病性和提高粮食的亩产量。1936年，日本在天津设立华北农事研究所（也称天津农事试验场），"拟用科学方法，研究各项农作物之改良。一面与内地各农事试验场联络，共策进行"；[3] 一面又在青岛设立华北产业科学研究所。1937年4月，华北农事研究所由华北产业科学研究所管理。七七事变后，华北产业科学研究所办公地点转移到了北京，随后在北京西郊开设了中央农事试验场。1938年5月，中央农事试验场在济南、青岛、天津等地开设了分场。这些试验场或设置棉花原种圃，或设置小麦原种圃，进行品种改良和林业、家畜防疫、病虫的研究。天津的分场设在军粮城，本来为冀东第一农事试验场，1938年5月10日按照日本华北方面军特务部部长的指示，由华北农事试验场接收该农事试验场，并将它变更为其分支机构。[4] 天津的军粮城分场，"主要以沿海区域为对象，主管农作物的栽培，

---

[1] 参见居之芬主编《日本对华北经济的掠夺和统制——华北沦陷区资料选编》，第728~729页。
[2] 陈人龙：《敌伪统制下之华北农业》，《人与地》1942年第2卷第4~5期，第43页。
[3] 《日本在天津设立农事研究所》，《时事月报》1936年第15卷第28期。
[4] 参见居之芬主编《日本对华北经济的掠夺和统制——华北沦陷区资料选编》，第719~720页。

农作物的品种改良……种苗的增殖与分发"。① 根据《华北棉产改良增产计划》，1939 年华北农事试验场在 4 处分场设立棉花原种圃，其中就包括军粮城分场。1940 年后，为了促进小麦和水稻品种改良，日本在军粮城设置了小麦原种圃和水稻原种圃。② 天津是水稻种植的主要地区，军粮城分场除了承担粟、高粱、小麦、棉花、玉米、麻类品种的繁育，施肥改善和病虫防除等试验外，还特别对水稻进行育种改良、耐盐碱化和耐肥性实验。③ 比如从日本、朝鲜引入品种进行培育，推出新的水稻品种，以提高水稻产量。另外，包括军粮城分场在内的各地农事试验场也负责将试验出的新品种、新技术、新农药等推广给农村农场的生产者。④

---

① 居之芬主编《日本对华北经济的掠夺和统制——华北沦陷区资料选编》，第 723 页。
② 王绶：《敌伪在华北沦陷区内之农业建设概况》，《农业推广通讯（1939 年）》1946 年第 8 卷第 2 期，第 22 页。
③ 丁晓杰：《日伪时期华北产业科学研究所的设立及其活动》，《史学月刊》2012 年第 2 期，第 103 页。
④〔日〕華北産業科学研究所、華北農事試験場编《華北産業科学研究所、華北農事試験場民国三十一年度業務功程》，華北産業科学研究所，1943，第 63~71 页；《華北産業科学研究所、華北農事試験場民国三十二年度業務功程》，華北産業科学研究所，1944，第 53~63 页。

第八章　日本对天津金融和内外贸易的统制

第一节　日本对天津金融的统制

日本占领天津和华北后，开始谋划"日满华经济圈"，建立日本控制下的殖民地经济统制体系。在金融领域，则是通过设立日本控制下的华北地区中央银行及其伞下银行、地方银行系统，控制和垄断金融业务，实现货币统一和金融统制，将其纳入"日元区"，以提供支付军费和掠夺资源的金融保障，为侵华战争和在华的经济统制体系服务。

一　七七事变前日本在天津的金融机构与金融政策

近代天津是华北金融业的聚集地，有外资银行、华资银行、银号、钱铺、典当、储蓄会、金融组合、信托和保险等多种形式的金融机构，是北方的金融中心。

明清时期，天津的金融机构有票号、钱庄、银号、钱铺以及炉房等，主要业务是存放款和异地汇兑。天津开埠以后，进出口贸易开始兴盛，西方银行进入，为对外贸易提供外汇核算和国际汇兑，天津的金融市场开始与国际接轨。1881年开设的汇丰银行天津分行，是天津最早的近代银行。该分行除了各国间的结算和汇兑、存放款外，还经营金银买卖业务，有在中国发行货币的特权。以后，天津又出现了数家外资银行，如英国的麦加利银行、俄国的华俄道胜银行、德国的德华银行、法国东方汇理银行、比利时的华比银行、法比合资的仪品放款银行以及日本的横滨正金银行。最早的华资银行是 1898 年设立的中国通商银行天津分行,以后又出现了志成、直隶省和殖业 3 家银行。在 20 世纪初期,天津的金融市场呈现的是外资银行、华资银行与票号等传统金融机构三足鼎立的局面。清末民初以后,天津的近代银行逐渐增加。总行曾设在天津的华资银行有中孚、金城、大陆、中国实业、大生、东陆、大中、国民商业储蓄、华意、华法、北洋保商、裕民、裕达、天津大业、裕津、道生、天津兴业、怀远、华新、边业、中国丝茶、直隶新华、中元实业等。在天津设立分行的主要银行有浙江兴业,山西裕华、东莱,上海商业储蓄,中南银行等。[①] 上述银行连同中国银行、交通银行天津分行及直隶省立银行组成包括国家银行、地方政府银行、官商合办银行、商办银行等齐全的天津华资银行业。尤其是盐业、金城、大陆和中南银行,通称为"北四行",以雄厚的经济实力和政治后盾在华北占有重要地位,与浙江兴业、浙江实业、上海商业储蓄银行的"南三行",南北相依,代表着商业银行的主体,其经营以汇兑、兑换、信贷为主,也兼营仓库业等商业,有的有货币发行权。国民政府南迁后,一些银行的总行随迁上海等地,但是没有动摇天津作为华北乃至北方金融中心的地位。据《中国银行年鉴》统计,1935 年全国各类华资银行共计 159 个,总行在上海的有 60 家,总行在天津的有 8 家,占 5.0%;全国总分行共计 1347 家,上海有 188 家占 14.0%,天津有 62 家占 4.6%。这时,天津在华资银行的地位仅次于上海,居第二位。天津的外资银行在第一次世界大战后又建立了 9 家,1935 年天津共计有 16 家外资和中外合资银行。天津的欧美金融机构实力非常雄厚,这些银行大多设于外国租界,控制了天津的国际汇兑和外汇结算。

在天津的日本银行和金融机构最早设立于 19 世纪末,20 世纪 20 年代已经形成一定的规模,实力不断增强。1899 年日本的横滨正金银行在天津设立支店,这是日本第一家在天津的银行,其资本总额达 1 万亿元。1912 年铃木敬亲等日商成立天津商工银行,翌年与北京实业银行合并,改称天津银行,实付资本 62.5 万元。1915 年、1918 年正隆银行和朝鲜银

[①] 根据吴石城《天津之华商银行》(《银行周报》1935 年第 19 卷第 29 期)、罗澍伟主编《近代天津城市史》(第 398 页)、杜恂诚《民族资本主义与旧中国政府(1840~1937)》附录等整理。

行也分别在天津开设了支店，1922年大东银行开设天津支店，1924年拥有1000万日元资本的中日合办北京中华汇业银行也在天津开设分店。一些日本侨民还开办小规模的金融企业，从事小额金融、信托、汇兑和保险等业务。诸如天津信托兴业公司、中日共益储蓄会等，其资本额一般在二三十万元，经营业务单一，服务对象主要是在津的日本侨民。1936年，日商在天津经营的钱庄有5家，投资额125000日元；当铺9家，投资额84000日元。① 在七七事变前，日本在天津有5家银行，即横滨正金银行、朝鲜银行、正隆银行和天津银行、大东银行。正金银行作为专门从事国际汇兑业务的特殊银行，是天津地区影响力最大的日系银行。

在七七事变前，天津的近代金融机构各有分工，欧美银行实力雄厚，大多设于外国租界，控制了天津的国际汇兑和外汇结算。日本的银行则是正金银行一家独大，剩余的银行等多从事小规模的商业金融和信托业务，其账务对象以日侨为主。华资银行则主要是信贷、债券、异地汇兑等，有的还可以发行货币。

20世纪30年代后，日本加快侵占中国的步伐，在经济上加大了对华北特别是天津的投资，如在纺织、电力、化工等部门投资设厂，包括国策会社在内的一些大的会社也纷纷在天津设立分支机构。日本对天津的金融业，一方面进行系统详细的调查，分析各国的经济实力；另一方面采用走私和抵制币制改革等阴谋，扰乱金融市场，力图阻止法币改革在华北的推行。

30年代初期的华北走私物品，不仅有人造丝和糖等物资，也包括银圆，严重地扰乱了中国财政和金融市场。值得分析的是，日本在推行"华北自治"的阴谋中，从反对中国政府的币制改革入手，企图尽早将包括天津在内的货币金融市场拉入以日本为中心的包括伪满在内的"日元圈"，即在实施"华北自治"前，率先形成货币独立的既成事实。

币制改革，是南京国民政府积蓄十余年后对货币制度的一次重大改革。清代以后，随着外资银行的进入，华资银行的兴起，中国的货币制度愈发复杂混乱，既有外国的银币、纸币，又有本国的银两、银圆、铜币、

---

① 参见沈殿忠主编《日本侨民在中国》上册，辽宁人民出版社，1993，第898页。

纸币，各地流通的货币各异，难以流通和兑换，严重地影响了商品流通和交易，更不利于国家财政金融的稳定，阻碍着社会经济的发展。1933年3月，国民政府废两改元，实行银本位制，对货币制度进行了初步整顿，但整个中国的币制仍非常混乱。1934年6月美国政府实施《购银法案》，提高白银收购价格，使中国的白银大量外流，动摇了银本位制的基础，带来严重的财政危机。国民政府为谋求稳定币值，决定放弃银本位制，实施法币政策。1935年11月3日，国民政府财政部发布施行法币公告，其主要内容为：统一货币发行权，实行法币政策。以中央银行、中国银行、交通银行三家银行（后加中国农民银行）所发行之钞票为法币；其他银行不得继续发行新钞票；其他原经财政部核准发行之银行钞票，由财政部定期以法币换回；完粮纳税及一切公私款项之收付，概以法币为限，不得行使现金；禁止白银流通，实行白银国有，持有银本位币或其他银币生银等银类者限期兑换法币。这次币制改革，确立了中国与世界市场接轨的金融货币制度，国民政府完成对全国金融财政的统一管理，巩固了国民政府的经济，客观上加强了中国各地的经济联系，有利于经济局势的稳定。

但是，日本军政当局始终对中国的币制改革抱着敌视和反对的态度。因为，当时他们正在加快侵华的步伐，任何加强中国政治和经济的政策与措施，都不利于其侵华战略的实施。天津是日本全面侵华的前沿，日本中国驻屯军等正在这里策划"华北分离"阴谋，旨在尽快形成所谓的"华北自治"，企图将天津、北京和内蒙、河北脱离中央政府的管辖，成立"自治政府"，而且已经在冀东复制一个傀儡政权"冀东自治政府"。南京政府实行币制改革势必形成货币的统一，华北与各地的经济联系会更加频繁密切，会打乱日本军政当局的"华北自治"策略。于是，日本军部针对币制改革策划了"华北自主币制"的阴谋；它与"华北自治"的政治活动同步，其目的是将华北的金融体制脱离中国中央政府，从属于日本及其伪满洲国的"日元圈"。天津当时是中国第二个金融中心，日本也有诸多金融机构聚集在这里，因此也是推行华北自主币制的策划地。

从金融角度看，1935年币制改革后，法币将成为华北地区占统治地位的币种，仅就天津地区而言，法币约占市场货币总额的70%，处于绝对优势地位。据1937年5月日本正金银行对天津外商银行货币发行额的调查，正金银行是40万元，花旗银行19.7万元，麦加利银行14.2万元，华比银行1.1万元，汇丰银行3.6万元，合计78.6万元，而日本银行和朝鲜银行的金圆在抗战前估计只有100万~200万元的数目。① 因此，京津地区流通纸币的大部分，是华资银行的法币，金融业者所处理的通货，也是以法币为基准，而日系货币并不拥有很强的实力。1935年7月，中国驻屯军出台《伴随华北新政权的设立经济开发指导案》，这是其有关华北地区经济金融设想的第一个方案，该方案主张以日本占领下的东北为模板，接收河北省银行，并使之成为日本控制下的华北地区中枢性金融机构。② 但是，日本政府内部的各种意见并不统一。1935年10月国民政府的币制改革打乱了日本的既定计划，日本军政当局和各界纷纷发表声明反对。日本政府随即指示日系银行拒绝向国民政府移交白银。③ 同时，在天津的日本中国驻屯军也积极谋划进一步的应对措施，即所谓的"华北自主货币制度"。1935年12月10日，日本的中国驻屯军司令部制定《华北自主币制实行计划纲领案》，1936年1月日本陆军省制定了《华北币制改革指导要领》，5月23日中国驻屯军胁迫冀察政务委员会发出训令，指定河北省银行为统一发行纸币机关，在冀、察、平、津享有单独发行钞票之权力。日方对此意见虽有不同，但主导意见认为，"应该指导河北省银行行务，增加其信用和资力，以便机会适宜时为实行自主币制进行全面改革。如若自主币制方案得以圆满实现，河北省银行符合我方方针，则不必设立新银行，可将其改组为华北地区的中心银行"。④ 1936年8月11日，日本出台《第二次华北处理纲要》，对华北地区金融做出指示："终极目标是建立与南京方面金融统治相脱离的华北中央金库，但是华北金融的现状、南京政府的通货金融政策以及其他各种因素直接阻止了上述目标的达成。有鉴于此，当前目标应该是调查像河北省银行一样的既存金融机关状

---

① 居之芬主编《日本对华北经济的掠夺和统制——华北沦陷区资料选编》，第935页；《满铁调查月报》第18卷第3号，第72页。
② 〔日〕满铁调查部：《支那立案调查书类第3编第1卷·北支那通货金融方策》，第17~36页。
③ 参见〔日〕秦郁彦《日中战争史》，第338页（〔日〕《现代史资料》第8册，第116~118页）。
④ 〔日〕多田井喜生编《统·现代史资料11·占领地通货工作》，第123~124页。

况之后给予适当承认,辅助强化,使之成为名实兼备的冀察中央金库的基础"。① 9月15日,日本中国驻屯军制定了《1936年度华北占领地区统治计划书》,其内容的第二十六条是,以河北省银行(乙案的情况下为冀东银行)作为新政权的中央银行构成中国方面的金融中枢机构,并以此为中心组建金融机构,其他银行及货币发行机关(如银行、钱铺、当铺等)已经发行的兑换券,应迅速决定其适当的交换率,通过该银行加以回收、整理。② 于是,河北省银行在法币之外又印发纸币。

1936年10月7日,日本大藏省理财局国库课《关于设立冀东银行之意见》,特别强调日本顾问对冀东银行券发行、贷款等银行业务,以及与此密切相关的冀东政府公债发行及财政方面的"严格监督";在冀东银行与朝鲜银行的关系上,大藏省特别强调冀东银行的正货储存于朝鲜银行,其贸易汇兑的结算由朝鲜银行负责,与"满洲国"之间的汇兑关系由满洲中央银行负责。③ 这样,实际上,冀东银行在金融业务上的掌控权力完全为日方所掌握。11月1日冀东银行设立,资本金500万元,总店设在通州,1937年3月冀东银行也开始发行若干面额的纸币和辅币,即"北方券"。这些严重地干扰了中国币制改革的进程,对"华北自治"和冀东走私,以及日本对中国实行经济掠夺起到重要的作用。

二 日系金融机构的建立和强化统制

抗日战争全面爆发后,日本在华北建立的金融系统包括四个层面,一是中国联合准备银行的设立、增设分支机构和伞下银行;二是日系金融机构的增设;三是对华资银行和银号的接收和统制;四是1941年太平洋战争爆发后接收租界内的欧美系银行和国民政府下属的中国银行、交通银行。

七七事变后不久的9月12日,日本内阁出台《华北金融对策纲要》,

---

① 〔日〕多田井喜生编:《続・現代史資料11・占領地通貨工作》,みすず書房,1983,第108页。
② 臧运祜:《关于一份七七事变前夕日军阴谋侵占华北的机密文书的考论》,《抗日战争研究》2002年第3期,第45~46页。关于甲、乙两种方案请详见该文第41页。
③ 〔日〕多田井喜生编《続・現代史資料11・占領地通貨工作》,第132页。

方针是"必须动员组织河北省银行,中国、交通两行以及其他重要银行参加合作,以树立华北金融的独立体系",要求"迅速发挥河北省银行管理委员会之职能,对河北省银行强化管理统治";对于中国各华资银行要"根据中国方面银行参加的华北自主币制化,依据各银行的共同出资,设立联合准备制度","在中国方面银行不参加华北币制自主化的情况下,对中国方面银行的考虑另定之",① 这实际上是强迫华资银行必须出资设立在日本统制下的新的银行,如果不参加则会采取一定的措施。在此基础上,11月26日日本政府正式出台《华北联合银行设立纲要》,该纲要暂且将未来设置的地区中央银行称为华北联合银行,额定资本5000万元,计划由中方银行和日方银行各出资一半,其发行的银行券应为华北地区唯一货币。1937年12月,伪中华民国临时政府在北平成立,其委员长王克敏遵照日本上述纲要的要求,任命汪时璟等9人为筹备委员,负责筹组所谓的"中央银行",加快日本建立华北地区独立的金融体系的步伐。1938年2月8日,横滨正金银行、朝鲜银行和兴业银行三家汇集在日本的银行共计给伪政府贷款1250万元,② 并强迫平津地区的中国银行、中央银行、交通银行、河北省银行、盐业银行和伪冀东银行出资合计1250万元,筹建伪中国联合准备银行。1938年3月10日,伪中国联合准备银行正式开业,资本5000万元,总行设在北京,因为有日本各银行的贷款,故由日本人担任顾问,以保证日本对银行的控制。随着华北沦陷区秩序的相对稳定,伪中国联合准备银行迅速在华北重要城市增设分行,至1939年末相继在天津、青岛、济南、石家庄、太原等城市设立14家分行,并在威海卫、龙口和秦皇岛设立办事处。至1944年,该银行已经在河北、山东、山西等重要城市设立分行24处、天津北马路等办事处8处,并在日本东京设立了办事处,几乎遍及整个华北。③ 在天津,伪中国联合准备银行除了设立分行外,还在北马路设立办事处,为了便于港口建设和进出口金融往来,又在塘沽设

---

① 傅文龄等编《日本横滨正金银行在华活动史料》下,中国金融出版社,1992,第681页。
② 〔日〕日本银行调查局编集《日本金融史资料》昭和编第34卷,大藏省印刷局,1973,第334页。
③ 《中联银行月刊》1945年第9卷第1~6期合刊;转引自曾业英《日本对华北沦陷区的金融控制与掠夺》,《抗日战争研究》1994年第1期。

立了分行。伪冀东银行在天津有分行,还有塘沽分行和河东办事处。①

在七七事变前,日系金融机构在天津设立分行者有5家,即横滨正金银行、朝鲜银行、正隆银行、天津银行、大东银行。天津沦陷后,正金银行天津支店的规模迅速扩大,1945年前有天津支店、旭街和宫岛街分店3个分店,银行机构和银行业务均有扩大,宫岛街分店则作为日本银行代理店,专门负责军事开支。朝鲜银行由于在七七事变初期曾用货币支付日本军队军费,且日本政府亦有计划利用朝鲜银行作为华北地区中央银行的设想,加之事变后来津日本人的增加,其货币流通量在华北地区显著增加;1938年朝鲜银行更是合并了天津银行,进一步扩大其业务。伪中国联合准备银行成立后,朝鲜银行通过与伪中国联合准备银行相互存款、对日本各会社贷款、农产品收购资金贷款以及对日系企业的复兴贷款等业务,业务不断扩大,成为华北地区与正金银行相匹敌的日资银行。此外,随着伪中国联合准备银行成立和汇兑集中制的实行,伪满洲中央银行1938年9月也在天津、北京开设分行,专门负责关内和东北之间的汇兑业务,以及回收河北省流通的伪满洲国币,并且协助伪中国联合准备银行实现对华北金融的统制。这样,华北的金融体系演变成以伪中国联合准备银行、正金银行、朝鲜银行和伪满洲中央银行等几大日系银行为主导的金融体系,这些金融机构控制了华北地区的大部分金融业务。

为了实现对华北金融业务的统制,日本设立了专门负责金融业务的统制机构,也对具体的金融业务做出规定。中资银行的最高统制机构是华北政务委员会及其下属的经济总署,其次是伪中国联合准备银行;日资银行首先是受日本驻华大使馆指令,其次各地方有领事馆,具体到天津则是北京的日本大使馆和天津领事馆。此外,还有华北金融协议会这一机构,介于大使馆与银行之间,发挥指导银行的作用。

七七事变后,日伪当局对中国方面的华资银行和在天津的欧美各国银行也分别采取了监管和接收。事变前,河北省银行作为地方政府设立的银行,曾经被日本军政当局委以重任,一度要将其扶植为统辖华北的金融管

---

① 参见居之芬主编《日本对华北的掠夺和统制——华北沦陷区资料汇编》,第913~915页。

理机构,在筹备伪中国联合准备银行成立时出资80万元,利用自身信用协助伪中国联合准备银行扩大发行伪联银券,1942年被改组为河北银行。1936年4月成立的天津市民银行,天津沦陷后迁往法租界继续营业,1939年10月伪天津公署迫令该行迁出租界,强行接收。[①] 而国民政府下属的中国银行、交通银行两行则在英法租界,太平洋战争爆发后被伪中国联合准备银行接收,成为其伞下银行。除了接收之外,日本还新建金融机构,在伪中国联合准备银行、正金银行和朝鲜银行等日资银行资助下,分别于1943年和1944年成立华北储蓄银行和华北工业银行。对于其他的华资银行,因为很多设在各国租界内,日伪当局主要从货币发行和使用、业务范围等方面进行了限制。

七七事变后,位于天津各国租界内的欧美金融机构,仍旧保持一定的营业规模,进而和中国银行、交通银行等华资银行对日本在华北实行的金融统制构成阻遏。太平洋战争爆发后,日本强行接收了租界内的欧美系银行,包括美国的花旗银行和大通银行,英国的汇丰银行和麦加利银行,美国的天津敦华银行和天津信托公司以及比利时的华比银行。此外,日本接收外资各银行的棉布、小麦等物资折合联银券7000万圆,且英美系银行仓库内保存的面粉、砂糖等物资均被日本以敌国物资名义无偿接收,而其中的军需品则交由日本军队处置。

表8-1 日本接收欧美系金融机构资金状况调查

	联银券(千圆)	旧法币(千元)
现金	11283	7156
存款	11750	11807
借款	323	232
同业存款	670	911
贷款	3448	18261
分总行贷款	215	6202
分总行借款	1571	6952
其他支行贷款	56	3439
其他支行借款	235	142

资料来源:日本亚洲历史资料中心 B02032848600。

---

① 天津市地方志编修委员会:《天津通志·金融志》,天津社会科学院出版社,1995,第118页。

表 8-2 日本接收租界内华资金融机构保存现银数额

地点	金额(万元)
新华大楼	
交通银行	40.3
中国银行	26.2
河北省银行	25.0
旧英国领事馆地下室	127.4
中国银行金库	124.0
河北省银行金库	17.5
合计	360.4

资料来源：日本亚洲历史资料中心 B02032848600。

此时，日本设立"敌性金融机关管理委员会"，对接收的银行进行管理、监督。该机构以天津陆军特务机关长为委员长，任命日本军方、天津领事馆和兴亚院华北联络部等机构的人员为委员，由伪中国联合准备银行、正金银行和朝鲜银行负责管理。其具体分工为正金银行负责管理花旗银行、汇丰银行、华比银行和天津信托公司；朝鲜银行负责管理麦加利银行、大通银行和天津敦华银行；伪中国联合准备银行负责管理中央银行。在资金处理方面，各银行保存的联银券存入正金银行，法币本位的存贷款以其数额的40%折合成联银券，法币现金以其数额的25%折合成联银券，交付给华北政务委员会作为特别救济金，而存款的支付则按照日本人、轴心国和中国人、除敌国外的第三国人的顺序支付，而敌国人的存款则不予支付。通过接收，在天津的欧美系银行和中国银行与交通银行的资产悉数落入日本人手中。

太平洋战争爆发后，日本加紧对金融机关的法西斯统制。1941年12月和1942年5月，日伪当局先后颁布实施了《金融机关管理规则》《金融机关管理规则施行细则》和《金融机关管理规则之运用实施办法》等法令，将华北沦陷区的金融机关全部置于其统制之下。这些法令和规则规定，包括银号等所有的金融机关改为股份有限公司，资本额不得少于50万元；对所有金融机关实行准备金预存制度，要求各银行将各自存款支付准备金存入伪中国联合准备银行，具体数额为定期存款的10%、储蓄存款的20%、协议存款的20%，上述金额的1/3以活期存款形式存入，剩余则以定期存款和特别存款形式存入；金融机关资金运用须经伪华北政委会核准，暂由伪中国联合准备银行代为审查，各集团机关不得投资其他金融业、公司、商号或其他事业。伪中国联合准备银行对所有的外资银行和中资银行等金融机关有监督权，可以随时令其报告营业情形，或者要求其提供必要的文书账册，并随时检查其业务情形及财务状况。这样，进一步加强了伪中国联合准备银行的统制地位，日本可以通过日系银行和伪中国联合准备银行直接控制外资和华资银行等各个银行。

三 建立单一的货币体系

七七事变后不久，日本大藏省下达《关于军事支付中华北地区应使用之通货》，要求在华北军事支出中应使用朝鲜银行券，在战争长期化的情况下，为了控制日系银行券的支出，应考虑利用军票或者与现行华北币制没有关系的新币制。[①] 1937年11月26日日本政府制定了《华北应急金融工作实行要领》，进一步明确了朝鲜银行券和河北省银行券的业务领域，更加强化了河北省银行的作用，即各伪机关收入的金圆券都要在河北省银行兑换成河北省银行券，力图建立以河北省银行为中心，由中国银行、交通银行等中方银行参加的联合准备库制度。

1938年3月伪中国联合准备银行成立后，立即于次日发布《关于以中国联合准备银行发行纸币作为国币之政府命令》《取缔扰乱金融办法》《旧通货整理办法》等，开始对国民政府系纸币进行整理回收。上述法令规定，给予中国银行、交通银行发行的纸币3个月流通时间，但在一年内必须收回。次年的2月10日和3月11日，伪中国联合准备银行又相继发布《禁止以旧通货订立契约办法》和《禁止旧通货流通警察取缔实施办法》，彻底取缔一切与法币相关的经济活动。

为了尽快回收法币，1938年11月25日，日军会议通过关于北方券贬值的决定，[②] 将法币的兑换价值降低30%；为了防止北方券在其他地方

---

① 〔日〕朝鮮銀行史編纂委員会编《朝鮮銀行史》，1960，第360页。
② 〔日〕桑野仁：《戦時通貨工作史論》，法政大学出版局，1965，第35页。北方券是指中国银行、交通银行在华北地区发行的纸币，是与其在华中、华南地区发行的南方券相对应的称呼。

继续流通，禁止使用陆海两路运输北方券；对中国银行、交通银行及其他中方金融机构进行检查等等。日本华北方面军也在 1939 年 3 月出台《关于 3 月 11 日以后旧通货处理要领》，指定在 3 月 10 日之前的伪中国联合准备银行支店所在地及其附近为法币和联银券兑换地点，并将之称为联银券地区，在此地区禁止法币流通。在军费支出方面，日军的华北方面军于 1938 年 3 月 25 日发布命令，要求军费支出中使用联银券；至同年 12 月，凡在日军师团大队"永久驻扎"的城市都要设置联银的支店。1939 年 4 月以后，日军华北方面军开始在交战区的陇海线以南区域使用联银券。同年 5 月 12 日，经过日本政府总务长官裁决，除安徽省之外的陇海线以南地区的军费支出均要使用联银券，同时借此回收军票；陇海线以北地区继续回收中国银行、交通银行发行的法币，努力实现币制统一。① 但是，伪中国联合准备银行开业后其货币基础不稳，河北省银行率先推广使用联银券，并且同意利用自身有一定流通信用的钞票与联银券等价兑换。1940 年初兴亚院华北联络部出台的《关于维持联银券价值》提出，为了控制联银券的增发和支出，应该加强对日物资出口，尽量控制军费支出，避免军费现地筹措；缩减行政支出、控制对伪满的汇款、奖励储蓄、发行彩票等；调整对伪满和第三国之间的贸易收支；在开发会社的资金方面，要求各会社设立资金计划，缩减开支，控制新设子公司自伪中国联合准备银行借款和自日本汇款等等。② 另外，日方为了稳定华北地区物价和联银券价值，在物资供求领域实行控制，出台了《关于物价对策基本方针》。该文件在控制物价方面提出的主要方法包括：促进自"日元圈"区域进口物资；自日本国内或者第三国进口物资时设定标准价格，同时因物资、地区和人群不同，在配给时采用适当的价格基准；扩充经济警察，采取维持标准价格的相关措施等等。③

日伪当局除了试图统一华北地区货币外，还通过汇兑业务实现对华北金融的统制。天津的各国租界内始终以法币进行结算与汇兑，是日伪当局统制华北和天津金融市场极大的障碍。1939 年 2 月 9 日，兴亚院会议出台

---

① 〔日〕多田井喜生编《续·现代史资料 11·占领地通货工作》，第 230 页。
② 〔日〕桑野仁:《戰時通貨工作史論》，第 79~81 頁。
③ 〔日〕桑野仁:《戰時通貨工作史論》，第 83 頁。

《华北输出汇兑集中要纲》,"为了在对第三国贸易中普及联银券,以及在汇兑市场上强化联银券实力",以一盎司两便士为基准汇率,在对第三国出口中汇兑集中于伪中国联合准备银行,其中包括鸡蛋、花生油在内的 12 种物品,而对中国南方地区的货物仍保持自由贸易。3 月 20 日,经过日本总务长官裁决,《关于对华中、华南出口进行特殊操作的暂行措施》通过,其方针是在不对日元(包括军票)价值带来消极影响的情况下,对于能够获得硬通货的贸易汇兑进行限制。具体方法是,要求出口物资使用信用书,在价格上不得过于低廉,结算通货为美元和英镑,获得的外汇只能卖给日方银行,结算地点限定为纽约和伦敦。① 同年的 6 月 24 日,兴亚院会议决定《华北输出汇兑集中强化要纲》②,将出口汇兑集中物资由过去的 12 个品种,扩大为所有出口物资;其中对华中、华南的贸易汇兑也集中于伪中国联合准备银行办理;为了获得华中、华南物资,亦可通过日元汇兑进行贸易。

1940 年 9 月,日、德、意三国签订《三国防共协定》,为了控制占领区的通货膨胀,兴亚院华北联络部出台的《关于金融上的应急对策》要求,伴随贸易的进一步强化统制,伪中国联合准备银行的汇兑许可证尽量集中发放于商务物资的进口贸易;与华中地区的贸易采用日元本位,但在无须进口汇兑许可证的情况下,可允许与法币的汇兑结算;与日本协商之后,伪中国联合准备银行可使用本银行的外汇储备;由于对美出口贸易的资金可能被冻结,因此适当控制对美出口等。③ 1941 年 7 月太平洋战争爆发前夕,为了应对英美冻结资金,需要修改在华北的汇兑集中制,并以此为契机使联银券脱离与法币挂钩,开始与日元挂钩,即在伪中国联合准备银行内设立特别元结算。为了限制、打击以法币结算的贸易汇兑,日伪当局 1940 年就开始实施汇兑之分配调节与无汇兑进口转进口的许可证制度,以切断法币与伪联券的关系;1941 年 8 月后日伪当局公布《华北汇兑管理规则》等,确定伪中国联合准备银行在上海设立法币特别账户,天津等地以法币交易的进出口贸易和法币汇兑必须向该行申请,得到其许可后,"按照一定市价,由本行供给汇兑资金;于是法币汇兑,完全置诸本

---

① 〔日〕多田井喜生编《続·现代史资料 11·占领地通货工作》,第 223~224 页。
② 〔日〕多田井喜生编《続·现代史资料 11·占领地通货工作》,第 232~233 页。
③ 〔日〕桑野仁:《戦時通货工作史論》,第 95~96 页。

行统制之下"。① 这样，以天津为中心的华北对外贸易，除对东北的汇兑由满洲中央银行负责、对日汇兑由正金银行负责外，其他地区的汇兑业务一概由伪中国联合准备银行办理；华北对外贸易汇兑则完全掌握在日系银行手中，伪中国联合准备银行也借此进一步增强了实力。

四 控制金融业务

七七事变后，随着日本对华北经济各领域实行统制，华北地区的资金流向也演变为主要是日本政府国库金、对日汇兑资金、经济开发资金、农产品收购资金等与特殊机构相关的融资关系。

关于金融业务的具体统制标准，中资银行依据1942年5月颁布的《金融机关管理规则》，即伪华北政务委员会下属的经济总署（由伪中国联合准备银行代替行使）对金融机构的营业许可、资金运用具有决定权，同时可要求金融机构提供报告书或进行检查；新成立的金融机构资本金必须在50万元以上，并且将资本金存入联银。而日资银行的金融业务除受到日本国内金融统制法规的限制外，也受到华北资金调整规则及大使馆、领事馆命令的制约。伪中国联合准备银行作为中央银行还规定银行的存贷款利息，即除农产品收购等协助物资收购的资金之外，一律实行公定利息。比如1943年2月9日伪中国联合准备银行在天津和北京召集银行银号经营者参加的大会上宣布，为了"促进华北利率之平准化"，定期利率为年息6厘，储蓄存款利率为年息7厘，放款的最高利率为年息1.2分。② 华资银行等中国金融机构在严格的贷款和流动资金数额的限制下，业务逐年减少，除不动产抵押贷款外，经营的存款、贷款、仓库业、公债、股票等业务均呈现不同程度的下降，各银行均呈现亏损状况。加之，1942年5月《金融机关管理规则》等法令的颁布，使得许多金融机构，尤其是资金规模小的银号等难以为继，到1942年12月10日，华北原有银号484家中，被伪华北政务委员会财务总署允许继续营业的仅199家，加上分号

---

① 中国联合准备银行：《民国三十年营业报告书》，《中联银行月刊》1942年第3卷第3期，第220~222页。

② 中国联合准备银行：《民国三十年营业报告书》，《中联银行月刊》1943年第5卷第4期，第201页。

第八章　日本对天津金融和内外贸易的统制

也不过240家，其中天津有117家，北京有44家，一半以上被迫停业。①

在具体的资金运用方面，日本全面侵华期间相关规定变更数次。七七事变后初期，日本大藏省规定，所有银行贷款的资金超过3万元、流动资金超过5万元要向伪中国联合准备银行申请；1942年12月修改资金运用相关规定，如银行流动资金超过3万元、银号超过1万元须征得伪中国联合准备银行许可；当年9月11日以后再次修改为银行超过5万元、银号超过3万元，更大资金数额须华北资金调整委员会审议。此外，日本驻华大使馆就放款的宗旨、用途、金额、期限等做出具体规定，要求日系银行的放款宗旨应按资金直接贡献于增强日本战争能力的程度优先办理。②

表8-3　华北各日系银行融资申请额和最终融资额度
（1943年8月21日~1944年9月14日）

单位：千元

银行		融资申请额	最终融资额
正金银行	北京	858344	784744
	天津	320771	246860
	青岛	249629	195087
	济南	25570	10410
	烟台	16327	12077
	合计	1649843	1412279
朝鲜银行	北京	842410	792220
	天津	315548	232118
	青岛	232182	184198
	济南	16495	12736
	太原	125477	122315
	合计	1706168	1499512
天津银行		35550	33720
济南银行		3700	2300
青岛实业银行		8633	4295
天津信托		1300	1300
其他		750	250
总计		3405944	2953656

资料来源：〔日〕柴田善雅：《占领地通货金融政策の展开》，第363页。

---

① 明堂：《一年来之华北金融》，《中联银行月刊》1943年第5卷第1~2期合刊；转引自曾业英《日本对华北沦陷区的金融控制与掠夺》，《抗日战争研究》1994年第1期。
② 付文龄主编《日本横滨正金银行在华活动史料》，第571~572页。

在此背景下，华北的伪中国联合准备银行、正金银行、朝鲜银行等日系金融机构的资金，也大多流向与日本相关的汇兑、开发资金贷款、农产品收购等方面。以正金银行为例，正金银行本来是从事贸易汇兑业务的银行，随着日本侵略战争的长期化，其对开发资金的融通也在不断增加，金额甚至超过汇兑业务。1943年末，正金银行对华北交通会社融资额占华北开发株式会社融资总额的49%，1944年9月和1945年3月则均占36%。① 也就是说，华北开发株式会社通过这种融资方法，由依赖日本的资金支持，转变为依赖华北占领地区金融机构的短期资金支持。

日伪当局建立的在日元圈内以伪中国联合准备银行为主的金融统制体系，虽然统制机关的总部设立在北京，其一系列法令规则也是在华北地区范围内推行的，但是天津作为华北的金融中心，仍然是其统制的重心，因为中外银行数量和规模以及进出口贸易、国际结算和汇兑、取缔法币等都集中在天津，天津作为金融中心的地位没有被削弱。所以，日本军政当局和伪政权制定的以华北地区为统治范围的各种金融政策和措施，有很多是在天津开始实施的，至少在推行各项金融计划中天津占据非常重要的位置。比如天津是主要进出口口岸，汇兑和结算多在天津办理，因此伪中国联合准备银行天津分行的汇兑数额一直占有较高比例。以1938年12月的统计为例，当月该行天津分行买入和卖出汇兑，分别占汇兑总额的68.15%和65.73%，另外青岛分别占31.61%和34.13%，北京总行仅仅为0.24%和0.14%，② 可见该行的汇兑业务主要集中在天津和青岛。在存款方面更是如此。在正金银行的华北各分行业务中，天津分行的存贷款金额在1943年前一直占在华北各分行存贷款总额之首，农产品收购组合对其天津分行的贷款申请数量最高，最终获得北京日本大使馆的批准额度也最高，而其北京支店的贷款主要用于对特殊团体和会社的融资。③ 这在某种程度上反映了天津、青岛作为华北贸易中心和港口城市，日本商人以天津作为中转站进行商业活动的特性。实际上，直到1942年、1943年前，正金银行天津支行一直是其华北地区各分行的统辖店，存贷款、汇兑业务

---

① 〔日〕柴田善雅：《占领地通货金融政策の展開》，日本经济评论社，1999，第372页。
② 中国联合准备银行：《民国二十八年营业报告书》，第5~6页。
③ 日本国会图书馆藏横滨正金银行胶片资料。

等各数据均位于华北各店之首，华北各分行缺乏资金亦向天津分行要求周转支援，1943年天津分行对其他华北各行贷款额达到1.7亿元。① 正金银行华北各分行的汇兑亦由天津分行结算。中方金融机构也是同样。1944年，京津地区中资银行和银号的存贷款情况如下：北京地区存款额5亿元，贷款额2.1亿元，天津地区存款4.7亿元，贷款3.5亿元，京津两地的存贷款占华北地区存贷款总额的70%左右。② 根据1945年10月河北平津敌伪产业处理局关于接收华北日伪主要金融机构资产简表中的资产概况，可以计算出在天津和北京等各地的金融机构库存数额以及简单的比较。伪中国联合准备银行天津分行和北马路办事处库存的现金中伪联券共计达到15325万余元，如果再加上塘沽分行的伪联券共计92954万余元，而北京的总行则主要库存是足金、纯银、银圆等，伪联券仅仅有90万余元；该银行保定分行存有伪联券31.9万元、石门分行1893.2万元、山海关分行143.4万元、秦皇岛分行141.8万元、唐山分行336.9万元，即天津分行是最多的。再以其他银行为例：蒙疆银行天津分行库存现金中伪联券为7383.6万余元，北京分行库存为10391.6万余元，多于天津；朝鲜银行天津支店的库存现金中11907.3万余元，北京支店和两个办事处共计为84845.7万余元（但均未标明币种）；正金银行天津支店和两个分店库存现金伪联券共计为39211.68万余元（其中宫岛街分店的1013万余元的现金包括伪联券和日币），北京支店为22312.1万余元；冀东银行天津分行和河东办事处库存的现金伪联券共计2528.84万元，而其在北京的总行和王府井办事处的库存不过253.94万元，仅相当于天津的1/10，唐山的库存为121.5万元。③ 虽然以上数据不能提供更多的基础资料，且蒙疆银行和朝鲜银行的数据说明北京分行的现金存款多于天津，因此不足以据此分析天津在抗战时期的金融地位，但是至少可以说明包括日本统制华北金融的中央银行——伪中国联合准备银行和日本在华北的主要银行——正金银行、朝鲜银行在天津的金融活动是该银行的主要业务。

---

① 日本国会图书馆藏横滨正金银行胶片资料。
② 〔日〕联银顾问室考察部：《华北金融统制的状况》，《华北经济年报》，中国经济研究所发行（出版年不明，推测1944或1945年），第2页。
③ 河北平津敌伪产业处理局关于接收华北日伪主要金融机构资产简表，参见居之芬主编《日本对华北经济的掠夺和统制——华北沦陷区资料选编》，第913~916页。

第二节　日本对天津内外贸易的统制

一　日本控制下的天津对外贸易

天津开埠通商前的税关有天津钞关、天津海关、工部税关。开埠后的1861年3月23日设立津海新关，原来之天津海关业务悉被津海关接管。津海关隶属于海关总税务司（总税务署）领导，同时分别受天津海关道、海关监督公署督察。津海关业务的管辖范围，东起大沽至山海关的渤海湾沿线，西至北京、张家口等地，南及河北、陕西、山东等省，北至长城以北，囊括华北、西北以及东北部分地区；曾经先后管辖过秦皇岛分关、北平分关和塘沽分关等。

日本占领天津后，为了控制进出口贸易，着手接收天津海关。"但鉴于当时国际形势"，最初是"由总领事同税务司进行交涉该海关问题"。津海关税务司起初坚持维持现状，要求日本"不得破坏现行海关制度"，但是在日本的武力威胁下，津海关税务司只好答应了日本的要求，"税收入金额寄存于正金"，"外债及赔偿金分担额，当前暂不支付"，"新政权机关任命的海关监督，当时要有与蒋政权同样的权限"。[①] 同年10月22日，天津海关存款协定正式签字，规定自25日起将其税收存入日本正金银行。同年12月16日，伪华北临时政府对天津海关进行接收，不仅对天津海关的组织机构进行大规模调整，更重要的是修订海关关税税则，即大幅度减免与日本以及日本占领地的有关商品进出口税率。1938年1月22日，华北伪临时政府颁布海关改订公告："（一）满洲国及关东州应视为外国，一律征收出入口税……（二）原有海关进出口税则中，认为与一般人民之救济及生活安定上必要之最少限者，加以适当之改正，并于中华民国二十七年一月廿二日起实施之……（三）原有之关税附加税，应即停止征收，唯为救济灾区起见，加征税额百分之五之赈济附加税。"[②]

---

① 傅文龄编《日本横滨正金银行在华活动史料》，第119页。
② 《临时政府布告》，《实报》1938年3月30日，北京。

1938年6月1日日本又指使华北伪临时政府与华中伪维新政府联合修订海关进口税则,对日本与"日元集团"商品进口税率再次普遍下调。① 此后,日本根据现实需要对华北关税进行修订,1939年9月颁布海关减征进口税办法,规定凡在非常时期禁止进口物品办法未禁止之物品,其进口税一律照现行税率1/3征收;1939年6月起凡是与战争资源无大关系的物品一律免征出口税;1939年12月整理转口税制,对应结外汇的出口货物一概免征出口税;1944年2月1日起所有现行从量税品税率,一律改为从价税征收;太平洋战争爆发后,废除海关单位制,关税一律以当地通货支付。②

太平洋战争爆发前,除了1939年、1940年外,天津进出口贸易值有显著增长,1937年比1936年增长了11%,1938年比1936年增长了56%,1941年比1936年增长了15%,1939年、1940年比1936年分别减少了14%、17%,总体来看,天津的进出口贸易值呈现增长势头,年均贸易值都高于1936年。天津港口各年进出口船只的吨位与七七事变前变化不大。其中1938年、1939年多于1936年,而年均吨位为5001005吨,大体上与1936年相仿。

表8-4 1936~1941年天津进出口统计

单位:吨,美元

年份	1936	1937	1938	1939	1940	1941
进出口货值	56723000	62858000	88462000	48772000	46883000	65315000
进出口船只吨位	5165247	4389823	5570559	5380120	4663718	3470231

资料来源:根据姚洪卓的《近代天津对外贸易》第84~85页的数据编制。

七七事变后,天津口岸在华北的青岛、秦皇岛、烟台、龙口、威海等各口岸进出口总值中的比重也逐年上升,进口值从1937年占总值的57.66%,上升到1941年的69.49%,出口值从1937年占总值的59.73%,上升到1938年的69.17%,此后一直维持在40%以上。这与天

---

① 居之芬、张利民:《日本在华北经济统制掠夺史》,第129页。
② 曾业英:《日本侵占华北海关及其后果》,《近代史研究》1995年第4期,第58页。

津与东北的贸易列为对外进出口贸易有很大的关系。在进出口船只吨位方面也是如此，进口吨位从 1937 年占华北各港口进口总吨位的 34.42%，上升到 1940 年的 35.75%，出口吨位从 1937 年的占比 26.10%，上升到 1938 年的 40.39%，1939 年、1940 年一直保持在 30% 以上。天津口岸成为华北最大的贸易口岸，其贸易额超过华北其他五个口岸之和。与此相对应的是，天津口岸进出口贸易额在全国总贸易额中的比重逐年提高，1937 年为 11.53%，到 1940 年增长到 20.17%，而包括天津在内的华北各口岸所占比重从 1937 年 20.11% 增长到 1940 年的 32.65%。与全国其他口岸进行比较可以看出，天津口岸的贸易额仍然位列第二。

表 8-5　天津港在华北各口岸中的进出口货值、船只吨位的比重

单位：%

年份	天津占华北各口岸的进出口货值比重		天津占华北各口岸进出口船只吨位比重	
	进口值	出口值	进口吨位	出口吨位
1937	57.66	59.73	34.42	26.10
1938	73.09	69.17	34.26	40.39
1939	59.98	47.59	32.42	30.44
1940	66.49	47.64	35.75	30.88
1941 年 1~10 月	69.42	48.10	—	—

资料来源：根据姚洪卓的《近代天津对外贸易》第 86~87 页表格编制。

表 8-6　华北各口岸三年贸易额占全国贸易额的比重

单位：%

年份	天津	青岛	秦皇岛	烟台	龙口	威海卫	华北六口岸合计	上海	广州
1937	11.53	6.44	0.64	1.00	0.28	0.22	20.11	55.56	4.44
1939	18.99	7.46	4.58	1.64	0.27	0.18	32.67	49.84	0.39
1940	20.17	8.01	3.04	0.95	0.27	0.20	32.65	53.01	0.74

资料来源：根据李洛之、聂汤谷的《天津的经济地位》第 294 页表格精简编制。

太平洋战争爆发后，日本陷入外交孤立、经济崩溃的境地，与外界的联系多被封锁或切断，天津与日本等地的海运发生了阻碍，尽管日本采取通过铁路，从天津到东北和朝鲜后，再海运至日本的措施，

以减小海运风险；并全线实行保税货物通运制度，但是天津的对外贸易仅限于日元集团之各国，进口货价值与数量都减少很多，出口货物中的棉花、盐数量大增，但是传统的大宗出口商品，如猪鬃、蛋制品、皮货与地毯等，因为失去欧美市场而数量大减。因此，天津口岸的进出口贸易自 1942 年到 1945 年一直处于衰退状态。① 1942 年的进口、出口货值比 1941 年分别下降了 63.1%、9.3%，1943 年的进口、出口货值又比 1942 年分别下降了 44.8%、40.3%，1945 年进口、出口货值比 1944 年分别下降了 62.0%、100%。从进出口船只的吨位来看，1942 年比 1941 年下降了 27%，1943 年比 1942 年下降了 27.5%，1944 年比 1943 年下降了 49.7%，而 1944 年相当于 1941 年的 26.7%，1945 年相当于 1941 年的 7.7%。

表 8-7 1941~1945 年天津进出口船只的吨位

单位：吨

年份	1941	1942	1943	1944	1945
进出口船只吨位	3470231	2534739	1838538	925002	268900

资料来源：根据吴宏明编译的《津海关贸易年报》第 535 页数据编制。

表 8-8 1941~1945 年天津进出口货值及其占全国的比重

单位：美元，%

年份	1941		1942		1943		1944		1945	
项目	货值	占比	货值	占比	货值	占比	货值	占比	货值	占比
进口	178237360	29.68	65710735	40.34	36252069	52.14	43151017	59.79	16398783	41.45
出口	44545814	6.14	40409784	10.79	24144456	34.71	15419758	26.07	4517	9.02

资料来源：根据天津海关译编委员会编译《津海关史要览》第 225、229 页表格编制。

从天津对外贸易的国别分析，自 20 世纪以后对日贸易均超过英美各国，长期占据首位。在天津口岸出入的日本船只，无论是船只数量，还是吨位，长期占据各国首位。20 世纪初有日本船只百余艘，1915 年为 798 艘，83.9 万吨；1922 年为 1174 艘 125.8 万吨；1930 年为 1730 艘 209.7

---

① 吴宏明编译《津海关贸易年报》，第 534 页。

万吨；1931年日本占领东北以后，与天津的贸易有所减少，但仍有千余艘船只进出天津，其吨位在150万吨以下。在天津，从事进出口贸易的日本洋行和商人几乎垄断了天津市场的棉花、皮毛和煤炭的出口；进口的机制品，如棉织品、人造丝、机械、面粉以及海产品和棉花等也多由日本商人把持。天津1905年的对日进出口贸易值（包括台湾在内，下同）为1094.8万海关两，占当年进出口贸易总值的比重为28.03%，1919年天津对日贸易值为6195.5万海关两，占总值的比重增加到65.62%，以后由于战乱和抵制日货等运动，所占比重降到30%左右，1929年进出口贸易值为6071.8万海关两，占总值的30.91%，1935年为4874.4万海关两，占总值的27.48%，仍然占据天津对外贸易的首位。

七七事变后，日本接管海关，也垄断了天津港口的贸易运输业务，日本在天津进出口贸易中的地位发生了变化，天津与日本进出口贸易激增。但是，此时的对日贸易与此前有着本质的不同，是殖民统治下完全为日本扩大和维持侵略战争服务的，是日本妄图建立的"日满华经济圈"的组成部分。

天津港口进出口船只的吨位方面，日本取得主导地位。1936年、1937年英国船只吨位位列天津港第一，日本船只吨位位列第二；1938年日本船只吨位跃为第一位，较1937年增加了73%，英国降为第二位，而中国船只吨位从1936年的1144046吨降为1938年的287296吨，下降了近75%；1940年日本船只吨位占总吨位的65.5%，1941年高达74.8%，与此相适应，英国船只1940年占比仅为18.0%、1941年占14.1%，而中国船只到1941年仅占4.6%。从以上数据可以看出，从1938年开始日本船只垄断了天津港的进出口贸易，原来占比第一的英国船只逐年下降，中国船只也呈现了直线下降的态势。

从进出口货值来看，天津成为对日本进出口的重要口岸。天津口岸来自日本及其占领地的进口货物占据进口货物的主导地位，1937年占进口货物总值的36.96%，1938年、1939年分别增长到59.99%、52.79%，1940、1941年则分别为47.32%、42.64%，1937～1941年年平均进口货值占比为47.94%。天津向日本及其占领地的出口物资，从1937年占出口总值的22.19%，跃升到1938年的55.79%，之后出口货值占比降到

30%左右。美国在天津的进出口货值占比中位列第二,1937年天津向美国出口货值占比超过其向日本及其占领地出口货值,但是1938年天津港向日本及其占领地出口货值超过其向美国出口货值,1939~1941年天津港输出美国的货值一直超过输出日本的货值。

表8-9 1936~1941年天津进出口船只吨位国别统计

单位:吨,%

年份		1936	1937	1938	1939	1940	1941
全部	吨位	5165247	4389823	5570559	5380120	4663718	3470231
	占比	100	100	100	100	100	100
日本	吨位	1442589	1323759	2292607	2465572	3054026	2595815
	占比	27.9	30.2	41.1	45.8	65.5	74.8
英国	吨位	1714231	1464000	1763461	没有统计	837577	488021
	占比	33.2	33.3	31.7	—	18.0	14.1
中国	吨位	1144046	818635	287296	没有统计	没有统计	158872
	占比	22.1	18.6	5.2	—	—	4.6

资料来源:根据吴宏明编译《津海关贸易年报(1865~1946)》第507~529页中船只部分的数据编制。

表8-10 1937~1943年天津进出口贸易各国所占百分比比较

单位:%

国籍/年份	1937		1938		1939		1940	
	进口	出口	进口	出口	进口	出口	进口	出口
日本	34.40	19.54	53.65	44.42	41.47	11.96	42.03	12.82
朝鲜	0.45	1.31	1.94	2.78	3.76	0.58	0.93	1.51
中国台湾	0.33	0.14	0.11	0.05	1.63	0.06	0.67	0.32
关东租借地	1.78	1.38	4.29	8.54	5.93	7.24	3.69	14.75
以上合计	36.96	22.19	59.99	55.79	52.79	19.84	47.32	29.40
英国	9.57	7.75	3.49	6.67	2.36	11.89	1.74	11.18
美国	11.71	44.60	9.03	17.75	11.20	35.65	15.51	44.96
德国	18.36	12.78	5.74	10.61	5.69	15.45	3.32	1.60
澳洲	2.19	1.20	8.15	0.07	11.65	1.43	8.19	0.75
荷属东印度	6.45	1.24	2.72	1.12	3.18	1.60	4.87	0.05
中国香港	0.40	4.05	1.26	3.25	1.14	7.24	2.65	8.27
其他各国	14.36	6.00	9.62	4.47	11.99	6.90	16.49	3.79

续表

国籍/年份	1941		1942		1943	
	进口	出口	进口	出口	进口	出口
日本	37.44	17.69	78.23	79.80	67.44	85.87
朝鲜	2.08	5.20	2.43	1.96	3.48	5.40
中国台湾	1.80	1.61	4.16	1.24	6.31	0.11
关东租借地	1.32	7.10	3.81	14.72	8.82	2.39
以上合计	42.64	31.60	88.63	97.22	86.05	93.77
英国	0.35	3.41	0.04	—	0.01	—
美国	14.59	41.22	0.24	0.02	0.04	—
德国	1.06	10.27	2.27	1.34	6.27	0.44
澳洲	10.98	0.99	0.25	—	—	—
荷属东印度	5.06	0.16	2.18	—	0.23	—
中国香港	9.65	1.95	—	0.28	1.98	—
其他各国	2.70	4.44	0.92	2.01	0.64	—

资料来源：根据吴宏明编译《津海关贸易年报》第524、528、531～532页的表格编制，参见居之芬等主编《日本对华北经济的掠夺和统制——华北沦陷区资料选编》第887页。

从进出口货物的对象来看，日本也居于主导地位。天津港进口的货物中，日本货居多。其中，棉布1938年日本货值占比87.4%，1939年占比94%，1940年占比93.3%；毛及毛织品方面，1938年来自日本的货值占了84.7%，1939年进口绒线、毛细哔叽、直贡呢以及其他呢绒中日货最多。1940年未列明的纯毛、杂毛呢绒主要来自日本；人造丝绸缎、人造粗细丝、鱼及海产品也主要来自日本。还有茶叶、糖品、纸烟、纸张自1938年后主要来自日本，均占总数量的80%以上，有时达到98.9%。化学产品中硫酸铔的进口，1938年来自日本及其占领地的占总数量的37.9%，1939年占26.1%；纯碱的进口，1938年来自日本的占总数量的45.3%；而化学肥料大多来自日本及其占领地；煤油和汽油的进口也是如此，1941年来自日本煤油、汽油货值占比分别为25.6%、29.9%。由于日本要在天津等地新建和扩建冶金、机械、橡胶等厂矿，1939和1940年天津进口的机器及工业设备更是主要来自日本。[①]

天津出口的对象国更是以日本为主。1938年天津出口的货物以销日

---

① 吴宏明编译《天津海关贸易年报》，第511～513、517～518、522～523、256～527页。

之棉花、美德之猪鬃、英美之毛地毯为大宗。① 随着日本对华北战略资源的掠夺，"二黑二白"（煤炭、铁矿石、棉花、食盐）成为天津出口日本最主要的货物。比如海盐1940年向日本出口达到527.5万公担，比上年增长了近2倍；煤炭向日本出口30.8万吨，比上年增长了3倍多，铁矿石也增加了40%；棉花则在1940年前向日本出口数量最多，1938年达到84.2万公担，如果加上出口日元地区的关东和朝鲜达到116.5万公担，以后之所以出口数量减少，除了水灾等原因减产外，还有调整棉花增产计划、增加粮食生产等因素。

表8-11 1936~1941年天津主要出口物资统计

	单位	1936年	1937年	1938年	1939年	1940年	1941年
盐 日本	公担		1194000	3431300	1793200	5275030	3860580
精盐 日本	公担						173300
碱 日本	公担				53345	8869	
煤 日本 朝鲜	公吨				68758	308404	381840 239877 103.806
铁矿砂 日本	公担				1017011 1439702	1439702	3094361 数担外输日
棉花 日本 关东 朝鲜	公担	306270 200000	284070	1165290 824335 143630 64049	24240 10807 12322	16020	

资料来源：根据吴宏明编译《津海关贸易年报》第510、514~515、520、523、528页的数据编制。

太平洋战争爆发后，日本海上运输能力大减，与海外各国的海运被阻断，天津的对外贸易仅限于日元集团之各国。尽管日本企划院等制订了详尽的进出口贸易计划，如1943年的计划要求华北重点向日本出口生铁、

---

① 张肖梅主编《中外经济年报》，中国国民经济研究所，1939，第151页。

棉花、煤炭、食盐和金属矿石等,日本向华北进口化学药品、棉毛制品、丝织品、橡胶、铁铜、电线、机械器具等,并加强从华北向伪满洲国和朝鲜的移出入,以便从朝鲜再进出到日本,减轻海上运输的负担和风险。但是由于美军的海上封锁和轰炸、华北抗日军民的铁路破袭战以及抗日根据地的扩大,计划根本不可能实现。据津海关 1942 年贸易报告的统计,1942 年天津海关进口的棉花、棉纱贸易值为 300 万元,而上年为 7010 万元,相当于上年的 4.28%;糖品减少一半,为 1919 万元;煤油数量由上年的 2566.7 万公升,减少到 270.6 万公升,相当于上年的 1/10;纸张进口贸易值竟然位居第一。在出口货物中,与欧美贸易的猪鬃、蛋制品、皮革和地毯等因为战争"销路丧失",如猪鬃、羊毛和蛋制品之类的动物与动物产品贸易值从上年的 5430 万元骤减至 1120 万元;皮货从 1650 万元减至 50 万元;纺织品由 1970 万元减至 110 万元;药材和香料由 1620 万元减至 550 万元;干鲜果品由 920 万元减至 30 万元。而棉花和食盐"则大为激增",包括棉花在内的纺织纤维出口贸易值由上年的 1070 万元增至 9620 万元;包括海盐在内的化学品和化学产品出口值由上年的 640 万元增至 1450 万元;进而使得纺织纤维、化学品及化学产品和动物及动物产品的贸易值占据 1942 年出口贸易值的前三位。1942 年以后的进出口贸易的格局,正如天津海关 1945 年贸易报告所言,大致与 1942 年相同。①

二 日本统制下的对内贸易

1. 统制机构与各类商品统制

日本对华北的经济统制首先从动员物资开始。所谓动员的物资即军需品,对其流通过程实行统制,结成组合和统制团体。如果军需品非日本生产,而是第三国生产,首先从进口层面进行控制,即通过"输入组合"进行统制,石油、钢铁、木材、水泥、面粉、米、砂糖、棉布等四十多种物资都被列为军需品,是重要的被统制的物资。

在太平洋战争之前,日伪当局的重要物资统制有多重领导机构,其中既包括日本军方、天津的日本领事馆,也包括具体商品种类的输出入配给

---

① 吴宏明编译《津海关贸易年报 (1865~1946)》,第 530~531、534 页

组合，各自有其职责范围，有的是指导、监督，有的是在地域人群上的分工，有的负责流通和进出口或者价格。1940年的具体状况如下。①

天津防卫司令部：1938年水灾之后，原则上不直接干预市场及零售价格，但对其他统制机构进行指导。

陆军特务机构：对物资统制进行主动指导，至天津物资对策委员会成立之前发挥主要作用，天津物资对策委员会成立后开始成为最具权力的监督机构，对于中国方面具有绝对的指导权。

天津日本领事馆：从行政角度来讲对于统制具有监督指导权力，设立经济督察，主要负责针对日本人的粮食和砂糖配给等。

兴亚院华北联络部华北驻在员：作为统制的管理机构，具有实权，特别是对于向日本输出商品的统制组合及组合联盟，驻在员具有指导权及直接与其进行商谈。

天津特别市公署：对租界外的地区具有统制指导权，特别是在社会局中设置了粮食输出联合办事处，负责物资输出的许可工作（物资包括米、面粉、高粱、黍子、蔬菜、煤、煤球等）。

物资输送统制委员会：依据1939年1月25日日本军方的提案而成立，其任务是负责调整华北地区军需品和民需品的需求，充分满足军需，提高民需水平，确保物资需求。物资对策委员会成立后被合并。

天津物资对策委员会：作为背景的物资对策中央委员会的地方机构，成立于1939年12月15日，其目的是调整天津附近的物资（主要是生活必需品）供给和物价，并进行调整运输。现在，该委员会设置于特务机关内，对生活必需品中的小麦、面粉、高粱、黍子、小米、煤炭、砂糖等进行统制。

天津特别市物价对策委员会：1940年5月成立，以温世珍、赵参事为正副委员长，在天津市公署社会局内设立事务所，从中日各相关当局中抽选出委员和执行委员，作为米谷对策实行凭票配给制度，

---

① 〔日〕满铁北支经济调查所：《天津二於ケル商品统制状况》，1940，第1~4页。

并购入廉价的上海米、面粉和黍子等。

天津日本居留民团：目标是增进居留民福利，主要负责砂糖和米的凭票配给。

日本商工会议所：位于监督官厅和一般商工业者之间，6月输入配给组合成立之际，负责其联络事务。

新民会：主要负责贫民救济的米、面等专卖事务，主要是天津县及附近县的合作事业。

从上述的状况可以看出以下几方面。其一，日本军方和政府是绝对的领导。比如日军特务机构的职责是指导物资的统制，是"最具权力的监督机构，对于中国方面具有绝对的指导权"；而且负责调整天津附近物资供给、物价和运输的天津物资对策委员会就设在特务机关内，实际上直接参与重要物资的统制。兴亚院华北联络部派出人员，是有实权的具体的管理机构。日本领事馆设立经济督察，是从行政角度监督指导，并负责协调军部、华北联络部和日侨之间的关系。日本居留民团和商工会议负责在天津的日侨与日商的重要物资的供应。其二，重要物资的供应是先军需，后民用；先日本军队和侨民，后中国居民。首先要"充分满足军需"；其次保证向日本输出，即由日本兴亚院负责组织统制组合及组合联盟，并具有指导权和直接参与权，与其进行商谈；再次保证日侨的需要，如从1939年11月1日开始按照日本在天津领事馆的命令，对在天津的日本人实行粮食的凭票配给制度，最初由总领事馆负责，后来改由粮食米配给统制天津地方委员会事务所和天津居留民团负责。粮食配给的是大米，开始是朝鲜米，后朝鲜米供给不足实行各类米搭配供应。再如从1939年5月1日起对日侨实行白糖配给供给，大人每月一斤，小孩半斤，凭票购买，由居留民团厚生课向天津砂糖输入组合提出供应数量直接配给，这使得日侨的食粮和生活必需品有了可靠的保障。其三，伪政府多为执行者，没有指导、监督和决定权。伪市政府虽然表面上对租界外的地区有统制指导权，实际上只是对向天津市外运送的物资核发许可证的办事处；天津特别市物价对策委员会虽然由伪市长担任委员长，但在实行凭票配给制度和米谷对策等工作上并没有决定权，受到从中日各相关当局中抽选人员的限制；新民会只是负责贫民救济米面的专卖和与周边农村生产的合作。其四，分工细密，有专门负责向日本输出商品的统制组合，有专门负责物资输送的委员会，有负责协调物资运输、供给和物价的委员会，还有专门负责日侨粮食和砂糖的配给以及居民生活必需品中的小麦、面粉、高粱、黍子、小米、煤炭、砂糖等配置的机构，形成各负其责、相互衔接的统制链。

天津是进出口口岸，日伪当局1940年5月以后组织在天津的日商成立了关于棉花、钢铁、木材、汽车、石油、机械、日用品等战略物资统购配销的贸易机构，对进口和出口的战略物资都有专门的机构。对于进口的38种商品，如面粉、锌铁片、米谷、木材、石油、棉丝布、东北杂粮、毛丝织物、水泥、砂糖、纸、染料、药品、橡胶等都有专门的输入配给组合实行统制。凡是对日输出商品，其输出统制均根据《强化日本内地对满中输出调整令》执行，在殖民经济统制下，确保对日输出物资乃是先决条件。因此，1939年末在兴亚院指导下就逐渐形成各种输出组合。1940年5月，由于欧战及法币价值的跌落，通货不稳，易物交易再度兴起，华北通货膨胀严重，因此日本当局在同年5月末派遣兴亚院桑原事务局长官等人来到天津，6月初又与日本商工会议所等机构联络，最终决定对出口日本商品实行全面统制，将37个品目的商品纳入输出入组合运营。每个输出入组合的运营比例，根据其1939年的业绩，由兴亚院和物资对策委员会协商后确定。这样，在华北和天津地区就形成37个输出入配给组合，这些组合基本囊括天津和华北地区的重要物资。1941年6月以后，为了防止军需品以外的物资进入国统区和抗日根据地，日本兴亚院开始着手实行分商品输入组合。每个地区商品输入组合的商品种类不尽相同，至1941年末，天津结成31个不同种类的商品输入组合。如果加上属于"动员物资"的军需品11种，那么通过不同商品种类的输入组合控制的输入物资就达四十多种。除了控制天津和华北地区物资的进出口和伪政府管辖范围外的输出入，对一般性物资则利用原有的商会、同业公会、工厂和贸易商等整合成各式各样的组合、协会，既有由日商组成的协会，也有包括中日厂商的生产、收购、运输和分配等不同环节的协会，目的就是根据不同物资的特质进行有针对性的统制。比如将天津商会的145个同业公会归并为69个组合，对原料的输入配给、生产品种和产品销售进行全方位的统制；1944年3月又重新组织各种专卖组合和统制协会，如皮革加工业统制协会、米谷统制协会、棉花统制协会等，以更加严厉的措施控制各种商品的贸易。比如为统制天津市的汽车生产、修配和运输业，日伪当局1941年7月组建了天津汽车协会。该协会是由天津居住或开业的日本人组成，其会员主要分为：汽车生产、进口、贩卖业者，销售汽车零件业者，汽车修理业者，汽车运输业者（包括一般运输业及报关业），出租汽车业者以及特殊会员（自己家里有汽车而自愿加入的人）。[1] 通过该协会将天津市的汽车生产、修理、贩卖、运输、租赁等营业者组织起来，以期实现汽车生产与运输业务的一元化统制。对于火柴的生产运销统制，则由1939年2月恢复的中华全国火柴联营社在日伪当局的指导下进行。伪联营社的总社在天津，设有天津、青岛、上海分社，分别管辖华北、鲁豫、华中区，名义上是"调节生产专卖，以期分配之均衡，提供一半消费者以最公正价格之商品"，实际上是对火柴这样的统制性物资的严厉统制。日伪当局要求各火柴厂都加入伪联营社，生产方面是分产合销，为了防止火柴大量流失到抗日根据地，销售上实行集中发卖制度，即各支社与经销店建立合同，由经销店缴付一定数目的保证金，按议定区域经销，给予3%的佣金。伪联营社强行规定了火柴的批发价格，硫化火柴：天津工厂制造的95支火柴价格每箱49.5元，青岛工厂的每箱48.5元，北平、泊头、济南各厂火柴在此基础上另外计算运费；硫化火柴分为5级，每低一级减价0.3元。对于安全火柴，天津、青岛制造的火柴，扁盒每箱50.66元，中盒每箱79.42元，小盒每箱57.91元。批发价格的利润分配是，工厂可获利15%，各地火柴批发商获利3%。[2] 分社有权随时派人到各经销店查点存货，查核售价与账册，如有不按伪联营社规定的销区及价格销售的，则取消其经销合同。[3] 对于零售价格也有规定，1940年11月14日颁布的《华北区火柴运费标准及分销零售限价暂行办法》规定，硫化磷火柴每包（十小盒）以国币一角五分为限，安全火柴每包以国币二角为限，

---

[1] 参见耿捷主编《天津公路运输史》第1册，第164~165页。
[2] 参见中国第二历史档案馆编《中华民国史档案资料汇编（第五辑第二编——财政经济（三）》，第193页。
[3] 参见青岛市工商行政管理局史料组编《中国民族火柴工业》，第127页。

并规定"各地火柴联营分社或支社,得于必要时,设立直接零售处,按公定价格直接销售于用户"。① 太平洋战争爆发后,日本加强对各类物资的统制。伪联营社呈请兴亚院华北联络部和日本驻北京大使馆,自1941年起将所有火柴原料(各种化学原料及木材、纸张等)全部划归伪联营社统一配给,并规定非经联营社允许不得将原料售卖或转让,违者将暂时或永久停止配给。② 1943年以后,原料供应短缺,各厂纷纷减产,不得不实行火柴配售。伪联营社将火柴分配给经销店组合和分销点组合,然后通过安清道义会、合作社联合会、华商杂谷组合、日商杂谷组合等,分配给零售店,再由各地区、保、乡公所配给消费者。③

再如,1939年日本人成立了华北原皮协会负责各皮革厂的原料分配和产品销售,要求所有的皮革厂入股加入,不然不分配生皮。由于皮革属于军需品,80%的生皮归日本军用,剩下的20%由协会垄断。④ 1943年9月15日,为了实现华北皮毛一元化统制,日伪当局命令成立华北皮毛统制协会,由"在华北现有之经营商号以兽毛、原皮之收买、加工、配给、输出入为营业者,或同等团体,或有特别情形而经理事会决议并经监督官厅承认者,或监督官厅制定者"组成,负责皮毛的收买、加工、配给、输出入之事业。该协会在北京设立总部,在必要地区设置支部或出张所。⑤ 该统制协会规定,只能在北京、天津、青岛、济南、开封、石门地区收买皮毛,收买方以曾经由军方指定的人员为主,并由协会派日本人和中国人协助;⑥ 要重新整合皮毛的配给,计划将现有的组合或公会等都作为该统制协会的配给机构。⑦ 1943年的《毛革类搜集促进要纲》还规定,

---

① 参见《华北区火柴运费标准及分销零售限价暂行办法》,华北政务委员会政务厅情报局:《华北政务委员会公报》1940年第37~42期。
② 参见青岛市工商行政管理局史料组编《中国民族火柴工业》,第128页。
③ 参见天津市档案馆编《近代以来天津城市化进程实录》,第281页。
④ 参见北京市档案馆编《日本侵华罪行实证——河北、平津地区敌人罪行调查档案选辑》,第361页。
⑤ 参见天津市档案馆、天津社会科学院历史研究所、天津市工商业联合会《天津商会档案汇编(1937~1945)》,第811~812页。
⑥ 参见《华北皮毛统制协会业务业概况》,《华北纤维汇报》1943年第1号,第25~26页。
⑦ 《华北皮毛统制协会民国三十三年度事业计划》,《华北纤维汇报》1944年第5号,第48页。

华北皮毛为军事物资，不允许自由加工皮毛，为此对市面皮毛进行强制收买，"库存品除使所有者至华北皮毛统制协会登记外，并须令由该协会收买之"。①

除了上述统制机构以外，天津还有多个协助实行统制的机构，包括华北地区各种协会或者组合及其下属的天津支部，多是按照商品组成的专业性强的组织，既包括华北日本人粮食米配给统制天津地方委员会、华北棉花协会天津支部、华北棉纱棉布商组合天津支部等等，也包括天津市设立的同业组合协会，例如天津市灰煤同业联营社、天津日本砂糖输入配给组合统制委员会等等。这里简要梳理分析关于棉花、稻谷和粮食等统制机构的出现与变化，分析其统制的方式和手段。

对于棉花的收购和贩运，最初是在天津的日商纱厂和经营棉花收购、贩运和出口的日本商人在产地设立棉花收购组合，在日军的主导下主持棉花的收购。在棉花产地，日伪驻军在收购棉花中起着决定性的作用。例如1938年11月9日棉花产地的伪政府和日伪军颁布命令，要求平汉和津浦铁路附近的棉花一律卖给棉花同业组合，命令天津、石家庄、济南等棉花集散中心广设以日本各棉花会社为主的采购代理机关，规定当地棉户必须以低于市面上的价格售卖给该机关，禁止向伪政府管辖之外的地方输出。11月12日，华北伪临时政府制定了《棉花输出许可暂行条例》，规定"非经实业部总长之许可"，棉花不得向伪临时政府管辖之外的地区输出，凡违反者"处以3年以下徒刑或1万元以下之罚金"；② 在天津、青岛两海关张贴布告，禁止棉花输出。随后，采取了棉花输送许可证制度。1939年5月27日日伪政府颁布《棉花输送许可证》训令，规定凡是用民船运输棉花者，必须到南运河、子牙河、大清河沿岸设置的办事处办理棉花输送许可证，棉商持有棉花输送许可证将棉花运抵天津后，必须在指定地点（天津金刚桥左岸、水上警察局前面）卸货，所运输的棉花

---

① 田苏苏、李翠艳主编《日本侵略华北罪行档案1：损失调查》，河北人民出版社，2005，第377~378页。
② 居之芬主编《日本对华北经济的掠夺和统制——华北沦陷区资料选编》，第85~86页。

必须卖给华北棉花协会天津支部。① 并且规定，棉花必须在日租界及中国城区交易，而交易银行为日系银行及外国租界以外的银行，棉花必须储存在日租界或外国租界以外的地方，如果英法租界需要购买棉花，必须通过华北棉花协会天津支部进行。在英法租界进行棉花交易的训令是：棉商在英法租界内的已有棉花必须移到租界外地区，棉商所存的棉花必须卖给华北棉花协会，进而杜绝了棉花在天津各国租界的交易和输出。②

1943年，日伪当局强力推行"重点主义"方针，加紧了对华北棉花的掠夺。伪华北政务委员会制定的《1943年度棉花搜集促进要纲》下达了棉花收购指标，其中河北省为100万担，山东省44.4万担，河南省29.2万担，华北地区要收购高达170余万担棉花。为此，规定由华北棉产改进会指定收买人员收买，各道县分别划定责任量，收购超过者奖励，不足者"处断"，并"禁止自行消费以外之生产加工及买卖"，"土布产区在与日本军方面及领事馆取得联络后容许其最少限度之生产"，但是其生产的棉花制品必须缴纳给华北纤维协会。③ 华北纺织工业会也出台了《杂棉配给统制规程》，对落棉、碎棉、烧棉、拾棉、油棉、弹棉以及配给原棉之外的一切棉花进行统制，甚至包括杂棉的取得、使用、贷与、出让和保存等。④ 虽然天津地区不是棉花的主产区，但是由于太平洋战争爆发后日本棉花资源短缺，促使日本抓紧收购天津地区的棉花。同时，天津是华北棉花集散中心，腹地的棉花运到这里出口日本，或者加工后供给军需，致使日本采取措施，不断强化天津棉花市场从收购、运输至交易各个环节的统制。比如1942年1月6日，华北棉花协会天津支部颁布了《强化熟棉统制办法令》，规定凡是各店铺门市零销熟棉，必须申领零售证小票，严格执行华北棉花协会的配给政策。各商号批发棉花30斤以下，必须持有华北棉花协会的三联许可运行证，市民在市

---

① 天津市档案馆、天津社会科学院历史研究所、天津市工商业联合会：《天津商会档案汇编（1937~1945）》，第819~821页。
② 中共天津市委党史研究室、天津市档案局、天津市公安档案馆：《日本帝国主义在天津的殖民统治》，第374~375页。
③ 田苏苏、李翠艳主编《日本侵略华北罪行档案1：损失调查》，第371~373页。
④ 《杂棉配给统制规程》，《华北棉产改进会会报》1943年第5期，第18页。

面携带棉花限制在 5 斤以下且粘贴允许零售证小票,违反者以违背统制私棉论处。若以整包棉花在街市运输,须持有华北棉花协会发的运输许可证且加盖军部许可章;同年又颁布了《1942 年度天津地区棉花收买大纲》,规定棉花的收买由各县合作社联合会具体负责斡旋收买,天津物资对策委员会可以指定商号及其他代理人收买棉花,对于轧花店的收买棉花行为进行取缔,为了达到彻底取缔,要加强对轧花店的统制。天津物资对策委员会指定的收买商号多是日商的棉业会社,其商号名称和负责区域见表 8 – 12。

表 8 – 12　1942 年天津物资对策委员会指定的棉花收购商和负责地区一览

指定商社名	指定县名	摘要
东　棉	丰润县	东道
东洋棉	丰润县以外冀东道各县市	
日　棉	武清县	
江　商	天津、安次、霸县、文安各县	
三　兴	宝坻、永清县	海道
三　菱	宁河县	
通　成	静海、青各县	

资料来源:天津市档案馆、天津社会科学院历史研究所、天津市工商业联合会编《天津商会档案汇编（1937~1945）》,第 823~825 页。

对棉花价格的限定也是日伪当局统制棉花重要的一环。华北棉花协会成立后,在天津、青岛集散市场上的棉花买入价格,按照集货状况及装运时期由天津支部、山东支部会商决定,通过棉花协会实行配给。[①] 从此,华北棉花协会垄断了华北地区的棉花价格。1939 年 5 月,华北棉花公司、华北棉花同业公会、华北棉花协会共同商定华北全境棉花公定收购价格:石家庄地区 58 元,保定地区 60 元,天津地区 62 元,三个地区各相差 2 元,这样的收购价比市场价低 20 元左右。[②] 对于民需棉花,

---

[①] 参见中央档案馆等编《华北经济掠夺》,第 793 页。
[②] 郑伯彬:《日本侵占区之经济》,第 45 页;居之芬、张利民:《日本在华北经济统制掠夺史》,第 233 页。

可以通过棉花协会购买，但必须由兴亚院决定价格。由于日本的疯狂掠夺和水灾，1939年后华北各省植棉面积和产量逐年下降，棉花价格上涨，1940年2月15日棉花协会废除公定价格制，但兴亚院限定最高价格，以抑制棉花价格的上涨。① 1941年，满铁华北经济调查所对日军占领的河北省盐山县第三区望树镇进行了调查，其调查报告指出，由于棉花价格极度低廉，与其他农产品价格相比失去均衡，农民放弃植棉改种粮食作物。

在天津等地收购的棉花，首先要确保军需用棉，其次是最大限度的出口。比如济南的棉花收购组合指导日本洋行和棉花商等从棉农、轧花行和花行收购棉花，直接供应日军。② 1943年华北棉花改进会和华北纤维公司的分配计划是，棉花输往日本、伪满洲各占66.%、29.2%，华北本地消费占4.4%；杂棉输往日本、伪满洲各占29.7%、29.1%，华北本地消费占33.9%。具体分配是，籽棉军需546208担、特需30000担、种子350000担，皮棉军需60000担、特需110784担、对日伪满输出57504担。③

对于稻谷和小麦等粮食的收购、分配也是由日伪当局直接统制的。伪天津市政府设有粮食管理局，主要任务就是完成日军摊派到各地的农产品收买计划。而实际上是日伪政府在当地日本驻军，特别是日军特务部直接指挥和指导下，通过不断颁布紧急统制法令，强化对粮食的收购、交易，强制实行粮食配给制，消减城市居民的粮食配售，强化高压措施等手段进行统一的一元化的管理，提高粮食的自给率。比如1940年7月在兴亚院华北联络部的主导下成立华北小麦协会，由华北的各个面粉厂、小麦收购商组成，对华北小麦全部实行购买配给，加强了对小麦统制。最初该协会的职能是，协调各年度小麦的需求和面粉工厂的开工，制定对各地区和工厂在每个产地的购买配给计划，并监督实施；确定了徐州、山东、新乡等10个小麦产区，监督小麦的生产和上市状况；协调作为面粉厂的各协会

---

① 〔日〕满铁北支经济调查所：《天津ニ於ケル商品统制状况》，1940，第18页。
② 王士花：《华北沦陷区棉花的生产与流通》，《清华大学学报》（哲学社会科学版）2008年第5期。
③ 解学诗主编《文献补遗与满铁年表》，《满铁档案资料汇编》第15卷，第308~309页。

会员自由收购小麦，并且监督各面粉厂的生产和上交数量，预估来年的分配等。翌年8月，日伪当局把华北小麦协会原来的斡旋协调性质的松散机构，改组成"小麦的收买、配给及制品统制的执行机关"，[①] 小麦全部由三井、三菱等会社统购，然后对面粉厂实行原料统配，不准自由经营。在天津地区，1941年日伪当局制定的《小麦收买大纲》规定，华北小麦协会天津支部负责收购小麦，县合作社联合会负责收集小麦上交天津支部，天津支部将收买的小麦实行原料配给分配给各个面粉厂加工，形成了原料和分配的统制。[②] 由于华北的农业生产并没有像日本掠夺计划那样逐渐恢复，粮食产量仍然逐年减少，日伪当局在"以战养战"方针的指导下更强调了粮食的自给。20世纪40年代前后，日本分析华北沦陷区的粮食自给率是，"面粉为53％，杂粮为98％，军用大米为20％"，而且近期也不会有所提升。于是，日伪当局在继续实行封锁、严禁外流的基础上，于1941年11月1日在天津实行了粮食配给制，在市内设立17处配给统制事务所，还将各区划成若干区段，依据人口多少，分别指定了配卖的米面店600处，负责市民配给口粮的供应。最初，每户居民还能按规定买到几斤面粉或大米，但是到了太平洋战争中期，进口粮食断绝，生产能力继续下降，此时的大米面粉都被列为军用品，大米主要供应日军和日侨，市民不仅彻底与大米绝缘，少得可怜的配给面粉也不能供应。而且，粮食来源枯竭，米面店没有存粮，市民半夜去排队购粮，事务所还限定购粮数量，市民食粮没有着落。1942年11月后，日伪当局开始将小米、高粱和各种豆类磨成杂面，作为代用食粮出售给市民，还提倡市民吃"混合面"，就是将军用仓库和平衡仓库多年寄存的库底、霉变的小麦以及各种杂粮混合磨成，有的还掺入橡子面、沙土等，造成全市性的食粮极度匮乏，市民生活难以维持。[③]

天津周边地区是稻谷的主要产区，其产量占华北地区总产量90％

---

① 〔日〕浅田乔二著《1937～1945日本在中国沦陷区的经济掠夺》，袁愈佺译，第6、7页。
② 天津市档案馆、天津社会科学院历史研究所、天津市工商业联合会：《天津商会档案汇编（1937～1945）》，第575～576页。
③ 参见罗澍伟等《近代天津城市史》，第699～700页；孙冰如等《三津磨房同业公会》，《天津文史资料选辑》第42辑，1988，第185页。

以上；而且日军和日侨的主要食粮就是稻米，到了抗日战争后期稻米作为军用品只供应日军，连对日侨的供应也没有保证。所以在天津对稻米的流通和分配可以反映日伪当局日趋严苛的统制。天津沦陷后，日本人设立了天津米谷统制委员会来保证军队和占领区内居民的粮食供应，米谷统制委员会由日本驻天津总领事馆、财团和天津伪政权的头面人物组成，在天津日本总领事馆内设立了事务局，在日军特务机关的直接指导下管理稻米的生产、收购、运输和仓储等。抗日战争进入僵持阶段后，日伪当局加强了米谷收购、运输、储存和销售等各个环节的严格管制，强化了收购和进入市场等环节。1941 年天津的日本陆军特务机关发布了强力统制收买米谷令，宣称为了"适应华北食粮自给与低物价政策"而强力统制收买米谷，规定"今后指令商号外，无论何人，无论在何种情形下，绝对禁止米谷之收买及搬入"，严惩违反规定进入市场的行为；天津的芦台地区、军粮城地区、小站地区及天津近郊地区为稻谷主要收购区，而天津的静海县作为次要稻谷产地也称为收买地区。① 天津特务机关指定三井物产会社负责收购芦台地区（芦台、茶淀、芦台镇）的稻谷，三菱商事会社负责军粮城地区（军粮城、张贵庄、王家台、苏庄子）的收购，军粮城精谷公司负责小站地区（双港村、咸水沽、大芦庄、小站镇、葛沽）与天津近郊地区（八里台、金钟河与新开河交叉点附近）的收购。② 这些日本会社指挥中国的米谷商人在收购区域内为其收买稻谷，由其运输和分配。日系农场的农场主都是天津农事协会成员，产品直接售给日本大米商。③

1943 年 8 月，日伪当局推出《华北当地生产稻谷米统制要纲》，规定天津及其他重点地区所产稻谷由日方统制收购，包括由中国农民生产的稻谷；④ 并且按照天津米谷统制委员会指令，成立了由日本人组成的天津米

---

① 天津市档案馆、天津社会科学院历史研究所、天津市工商业联合会：《天津商会档案汇编（1937~1945）》，第 572、578~579 页。
② 中共天津市委党史研究室、天津市档案局、天津市公安档案馆：《日本帝国主义在天津的殖民统治》，第 388~389 页。
③ 〔日〕浅田乔二著《1937~1945 日本在中国沦陷区的经济掠夺》，袁愈佺译，第 5~6 页。
④ 解学诗《华北满铁与华北经济（1935~1945）》，第 510 页。

谷统制会,"以天津地区稻谷之确保生产以及耕种稻田农民福利增进为目标,并领导育成中国一般指导农村及日籍(社团法人)农事协会所属团体",统制天津地区稻谷的产供销。该会在天津设立事务局,在北京设置事务所,在天津、军粮城、咸水沽、小站、葛沽、芦台、昌黎设立了7个支部,在各条河流地区设置基层组织——农事合作社,主要构成单位为日系农场。① 天津米谷统制会直接经营的有瑞穗、军粮城、卫津河、小站、蓟运河等五处农场,共有土地19.3万多亩,此外还管理着54个日本人农场;其生产出来的稻谷由军粮城精谷公司收买和储存。② 1945年5月天津总领事太田知庸给大东亚省中国事务局局长的报告较为详细地描述了历年各日本会社在天津收购稻谷的状况:1940~1942年日本以大量收购米谷为目标,1940~1941年收购商包括三井、三菱和军粮城精谷公司三家,文安地区是安宅农产会社负责收购。自1942年开始收购商只有军粮城精谷公司一家,由农事协会和安宅农产会社协助收购。自1943年开始,以收购所有生产者的稻谷为目标,由米谷统制会负责收购。1944年则变收购为上缴,日本人经营农场的稻谷由日本驻天津总领事馆下达命令上缴,中国方面各农户生产的稻谷由伪政权(县长)下达命令上缴。从1940~1944年天津地区稻谷收购量来看,1940年仅仅2万吨,占当年估算产量的54%,占实际产量的57.7%;随着统制措施的不断加强,收购的数量和占当年估算产量的比重也在增加,1941年达到6万吨,占计划产量的91%,占实际产量的95.6%;以后虽然米谷统制会要全部收购,甚至下达命令和指标逼迫生产者上缴,收购的数量并没有增加,但占当年产量的比重没有下降,分别是84%和76.6%,即生产者的绝大部分稻谷被强行收购。1944年虽然日伪当局靠武力全力收缴,收购数量增加到6万余吨,但占总产量比重为69.8%,表明依靠武力已经不能保证日伪当局对稻谷的掠夺。

---

① 居之芬主编《日本对华北经济的掠夺和统制——华北沦陷区资料选编》,第748~749、755页。
② 吕万和:《解放前天津市郊的土地占有和地租》,《天津历史资料》1980年第5期,第17页。

表 8-13　1940～1944 年天津地区收买米谷统计

单位：吨

年份	1940	1941	1942	1943	1944
小　站	—	—	—	10306	15777
咸水沽	—	—	—	6381	7773
葛　沽	19400	58200	30400	1491	2201
军粮城				9136	17408
芦　台	—	—	—	9001	12920
天　津	—	—	—	4839	5365
昌　黎	—	—	—	723	148
文　安	600	1800	3600	—	—
合　计	20000	60000	34000	41877	61592

资料来源：日本亚洲历史资料中心 B08060396800。

稻米数量的分配是在北京日本大使馆的指导下进行的。1941 年前当地稻米不足部分还可以由日本、朝鲜、中国台湾等地进口补充，但是 1943 年以后则必须实现在华日本人的粮食由当地供给。军队所需的稻米，除了当地当年产量的一半必须作为军需米供给外，其余的一半由陈米补足，如还有不足，就靠军队采取所谓的"自战自活"来解决，① 这实际上是放任日伪军到各处抢粮。因此，分析日伪当局对天津地区稻米从生产、收购到运输、储存和配置的统制，可以看出随着战局的发展和变化，日伪当局采取的措施越来越严厉，是日本侵略者对沦陷区农业的压榨和掠夺。

表 8-14　1940～1944 年天津地区水稻生产和日军收购数量统计

年份	种稻面积（亩）	水稻估产（吨）	日军收购稻谷（吨）	日军收购比例（%）
1940	190149	32751	17834	54
1941	320423	68983	63250	91
1942	480318	46593	38655	83
1943	385828	54378	42050	77
1944	478015	88287	61591	69

资料来源：天津市农林局编《天津市农林志》，第 149 页。

---

① 日本亚洲历史资料中心 B08060396800，第 37～39 页。

内外贸易的衰落，工农业生产的下降，带来商品流通的骤减和市场的萎缩，天津商业随之衰败。本来在日军侵占天津时就有十余家商店和公司遭到轰炸，随后日军等以通敌和军用等的名义强占商店和仓库，肆意掠夺和低价强行征购中国商家的粮食、纱布、丝绸、皮革、药材、木材、五金和自行车零件等大量货物。比如1941年12月底，日军1400部队经理部负责人带领车队将德源五金工程所的瓦斯管和洋钉等拉走，过后仅付给1000余元伪联券，直接损失达时价1168.789万法币。木材是修筑铁路、通信设施等的材料，军队经常以各种名目强征或低价强买各木行的各类木材。万源聚木器行在1942~1944年被日军强买2.3万平方尺和4.9万平方尺的木材，损失折合时价37万法币；日军对永发顺木行的木材"任意划价强行收买"后，还以有人检举为名将其经理逮捕，羁押在伪警察局18天，"百般酷刑"，最终以"协力日军作战"名目强行收买各种剩余木材，"最高品付以极微之价"，损失228.6743万元伪联券，亏累甚巨，随即歇业。① 五金铁器更是被统制的物资，恒兴铁号的元铁、铅丝和钢管等在1941年和1942年被日军在火车站、码头和店内"强行征收"，"以供军用"，总共价值3718.39万元；华盛五金行被日军多次强行征收钢丝绳等，折合262.45万法币；峻源永铁号的洋钉、铅丝和元铁等被宪兵队认定为军用品，予以没收，用3辆载重汽车运送4次，时价约为283.33万法币。自行车及其零件也是军需品，天津的聚兴、兴立德、仁利成等多家自行车行多次遭到洗劫，掠走或强买各种车胎和零件，按照时价计算为1862.9万余元法币。经营布匹绸缎等日用品的商号也在所难免。成城贸易行、天增祥、和记和恒源祥的毛皮在火车站等处被日军没收，德庆号、庆泰隆号、厚记、忠义成、益华新等商号的绸缎、毛呢、针织品等在火车站等地被宪兵强行提走或扣留等等。据抗战胜利后天津市区和蓟县、宝坻、宁河的194家商店登记的直接损失表统计（其中有39家因上报不完整，损失价值难以折算），直接损失为460327435法币，36809美元和5.1277万伪联券。②

---

① 中共天津市委党史研究室编《天津市抗日战争时期人口伤亡和财产损失资料选编》，第90~91、95页。
② 中共天津市委党史研究室编《天津市抗日战争时期人口伤亡和财产损失资料选编》，第152~163、139~148、21页。

另外，以战争需求为中心的生产和流通，还被日伪当局设立的各种统制机构严格控制，被统制的物资从最初的 41 种，扩大到一般生活用品，将各种物资的采购、生产、运输和分配等都纳入统制的范围，并随着战局紧张和物资奇缺而愈发严厉，不仅食粮按人配给，凭配给票购买，就连火柴、肥皂、盐等也实行按人配给。由于粮食极度匮乏，日伪当局规定大米、面粉充作军用，禁止囤积、私藏、私卖和民众食用，违者严惩不贷。而中国的收购商、行栈、货栈以及零售商等则处于流通网络的最底层，如棉花、小麦和稻谷的收购必须按照划定的范围和定额，以低价交给由日军把持的上一层机构，自己没有任何经营的空间，更无利润可言。天津市面上的粮食零售店也由伪政府指定，不能囤积和自由售卖，1941 年以后日伪政府对每天粮食的交易量有严格的限定，规定交易所每日成交玉米面不得超过 100 包，红高粱不得超过 57 包，指定的粮店每日只准上午 8~12 点出售配给的粮食。①

因此，在日本军队、宪兵队和伪政府强行没收和收购的暴力掠夺下，越来越严厉的几乎涵盖全部生活用品的统制，使得各类商店战战兢兢，岌岌可危，随时都有可能被侵略者洗劫；而且天津市面上物资奇缺，物价飞涨，既没有商品批发零售，也没有利润可言，许多商号不得不倒闭歇业，市场一片萧条。

---

① 中共天津市委党史研究室、天津市档案馆、天津市公安档案馆：《日本帝国主义在天津的殖民统治》，第 7 页。

参考文献

(按照著者、书名、刊名的汉语拼音顺序排序)

一 中文图书

档案资料、调查报告类

北宁铁路局:《北宁铁路沿线经济调查报告》第三册,文海出版社,1989。

陈真、姚洛编《中国近代工业史资料》,生活·读书·新知三联书店,1961。

复旦大学历史系编译《日本帝国主义对外侵略史料选编》,上海人民出版社,1983。

傅文龄等编《日本横滨正金银行在华活动史料》,中国金融出版社,1992。

国立中山大学化学工业考察团调查:《中国化学工业调查》,国立中山大学出版部,1933。

河北省棉产改进会编《河北省棉产调查报告》,河北省棉产改进会,1936。

解学诗主编《满铁与华北开发会社》,《满铁档案资料汇编》第11、12、14、15卷,社会科学文献出版社,2011。

居之芬主编《日本对华北经济的掠夺和统制——华北沦陷区资料选

编》，北京出版社，1995。

李代耕编《中国电力工业发展史料：解放前的七十年（1879~1949）》，水利电力出版社，1983。

刘志强、张利民主编《天津史研究论文选辑》，天津古籍出版社，2009。

民航总局史志编辑部编《中国航空公司、欧亚—中央航空公司史料汇编》，民航总局史志编辑部，1997。

南开大学经济研究经济史研究室编《中国近代盐务史资料选辑》第三卷，南开大学出版社，1991。

年鉴编纂委员会编纂《中国经济年鉴》第3编，商务印书馆，1936。

聂宝璋、朱荫贵编《中国近代航运史资料》第二辑（1895~1927），中国社会科学出版社，2002。

农村经济研究所：《华北政务委员会施政纪要二周年纪念》，农村经济研究所，1942。

全国经济委员会编《橡胶工业报告书》，全国经济委员会，1935。

全国经济委员会编《油漆工业报告书》，全国经济委员会，1936。

天津市档案馆编《近代以来天津城市化进程实录》，天津人民出版社，2002。

天津市档案馆、天津商业大学编《天津土地资源管理利用档案选编（1928~1949）》，天津人民出版社，2013。

天津市档案馆、天津社会科学院历史研究所、天津市工商业联合会：《天津商会档案汇编（1937~1945）》，天津人民出版社，1997。

天津市地方志编修委员会办公室、天津图书馆编《〈益世报〉天津资料点校汇编》，天津社会科学院出版社，2001。

天津市政府统计委员会编《天津市统计年鉴（1928~1932年）》，天津市政府统计委员会，1935。

田苏苏、李翠艳主编《日本侵略华北罪行档案1：损失调查》，河北人民出版社，2005。

吴弘明编著《津海关贸易年报（1865~1946）》，天津社会科学院出版社，2006。

物资统制审议委员会秘书处：《物资统制法规》，物资统制审议委员会总务处，1944。

严中平：《中国近代经济史统计资料选辑》，科学出版社，1955。

张肖梅主编《中外经济年报》，国民经济研究所，1939。

章有义编《中国近代农业史资料》第三辑，生活·读书·新知三联书店，1957。

赵津主编《"永久黄"团体档案汇编：久大精盐公司专辑》，天津人民出版社，2010。

赵铭忠：《汪伪政府行政院会议录》第23册，档案出版社，1992。

郑会欣：《战前及沦陷期间华北经济调查》，天津古籍出版社，2010。

中共天津市委党史研究室、天津市档案局、天津市公安档案馆：《日本帝国主义在天津的殖民统治》，天津人民出版社，1998。

中共中央党史研究室科研管理部编《日军侵华罪行纪实（1931~1945）》，中共党史出版社，1995。

中央档案馆等编《华北经济掠夺》，中华书局，2004。

地方志类

河北省地方志编纂委员会编《交通志》，《河北省志》第39卷，河北人民出版社，1992。

宁河县地方史志编修委员会：《宁河县志》，天津社会科学院出版社，1991。

彭家荣主编《杨柳青发电厂志（1958~1988）》，《杨柳青发电厂志》编审委员会，1991。

宋蕴璞：《天津志略》，1931年铅印本。

天津市地方志编修委员会编《天津简志》，天津人民出版社，1991。

天津市地方志编修委员会编《中国天津通鉴》，中国青年出版社，2005。

天津市地方志编修委员会编著《天津通志·附志·租界》，天津社会科学院出版社，1996。

天津市地方志编修委员会编著《天津通志·港口志》，天津社会科学院出版社，1999。

天津市地方志编修委员会编著《天津通志·金融志》，天津社会科学院出版社，1995。

天津市地方志编修委员会编著《天津通志·民政志》，天津社会科学院出版社，1999。

天津市地方志编修委员会编著《天津通志·铁路志》，天津社会科学院出版社，2006。

天津市地方志编修委员会编著《天津通志·邮电志》，天津社会科学院出版社，1999。

天津市汉沽区地方志编修委员会编《汉沽区志》，天津市社会科学出版社，1995。

天津市农林局编《天津市农林志》，天津人民出版社，1995。

专著类

曹振宇编著《中国染料工业史》，中国轻工业出版社，2009。

陈歆文编著《中国近代化学工业史（1960~1949）》，化学工业出版社，2005。

丁长清：《民国盐务史稿》，人民出版社，1990。

丁长清、唐仁粤主编《中国盐业史》，人民出版社，1997。

董坤靖：《天津通览》，人民日报出版社，1988。

杜恂诚：《日本在旧中国的投资》，上海社会科学院出版社，1986。

耿捷主编《天津公路运输史》第1册，人民交通出版社，1988。

龚关：《近代天津金融业研究（1861~1936）》，天津人民出版社，2007。

郭贵儒：《河北沦陷区伪政权研究》，人民出版社，2013。

姜长英：《中国航空史：史话·史料·史稿》，清华大学出版社，2000。

解学诗：《满铁与华北经济（1935~1945）》，社会科学文献出版社，2007。

金曼辉编《我们的华北》，上海杂志无限公司，1937。

金士宣、徐文述：《中国铁路发展史》，中国铁道出版社，1986。

居之芬、张利民：《日本在华北经济统制掠夺史》，天津古籍出版社，1997。

李华彬：《天津港史》，人民交通出版社，1983。

李洛之、聂汤谷：《天津的经济地位》，南开大学出版社，1994。

刘国良：《中国工业史（近代卷）》，江苏科学技术出版社，1992。

鲁荡平：《天津工商业》，天津特别市社会局，1930。

罗焕章：《中国抗日战争史》，解放军出版社，1991。

罗澍伟主编《近代天津城市史》，中国社会科学出版社，1993。

罗文俊、石峻晨编《帝国主义列强侵华铁路史实》，西南交通大学出版社，1998。

宓汝成：《帝国主义与中国铁路1847~1949》，上海人民出版社，1980。

青岛市工商行政管理局史料组编《中国民族火柴工业》，中华书局，1963。

上海社会科学院经济研究所等编《中国近代造纸工业史》，上海社会科学院出版社，1989。

上海市粮食局、上海市工商行政管理局、上海社会科学院经济所经济史研究室编《中国近代面粉工业史》，中华书局，1987。

沈殿忠主编《日本侨民在中国》，辽宁人民出版社，1993。

苏崇民：《满铁史》，中华书局，1990。

孙德常等主编《天津近代经济史》，天津社会科学院出版社，1990。

天津电网调度史编委会编《天津电网调度史》，中国电力出版社，2005。

天津社会科学院历史研究所：《天津简史》，天津人民出版社，1987。

天津市抗战损失调研课题组：《天津市抗战时期人口伤亡和财产损失》，中共党史出版社，2010。

天津市市政工程局公路交通史编委会主编《天津公路史略》第一册（建国前部分），天津市政工程局公路交通史编委会，1984。

天津市冶金工业局史志编辑室编《天津冶金史》，内部资料，1987。

天津市政工程局公路史编委会编《天津公路史》（第1册：古代道路·近代公路），人民交通出版社，1988。

天津市政协文史资料研究委员会编《天津的洋行与买办》，天津人民出版社，1987。

天津市政协文史资料研究委员会编《天津租界》，天津人民出版社，1986。

王洸：《中国航业论》，交通杂志社，1934。

王洸：《中华水运史》，台湾商务印书馆，1982。

王华棠主编《天津——一个城市的崛起》，天津人民出版社，1990。

王士花：《"开发"与掠夺：抗日战争时期日本在华北华中沦陷区的经济统制》，中国社会科学出版社，1998。

延安时事问题研究会：《日本帝国主义在中国沦陷区》，上海人民出版社，1958。

姚洪卓：《近代天津对外贸易研究》，天津古籍出版社，2011。

邮电史编辑室编《中国近代邮电史》，人民邮电出版社，1984。

张利民：《华北城市经济近代化研究》，天津社会科学院出版社，2004。

张利民、周俊旗、许檀、汪寿松：《近代环渤海地区经济与社会研究》，天津社会科学院出版社，2003。

赵继华、于棣主编《抗日烽火在天津》，天津人民出版社，2005。

郑伯彬：《抗战期间日人在华北的产业开发计划》，资源委员会经济研究所，1947。

郑伯彬：《日本侵占区之经济》，资源委员会经济研究室，1945。

政协天津市文史资料研究委员会编《天津便衣队暴乱》，中国文史出版社，1987。

中国公路交通史编审委员会：《中国公路史》第一册，人民交通出版社，1990。

《中国近代纺织史》编辑委员会编《中国近代纺织史（1840～1949）》，中国纺织出版社，1997。

中国人民政治协商会议天津市委员会文史资料研究委员会编《沦陷

时期的天津》，1992。

中国铁路史编辑研究中心编《中国铁路大事记（1876~1995）》，中国铁道出版社，1996。

周传典等编《当代中国的钢铁工业》，当代中国出版社，1996。

周利成、王勇则编《外国人在旧天津》，天津人民出版社，2007。

朱其华主编《天津全书》，天津人民出版社，1991。

二　日文图书

档案资料、调查报告类

《北支那経済年鑑》昭和14年版，北支那経済通信社，1938。

《大東亜戦争中ノ帝国ノ対華経済政策関係雑件》，日本外交史料馆，E0005-2

《国策研究会文书》，第2504号，日本东京大学综合图书馆藏。

《陆支密大日记》，1938年4月9日，日本防卫厅防卫研究所图书馆藏。

《株式会社興中公司事業概要》《北支に於ける自動車工業指導に関する件》《北支那資源要覧》等日本亚洲历史资料中心的数字化档案资料。

島田俊彦編《現代史資料8·日中戦争》，みすず書房，1964。

多田井喜生編《続·現代史資料11·占領地通貨工作》，みすず書房，1983。

華北産業科学研究所、華北農事試験場編《華北産業科学研究所、華北農事試験場民国三十二年度業務功程》，華北産業科学研究所，1944。

華北産業科学研究所、華北農事試験場編《華北産業科学研究所、華北農事試験場民国三十一年度業務功程》，華北産業科学研究所，1943。

満鉄産業部：《北支那経済綜観》，日本評論社，1939。

満鉄産業部：《満鉄調査機関要覧》，満鉄産業部，1936。

満鉄調査部：《北支那産業開発計画立案調査書類第 1 編・北支那産業開発計画資料（総括の部）》，該部 1940

満鉄調査部：《北支那工場実態調査報告書：天津之部》，1938。

満鉄調査部：《支那立案調査書類 2 編 1 巻 2 支那経済開発方策及調査資料》，1937。

満鉄天津事務所：《天津地方に於ける製造工業》，1936。

満鉄天津事務所：《天津地方に於ける製造工業》，満鉄天津事務所，1936。

満鉄天津事務所：《天津物資対策ニ関スル資料》，1937。

満鉄総務部資料課：《長蘆塩ノ日本向輸出ト青島塩トノ関係》，1935。

満洲事情案内所：《北支那経済事情》，1936。

南満州鉄道株式会社編《北支那塩及曹達業開発計画書》，南満州鉄道株式会社調査部，1940。

南満州鉄道株式会社調査部：《北支那曹達工業立案計画並調査資料》，1937。

南満州鉄道株式会社調査部：《北支那工場実態調査報告書——天津之部》，1938。

南満州鉄道株式会社調査部：《北支那工業ノ現状》，満鉄北支事務局調査室，1938。

日本商工会議所編《北・中支に於ける事変前工業と其の復興状況》，《東亞経済資料》12，日本商工会議所，1939~1940。

日本銀行調査局編輯《日本金融史資料》昭和編第 34 巻，大蔵省印刷局，1973。

興亜院華北連絡部：《北支ニ於ケル小麦需給関係調査》，1941。

興中公司：《永利化学工業管理所概要》，1938。

学术专著类

柴田善雅：《占領地通貨金融政策の展開》，日本経済評論社，1999。

朝鮮銀行史編纂委員会編《朝鮮銀行史》，1960。

东亚同文会编《对华回忆录》，胡锡年译，商务印书馆，1959。

福田英雄：《華北の交通史：華北交通株式会社史創立小史》，興亜院華北連絡部，1941。

福田英雄編《華北の交通史：華北交通株式会社創立史小史》，ティビーエス・ブリタニカ，1983。

古野直也：《天津軍司令部1901－1937》，国書刊行会，1989。

白井勝美：《日中戦争の政治進展》，日本国際政治学会：《太平洋戦争への道》第4卷，朝日新聞社，1963。

浅田乔二著《1937～1945日本在中国沦陷区的经济掠夺》，袁愈佺译，复旦大学出版社，1997。

日本防卫厅战史室编、天津政协编译组译《华北治安战》，天津人民出版社，1982。

桑野仁：《戦時通貨工作史論》，法政大学出版局，1965。

藤江真文：《天津時代：増田洋行時代》，自刊本。

樋口弘：《日本对华投资》，北京编译社译，商务印书馆，1959。

小倉知正：《京津在留邦人官商録》，天津興信所，1922。

塩原三郎：《都市計画：華北の点線》，塩原都市計画コンサルタント，1971。

野沢豊：《中国の幣制改革と国際関係》，東京大学出版会，1981。

中村隆英：《戦時日本の華北経済支配》，山川出版社，1983。

三　期刊

〔日〕《北支経済資料》

《城市史研究》

《道路月刊》

〔日〕《東亜経済資料》

《工业月刊》

《国货年刊》

《国际贸易导报》
《海事》
《河北省银行月刊》
《河北省银行月刊》
〔日〕横浜正金銀行《營業報告》
《华北棉产改进会会报》
《华北棉产改进会会报》
《华北纤维汇报》
《华北政务委员会公报》
〔日〕《華北経済年報》
《交通杂志》
《近代史研究》
《经济建设季刊》
《抗日战争研究》
《科学》
《科学时报》
《历史教学》
《历史研究》
《民国档案》
《南开史学》
《农业建设》
《农业推广通讯（1939年）》。
《侨声》
《青岛橡胶季刊》
《商业月报》
《时事月报》
《实报》
《实业部月刊》
《史学月刊》
《四川经济月刊》

《台湾统计通讯》

《天津经济统计月报》

《天津历史资料》

《天津棉鉴复刊》

〔日〕天津日本商工会议所《月报》

《畜牧兽医季刊》

《盐务汇刊》

《盐业史研究》

《益世报》

《庸报》

〔日〕《支研经济旬报》

《中国电力》

《中国工程师学会三十周年纪念刊：三十年来之中国工程》

《中国建设》

《中国经济月刊》

〔日〕《中国研究月报》

《资源委员会月刊》

后　记

　　本书是天津社会科学院2014年为纪念中国抗日战争胜利七十周年设定研究项目的结项成果；亦是中国抗日战争研究协同创新中心南开大学"战时中国政治与社会"平台之子课题。本书由张利民和刘凤华共同确定框架结构，张利民撰写第一、第二章；刘凤华撰写第三至第八章，经张利民补充修改；全书由张利民统稿。

图书在版编目(CIP)数据

抗战时期日本对天津的经济统制与掠夺/张利民,刘凤华著.--北京:社会科学文献出版社,2016.9
(天津历史文化研究丛书)
ISBN 978-7-5097-9620-7

Ⅰ.①抗… Ⅱ.①张… ②刘… Ⅲ.①地方经济-经济史-研究-天津-1937~1945②日本-侵华-掠夺-研究-天津-1937~1945 Ⅳ.①F129.6②K265.063

中国版本图书馆 CIP 数据核字(2016)第 196707 号

·天津历史文化研究丛书·
抗战时期日本对天津的经济统制与掠夺

著　者 / 张利民　刘凤华

出 版 人 / 谢寿光
项目统筹 / 邓泳红　桂　芳
责任编辑 / 陈晴钰

出　　版 / 社会科学文献出版社·皮书出版分社（010）59367127
　　　　　　地址：北京市北三环中路甲29号院华龙大厦　邮编：100029
　　　　　　网址：www.ssap.com.cn
发　　行 / 市场营销中心（010）59367081　59367018
印　　装 / 三河市东方印刷有限公司
规　　格 / 开　本：787mm×1092mm　1/16
　　　　　　印　张：20.5　字　数：325千字
版　　次 / 2016年9月第1版　2016年9月第1次印刷
书　　号 / ISBN 978-7-5097-9620-7
定　　价 / 79.00元

本书如有印装质量问题，请与读者服务中心（010-59367028）联系

▲ 版权所有　翻印必究